Andreas Aulinger: (Ko-)Operation Ökologie

Theorie der Unternehmung

Band 4

Herausgegeben von Reinhard Pfriem

Bd. 1 – Reinhard Pfriem: Unternehmenspolitik in sozialökologischen Perspektiven
Bd. 2 – Hendric Hally: Ökologische Entwicklungsfähigkeit von Unternehmen
Bd. 3 – Achim Spiller: Ökologieorientierte Produktpolitik. Forschung, Medienberichte und Marktsignale
Bd. 5 – Christoph Kolbeck und Alexander Nicolai: Von der Organisation der Kultur zur Kultur der Organisation. Kritische Perspektiven eines neueren systemtheoretischen Modells

Andreas Aulinger

(Ko-)Operation Ökologie

Kooperationen
im Rahmen ökologischer Produktpolitik

Metropolis-Verlag
Marburg 1996

Umschlagfoto: Johannes Itten, »Begegnung« (1916). Copyright: VG
Bild-Kunst, Bonn 1996; für die Vorlage: Kunsthaus Zürich.

Die Deutsche Bibliothek – CIP-Einheitsaufnahme

Aulinger, Andreas:
(Ko-)Operation Ökologie: Kooperationen im Rahmen ökologischer
Produktpolitik / Andreas Aulinger – Marburg: Metropolis-Verl.,
1996
  (Theorie der Unternehmung; Bd. 4)
  Zugl.: Oldenburg, Univ., Diss., 1995
  ISBN 3-89518-073-4
NE: GT

Metropolis-Verlag für Ökonomie, Gesellschaft und Politik GmbH
Postfach 1748, 35007 Marburg
Copyright: Metropolis-Verlag, Marburg 1996
Alle Rechte vorbehalten
Druck: Rosch Buch, Hallstadt

ISBN 3-89518-073-4

Vorwort des Herausgebers

In der Betriebswirtschafts- und Managementlehre rezipierte Organisationstheorien beschäftigen sich bislang mit Unternehmen weitgehend nur mit Blick auf deren Binnenstrukturen. Für den Diskurs über ökologische Unternehmenspolitik verstärkt dieser Umstand mit voluntaristischer Machermentalität vorgetragene Konzeptionen von Umweltmanagement, denen auf der anderen Seite eher allgemeine ordnungspolitische Überlegungen gegenübergestellt werden. Zwischen einzelwirtschaftlichem Handeln und staatlicher Ordnungspolitik verbleibt so ein Graben, der der substanziellen theoretischen Ausfüllung harrt.

Die vorliegende Arbeit ist ein wichtiger Beitrag zur Ausfüllung dieses Grabens. Das Problem der Kooperation zwischen Unternehmen im ökologischen Handlungsfeld wird in analytisch überzeugender und ungewohnt anschaulicher Weise aufbereitet. Dazu werden zahlreiche wichtige Theorieangebote eingehend geprüft, und es werden einschlägige Fallstudien von praktischer Relevanz vorgelegt. Damit gelingt es dem Verfasser in hervorragender Weise, das Phänomen der Kooperation zwischen Unternehmen auch über den ökologischen Problembereich hinaus als wichtigen Gegenstand theoretischer Untersuchungen darzustellen und zugleich analytisch und empirisch gehaltvolle Schlußfolgerungen für die Möglichkeiten bzw. Schwierigkeiten solcher Kooperationen zu ziehen.

Ich freue mich natürlich insbesondere darüber, mit dieser Arbeit die erste bei mir durchgeführte Dissertation vorlegen zu können.

Prof. Dr. Reinhard Pfriem
Carl von Ossietzky-Universität Oldenburg

Vorwort

Das vorliegende Buch ist die geringfügig überarbeitete Fassung meiner Dissertationsschrift, die im September 1995 an der Universität Oldenburg eingereicht wurde. Die Idee zur Themenstellung wurde im März 1993 geboren, in einem Gespräch mit dem späteren Begleiter und Erstgutachter der Arbeit, Prof. Dr. Reinhard Pfriem. Zunächst erfolgte hierbei eine Eingrenzung des Untersuchungsfeldes auf die *inter*organisatorischen Handlungsfelder einer ökologischen Unternehmenspolitik als Gegenpart und Erweiterung zu den in der Forschung bereits wesentlich intensiver diskutierten *intra*organisatorischen Handlungsfeldern. Das vereinbarte Themenfeld wurde erst nach einiger Zeit durch die Beschreibung von Kooperationen im Allgemeinen und Unternehmenskooperationen im Besonderen konkretisiert, Forschungsfelder, die diese Arbeit über ökologische Unternehmenspolitik letztlich maßgeblich dominieren sollten.

Das Phänomen der Kooperation bestimmte aber nicht nur die hier vorgenommene Diskussion ökologischer Unternehmenspolitik, es hat auch darüber hinaus mein Forschungsinteresse nachhaltig in Beschlag genommen. So gab die Auseinandersetzung mit Unternehmenskooperationen zahlreiche Impulse für die Betrachtung weiterer sozialwissenschaftlicher und betriebswirtschaftlicher Forschungsfelder, denen allen in der ein oder anderen Form kooperative Elemente des menschlichen Zusammenwirkens zugrunde liegen. Die Arbeit gibt bereits einen ersten Eindruck von der Vielfalt dieser Bereiche, etwa wenn auf die Kooperation als Fundament der Zivilisation und auf Fragen der Gestaltung intraorganisatorischer Zusammenarbeit als Basis für interorganisationale Zusammenarbeit eingegangen wird.

Aber auch für meine außerwissenschaftlichen und parallel zur Promotion laufenden Tätigkeiten als Organisationsberater und Organisationsleiter ergab die Auseinandersetzung mit dem Phänomen der Kooperation wertvolle Einblicke in das, was betriebswirtschaftlich-praktisch an kooperativem oder auch wenig kooperativem Verhalten bei anderen und bei mir selbst auszumachen ist und was die Ursachen für diese Verhaltensweisen sein können. Die Beobachtungen, Überlegungen und Forschungen hierzu können, trotz der Fertigstellung dieser Arbeit, natürlich noch keineswegs als abgeschlossen gelten. Vielmehr deutet sich an, daß der Abschluß dieser Arbeit gleichzeitig der Start für weitere, parallel zur Praxis laufende Forschungstätigkeiten in Sachen Kooperation ist.

Die Bereitschaft dazu begründet sich aber nicht alleine in dem überaus interessanten Themenfeld der Kooperation, sondern zweifellos auch in der befriedigenden und schönen Art und Weise, wie die ersten drei Jahre der Auseinandersetzung mit diesem Thema verliefen. Und dies wiederum hat viel mit den Menschen zu tun, mit denen ich in diesen drei Jahren im Rahmen der Arbeit zu tun hatte. Auf wissenschaftlicher Seite ist hier ganz besonders Prof. Dr. Reinhard Pfriem zu nennen, dem ich nicht nur den grundlegenden thematischen Anstoß und viele spannende und anregende Diskussionen zu verdanken habe, sondern der auch als kollegialer Partner einen maßgeblichen Teil zu der Art des Gelingens der Arbeit beigetragen hat. Aber auch Prof. Dr. Thomas Breisig als Zweitgutachter und die Kollegen aus dem Doktorandenkolloquium haben hierzu in bedeutender Weise beigetragen. Auf privater Seite ist allen Freunden voran Hilke, meine Freundin und Frau, zu nennen. Sie müßte ich gleichzeitig auch zur wissenschaftlichen Seite zählen, da sie in diesen drei Jahren ähnlich viel über Kooperationen im Rahmen ökologischer Unternehmenspolitik nachgedacht und diskutiert hat wie ich selber. Aber auch unsere Eltern in München und Bremen haben sehr viel dazu beigetragen, daß die vergangenen drei Jahre sehr harmonisch waren. Und dies nicht alleine durch das Korrekturlesen des Skriptes in München und die vielen Übernachtungen in Bremen anläßlich der Doktorandenkolloquien.

Euch allen danke ich ganz herzlich.

Erwähnen möchte ich aber auch die Personen, die es dank Ihrer Bereitschaft, Auskunft über ihre Arbeit und ihre Ideen zu geben, ermöglicht haben, viele kurze, vor allen Dingen aber auch einige ausführliche Fallbeispiele in die vorliegende Arbeit zu integrieren. Besonders danken möchte ich hierbei Herrn Dr. Franz Ehrnsperger von der Neumarkter Lammsbräu, Herrn Friedbert Förster von der Hofpfisterei, Herrn Manfred Giebe vom Bundesinnungsverband des Deutschen Kälteanlagenbauerhandwerks, Herrn Bernhard Hanf von Hipp, Herrn Max Schön vom Bundesverband Junger Unternehmer und Frau Anke Zühlsdorf vom Bund für Umwelt und Naturschutz Deutschland e.V.

In der festen Überzeugung, daß auch weitere Forschungsbemühungen in einer ebenso freundschaftlichen und kooperativen Umgebung stattfinden werden, wie dies bei der vorliegenden „(Ko-)Operation Ökologie" der Fall war, freue ich mich auf die nun beginnenden Forschungen zur „(Ko-)Operation Management". Wie hier wird auch dort das Ziel sein, die Bedeutung und die Bedingungen von Kooperationen im aktuellen betriebswirtschaftlichen Kontext herauszuarbeiten und damit die wissenschaftliche Basis für das Verstehen und Gestalten zeitgemäßer Organisationen weiter auszubauen.

München, März 1996

Inhaltsübersicht

Einleitung 19

I.
VORBETRACHTUNGEN ZU KOOPERATION, ZIVILISATION UND ÖKOLOGISCHER UNTERNEHMENSPOLITIK

1. Kapitel: Kooperation und Zivilisation 29
2. Kapitel: Kooperationen zwischen Unternehmen 51
3. Kapitel: Ökologische Unternehmenspolitik
   mit Hilfe von Kooperationen 79

II.
ERKLÄRUNGSANSÄTZE FÜR DAS ENTSTEHEN VON KOOPERATIONEN IM RAHMEN ÖKOLOGISCHER UNTERNEHMENSPOLITIK

4. Kapitel: Über das Individuum
   als Initiator der Kooperation 125

5. Kapitel: Über das Wirtschaftssystem
   als Raum der Kooperation 175

6. Kapitel: Über das Unternehmen
   als Akteur der Kooperation 229

III.
DAS MANAGEMENT VON KOOPERATIONEN IM RAHMEN ÖKOLOGISCHER UNTERNEHMENSPOLITIK

7. Kapitel: Normatives Management für Kooperationen
im Rahmen ökologischer Unternehmenspolitik 269

8. Kapitel: Strategisches Management von Kooperationen
im Rahmen ökologischer Unternehmenspolitik 281

9. Kapitel: Fallbeispiele für Kooperationen im Rahmen
ökologischer Unternehmenspolitik 325

Schlußbetrachtung 381

Tabellenverzeichnis 387

Abbildungsverzeichnis 389

Literaturverzeichnis 391

Inhaltsverzeichnis

Einleitung 19

I.
VORBETRACHTUNGEN ZU KOOPERATION, ZIVILISATION UND ÖKOLOGISCHER UNTERNEHMENSPOLITIK

1. Kapitel: Kooperation und Zivilisation 29

1.1 Der Begriff der Kooperation 30
1.2 Das Kooperationsprinzip der Zivilisation 32
1.3 Die industrielle Zivilisation und die ökologischen Folgen
    unvollständiger Kooperation 39

2. Kapitel: Kooperationen zwischen Unternehmen 51

2.1 Der Begriff der Unternehmenskooperation 51
2.2 Unternehmenskooperationen in der Wirtschaftspraxis 62
2.3 Eine Typologisierung von Unternehmenskooperationen 69

**3. Kapitel: Ökologische Unternehmenspolitik
mit Hilfe von Kooperationen** 79

3.1 Unternehmen als ökologische Akteure und
    quasi-öffentliche Institutionen 79
3.2 Die Ökologie in der Unternehmenspolitik 90
3.3 Kooperationsfelder einer
    ökologischen Unternehmenspolitik 100

II.
ERKLÄRUNGSANSÄTZE FÜR DAS ENTSTEHEN VON KOOPERATIONEN IM RAHMEN ÖKOLOGISCHER UNTERNEHMENSPOLITIK

4. Kapitel: Über das Individuum als Initiator der Kooperation 125

4.1 Die Theorie des Transaktionskostenansatzes 126

    4.1.1 Kooperationen im Rahmen ökologischer Unternehmenspolitik aus der Sicht des Transaktionskostenansatzes 135

    4.1.2 Kritisches zum Transaktionskostenansatz 143

4.2 Spieltheoretische Aussagen zur Unternehmenskooperation 146

    4.2.1 Bedingungen für stabile dyadische und Kleingruppen-Kooperationen 150

    4.2.2 Bedingungen für stabile Großgruppen-Kooperationen 153

4.3 Der akteur-analytische Rational-Choice-Ansatz 157

    4.3.1 Constraints und choices einer ökologischen Unternehmenspolitik 165

    4.3.2 Constraints und Choices der Kooperation 168

    4.3.3 Zusammenfassung und Kritik 172

5. Kapitel: Über das Wirtschaftssystem als Raum der Kooperation 175

5.1 Systemtheoretische Grundlagen und erste Aspekte der Kooperation 176

    5.1.1 Grundlegendes zur Systemtheorie und zum sozialen System Unternehmen 176

    5.1.2 Kooperationen aus der Sicht der traditionellen Systemtheorie 182

5.2 Das Wirtschaftssystem als Interorganisationssystem 187

    5.2.1 Der Resource-Dependence-Ansatz 188

    5.2.2 Der Netzwerkansatz 198

5.3 Neuere Systemtheorie 203

    5.3.1 Die Theorie autopoietischer sozialer Systeme 205

    5.3.2 Über die Ökologie im Funktionssystem Wirtschaft 211

    5.3.3 Kooperationen aus der Sicht der Theorie
autopoietischer sozialer Systeme 217

6. Kapitel: Über das Unternehmen als Akteur der Kooperation 229

6.1 Handlungsweisen und Perspektiven einer ökologischen Unternehmenspolitik 238

    6.1.1 Die Bedeutung formaler Strukturen und
Regeln für eine ökologische Unternehmenspolitik 238

    6.1.2 Die Bedeutung von Kommunikationsformen und
Ritualen für eine ökologische Unternehmenspolitik 246

    6.1.3 Die Bedeutung der Selbstthematisierung für eine
ökologische Unternehmenspolitik 251

6.2 Handlungsweisen und Perspektiven der Kooperation 253

    6.2.1 Die Bedeutung formaler Strukturen und Regeln
für Kooperationen 256

    6.2.2 Die Bedeutung von Ritualen und
Kommunikationsformen für Kooperationen 258

    6.2.3 Die Bedeutung der Selbstthematisierung
für Kooperationen 260

6.3 Zusammenfassung 261

III.
DAS MANAGEMENT VON KOOPERATIONEN IM RAHMEN ÖKOLOGISCHER UNTERNEHMENSPOLITIK

7. Kapitel: Normatives Management für Kooperationen im Rahmen ökologischer Unternehmenspolitik ..269

7.1 Die Einbeziehung interner und externer Anspruchsgruppen ...270

7.2 Weitere normative Grundlagen einer ökologischen Unternehmenspolitik und der Kooperation 274

8. Kapitel: Strategisches Management von Kooperationen im Rahmen ökologischer Unternehmenspolitik ..281

8.1 Ziel- und Strategiefindung im Rahmen ökologischer Unternehmenspolitik 285

    8.1.1 Ökologische Situationsanalyse 285

    8.1.2 Zielfindung 291

    8.1.3 Ermitteln der zur Zielerreichung aufzubauenden Leistungspotentiale 299

    8.1.4 Auswahl von Kooperationsstrategien zum Aufbau der Leistungspotentiale 302

8.2 Umsetzung der Kooperationsstrategie 314

    8.2.1 Partnersuche bei nicht vertikalen, expliziten Kooperationen 315

    8.2.2 Partnerauswahl, Partnergewinnung und Konstituierung 318

9. Kapitel: Fallbeispiele für Kooperationen im Rahmen ökologischer Unternehmenspolitik 325

9.1 Der Informationsaustausch zwischen Hertie und den Warenherstellern als dyadische, vertikale Kooperation 327

9.2 Die Arbeitsgemeinschaft Ökologischer Lebensmittelhersteller als Kleingruppen-Kooperation 335

9.3 Das Selbstverpflichtungsabkommen des BIV-Kälteanlagenbauer als branchenbezogene Großgruppen-Kooperation 342

9.4 Das Plädoyer des BJU als branchenübergreifende Großgruppen-Kooperation 349

9.5 Reflexion der Fallbeispiele an den theoretischen Vorbetrachtungen 358

    9.5.1 Reflexion der Fallbeispiele am Transaktionskostenansatz 358

    9.5.2 Reflexion der Fallbeispiele an der Spieltheorie 362

    9.5.3 Reflexion der Fallbeispiele am akteur-analytischen Rational-Choice-Ansatz 366

    9.5.4 Reflexion der Fallbeispiele an Interorganisationstheorien 367

    9.5.5 Reflexion der Fallbeispiele an der neueren Systemtheorie 371

    9.5.6 Reflexion der Fallbeispiele an den Überlegungen zu den Sachverhalten organisierter Sozialsysteme 375

    9.5.7 Zusammenfassung 379

Schlußbetrachtung 381

Tabellenverzeichnis 387

Abbildungsverzeichnis 389

Literaturverzeichnis 391

"Einem Land, in dem die Blumen teuer sind, fehlt die Grundlage der Kultur."
(Aus China)

Einleitung

Auf die erheblichen negativen ökologischen Auswirkungen unserer industrialisierten Gesellschaft wird in zunehmender Zahl mit Forschungs- und Diskussionsbeiträgen reagiert, die nach Ansätzen für eine Versöhnung von Industrie oder Ökonomie auf der einen Seite und Ökologie oder Naturschutz auf der anderen Seite suchen. Alle Akteure unseres an geld- und wettbewerbswirtschaftlichen Gesichtspunkten ausgerichteten Wirtschaftssystems beteiligen sich mittlerweile an dieser Diskussion. Dennoch steht die gesamte Weltbevölkerung, und mit ihr alle anderen Lebensformen dieser Welt, vor weiterhin zunehmenden, zum Teil irreversiblen Veränderungen ökologischer Lebensbedingungen dieser Erde. Die Erforschung und Diskussion dieser Umweltproblematik hat bereits zahlreiche Vorschläge zu Tage gebracht, in denen unterschiedliche Möglichkeiten für einen Ausweg aus der ökologischen Krise vorgestellt werden. Die Spannbreite der aufgezeigten Möglichkeiten reicht hierbei von der Veränderung marktwirtschaftlicher Rahmenbedingungen etwa durch eine andere Steuergesetzgebung oder durch stärkere Reglementierung über eine anzustrebende Moralentwicklung aller gesellschaftlichen Institutionen (Bürger, politische Institutionen, Wirtschaftsunternehmen) bis zu Versuchen, eine Zwangsläufigkeit der Ökologieorientierung als Bestandteil jeder auf langfristigen Erfolg gerichteten Unternehmensstrategie zu beweisen und deshalb die Überwindung der Krise der unsichtbaren Hand des Marktes zu überlassen. Daneben gibt es auch pessimistische Stimmen, die die Unmöglichkeit des Auswegs aus der ökologischen Krise logisch zu begründen versuchen.

In den Bemühungen um eine Entschärfung oder Überwindung der ökologischen Krise gilt der Auseinandersetzung mit Wirtschaftsunternehmen als zwangsläufig wichtigen Institutionen einer Industriegesellschaft besondere Aufmerksamkeit. Aufgrund der angenommenen großen Bedeutung des Verhaltens der Wirtschaftsunternehmen für die Veränderung ökologischer Lebensbedingungen auf der Erde möchten wir den Fokus unserer Betrachtungen ausschließlich auf diese Akteure innerhalb des gegebenen Wirtschafts- und Gesellschaftssystems richten. Hinsichtlich deren Verhalten kann zunächst festgestellt werden, daß sich ein großer Teil der Wirtschaftsunternehmen im Hinblick auf die ökologischen Problemstellungen reaktiv verhält, d.h. er reagiert auf Druck der Gesetzgebung oder sich ändernde Anforderungen des Marktes. Zu viele Unwägbarkeiten sind mit einem Abrücken von traditionellen und scheinbar bewährten Verhaltens- und Vorgehensweisen verbunden, als daß die diffuse Vielzahl der registrierten Verhaltensvorschläge zu einer Unternehmenspolitik führen würde, die nicht reaktiv, sondern proaktiv ökologische Gesichtspunkte des Wirtschaftens ins Blickfeld rücken würde.

Es stellt sich die Frage, ob das verbreitete reaktive Verhalten der Wirtschaftsunternehmen ausreichen wird, um eine zunehmende Veränderung ökologischer Lebensbedingungen auf der Erde zu verhindern. Nach unserer Auffassung kann dies nur dann der Fall sein, wenn der Druck aus Politik und Markt, der diese Reaktion auslöst, erheblich ansteigt. Anzeichen für eine erhebliche Steigerung dieses Druckes sind jedoch kaum auszumachen. Dies verleiht der Frage Gewicht, welche proaktiven Formen einer ökologischen Unternehmenspolitik in dem gegebenen Wirtschaftssystem theoretisch denkbar sind, um als Wirtschaftsunternehmen ohne den Druck aus Politik und Markt den Veränderungen ökologischer Lebensbedingungen dieser Erde vorzubeugen oder diese zu verringern.

Ein wichtiger Gesichtspunkt zur Klärung dieser Frage sind nach unserer Auffassung die Mechanismen, mit denen Unternehmen ihr Verhalten untereinander koordinieren. Koordination zwischen Unternehmen ist überall dort erforderlich, wo die Zweckmäßigkeit des Verhaltens eines Unternehmens von dem Verhalten eines oder mehrerer anderer Unternehmen abhängt. Ein Blick auf mögliche Vorgehensweisen zur gemeinsamen Koordination von Verhalten innerhalb unseres Wirtschaftssystems läßt in einer groben Unterscheidung zwei verschiedene Vorgehensweisen erkennen: (1) die Koordination ex ante, bei der das Verhalten abgestimmt wird, bevor ein konkretes Wirtschaftshandeln vorgenommen wird, etwa durch Vereinbarungen über gemeinsame Forschungstätigkeiten oder die Erstellung und Abnahme einer spezifischen Leistung, und (2) die Koordination ad hoc, wie sie beispielsweise in Preis- und Kaufverhandlungen zu bestehenden Produkten anzutreffen ist. Darüber hinaus wird dem Markt die Fähigkeit zugeschrieben, eine ex-post-Koordination zu erreichen, indem er den Teilnehmern Entscheidungen über zukünftig anzubietende Leistungsspektren abverlangt, Entscheidungen, die häufig maßgeblich durch die Ergebnisse vorangegangener ex-ante- und ex-post-Koordinationsvorgänge beeinflußt werden und die nun aber nicht mehr auf gemeinsame Interaktionen angewiesen sind.

Gerade im Zusammenhang mit ökologischer Unternehmenspolitik ist häufig zu hören, daß Vorstöße einzelner Unternehmen zum Scheitern verurteilt sind, wenn sich andere Unternehmen nicht abgestimmt zu diesen Aktivitäten verhalten. Das bedeutet, daß diese Unternehmen in der Umsetzung ihrer ökologischen Unternehmenspolitik von dem Verhalten anderer Unternehmen abhängig sind bzw. daß eine Koordination mit anderen Unternehmen zur Durchsetzung der Unternehmenspolitik erforderlich ist. Während nun die volks- und betriebswirtschaftliche Erforschung von Koordinationsvorgängen, die sich unmittelbar am Medium Geld, und daraus abgeleitet den Preisen, orientieren, bereits einen unüberschaubar großen Fundus an Erkenntnissen über ex-ante-, ad-hoc- und auch ex-post-Koordinationsvorgänge zu Tage gebracht hat, sind Erkenntnisse über wirtschaftliche Koordinationsvorgänge, deren Koordnitationsinhalt nicht unmittelbar an Geld oder Preisen orientiert ist, eher dünn gesäht und gelten entsprechende Koordinationsmechanismen wie etwa Kooperationen gar als „Waisenkind der Wissenschaft"[1]. Dennoch verdichten sich die Anzeichen dafür, daß Kooperationen ein großes, vielleicht sogar das größte Koordinierungspotential im Bereich der ex-ante- und der ad-hoc-Koordination innerhalb des Wirtschaftssystems besitzen. Dieser Eindruck wird auch durch eine in jüngerer Zeit deutlich zunehmende Anzahl von Diskussionsbeiträgen sowohl zu Unternehmenskooperationen wie auch zu Unternehmens-Netzwerken genährt.[2] In der Vermutung, daß der Koope-

---

1 Borys/Jemison (1989), S. 234.
2 Der Zusammenhang zwischen diesen beiden Erscheinungsformen kooperativer Koordination besteht darin, daß Netzwerke häufig aus einer Vielzahl verflochtener Einzelkooperationen bestehen, daß die am Netzwerk

ration ein zumindest großes Koordinierungspotential zukommt, ist es das Ziel der vorliegenden Arbeit, sich intensiv mit dem Koordinationsmechanismus Kooperation zu beschäftigen und damit einen Beitrag zur Verringerung des hier vorhandenen Forschungsdefizits zu leisten. Die vorliegende Arbeit soll dabei konkret der Fragestellung nachgehen, welche Möglichkeiten Unternehmen besitzen, sich über den Weg der Kooperation mit anderen Unternehmen Handlungsfelder zu erschließen, die die Umsetzung einer ökologischen Unternehmenspolitik erleichtern oder überhaupt erst ermöglichen.

Die nachfolgende Bearbeitung dieser Fragestellung erfolgt in drei Hauptteilen. Der 1. Hauptteil mit den Kapiteln 1 bis 3 dient der Darstellung einiger Vorbetrachtungen zur Kooperation, zur Zivilisation und zur ökologischen Unternehmenspolitik. Im 1. Kapitel wird dafür zunächst ein grundsätzlicher Kooperationsbegriff herausgearbeitet. Anschließend wird die These aufgestellt, daß Zivilisationen als das Ergebnis zunehmender zwischenmenschlicher Kooperation interpretiert werden können. Ohne unmittelbare Intention befähigen die Menschen sich durch diese Kooperation, die für Zivilisationen typischen Großstrukturen mit sehr langen und vieldimensionalen Wirkungsketten zu organisieren. Sie schaffen damit aber, ebenfalls ohne unmittelbare Intention, die Basis einer irreversiblen Veränderung ökologischer Lebensbedingungen der Erde. Als Lösung aus dieser Entwicklung muß es gelingen, unter Anerkennung der vorhandenen menschlichen Rationalität eine weitere Ausweitung der dabei rational erscheinenden Kooperationen zu schaffen. Unternehmenskooperationen werden als ein Baustein zu dieser notwendigen Erweiterung kooperativen Verhaltens in der Zivilisation vorgeschlagen.

Auf der Grundlage dieser Überlegungen werden im 2. Kapitel Kooperationen von Unternehmen als ein Koordinationsmechanismus innerhalb des Wirtschaftssystems gekennzeichnet, der sich von zwei anderen Koordinationsmechanismen, nämlich den klassischen Kaufverträgen auf der einen Seite und dem Konkurrenzverhalten auf der

---

beteiligten Unternehmen damit jedoch nicht eine in ihrer Gesamtheit klar spezifizierbare Kooperation begründen. Ohne die Existenz oder den Stellenwert von Netzwerken in Frage stellen zu wollen, werden wir hier primär die klar abgrenzbaren Formen spezifischer Kooperation zum Gegenstand der Diskussion machen.

anderen Seite, abgrenzen läßt. Weitergehend werden die Kriterien für das Vorliegen einer Unternehmenskooperation anhand einiger deskriptiver Komponenten präzisiert. Ein erster Blick in die Kooperationsphänomene unseres Wirtschaftssystems verdeutlicht die Bedeutung der Unternehmenskooperation innerhalb desselben und gibt erste Hinweise auf Erklärungsansätze. Abschließend wird durch die Beschreibung von ausgewählten Dimensionen der Kooperation eine Struktur in die Vielfalt möglicher Kooperationsformen gebracht.

Im 3. Kapitel wird festgestellt, daß Unternehmen im Vergleich zu anderen gesellschaftlichen Institutionen große Handlungsfelder besitzen, um den ökologischen Krisenerscheinungen auf dieser Erde entgegenzuwirken. Voraussetzung dafür ist das Wahrnehmen einer ökologischen Unternehmenspolitik. Unternehmenskooperationen werden als eine Möglichkeit zur Umsetzung ökologischer Unternehmenspolitik, und damit zur Verringerung der ökologisch negativen Wirkungen unseres gegenwärtigen Zivilisationshandelns vorgestellt. Aus den Dimensionen zur Typologisierung von Kooperationsformen wird eine Kooperationsmatrix entwickelt, die idealtypische Kooperationsfelder einer ökologischen Unternehmenspolitik abgrenzt. Mit der Darstellung einiger Praxisbeispiele für die unterschiedlichen Felder der Kooperationsmatrix wird der 1. Hauptteil abgeschlossen.

Der 2. Hauptteil dient der Aufarbeitung und Darstellung organisationstheoretischer Erklärungsansätze für das Entstehen von Kooperationen im Rahmen ökologischer Unternehmenspolitik. Dazu werden in den Kapiteln 4 bis 6 die Perspektiven des Individuums als Initiator, des Wirtschaftssystems als Raum und des Unternehmens als Akteur der Kooperation eingenommen.

Im 4. Kapitel werden, entsprechend der Perspektive des Individuums, theoretische Ansätze vorgestellt, die auf der Grundlage des ökonomischen Paradigmas bzw. der Wert-Erwartungs-Theorie der Sozialwissenschaft beruhen. Im einzelnen werden der Transaktionskostenansatz, die Spieltheorie und der akteur-analytische Rational-Choice-Ansatz auf ihren Aussagegehalt zur Erklärung von Kooperationen und zur Aufnahme einer ökologischen Unternehmenspolitik untersucht.

Im 5. Kapitel, in dem die Perspektive des Wirtschaftssystems eingenommen wird, erfolgt zunächst eine Darstellung systemtheoretischer Grundlagen, um darauf aufbauend soziale Systeme und weitergehend die verschiedenartigen Vernetzungsebenen der sozialen Systeme „Unternehmen" zu kennzeichnen. Zur Vertiefung der wirtschaftssystemischen Betrachtung werden der Resource-Dependence-Ansatz und der Netzwerkansatz vorgestellt. Beide liefern zahlreiche Aussagen über die Entstehung von Kooperationen in einem marktwirtschaftlichen Wirtschaftssystem. Die anschließende Auseinandersetzung mit neueren systemtheoretischen Forschungsfeldern stellt Überlegungen zur Autopoiesis von sozialen Systemen vor. Daraus werden Aussagen zu den Bedingungen ökologischer Unternehmenspolitik und dem Stellenwert von Kooperationen im Wirtschaftssystem abgeleitet.

Zum Abschluß des 2. Hauptteils wird die Perspektive des Unternehmens selbst eingenommen. Dazu werden im 6. Kapitel Unternehmen als organisierte Sozialsysteme beschrieben, die auf der Grundlage von Interaktionen und Interpretationen funktionieren. Die dabei geprägten Sachverhalte organisierter Sozialsysteme bestimmen deren Kultur. Im Zuge der Auseinandersetzung mit solchen Sachverhalten wird insbesondere auf formale Strukturen und Regeln, auf Rituale und Kommunikationsformen und auf die Selbstthematisierung im Unternehmen fokussiert. Es werden Ausprägungen der betrachteten Sachverhalte organisierter Sozialsysteme vorgestellt, die eine ökologische Unternehmenspolitik und Kooperationen fördern können.

Der 3. Hauptteil setzt sich abschließend mit dem Management von Kooperationen im Rahmen ökologischer Unternehmenspolitik auseinander. Zunächst werden dazu im 7. Kapitel Möglichkeiten eines normativen Managements vorgestellt. Dabei spielt die Frage der Einbeziehung interner und externer Anspruchsgruppen in die Formulierung einer Unternehmensphilosophie oder eines Unternehmensleitbildes eine wichtige Rolle. Aber auch weitere normative Fragestellungen ökologischer Unternehmenspolitik und der Kooperation werden hier diskutiert.

Das 8. Kapitel beschreibt die verschiedenen Stufen des strategischen Managements vor dem Hintergrund einer ökologischen Unternehmenspolitik und des Koordinationsinstruments der Kooperation. Zunächst werden dafür Elemente eines Ziel- und Strategiefindungsprozesses im Rahmen ökologischer Unternehmenspolitik vorgestellt. Gegliedert werden diese Elemente in die Bereiche der ökologischen Situationsanalyse, der Zielfindung, der Ermittlung der zur Zielerreichung aufzubauenden Leistungspotentiale und die Auswahl von Kooperationsstrategien zum

Aufbau der Leistungspotentiale. Innerhalb des letzten Bereiches wird für jedes Leistungspotentialdefizit zu klären sein, ob in einer der verschiedenen Formen der Kooperation eine geeignete Möglichkeit zur Deckung des Leistungspotentialdefizits liegen kann. Wenn Kooperationsstrategien dafür ausgewählt werden, geht es in der Strategieumsetzung zum einen um die Partnersuche, zum anderen um die Partnerauswahl und -gewinnung sowie die Konstituierung der Kooperation. Auch hierfür werden Instrumente vorgestellt, die auch unter Bezugnahme auf die theoretischen Erkenntnisse aus dem 2. Hauptteil geeignet sein können, diese Aufgaben des strategischen Managements zu bewältigen.

Anhand von vier Fallbeispielen aus unterschiedlichen Kooperationsfeldern wird im 9. Kapitel die operative Bewältigung von Kooperationen im Rahmen ökologischer Unternehmenspolitik geschildert. Von einer theoretischen Diskussion der Grundlagen bzw. der Instrumente des operativen Managements wird abgesehen, da die erforderliche Bandbreite operativer Maßnahmen ein derartiges Vorgehen nicht sinnvoll möglich machen würde. Die Vorgehensweisen und Ergebnisse der Fallbeispiele werden jedoch an den theoretischen Erkenntnissen des 2. Hauptteils reflektiert, um damit die Bedeutung einzelner Aussagen hervorzuheben, zu dokumentieren oder auch zu relativieren. Eine Zusammenfassung der Reflexionen und eine Schlußbetrachtung schließen die Arbeit ab.

I.

VORBETRACHTUNGEN ZU KOOPERATION, ZIVILISATION UND ÖKOLOGISCHER UNTERNEHMENSPOLITIK

1. Kapitel

Kooperation und Zivilisation

Die Politik, die Wirtschaft, die Wissenschaft, die Menschen als solche – je nach Kontext wird in Diskussionen über ökologische Veränderungen der (Um-)Welt mal der eine, mal der andere Teil der Gesellschaft in das Zentrum der Betrachtung gerückt, wenn es darum geht festzustellen, wer denn nun Verantwortung trägt für die Verschlechterung der ökologischen Verfassung unserer Welt. Häufig wird diese Verantwortung, wem auch immer sie denn zugerechnet wird, in einem Zuge dann auch gleich sowohl für die bisherige Entwicklung als auch für die zukünftige Entwicklung zugeordnet. Wer den Schaden verursacht hat, der möchte ihn doch auch bitte wieder beseitigen! Aber wer hat denn welchen Schaden tatsächlich verursacht? Und geht die simple Rechnung auf, sprich, können die, die einen Schaden verursacht haben, diesen einfach selbst wieder beseitigen?

Diese Fragen bilden den Ausgangspunkt der vorliegenden Arbeit über Kooperation im Rahmen ökologischer Unternehmenspolitik. Bevor auf Fragen der Verantwortung speziell des Wirtschaftssystems oder der Unternehmen für ökologische Veränderungen und der Handlungsmöglichkeiten zur Vermeidung eben dieser ökologischen Veränderungen eingegangen werden kann, soll damit ein Blick auf die Rahmenbedingungen geworfen werden, innerhalb derer sich Unternehmen entwickelt und als bedeutende gesellschaftliche Akteure etabliert haben. Zur Kennzeichnung unserer gegenwärtigen Gesellschaftssituation sollen dazu verschiedene Begriffe und Überlegungen zur Gesellschaftsentwicklung besprochen und vorgestellt werden. Zunächst wird hierzu in Kapitel 1.1 der Begriff der Kooperation mit einem grundsätzlichen Begriffsverständnis eingeführt. In Kapitel 1.2 wird anschließend auf die Begriffe der Evolution und der Zivilisation einzugehen sein. Basierend auf den dann vorliegenden Begriffsdefinitionen sollen anschließend, noch unabhängig von ökologischen Gesichtspunkten, einige Überlegungen zum Zusammenhang von Zivilisation und Kooperation dargestellt werden. Kapitel 1.3 setzt sich abschließend mit den Begriffen der Ökologie und der Natur auseinander. Dort wird auch zu klären sein, welche Folgen die Zivilisationsentwicklung für die Ökologie hat, und es wird die Frage aufgeworfen, welche Rolle der Kooperation bzw. dem Kooperieren in der zivilisierten Gesellschaft zur Vermeidung ökologischer Verschlechterungen zukommen kann.

1.1 Der Begriff der Kooperation

Der Begriff der Kooperation erfreut sich in den Sozialwissenschaften eines breiten Spektrums an Umschreibungen und Definitionen, da viele der verschiedenen sozialwissenschaftlichen Forschungsfelder auf das Phänomen der Kooperation hinweisen und es dabei aus unterschiedlichsten Blickwinkeln beleuchten. Wir wollen an dieser Stelle zunächst ein grundsätzliches Begriffsverständnis von Kooperation einführen, welches unabhängig von den verschiedenen Forschungsrichtungen und damit unabhängig von bestimmten Kooperationssituationen das Wesensmerkmal der Kooperation verdeutlicht. Darüber hinaus sollen, ebenfalls generalisierend, vier unterschiedliche soziale Situationen vorgestellt werden, in denen Kooperationen möglich sind, in denen aber aufgrund unterschiedlicher Rahmenbedingungen die Wahrscheinlichkeit für Kooperationen unterschiedlich ausgeprägt ist.

Eine sehr knappe und dabei sehr klare Definition des Begriffs der Kooperation stammt von Deutsch.[1] Dieser kennzeichnet die kooperative soziale Situation dadurch, daß jeder an dieser Situation Beteiligte seine Ziele nur in dem Maße erreicht, wie auch die anderen Beteiligten ihre Ziele erreichen. Dabei ist es nicht erforderlich, daß diese Beteiligten ein gemeinsames Ziel verfolgen. Es ist zwar durchaus denkbar, daß neben individuellen Zielen auch gemeinsame Ziele formuliert werden oder bloß vorhanden sind. Dies ist jedoch keine Voraussetzung für das Entstehen einer Kooperation. Battmann spricht daher im Zusammenhang mit der (individuellen) Zielerreichung von einer Steigerung der Effizienz, die durch Kooperation erreicht werden kann.[2] Entscheidend für Kooperationen ist also, daß mit dem Gelingen einer Kooperation eine Steigerung des individuellen Nutzens aller Beteiligten verbunden

---

1 Vgl. Deutsch (1949), S. 131ff.
2 Vgl. Battmann (1989), S. 44.

ist. Bereits mit diesem einen Merkmal der Steigerung des individuellen Nutzens aller Beteiligten in einer Situation interdependenten Handelns läßt sich folgende grundlegende Charakterisierung der Kooperation ableiten:

Kooperation dient der Steigerung der Effizienz bei dem Erreichen von Zielen mehrerer Beteiligter, wenn zwischen den Zielen der Beteiligten gleichgerichtete Wechselbeziehungen bestehen.

Wenn dagegen mehrere Akteure interagieren, deren Ziele in entgegengerichteter Wechselbeziehung stehen, kann eine Kooperation nicht zustande kommen. In diesem Fall handelt es sich um eine Wettbewerbssituation: jeder Akteur kann seine Ziele nur in dem Maße erreichen, wie die anderen Akteure ihre Ziele nicht erreichen.[1]

Nach Schüßler lassen sich nun verschiedene Situationen unterscheiden, denen alle die oben genannten Merkmale a) gleichgerichteter Wechselbeziehungen der individuellen Ziele aller Beteiligten und b) des Erreichens individuellen Nutzens für alle Beteiligten, und damit die Merkmale von Kooperationssituationen, zugrunde liegen. Schüßler unterscheidet insgesamt vier verschiedene Kooperationssituationen:[2]

(1) die Kooperation bei Interaktion einer geringen Anzahl von Menschen ohne die Möglichkeit des Einzelnen, sich aus der Interaktion auszuschließen,

(2) die Kooperation bei Interaktion einer großen Anzahl von Menschen ohne die Möglichkeit des Einzelnen, sich aus der Interaktion auszuschließen (Entstehung von öffentlichen Gütern und sozialer Ordnung),

(3) die Kooperation in egoistischen und anonymen Systemen des Tausches auf freien Märkten mit der Möglichkeit, die Interaktions- und Kooperationspartner selber frei zu wählen,

(4) die Kooperation einer großen Anzahl von Menschen unter hierarchischer Kontrolle einer Zentralinstanz, die mit dem Recht

---

1 Vgl. Deutsch (1949), S. 131ff.
2 Vgl. Schüßler (1990), S. 6ff.; Schüßler spricht hierbei von egoistischer Kooperation, da er allen Menschen grundsätzlich das Verhalten rational kalkulierender Egoisten unterstellt. Die Kooperationssituationen werden von Schüßler als Kooperationsdilemmas gekennzeichnet, da die Hindernisse der einzelnen Kooperationssituationen im Mittelpunkt seiner Arbeit stehen.

ausgestattet ist, einzelne Kooperationsbeteiligte auszuschließen. Ziel der Kooperation ist die Erstellung von kollektiven Gütern. Im Unterschied zu öffentlichen Gütern sind diese nur den Menschen zugänglich, die an der Erstellung beteiligt sind. Diese Kooperationssituation muß ergänzt werden um die zunächst notwendige gemeinsame Schaffung einer solchen Zentralinstanz als vorgelagerte Voraussetzung für das Ziel der Erstellung kollektiver Güter.

Mit dieser kurzen Erläuterung des Kooperationsbegriffs und dem Vergleich der verschiedenen Kooperationssituationen ist die begriffliche Grundlage geschaffen, auf der nun zunächst die Zivilisationsentwicklung als Folge von zunehmender Kooperation, und im 2. Kapitel die Kooperation von Unternehmen besprochen werden soll.

1.2 Das Kooperationsprinzip der Zivilisation

Die Überlegung, Zivilisationsentwicklung in direkten Zusammenhang mit der Ausbreitung von Kooperationen zu bringen, ist nicht neu,[1] sie gehört aber nicht zu den verbreiteten Erklärungsmodi der Zivilisation. Die frühen Untersuchungen des menschlichen Kooperationsverhaltens oder des solidarischen Verhaltens, wie sie etwa von Hobbes im 17. Jahrhundert oder von Spencer oder Durkheim im ausgehenden 19. Jahrhundert unternommen wurden, waren zwar gesellschaftstheoretisch angelegt, sie brachten den Begriff der Kooperation jedoch in keinen unmittelbaren Zusammenhang mit dem Begriff der Zivilisation, sondern alleine in Zusammenhang mit dem Begriff der Gesellschaft bzw. der sich industrialisierenden und arbeitsteilenden Gesellschaft.[2]

Die dadurch möglicherweise begründete Abhängigkeit zwischen Kooperation und Zivilisation, wie sie von Axelrod unterstellt wird, soll nun genauer erörtert werden. Ziel dieser Untersuchung ist es, zu verstehen, ob das, was heute als menschliche Zivilisation verstanden wird, nur auf der Grundlage sich ausbreitender Kooperation entstehen

---

1 Explizit formuliert diesen Zusammenhang Axelrod, wenn er sagt, „daß Kooperation vorkommt und daß sie die Grundlage unserer Zivilisation bildet". Axelrod (1991), S. 3.
2 Vgl. Hobbes (1984); Spencer (1888); Durkheim (1992).

konnte. Sollte sich diese These bestätigen und damit das Entstehen von Zivilisation eng an das Vorhandensein von Kooperation geknüpft sein, wird weiterhin zu klären sein, welches Maß an Zivilisiertheit die Menschen erreicht haben, wenn man das Maß an wahrgenommenen Kooperationsmöglichkeiten dagegen hält. Impliziert wird damit die Vermutung, daß Zivilisation nicht etwas Absolutes, Endgültiges ist, sondern ein Prozeß, den weite Teile der Weltbevölkerung in unterschiedlichen Stadien durchlaufen.

Da die Überlegungen zur Ausbreitung der menschlichen Kooperation, und damit der Entstehung der Zivilisation, wesentlich vor dem Hintergrund evolutionärer Mechanismen diskutiert werden, soll zunächst der Begriff der Evolution vorgestellt werden. Dieser stammt von dem lateinischen Verb „evolvere", was übersetzt soviel wie „herauswickeln" bedeutet. Mit Evolution wird eine „friedliche" Entwicklung oder Veränderung im Zeitverlauf beschrieben, im Unterschied etwa zur Revolution. Heute existieren verschiedenartige Evolutionstheorien, mit denen die Entwicklung von hochentwickeltem Leben auf der Erde (synthetische Evolutionstheorie) oder die Entstehung von sozialen Sachverhalten wie Gruppen, Organisationen oder Gesellschaften (soziale Evolutionstheorien) als selbstlaufende Prozesse ohne äußere Steuerung dargestellt und erläutert werden.[1]

Soziale Evolutionstheorien werden häufig analog zur synthetischen Evolutionstheorie definiert. Die synthetische Evolutionstheorie ist zwar nicht als Meta-Evolutionstheorie zu verstehen, sie stellt zumindest aber die verbreitetste Theorie einer Richtung dar, die sich grundlegende evolutionistische Ideen zu eigen macht.[2] Deshalb scheint die synthetische Evolutionstheorie besonders geeignet, der beispielhaften Erläuterung evolutionistischer Ideen auch in anderen Wissenschaftsfeldern hilfreich zu sein. Dem soll hier durch eine kurze Kennzeichnung der synthetischen Evolutionstheorie Rechnung getragen werden:[3]

- Analyseeinheit der synthetischen Evolutionstheorie ist die *Population von Lebewesen*. Zu einer Population gehören alle Lebewesen mit einem gemeinsamen Genpool.

---

1 Einen Überblick vermittelt Hettlage (1982).
2 Vgl. Malik (1982), S. 96.
3 Vgl. Junker/Scherer (1988).

- Die einzelnen Lebewesen der Population können den Genpool durch *Mutationen* – das sind Veränderungen der Gene, die in keinem Zusammenhang mit den aktuellen Umwelterfordernissen stehen müssen – bereichern.
- Die einzelnen Lebewesen können sich selbst reproduzieren. Bei der Paarung von Lebewesen kommt es zu einer Vermischung von Eigenschaften und damit zu *Variationen*. Diese stellen jedoch keine Bereicherung des Genpools im Sinne der Mutation dar.
- Als *Selektion* wird der Prozeß bezeichnet, bei dem sich zufällige Kombinationen von Eigenschaften in der bestehenden Umwelt besser bewähren als andere, somit ihr Überleben sichern und sich reproduzieren können.
- Durch räumliche Trennung der Lebewesen einer Population entstehen im Zeitverlauf unterschiedliche Genpools in den einzelnen Gruppen (Ursache: unterschiedliche Mutationen und Umweltbedingungen), so daß letztendlich verschiedenartige Populationen, und das bedeutet neue Arten, daraus hervorgehen. Diesen Prozeß bezeichnet man als *Speziation*.

Obwohl, oder besser gerade weil Charles Darwin vielerorts als der Begründer der Evolutionstheorie angesehen wird, verweisen Sozialwissenschaftler mit Nachdruck darauf, daß die Ursprünge der Evolutionstheorie nicht in den Naturwissenschaften zu suchen sind, sondern „daß es sehr interessante evolutionäre Sozialtheorien gegeben hat, lange bevor in der Biologie ähnliches zu verzeichnen war und daß sogar vermutet werden darf, daß Darwin und seine Zeitgenossen mehr von den Sozialtheoretikern gelernt haben als umgekehrt ..."[1] Dennoch gelang dem gesellschaftlichen Evolutionismus erst im Gefolge von Darwin der Durchbruch. Als möglicher Grund dafür wird angeführt, daß Darwin den organischen Wandel erstmalig nicht mehr durch außernatürliche Kräfte, sondern durch den Organismen immanente, natürliche, biologische Kräfte zu erklären versuchte. Darüber hinaus profitierten Sozialwissenschaftler durch Anlehnung an einen Naturwissenschaftler auch von dessen wissenschaftlicher Reputation, welche sich in der dort angenommenen exakten Realitätserfassung begründete.[2] Die

---

[1] Malik (1982), S. 94; vgl. auch Hayek (1969a), Hayek (1980), S. 38ff.
[2] Vgl. Hettlage (1982), S. 112ff.

so gestärkten evolutionären Theorien der Sozialwissenschaften können heute in zwei Grundströmungen unterteilt werden:

(1) der klassische Sozialdarwinismus,
(2) die Rezeption Darwins in der modernen Soziologie.

(1) Der klassische Sozialdarwinismus
Hierzu zählt die von Herbert Spencer (1820-1903) und ähnlich von William Graham Sumner (1840-1910) beschriebene Theorie, die Evolution als Fortschritt und notwendige Entwicklung beschreibt und hierbei die These vertritt, daß Auslese und Überlebenskampf nicht nur ein Faktum, sondern vielmehr ein Muß sind, wenn die Maximierung des Glücks, und damit aus ihrer Sicht: die höchste Zivilisation erreicht werden soll.[1]

Eine noch schärfere Akzentuierung erhielt der Sozialdarwinismus, als er mit dem Begriff der Rasse in Verbindung gebracht wurde.[2] Der politische Mißbrauch des darauf entstandenen Theoriegebäudes ist insbesondere aus der Entwicklung des Dritten Reichs weltweit bekannt.

(2) Die Rezeption Darwins in der modernen Soziologie
In diesem Zweig ist zunächst die Soziobiologie zu nennen. Diese erkennt in menschlichem Verhalten primär ein Vehikel genetischer Informationen.[3] Ähnlich wie menschliche Verhaltensweisen auf genetische, evolvierende Informationen zurückgeführt werden, wird in Analogie vorgeschlagen, „Institutionen als genetische Merkmale von Gesellschaften aufzufassen, die sich dann am besten reproduzieren können, wenn sie dem selektiven Umweltdruck (z.B. Kulturkontakt) am besten gewachsen sind."[4]

Als weitere Richtung entstand aus der Rezeption Darwins in der modernen Soziologie die Theorie der Evolution sozialer Systeme.[5] Diese analysiert Ursachen und Mechanismen, die dazu geführt haben, daß sich, ausgehend von Institutionen wie Familien und Stämmen, neue Institutionen gebildet haben, wie wir sie heute in Form von Gesellschaften und Organisationen erleben.

---

1 Vgl. Spencer (1972), S. 45ff.
2 Vgl. Gumplowicz (1883).
3 Vgl. Wilson (1978), S. 38.
4 Hettlage (1982), S. 120; einschränkend zu diesen Ideen äußert sich u.a. Dobzhansky (1968).
5 Vgl. Giesen (1980); Lau (1981).

Über das grundsätzliche Verständnis von Evolution und Evolutionstheorien hinaus wird auf die zuletzt genannte Theorie der Evolution sozialer Systeme im Rahmen dieser Arbeit noch mehrfach einzugehen sein. Bereits hier sollen im Vorgriff auf eine ausführlichere Darstellung der neueren Systemtheorie grundsätzliche Überlegungen aus diesem Erklärungsmodus herangezogen werden, um die – in grober Näherung – stufenweise Abfolge der oben beschriebenen vier Kooperationssituationen im gesellschaftlichen Entwicklungsprozeß darzustellen.[1] Danach müssen primitive Gesellschaften zunächst Solidarität unter wenigen Individuen schaffen, um zu überleben. Die Fähigkeit zur Kooperation wird damit zum Selektionskriterium, welches strukturell immer schwieriger umzusetzen ist, je größer eine Gesellschaft wird. Schließlich bedarf es der Einführung und Anerkennung einer hierarchischen Zentralinstanz bzw. eines Gewaltmonopols, wie es durch Stammeshäuptlinge, durch Fürsten und Könige, oder durch den Rechtsstaat realisiert wird. Das einzelne Gesellschaftsmitglied entscheidet dabei häufig nicht mehr bewußt über die Einführung eines dieser Gewaltmonopole. Vielmehr entwickeln sich diese evolutionär, weil nur durch Anerkennung vorgegebener oder freiwillig gewählter Gewaltmonopole ein Überleben des Einzelnen realisiert wird und damit, ohne zwingende Intention des Einzelnen, auch das Überleben der so organisierten Gesellschaft. Dabei müssen sich die aus Überzeugung geschaffenen oder anerkannten Gewaltmonopole von den durch Unterdrückung aufrechterhaltenen Gewaltmonopolen nach außen hin nicht unterscheiden. Die Motive für das Kooperieren der Beteiligten können in beiden Fällen jedoch erheblich auseinandergehen.

In kooperativ gefestigten Gesellschaften können sich weitergehend Subsysteme herausbilden, die im Sinne einer Arbeitsteilung bestimmte gesellschaftliche Aufgaben effizienter bewältigen als dies bei ganzheitlicher Steuerung möglich wäre. Die Kooperationssituationen des dritten Typs, also die Kooperation in egoistischen und anonymen Systemen des Tausches, gewinnt bei solchermaßen gefestigten Gesellschaften industriellen Typs, und dort in dem Subsystem der Wirtschaft, ihre Bedeutung. Auf dieses Subsystem wird im Rahmen dieser Arbeit noch ausführlich einzugehen sein.

---

1 Ausführlicher zur neueren Systemtheorie und zur Evolution sozialer Systeme siehe Kapitel 5.3.

An dieser Stelle soll nun aber nicht über die Möglichkeiten der evolutionären Durchsetzung bestimmter Gesellschaftsformen gesprochen werden.[1] Es soll lediglich die Entstehung von immer größer werdenden Gesellschaften aufgrund einer Fähigkeit und Bereitschaft der Menschen zur Kooperation deutlich gemacht werden. Als Folge aus dieser zunehmenden Kooperation bzw. dieser „Evolution der Kooperation"[2] ergeben sich zahlreiche Veränderungen im zwischenmenschlichen Leben. Diese kennzeichnen aber nicht nur das Entstehen von Gesellschaften, sondern in gleichem Maße auch das Entstehen von Zivilisationen. Der nachfolgend aus dem bekannten Werk von Norbert Elias „Über den Prozeß der Zivilisation"[3] wiedergegebene längere Textausschnitt vermittelt ein entsprechendes Verständnis von Zivilisation, welches selbige nicht an ihren wissenschaftlichen oder technischen Errungenschaften festzumachen versucht,[4] sondern welches Zivilisation auf das Maß der Verhaltensabstimmung der Mitglieder einer Gesellschaft und damit auch auf die Ausbildung eines Gewaltmonopols in dieser Gesellschaft zurückführt:

„Gesellschaften mit stabileren Gewaltmonopolen, verkörpert zunächst stets durch einen größeren Fürsten- oder Königshof, sind Gesellschaften, in denen die Funktionsteilung mehr oder weniger weit gediehen ist, in denen die Handlungsketten, die den Einzelnen binden, länger und die funktionellen Abhängigkeiten des einzelnen Menschen von anderen größer sind. Hier ist der Einzelne vor dem plötzlichen Überfall, vor dem schockartigen Einbruch der körperlichen Gewalt in sein Leben weitgehend geschützt; aber er ist zugleich selbst gezwungen, den eigenen Leidenschaftsausbruch, die Wallung, die ihn zum körperlichen Angriff eines anderen treibt, zurückzudrängen. Und die anderen Formen des Zwanges, die nun in den befriedeten Räumen vorherrschen, modellieren Verhalten und Affektäußerungen des Einzelnen in der gleichen Richtung. Je dichter das Interdependenzgeflecht wird, in das der Einzelne mit der fortschreitenden Funktionsteilung versponnen wird, je größer die Menschenräume sind, über die sich dieses Geflecht erstreckt, und die sich mit dieser Verflechtung, sei es funktionell, sei es institutionell, zu einer Einheit zusammenschließen, desto mehr ist der Einzelne in seiner sozialen Existenz bedroht, der spontanen Wallungen und Leidenschaften nachgibt; desto mehr ist derjenige

---

1 Vgl. hierzu einführend Willke (1993b), S. 215ff.
2 So lautet auch die Überschrift des bekannten Werkes von Robert Axelrod (1991).
3 Elias (1993a und b).
4 So etwa der Duden, Band 5.

> gesellschaftlich im Vorteil, der seine Affekte zu dämpfen vermag, und
> desto stärker wird jeder Einzelne auch von klein auf dazu gedrängt, die
> Wirkung seiner Handlungen oder die Wirkung der Handlungen anderer
> über eine ganze Reihe von Kettengliedern hinweg zu bedenken. Dämpfung
> der spontanen Wallungen, Zurückhaltung der Affekte, Weitung des Gedankenraumes über den Augenblick hinaus in die vergangenen Ursach-,
> die zukünftigen Folgeketten, es sind verschiedene Aspekte der gleichen
> Verhaltensänderung, eben jener Verhaltensänderung, die sich mit der
> Monopolisierung der körperlichen Gewalt, mit der Ausweitung der Handlungsketten und Interdependenzen im gesellschaftlichen Raume notwendigerweise zugleich vollzieht. Es ist eine Veränderung des Verhaltens im
> Sinne der ‚Zivilisation'" [1]

Mit diesem Verständnis von Zivilisation geraten wissenschaftliche oder technologische Errungenschaften einer Zivilisation zur Bewertung der Qualität dieser Zivilisation in den Hintergrund. Maßstab der Bewertung ist die Fähigkeit zum kooperativen und damit friedlichen Umgang der Menschen innerhalb und auch außerhalb einer Gesellschaft. Die Fähigkeit zur Kooperation betrifft damit nicht nur den inneren Frieden einer Gesellschaft, sondern kann ebenso auf den äußeren Frieden im Umgang mit anderen Gesellschaften ausgeweitet werden. Dieses Wesensmerkmal der Zivilisation, die Befriedung des Verhaltens von Menschen in Gesellschaften und des Verhaltens von Gesellschaften untereinander darf allerdings (noch) nicht in einem Zuge mit einer Befriedung auch des Verhältnisses zwischen den Menschen und der Natur gleichgesetzt werden.[2] Die Frage, ob Kooperation als Grundprinzip der Zivilisation zu verstehen ist, muß dessen ungeachtet dennoch eindeutig bejaht werden.

Die höhere Verhaltensabstimmung, die Eindämmung von Wallungen und Affekten, die zunehmende Funktionsdifferenzierung und die damit entstehende Verlängerung von Handlungsketten führen nun, als äußerlich weithin sichtbares Erkennungsmerkmal einer Zivilisation, zu einer Steigerung der Effizienz in der Bewältigung gesellschaftlicher Probleme, die weit über das bloße Überleben hinaus zusätzliche Vorteile bietet und die damit diese Entwicklung zusätzlich evolutionär begünstigt. Denn mit der Zivilisierung von Gesellschaften wird zusätzlich eine enorme Entwicklung von Wissenschaft und Technik, von Wirtschaftssystemen und Verwaltungen ermöglicht, die ihrerseits zu viel-

---

1 Elias (1993b), S. 321/322.
2 Vgl. Pfriem (1995), S. 207.

fach verbesserten Lebensbedingungen jenseits der Frage des reinen Überlebens führen. Dies betrifft heute insbesondere die industrialisierten Länder, die sich dank ihrer Zivilisiertheit einen Wohlstand und ein gesellschaftliches Wohlergehen aufbauen konnten, wie es in der Geschichte der Menschheit ohne Vergleich ist.

Mittlerweile rühren sich jedoch vermehrte Zweifel, ob der Wohlstand, den diese Nationen aufgebaut haben, tatsächlich noch gleichzusetzen ist mit einem echten Wohlergehen der Bürger dieser Nationen, oder ob die Nebenwirkungen der erreichten Zivilisation nicht bereits eben dieses Wohlergehen wieder schmälern. Es zeigen sich nämlich zunehmend neue gesellschaftliche Problemfelder, die ihre Ursache gerade in den beschriebenen Merkmalen der Zivilisation haben könnten. Zu nennen sind hier soziale Probleme, Probleme der psychischen und physischen Gesundheit, Probleme der Steuerung der langen Handlungsketten bei hoher Funktionsdifferenzierung sowie Probleme der Zerstörung der Lebensgrundlage menschlicher Zivilisationen, der Ökosphäre.

Insbesondere dem letztgenannten Problem, der Zerstörung der Ökosphäre als Folge zunehmender Zivilisierung, nimmt sich das folgende Kapitel 1.3 an. Wie bereits der Überschrift zu entnehmen ist, wird dabei die These aufgestellt, daß gerade die ökologischen Probleme der Menschheit nur durch ein Mehr an Kooperation und dadurch ein Mehr an Zivilisation gelöst werden können.

1.3 Die industrielle Zivilisation und die ökologischen Folgen unvollständiger Kooperation

Von den sechs Milliarden Menschen, die gegenwärtig auf der Erde leben, sind etwa eineinhalb Milliarden Bürger sogenannter Industriegesellschaften.[1] Wenn man, wie in der Einleitung zu diesem 1. Kapitel erwähnt, bei der Suche nach Verantwortlichen für eine Verschlechterung der ökologischen Situation unserer Welt auf die Politik, die Wirtschaft, die Wissenschaft oder die Menschen zu sprechen kommt, so trifft dies primär immer die entsprechenden Vertreter der Industrienationen. Natürlich haben auch weniger entwickelte Gesellschaften

---

1 Vgl. Strahm (1990). S. 12.

oder Nationen ihren Anteil an ökologischen Veränderungen der Welt. Das Handeln dieser Nationen mit seinen Auswirkungen auf ökologische Veränderungen scheint jedoch eher aus der Reaktion dieser Gesellschaften auf die Aktion des Souveräns „Industriegesellschaft" ableitbar zu sein als aus eigener autonomer Entwicklung heraus.[1] Aus diesem Grund wollen wir unsere Aufmerksamkeit auf die Entwicklung der Industriegesellschaft als maßgeblichen Akteur ökologischer Veränderung richten. Bevor aber tiefer auf die Entwicklung von Industriegesellschaften und deren Bedeutung für die ökologische Welt eingegangen werden soll, gilt es zunächst die Begriffe der Ökologie und der Natur für die Anwendung in dieser Arbeit zu beschreiben.

Der Begriff der Ökologie wurde 1886 von Ernst Haeckel eingeführt. Aus den griechischen Worten „oikos" (= Haus) und dem verbreiteten „logos" (= Geist, Lehre) bildete Haeckel die Bezeichnung für einen Wissenschaftszweig der Biologie, der sich mit den Beziehungen der Organismen untereinander und zu deren Umwelt auseinandersetzt.[2] Über mehrere Schritte der Erforschung von Ökosystemen und deren gemeinsamem Gesamtsystem, der Biosphäre, hat sich die Ökologie zu einer „Wissenschaft von Menschen und Umwelt" entwickelt.[3] Nach Dyllick schließt diese letzte Stufe, die Dyllick auch als „Mensch in der Biosphäre" bezeichnet, den Kreislauf der Entwicklung in gewissem Sinne ab, „indem die Ökologie als Wissenschaft aufzeigt, wie der Mensch einen unlösbaren Bestandteil der Biosphäre darstellt, aus der er hervorgegangen ist und mit der er sich entwickelt hat, über die er in seiner geistigen Entwicklung aber auch herausragt"[4]. Wir wollen uns dieser Hervorhebung des Menschen in der Ökologie anschließen, solange mit ihr keine Fokussierung auf den Menschen als Zentrum der Biosphäre verstanden wird, sondern im Gegenteil eine Erweiterung der Ökologie auch auf den mit besonderen geistigen Fähigkeiten ausgestatteten Organismus Mensch und dessen Wirken auf seine Umwelt und die Biosphäre.

---

1 Ausführlicher zu dieser Problematik vgl. Weizsäcker (1994), S. 204ff.
2 Vgl. Teutsch (1985), S. 80; bereits an dieser Stelle wird die Nähe zur eben beschriebenen synthetischen Evolution deutlich, sind deren Mechanismen doch ausschlaggebend für eine Veränderung der Beziehungen von Organismen untereinander und zu deren Umwelt.
3 Vgl. Dyllick (1983), S. 41.
4 Ebd., S. 42.

Kooperation und Zivilisation

Die Unterscheidung zwischen der Umwelt des Menschen und der Biosphäre als Summe aller Ökosysteme soll betont werden, da sich unsere Betrachtungen nicht auf die Umwelt (und damit implizit die Umwelt des Menschen) beschränken sollen, sondern die gesamte Natur, ob nun zur Umwelt des Menschen gehörend oder nicht, berücksichtigt werden soll. Uns geht es dabei um nicht weniger als die „bescheidene menschliche Einsicht, daß die Natur auch für sich da ist und nicht nur für den Menschen"[1]. Eine Engführung der Ökologie-Problematik hin zu einer Menschenumwelt-Problematik soll ausdrücklich vermieden werden.

Die Klärung des Begriffs der Ökologie ist ohne ein Eingehen auf den Begriff der Natur unvollständig. Unter dieser wurde zumindest bis ins 17. Jahrhundert „die Gesamtheit der vom Menschen unangetasteten Dinge"[2] verstanden. Da diese Definition in ihrer strengen Form wenig hilfreich wäre, andererseits weichere Formen der Definition wie: Natur ist „alles außer der spezifischen Technosphäre"[3], „auf jeden Fall mehr als Biosphäre"[4] auch eher auf die Probleme der Begriffsbestimmung hinweisen als daß sie diese beseitigen würden, scheint zunächst eine Begriffsfassung von Rohn, welche zumindest Klarheit über diese Unklarheit herstellt, weiterzuhelfen. „Der menschliche Naturbegriff ist ein relativer, insofern die menschliche Vorstellung von dem, was als naturhaft gelten kann, immer geprägt ist von ‚der' Natur, die der Mensch jeweils in seiner Zeit vorfindet."[5] Warum der Mensch aber Natur nur vorfindet und nicht selber Teil der Natur ist, warum sein Handeln als bewußter oder unbewußter Eingriff in die Natur aufgefaßt wird und nicht als ein Bestandteil von Natur akzeptiert wird, der in seiner Entwicklung, wie auch immer sie geartet sein mag, als natürlicher Prozeß zu schützen ist, warum der Mensch einerseits Teil der Biosphäre ist und „Natur mehr als Biosphäre" sein soll, andererseits der Mensch aber nicht zur Natur gehören soll; all dies deutet auf ein Merkmal „menschlicher Natur" (als Kompromißformel) hin, das sich

---

1 Pfriem (1995), S. 52.
2 Schischkoff (1982), S. 474.
3 Meyer-Abich (1979), S. 242.
4 Teutsch (1985), S. 72.
5 Rohn (1991), S. 5; einen ausführlichen Überblick über die Entwicklung des Naturbegriffs und den Wandel des Verständnisses von Natur bietet Gloy (1995).

von der „nichtmenschlichen Natur" deutlich unterscheidet. Menschen sind Naturgeschöpfe, die aufgrund ihrer geistigen Ausstattung in der Lage sind, neben instinktivem Verhalten auch ausgeprägtes strategisches, weit in die Zukunft gerichtetes Verhalten an den Tag zu legen. Diese Fähigkeit versetzt Menschen in die Lage, globale Maxima in der Zukunft auf Kosten lokaler Maxima in der Gegenwart anzustreben, wie es in diesem Maße keinem anderen Lebewesen auf der Erde möglich ist.[1] Damit unterscheiden sich Menschen hinsichtlich ihres Wirkens innerhalb der Natur und auf die Natur fundamental von der Tier- und Pflanzenwelt. Nach unserer Auffassung begründet allein dies ihre Ausnahmestellung hinsichtlich der Frage, ob ihr Handeln nicht grundsätzlich als „natürlich" anzusehen und daher sogar zu schützen sei. Der Mensch ist als Folge dieser Auffassung von Natur auch nur dann als Teil der Natur zu schützen, wenn sein (strategisches) Handeln die biologischen Grundlagen seines Ökosystems *und* der Biosphäre nicht ruiniert, sondern die Möglichkeiten von Koevolution mit anderem Leben in der Biosphäre offenläßt. Was es bedeuten würde, den Maßstab großzügiger zu setzen und im Zusammenhang mit Umweltschutz nur auf das Überleben von Menschen abzustellen, verdeutlicht Pfriem mit einer entsprechenden Vision von Evolution: „Auch die Geklonten, die an einem vollbegradigten und zubetonierten Kanal stünden und wie weiland Minister Zimmermann am Rhein-Main-Donau-Kanal ausrufen würden: ‚Wie schön', würden das Überleben der Menschheit repräsentieren."[2] Pfriem zweifelt zu Recht daran, „ob mit diesem und ähnlichem eine angemessene Antwort auf die ökologische Herausforderung geliefert wäre"[3].

Wenn wir nun, wie in der Überschrift geschehen, die Frage stellen, ob die Zivilisation eine noch unvollständige ist, so beinhaltet diese Fragestellung die Auffassung, daß wir Zivilisation zumindest als derzeitigen Endpunkt einer Evolution von Welt und Natur betrachten. Diese Evolution begann vor rund 13 Milliarden Jahren mit einem Urknall, der vor etwa 6 Milliarden Jahren unser Sonnensystem entstehen ließ. Die Erde selbst entstand erst vor 4,7 Milliarden Jahren und es dauerte noch einmal fast 2 Milliarden Jahre, ehe auf ihr das erste Leben entstand.

---

1 Vgl. dazu auch Kapitel 5.3.
2 Pfriem (1990), S. 8.
3 Ebd.

Tierische Zellen gibt es auf der Erde seit 800 Millionen und erst seit 1 Million Jahren den Menschen. Dieser entwickelte vor rund 10000 Jahren erste kulturelle Elemente und vor erst 200 Jahren die Gesellschaftsform einer industriellen Zivilisation.[1]

Basler/Bianca verdeutlichen anhand der Komprimierung der Evolutionsgeschichte von den ersten Säugetieren bis in die Gegenwart auf den Zeitraum eines Jahres, mit welcher unglaublichen Geschwindigkeit sich diese Entwicklung in der jüngeren Zeit dynamisiert hat. Übertragen auf den Zeitraum eines Jahres gab es im März gerade die ersten Vogelarten, im Juli die Entfaltung der Riesenreptilien, die aber wie die Dinosaurier im September wieder ausstarben, und es dauerte noch bis zur zweiten Novemberwoche, ehe die ersten Menschenaffen als Ergebnis der Evolution hervorgebracht worden waren. Am 31. Dezember, gegen 22 Uhr, sterben die berühmten Neandertaler aus, denen erst um 23.30 Uhr die Spezies des Homo sapiens folgt. Mit ihm beginnt allmählich die Zivilisierung von Gesellschaften. 18 Minuten vor Mitternacht erfinden diese das hölzerne Wagenrad, drei Minuten später die Bronzelegierung. 13 Sekunden vor Mitternacht befördert das erste Auto, eine Sekunde später das erste Flugzeug diesen Homo sapiens fast schon wohin er möchte ... .[2]

Um sich jetzt nicht in Bruchteilen von Sekunden zu verstricken, wenn es um die Einordnung von Schädlingsbekämpfungsmitteln, Waschmitteln und moderner Datenverarbeitung geht, seien nur noch die Hinweise erlaubt, daß der Mensch im Begriff ist, innerhalb der letzten 30 Sekunden des Beispieljahres alle fossilen, flüssigen und gasförmigen Brennstoffe zu verbrauchen, die von der Natur im Laufe dieses Jahres angesammelt wurden, und daß er Tiere, deren Entwicklung zum Teil viele Monate gedauert hat, binnen weniger Sekunden ausrottet.

Bevor weitere Auswirkungen dieser Zivilisationsdynamik beschrieben werden sollen, soll anhand der Unterschiedlichkeit einiger Strukturprinzipien von Ökologie und Zivilisation aufgezeigt werden, warum bzw. wann sich Natur und Zivilisation schwer vertragen und wie Ansätze einer echten Koevolution dieser beiden Bereiche menschlicher Realität aussehen könnten. In einem Aufsatz über „Die schwindende Wandlungsfähigkeit der Industriegesellschaft" unterscheidet Müller-

---

1 Vgl. Kreeb (1979).
2 Vgl. Basler/Bianca (1974), S. 11ff.

Reißmann drei entgegengesetzte Ausprägungen der Struktur von Ökologie und gegenwärtiger Zivilisationsentwicklung, die nachfolgend vorgestellt werden:[1]

- Während ökologische Strukturen geprägt sind von *Dezentralisierung* und autonomer Überlebensfähigkeit, ist ein wesentliches Merkmal der Zivilisation die *Arbeitsteilung*. Diese ermöglicht zwar eine erhebliche Steigerung der Effizienz in der Hervorbringung von Leistungen aller Art, bedeutet aber eine gesteigerte Abhängigkeit von dem Funktionieren des gesamten dafür aufgebauten Systems.
- Verbunden mit dem ökologischen Strukturprinzip der Dezentralisierung ist das Prinzip der *Ganzheitlichkeit* als Vorhaltung aller notwendigen Funktionen auf kleinem Raum. Dagegen steht ein Strukturprinzip der Zivilisation, die *Spezialisierung*. Diese betrifft sowohl die Ausbildung von Menschen als auch die Schaffung von Maschinen oder ganzer Anlagen oder Fabriken. Letzteres wird besonders deutlich, wenn diese zu nichts anderem genutzt werden können, als der Umwandlung eines genau festgelegten Inputs in einen einzigen Output.
- Die Größe der in der Zivilisation entstehenden Systeme mit ihrer Arbeitsteilung und Spezialisierung führt zu einem dritten Strukturprinzip, der relativen *Artenarmut*. Wo in der Ökologie die *Artenvielfalt* dafür sorgt, daß natürliche Systeme auf möglichst vielen Füßen stehen, garantiert beispielsweise das allumfassende Verkehrs- und Kommunikationssystem unserer zivilisierten Gesellschaft, „daß sich das Leben bis in die letzten Winkel hinein nach einheitlichen Mustern der Industriegesellschaft abspielt"[2].

Zweifellos ist es den Menschen gelungen, gerade durch die evolutionäre Ausbildung zivilisatorischer Strukturprinzipien eine Effizienz in der Schaffung von materiellem Wohlstand zu erzielen, die in der Geschichte der Menschheit ihresgleichen vergeblich sucht. Es wurde aber bereits mehrfach angedeutet, daß dieser Wohlstand gefährdet wird u.a. durch eine selbst verursachte Veränderung der ökologischen Rahmenbedingungen, in denen die Menschen ihre Zivilisation aufbauen konnten und die sie als Bestandteil ihres Wohlstandes erhalten wollen. Die negativen

---

1 Vgl. Müller-Reißmann (1979).
2 Ebd., S. 20.

ökologischen Wirkungen dieser Zivilisierung sollen verdeutlicht werden für die drei Bereiche:
(1) Ressourcenverbrauch,
(2) Umweltvergiftung,
(3) unmittelbare Natureingriffe.

(1) Ressourcenverbrauch
Mit Ressourcenverbrauch ist die Vernichtung von Energieträgern und Materialien gemeint, deren Bestand sich nicht regeneriert oder zumindest nicht in der gleichen Zeit regeneriert, in der er vernichtet wird. Von der Zivilisation verbrauchte Energieträger sind im wesentlichen Kohle und Ölschiefer, Erdöl und Erdgas. Der gegenwärtige Bedarf an diesen Energieträgern ist so hoch, daß ihre Vorkommen inkl. der noch nicht entdeckten, aber zumindest vermuteten Vorkommen, bei im Vergleich zum Ende der 80er Jahre konstant bleibendem Verbrauch gerade einmal bis knapp über das Jahr 2200 reichen werden. Sollte der Verbrauch jedoch, wie bis heute üblich, jährlich um einige Prozent ansteigen, verkürzt sich dieser Zeitraum erheblich.[1] Aber nicht alleine die Vernichtung dieser Rohstoffe ist besorgniserregend, sondern auch das Ergebnis von deren Verwertung. Neben dem gewollten Ergebnis Energie entstehen bei der Verwertung zahlreiche andere „Ergebnisse" wie Kohlendioxid, Kohlenmonoxid, Stickoxide, Schwefeldioxid und eine Reihe anderer Stoffe. Über die Bedeutung dieser Stoffe für die Auswirkungen auf Natur und Mensch wird im Absatz über Umweltvergiftung noch hinzuweisen sein.

Als weiterer Punkt des Ressourcenverbrauchs wurde der Materialverbrauch genannt. Dazu zählen Mineralien wie Eisen, Aluminium, Kupfer etc., deren Förderung durch abnehmende Konzentrationen in den Erdschichten immer größere Abraummengen nach sich zieht. Der Verbrauch dieser Materialien führt zwar nicht zur Emission von Umweltgiften wie die Verbrennung von Energieträgern, sie führt aber zur Anhäufung von Müllbergen. Und wenn das Recycling dieser Müllberge teurer ist als die Förderung neuer Rohstoffe, entstehen auch weiterhin neue Minen und Müllberge. Andere Materialien, wie etwa Holz und Wasser, werden an manchen Stellen in solch hohem Maße verbraucht, daß regionale Ökosysteme zugrunde gehen. Dabei ist hier sowohl be-

---

1 Vgl. Meadows et al. (1993), S. 100.

züglich des Holzes als auch des Wassers noch gar nicht von Vergiftung die Rede, sondern tatsächlich „nur" von Verbrauch, wie es am Beispiel der Abholzung der Regenwälder oder der Austrocknung des Aral-Sees deutlich wird.

(2) Umweltvergiftung

Die Erscheinungen von Umweltvergiftung sind noch wesentlich vielfältiger als die des Ressourcenverbrauchs. Auf eine Darstellung dieser vielfältigen Erscheinungsformen auf der Basis naturwissenschaftlicher Beweisführung soll hier verzichtet werden. Eine schlichte Sammlung von Phänomenen der Umweltvergiftung wird dem Zweck der Darstellung, Grundlage für die Diskussion ökologischer Unternehmenspolitik zu sein, aus unserer Sicht ebenso gerecht:[1]

- Das für die Zivilisationsentwicklung so nützliche FCKW zerstört die für die Biosphäre überlebenswichtige Ozonschicht.
- Das Selbstreinigungs- und Verdünnungsvermögen von Flüssen, Seen und Meeren wird durch Einleitung von Abfallstoffen häufig überschritten. Das Wasser verliert seine Funktion als Lebensraum und Lebensspender.
- Die bereits erwähnten Verbrennungsrückstände aus der Energiegewinnung vergiften die Luft auf der Erde. Dazu gehört neben der Erzeugung von Strom und Wärme auch der Energieverbrauch für den Personen- und Gütertransport, der ebenfalls auf die Verbrennung von fossilen Energieträgern gestützt ist. Die Luftschadstoffe schaden der Gesundheit der Lebewesen, die diese Luft atmen, sie schaden aber auch indirekt über den Regen, der insbesondere die Schwefeldioxide aus der Luft wäscht, den Wäldern, die an dem so entstehenden „sauren Regen" zugrunde gehen:
- Die Verwertung von Abfallstoffen oder Müll der Industrie- und Wohlstandsgesellschaft wird auch dann häufig den Kräften der Natur überlassen, wenn eine natürliche Zersetzung der Abfallstoffe ausgeschlossen ist. Die Folge ist eine Vergiftung von Boden, Grundwasser und Luft.
- Der Austritt radioaktiver Strahlung aus Kernkraftwerken gehört, wenn er auftritt, im Unterschied zu einigen vorgenannten „Unfällen

---

1   Einen dezidierten Überblick über die Symptome und Auswirkungen der Eingriffe der Zivilisation in die Natur liefern u.a. Meadows et al. (1993), Wicke (1993), S. 57ff., Simonis (1993).

in Zeitlupe" zumindest in modernen Anlagen dieser Art eher zu den
„abrupt-katastrophalen Unfällen" von Umweltvergiftung.[1]
Diese Liste ließe sich beliebig detaillieren und fortsetzen. Mit den genannten Punkten haben zumindest die aktuellsten Erwähnung gefunden.

(3) Unmittelbare Natureingriffe
Natürlich sind auch die vorgenannten Beispiele des Ressourcenverbrauchs und der Umweltvergiftung Eingriffe in die Natur. Mit der Unterscheidung unmittelbarer Natureingriffe wird aber ein weiteres Feld der Veränderung von Natur durch die Zivilisation angesprochen, das sich durch seine unmittelbare Wirkung von den vorgenannten unterscheidet. Auch hier soll wieder eine schlaglichtartige Aufzählung einen Überblick über derartige Einwirkungen verschaffen:

- Straßen- und Wegebau erschließen nicht nur Lebensraum, sie zerschneiden ihn häufig auch.
- Mit der Gentechnologie werden unnatürliche Lebensformen geschaffen.
- Die Erschließung von Skigebieten, der Einsatz von Schneekanonen und die Benutzung des so geschaffenen Angebots durch Skifahrer führen zu Erosion, Erdrutschen und Vernichtung von Lebensräumen.
- Mit den Techniken der Zivilisation ist es möglich, beliebige Lebensformen auszurotten, um sich an ihrem Materialwert zu bereichern.
- Der Raubbau an Wäldern und Gewässern übersteigt nicht nur deren natürliche Regenerationsfähigkeit, er hat auch Auswirkungen auf klimatische Veränderungen.

Auch diese Liste ließe sich verlängern.

In Anbetracht dieser erheblichen und selbstzerstörerischen Wirkungen der Zivilisation vergleicht Vester die zwanghafte Manie des Zivilisationsmenschen, Natürliches zu verdrängen, zu vermindern und zu zerstören, um es durch gigantisches Wachstum von Unnatürlichem zu ersetzen, mit der Zivilisationskrankheit Krebs.[2] Denn so wie Krebs eine gegenwärtig noch todbringende Krankheit für die Menschen ist, scheint auch die Krankheit „Zivilisation" die Natur in substanzieller Weise zu

---

1 Vgl. Kuhn (1990), S. 5.
2 Vgl. Vester (1990), S. 14.

bedrohen. Die Natur ist nicht in der Lage, mit der überaus dynamischen Evolution der Zivilisation in dem Sinne Schritt zu halten, daß sie deren Strukturprinzipien zu ihren eigenen macht. Was mit den Strukturprinzipien der Ökologie ermöglicht wird, nämlich die Fähigkeit, sich einem weiten Bereich von Umweltschwankungen anzupassen, verliert seine Wirkung, wenn die Umweltdynamik die Bandbreite der Anpassungsfähigkeit übersteigt. Wir haben aber auch gesehen, daß es überhaupt nicht das Ziel der Menschheit sein kann, eine solche Anpassung zu wünschen, geschweige denn diese gewaltsam vorzunehmen. Denn der Mensch will und muß ja weiterhin in und von genau einer solchen Natur leben, die ökologische Strukturprinzipien in sich verkörpert.

Dennoch schließen wir daraus keineswegs, daß Zivilisation per se mit einer für die Natur unheilvollen Krankheit verglichen werden muß und daß Zivilisation folgerecht als solche keine Existenzberechtigung hat. Zivilisation hat eine Chance mit Natur zu koevolvieren und nicht mit ihr in einen unheilvollen Verdrängungswettbewerb zu gehen, an dessen Ende zwei Verlierer stehen werden. Als Voraussetzung dafür nennt Müller-Reißmann, daß es den Menschen als Trägern der Zivilisation gelingt, „eine einseitige, effizienzorientierte Entwicklung zur Großstruktur, deren strukturelle Trägheit immer gefährlicher wird, umzulenken hin zu einer ‚mittleren Entwicklungslinie' der Ausgewogenheit zwischen allen überlebenswichtigen Orientierungsdimensionen, von denen Effizienz nur eine ist, ebenso wie auch Wandlungsfähigkeit"[1]. Müller-Reißmann sieht die Ursachen für die Probleme der Zivilisation, sich zum Teil wider besseren Wissens nicht auf eine Koevolution mit der Natur einlassen zu können, in der Unfähigkeit der durch die Zivilisation hervorgebrachten Großstrukturen, Anpassung oder Veränderung vorzunehmen.[2] Der Weg zu einer Koevolution kann daher nur über die grundsätzliche Befähigung zivilisatorischer Strukturen zu Veränderung und Anpassung erfolgen. Daß es im Falle der Koevolution mit der Natur weniger um Anpassung an sich ändernde Umweltbedingungen als vielmehr um Anpassung an die schwindende Tragfähigkeit vorhandener Umweltbedingungen geht, ändert nichts an dieser grundsätzlichen Herausforderung.

---

1 Müller-Reißmann (1979), S. 22.
2 Vgl. ebd.

Der einzig friedliche Weg, dies zu bewältigen, kann nach unserer Auffassung nur in einer weiter steigenden Kooperationsbereitschaft innerhalb der zivilisierten Gesellschaften liegen. Das Wesensmerkmal der Zivilisation, die Kooperation, muß weiter ausgebaut werden, damit nicht nur die Humanisierung und Befriedung der Menschen untereinander voranschreiten kann, sondern damit auch ein friedlicherer Umgang mit der Natur erreicht wird. Nach der eher pessimistischen Einschätzung von Hobbes könnte eine derartige Kooperationssteigerung nur über die Anerkennung eines Gewaltmonopols geschehen, das wie die ökologischen Wirkungen menschlichen Handelns die gesamte Weltbevölkerung umfaßt. Dieses Gewaltmonopol gibt es jedoch nicht und eine baldige, gewaltfreie Einführung und Anerkennung eines solchen Gewaltmonopols ist auch nicht abzusehen. Es wird aber bereits an vielen Stellen versucht, auch ohne dieses globale Gewaltmonopol Kooperationslösungen zur Erhaltung der ökologischen Rahmenbedingungen herbeizuführen. Erwähnt seien hier etwa die Bemühungen der EG/EU, deren Mitgliedsstaaten seit 1973 immer mehr umweltpolitische Souveränität an die Gemeinschaft abgegeben haben.[1]

Aber auch Kooperationen ohne Zentralinstanz, also im Stile der zweiten in Kapitel 1.1 aufgeführten Kooperationssituation, greifen zunehmend Platz. Der Umweltgipfel in Rio 1992, gefolgt von dem dort vereinbarten Umweltgipfel in Berlin 1995, stellen die aktuellen Endpunkte von Kooperationsbemühungen dar, denen bereits zahlreiche internationale Umweltschutzvereinbarungen vorausgegangen waren und folgen werden. Die Schwierigkeiten, in diesen Kooperationssituationen nicht nur Verhandlungs-, sondern auch Umsetzungserfolge zu erzielen, sind dabei jedoch unübersehbar und stärken Hobbes' pessimistische Einschätzung, daß Kooperationslösungen bei einer Vielzahl von Teilnehmern nur über ein Gewaltmonopol, den Hobbesschen Leviathan, realisierbar sind.[2] Dennoch stellen diese Kooperationsbemühungen in der gegenwärtigen Zivilisierungsstufe der Weltbevölkerung den einzig möglichen, da notwendig nächsten Schritt dar, bevor in einem weiteren Schritt die Einführung und Anerkennung einer weltweiten Zentralinstanz im Sinne der von Weizsäcker angemahnten „Erdpolitik"[3] möglich

---

1   Vgl. Weizsäcker (1994), S. 203.
2   Vgl. Hobbes (1984).
3   So lautet auch der Titel des von Weizsäcker veröffentlichten Buches, vgl. Weizsäcker (1994).

ist. Je mehr gesellschaftliche Gruppen sich um die Erreichung derartiger Kooperationen bemühen, desto eher wird auch die Weltgesellschaft ein Mehr an Kooperation zustande bringen.

Nach diesen Ausführungen zur Evolution der Zivilisation und zu den Notwendigkeiten einer Erdpolitik wenden wir uns nun der Frage zu, was Unternehmen als Bestandteile zivilisierter Gesellschaften zu der notwendigen Fortsetzung der Evolution der Zivilisation beitragen können. Es wäre sicherlich wenig hilfreich, die Forderung nach mehr Kooperation in den Raum zu stellen, ohne deutlich zu machen, daß alle gesellschaftlichen Gruppen sich an dieser Evolution aktiv beteiligen und sie als zur Strategie fähige Wesen gestalten müssen. Das Delegieren und Abschieben auf bestimmte gesellschaftliche Gruppen, wie zum Beispiel die Politik, ist eine gerne praktizierte Form der Auseinandersetzung mit gesellschaftlichen Problemen, die jedoch wenig zielführend ist.[1] Da Kooperation evolvieren muß, müssen zunächst die gesellschaftlichen Gruppen selbst zur Kooperation in der Lage sein, bevor der nächste Schritt, die Kooperation mit anderen Gesellschaften, evolutionär vollzogen und nicht nur versucht werden kann.

Ein wichtiger Baustein dafür könnte, neben zahlreichen anderen, in Kooperationen zwischen Unternehmen, als bedeutenden gesellschaftlichen Akteuren, liegen. Dieser mögliche Baustein ist es denn auch, der im weiteren Verlauf dieser Arbeit ausführlich untersucht werden soll. Im folgenden 2. Kapitel soll dafür zunächst das grundsätzliche Wesen von Unternehmenskooperationen dargestellt werden. Im 3. Kapitel soll vertiefend auf die mögliche Rolle von Unternehmen im Prozeß der Koevolution von Zivilisation und Ökologie eingegangen werden und es soll geklärt werden, welche Kooperationsfelder Unternehmen bei der Bewältigung der genannten ökologischen Herausforderung theoretisch zur Verfügung stehen. Die Frage, in welchem Umfang Unternehmen mittels Kooperationen die Möglichkeit haben, ohne Bedrohung ihrer Existenz diese Kooperationsfelder erfolgreich zu besetzen, wird Gegenstand des zweiten Hauptteils der vorliegenden Arbeit sein.

---

1   Das Kapitel 3.1 wird sich ausführlich mit der Handlungsmacht einzelner gesellschaftlicher Gruppen und der Unternehmen auseinandersetzen.

2. Kapitel
Kooperationen zwischen Unternehmen

2.1 Der Begriff der Unternehmenskooperation

Die Darstellung des Begriffs der Unternehmenskooperation setzt zunächst Klarheit über den bereits verschiedentlich benutzten Begriff des Unternehmens als solches voraus. In Anlehnung an Schneider verstehen wir unter Unternehmen „Wirtschaftseinheiten, die sowohl in Beschaffungsmärkten als auch in Absatzmärkten tätig sind, um dort neben dem Verwirklichen anderer Ziele auch Einkommen für den Unternehmer (die Unternehmensleitung), Mitarbeiter, Geldgeber und andere Anspruchsberechtigte (z.B. den Fiskus) zu erzielen"[1]. Wir unterscheiden den Begriff des Unternehmens hier nicht ausdrücklich von den Begriffen der Unternehmung, des Betriebs oder des produktiven sozialen Systems. Damit soll jedoch nicht in Frage gestellt werden, daß für bestimmte Diskussionen definitorische Unterscheidungen zwischen Unternehmungen, Unternehmen und Betrieben sinnvoll sein können.[2]

Um die Klärung des Begriffs der Unternehmenskooperation zu erleichtern, soll zunächst noch ein weiterer Begriff, nämlich der der Koordination näher erläutert werden. Das Verhältnis von Kooperation und Koordination wird von Schreyögg/Papenheim folgendermaßen beschrieben: „In der Praxis wird eine Vielzahl wirtschaftlicher Aktivitäten durch Formen interorganisationaler Kooperation – d.h. durch den Aufbau von Beziehungselementen zwischen den Organisationen –

---

[1] Schneider (1993), S. 89. Als Wirtschaftseinheit bezeichnet Schneider jeden Marktteilnehmer, der als Einzelperson oder Organisation auf mindestens einem Beschaffungs- oder Absatzmarkt mit einem einheitlichen Willen handelt. Vgl. ebd., S. 85.

[2] Zu Definitionen, in denen der Begriff des Betriebs als örtlich gebundene Einheit dem Begriff des Unternehmens untergeordnet wird, vgl. Seyffert (1956). Schneider stellt den Unternehmungen die „Betriebe für öffentliche Güter" an die Seite und faßt beide unter dem Oberbegriff „Betrieb" zusammen. Vgl. Schneider (1993), S. 89.

koordiniert."[1] Wirtschaftliche Aktivitäten müssen koordiniert werden, und eine Möglichkeit dazu ist die Kooperation. Koordination ist immer dann erforderlich, wenn die Zweckmäßigkeit des eigenen Verhaltens von dem Verhalten anderer Personen oder Unternehmen abhängt. Dies ist nicht grundsätzlich mit der Kooperationssituation gleichzusetzen, in der zusätzlich gleichgerichtete Wechselbeziehungen zwischen den Zielen der Kooperierenden vorliegen müssen.[2] Auch bei entgegengesetzter Wechselbeziehung von Zielen der Teilnehmer des Wirtschaftssystems (Wettbewerbssituation) findet über den Markt und dessen Preismechanismus eine Koordination der Aktivitäten statt. Diese Koordinationsleistung des Marktes ist jedoch nicht das intendierte Ergebnis eines individuellen oder gemeinsamen Wirtschaftshandelns, sondern geht auf den Auslesemechanismus des Marktes zurück, dem sich anzupassen das Ziel der ex-ante- und ad-hoc-Koordinationstätigkeiten der Marktteilnehmer ist.

Da hier alleine das intendierte Handeln der Marktteilnehmer von Interesse ist, soll hinsichtlich der Koordinationsmechanismen innerhalb des Wirtschaftssystems nun alleine auf Mechanismen der ex-ante- und ad-hoc-Koordination eingegangen werden. Eine Gliederung der Koordinationsmechanismen scheint aus Gründen begrifflicher Klarheit nun weniger nach den Kriterien Kooperation und Konkurrenz sinnvoll, sondern zunächst einmal nach dem Kriterium der Art der Zielwechselbeziehungen, also gleichgerichteten, neutralen oder entgegengesetzten Zielwechselbeziehungen. Im Bereich der gleichgerichteten Zielwechselbeziehungen, die wie gesehen das maßgebliche Kriterium für das Entstehen von Kooperationen sind,[3] müssen neben Kooperationen nämlich auch, und dies scheint überraschend und zunächst widersprüchlich, klassische Kauf- oder Werkverträge angeführt werden. Verhandlungssituationen sind jedoch grundsätzlich von dem Bemühen gekennzeichnet, unterschiedliche Ziele gleichzeitig zu erfüllen. Nur wenn alle Verhandlungspartner ihre individuellen Ziele in einem Verhandlungsergebnis angemessen erfüllt sehen, stimmen sie dem Verhandlungsergebnis zu und begründen damit eine Vereinbarung oder

---

1 Schreyögg/Papenheim (1988), S. 1.
2 Dies übersieht z.B. Hauser (1991), S. 108, wenn er schreibt: „Kooperation wird immer dann notwendig, wenn die Zweckmäßigkeit des eigenen Verhaltens vom Verhalten anderer Personen abhängt."
3 Vgl. Kapitel 1.1.

einen Vertrag. Damit liegen bei Zustandekommen jedes Vertrags, über den die Vertragspartner gleiche Vorstellungen haben, gleichgerichtete Zielwechselbeziehungen vor.[1] Dies deutet auf die Notwendigkeit hin, Unternehmenskooperationen im weiteren Verlauf noch genauer zu spezifizieren, um diese von den weithin geläufigen Kauf- oder Werkverträgen zu unterscheiden.

Mit der Einsicht in die Tatsache, daß sowohl Kauf- und Werkverträgen wie auch Kooperationsverträgen (im noch zu spezifizierenden engeren Sinne) gleichgerichtete Zielwechselbeziehungen zugrunde liegen, verliert auch die besonders in der Transaktionskostentheorie übliche Gegenüberstellung der Koordinationsmechanismen Markt und Kooperation an Eindeutigkeit.[2] So interpretiert etwa Warnecke Marktwirtschaft als Summe von Fraktalen, die nach dem Prinzip: „Selbstorganisation und Selbstoptimierung in kleinen, schnellen Regelkreisen (funktionieren). *Jeder erbringt einen Nutzen für einen anderen und erhält dafür einen Gegenwert* (Hervorhebung d. Verf.)."[3] Ähnlich bezeichnen Bachmann/Priester Geschäftsabschlüsse als „*Win-Win-Situationen*" und damit „als Interaktionen, aus denen alle Beteiligten als Gewinner hervorgehen, weil das abgeschlossene Geschäft von allen als Bereicherung empfunden wird"[4]. In der Einsicht, daß dieses per definitionem kooperative Element des Marktes oft übersehen wird, äußert sich auch Hauser: „Die Tatsache, daß die besondere Leistungsfähigkeit des Marktes in der Anonymisierung der Verhaltensabstimmung liegt, hat dazu beigetragen, dessen Kooperationsleistung in den Hintergrund zu drängen, so daß heute oftmals Markt und wirtschaftliche Kooperation fälschlicherweise als Gegensatz verstanden werden."[5]

Der Markt ist aber, dessen ungeachtet, natürlich auch ein Mechanismus zur ex-post-Koordination von Angebots- und Nachfrageverhalten, wobei hier verstärkt entgegengesetzte Zielwechselbeziehungen

---

1 Es soll jedoch nicht der Eindruck entstehen, Vertragspartner hätten automatisch nur gleichgerichtete oder, im entgegengesetzten Fall, nur konkurrierende Zielwechselbeziehungen. Es ist ganz im Gegenteil eher so, daß zwischen den Zielsystemen von Vertragspartnern stets Wechselbeziehungen beider Kategorien und darüber hinaus auch neutrale Wechselbeziehungen bestehen können.
2 Vgl. zum Transaktionskostenansatz Kapitel 4.1.
3 Warnecke (1996), S. 12.
4 Bachmann/Priester (1992), S. 16.
5 Hauser (1991), S. 109.

unterstellt werden können. Markt ist damit kein spezifischer, exklusiv von Konkurrenz oder Kooperation geprägter Koordinationsmechanismus, sondern bringt je nach seiner gesellschaftlichen und kulturellen Ausprägung die unterschiedlichen Koordinationsmechanismen, seien sie ex ante, ad hoc oder ex post, seien sie kooperativ oder konkurrierend, in unterschiedlichem Umfang hervor, die allesamt nichts anderes als Elemente und Merkmale eben dieses Marktes sind.

Um innerhalb des Bereichs gleichgerichteter Zielwechselbeziehungen Vereinbarungen wie Kauf- oder Werkverträge von Kooperationsvereinbarungen im engeren Sinne zu unterscheiden, scheint uns die Nähe der Vereinbarungen zu monetären Komponenten von maßgeblicher Bedeutung. Vereinbarungen, die intuitiv als kooperativ gekennzeichnet werden, zeichnen sich nämlich gerade dadurch aus, daß hier im Vorfeld nur eine eingeschränkte oder keine monetäre Verrechnung von Leistung und Gegenleistung vorgenommen wird. So unscharf diese Unterscheidung erscheinen mag, so unscharf ist auch der Übergang solcher Koordinationsinstrumente, die gemeinhin in die Kategorien Kooperation oder Markt eingestuft werden. Beispielhaft genannt seien hier nur die langfristigen Lieferverträge, die einerseits den Charakter von Kaufverträgen haben, die andererseits aber bereits zu Recht als Form der Kooperation bezeichnet werden.[1] Eine zumindest grobe begriffliche Abgrenzung sei hier im Vorgriff auf die Ausführungen zum Transaktionskostenansatz angeführt.[2] Dort werden klassische *Verträge* auf der einen Seite und neoklassische sowie relationale *Verträge* auf der anderen unterschieden, wobei die erste Form mit marktlicher Koordination gleichgesetzt wird, die beiden anderen mit verschiedenen Ausprägungen kooperativer Koordination. Alle drei Vertragstypen basieren jedoch auf der Existenz gleichgerichteter Zielwechselbeziehungen.

Um nun im weiteren Verlauf bei der Unterscheidung der einzelnen Koordinationsmechanismen nicht regelmäßig die erläuterten begrifflichen Unterscheidungen wiedergeben zu müssen, soll in den folgenden Kapiteln, im Bewußtsein und unter ausdrücklichem Hinweis auf die begrifflichen Ungenauigkeiten, vereinfachend nur zwischen kooperativen und marktlichen Koordinationsmechanismen unterschieden werden.

---

1 Vgl. Schreyögg/Papenheim (1988), S. 6.
2 Vgl. Kapitel 4.1.

Mit der marktlichen Koordination wird dann aber immer nur ein Teil der im Markt anzutreffenden Koordinationsmechanismen angesprochen sein, nämlich der der klassisch vertraglichen und der konkurrierenden Koordination. Dieser Umgang mit dem Problem der begrifflichen Überschneidungen scheint uns hier angebrachter als der Versuch, den gängigen Sprachgebrauch durch komplexe Wortneuschöpfungen ablösen zu wollen. Die Überlegungen zur Abgrenzung verschiedener ex-ante- und ad-hoc-Kooperationsmechanismen werden in der folgenden Tabelle 1 zusammengefaßt.

Tab. 1: Koordinationsmechanismen innerhalb des Wirtschaftssystems

		Koordinationsmechanismen bei gleichgerichteten Zielwechselbeziehungen (ZWB)		Koordinationsmechanismen bei entgegengesetzten oder neutralen ZWB	
		Vermutung gleichgerichteter ZWB	Bestätigung der Vermutung gleichgerichteter ZWB	Keine Bestätigung der Vermutung gleichgerichteter ZWB	Vermutung neutraler oder entgegengesetzter ZWB
e x a n t e	direkter monet. Bezug	Verhandlungen über in der Zukunft zu erstellende Leistungen und deren Preise	klassische Verträge	ergebnislose Beendigung der Verhandlungen nicht abgest., konkurrenzorientiertes Wirtschaftshandeln oder kein Wirtschaftshandeln	
e	indirekter oder kein monet. Bezug	Verhandlungen über Kooperationen	Kooperationsvereinbarung	ergebnislose Beendigung der Verhandlungen	
a d h o c	direkter monet. Bezug	Verhandlungen über Gegenleistungen für bestehende Leistungsangebote	klassische Verträge	ergebnislose Beendigung der Verhandlungen nicht abgest., konkurrenzorientiertes Wirtschaftshandeln oder kein Wirtschaftshandeln	
	indirekter oder kein monet. Bezug	individuelles Wirtschaftshandeln zur Erfüllung der gleichgerichteten Ziele		keine Fortsetzung des individuellen kooperativen Wirtschaftshandelns	

Quelle: Verfasser

Wie der Tabelle zu entnehmen ist, unterscheiden wir zwischen der Anbahnung eines Vertrages oder einer Vereinbarung und der tatsächlichen Verabschiedung und Durchführung der Vereinbarung. Überall dort, wo Verhandlungen über Verträge oder Vereinbarungen geführt werden, herrscht zunächst einmal nur die Vermutung, daß gleichgerichtete Zielwechselbeziehungen bestehen könnten. Erst wenn sich diese Vermutung bestätigt, kommt es zu entsprechenden Verträgen bzw. Kooperationen. Wenn diese Vermutung nicht bestätigt wird, kann dies an neutralen oder entgegengesetzten Zielwechselbeziehungen liegen. Das Ergebnis ist dann ähnlich der Situation, in der von vornherein neutrale oder entgegengesetzte Zielwechselbeziehungen vermutet werden, es findet nämlich keine gemeinsame Abstimmung des individuellen Wirtschaftshandelns statt.

Zu guter Letzt beinhaltet Tabelle 1 eine weitere Spezifizierung von Koordinationsmechanismen für die ad-hoc-Koordination bei gleichgerichteten Zielwechselbeziehungen. Im diesem Bereich besteht zwar wie im Bereich der ex-ante-Koordination die Möglichkeit zu Kauf- und Werkverträgen, jedoch werden explizite Kooperationsvereinbarungen zunehmend durch implizite Kooperationen, d.h. durch freiwilliges, individuelles Wirtschaftshandeln zur Erfüllung gleichgerichteter Ziele ersetzt. Diese Form der Kooperation beruht nicht mehr auf expliziten Vereinbarungen.

Es sind die schraffierten Felder der Tabelle 1, die uns im Rahmen der vorliegenden Arbeit besonders interessieren und die nun noch etwas genauer anhand einiger Merkmale gekennzeichnet werden sollen. Salje stellt bereits 1981 fest, daß die Vielzahl anzutreffender Definitionen von Unternehmenskooperationen[1] regelmäßig ähnliche Komponenten besitzt. Diese werden von Salje in deskriptive und normative Komponenten unterteilt. An dieser Unterteilung und den dort jeweils zugeordneten Merkmalen wollen wir uns orientieren, um Unternehmenskooperationen genauer zu beschreiben.[2]

---

1 Vgl. etwa Sölter (1966), S. 236; Bidlingmaier (1967), S. 353; Knoblich (1969), S. 501 und 503; Gerth (1971), S. 17; Hahr (1971), S. 8; Harms (1973), S. 9; Servatius (1985), S. 47; Boehme (1986), S. 24; Weder (1989), S. 50ff.; Vornhusen (1994), S. 11ff.; Borggreve (1995), S. 548ff.
2 Vgl. Salje (1981), S. 3ff.; die von Salje angeführte deskriptive Komponente der rechtlichen Selbständigkeit wird von uns ergänzt um die wirtschaftliche Selbständigkeit.

Deskriptive Komponenten der Unternehmenskooperation:
(1) Zusammenarbeit von Unternehmen,
(2) Ausgliederung gemeinsamer Unternehmensfunktionen und/oder ex-ante/ad-hoc-Koordinierung einzelner Unternehmensfunktionen,
(3) stillschweigende oder freiwillige vertragliche Vereinbarungen,
(4) Beibehaltung der rechtlichen und wirtschaftlichen Selbständigkeit.

Normative Komponenten der Unternehmenskooperation:
(5) Verbesserung der wirtschaftlichen Situation der Beteiligten,
(6) Steigerung der gemeinsamen Wettbewerbsfähigkeit,
(7) Steigerung des Grades der Zielerfüllung,
(8) Rationalisierung.

Da sich bei der Meßbarkeit der normativen Komponenten erhebliche Probleme ergeben,[1] und auch nicht unterstellt werden kann, daß sie grundsätzlich in ihrer Gesamtheit gelten, soll an dieser Stelle der Hinweis auf diese häufig genannten normativen Komponenten genügen. Die deskriptiven Komponenten besitzen dagegen grundsätzlich uneingeschränkte Gültigkeit zur Kennzeichnung von Kooperationen und sollen daher nachfolgend vertieft werden.

(1) Zusammenarbeit von Unternehmen
Entscheidend für das Vorliegen einer Unternehmenskooperation ist, daß alleine die Unternehmen Handlungsträger sind, nicht aber der Staat, die privaten Haushalte oder andere Organisationen, die nicht zu der Sphäre privatwirtschaftlicher Unternehmen gehören. Damit zählen die ebenfalls zahlreichen Kooperationen zwischen Unternehmen und Verbänden, Vereinen oder ähnlichen Institutionen, deren Mitglieder keine Unternehmen sind, nicht zu den Unternehmenskooperationen.

(2) Ausgliederung gemeinsamer Unternehmensfunktionen und/oder
 ex-ante/ad-hoc-Koordinierung einzelner Unternehmensfunktionen
Die Kooperation von Unternehmen ist nicht an die Ausgliederung gemeinsamer Unternehmensfunktionen, die dann kooperativ erfüllt werden, gebunden. Auch wenn dies eine mögliche Form der Unter-

---

[1] Vgl. Lützig (1982), S. 9ff.; in Kapitel 4.2 über die Spieltheorie werden wir bei der Betrachtung unterschiedlicher Ertragstypen der Kooperation noch einmal auf die Problematik dieser normativen Komponenten zu sprechen kommen.

nehmenskooperation darstellt, so ist dies keine Voraussetzung dafür. Daraus folgt auch, daß Unternehmenskooperationen nicht an Rechtsformen gebunden sind. Es genügt die Koordinierung einzelner Unternehmensfunktionen bei gleichgerichteten Zielwechselbeziehungen, um Unternehmenskooperationen zu begründen. So gelten etwa das Equity Joint Venture[1], der Verband bzw. Verein oder die Förderungs- oder Hilfsgenossenschaft zwar als mögliche Formen von Unternehmenskooperationen[2], diesen stehen jedoch zahlreiche Unternehmenskooperationen gegenüber, die für ein enormes Spektrum an Kooperationen auch ohne separate Organisation und damit ohne eigene Rechtsform sorgen.

(3) Stillschweigende oder freiwillige vertragliche Vereinbarungen
Bei Kooperationen können durch die Einbeziehung sowohl stillschweigender als auch vertraglicher Vereinbarungen verschiedenste Intensitätsgrade der Zusammenarbeit, angefangen von Erfahrungsaustausch bis hin zur Gründung eines Gemeinschaftsunternehmens, realisiert werden.[3] Schreyögg/Papenheim weisen daher auf die Unterscheidung zwischen impliziten Kooperationen, die auf der Basis stabiler Verhaltensmuster ein gewisses Maß an ex-ante- und ad-hoc-Abstimmung beinhalten, und expliziten Kooperationen, zu denen beispielsweise Joint Ventures, langfristige Lieferverträge oder Kartelle gezählt werden können, hin.[4] Während stillschweigende Vereinbarungen daher immer zu Kooperationen ohne eigene Organisation führen werden, ist der Umkehrschluß, daß vertragliche Vereinbarungen immer zu Kooperationen mit eigener Organisation führen, jedoch keineswegs zulässig. Weitergehend ist an dieser Stelle auch die Freiwilligkeit der Kooperationsbeteiligung als Merkmal der Unternehmenskooperation hervorzuheben. In Fällen einer Zwangsmitgliedschaft, wie z.B. bei den Handelskam-

---

1 Das Equity oder auch Corporate Joint Venture bezeichnet ein rechtlich selbständiges Gemeinschaftsunternehmen im Unterschied zum vertraglichen bzw. Contractual Joint Venture ohne separate Organisation; vgl. Weder (1989), S. 36 und Langefeld-Wirth (1990), S. 34/35.
2 Produktiv- oder Vollgenossenschaften gelten entsprechend des noch vorzustellenden Merkmals der rechtlichen und wirtschaftlichen Selbständigkeit nicht als Unternehmenskooperationen, da sie nicht von rechtlich selbständigen Mitgliedern betrieben werden.
3 Rotering (1990), S. 40.
4 Vgl. Schreyögg/Papenheim (1988), S. 6.

mern, kann daher nicht von der Entstehung einer Unternehmenskooperation gesprochen werden.[1]

Mit der Kenntnis der Unterscheidung expliziter und impliziter Kooperationen sei darauf hingewiesen, daß wir uns im Rahmen dieser Arbeit „implizit" eher der Betrachtung expliziter Kooperationen zuwenden werden. Damit soll der Stellenwert impliziter Kooperationen nicht herabgesetzt werden. Vor dem Hintergrund expliziter Kooperationen wird aber ein weiteres Spektrum von Erklärungs- und Gestaltungsansätzen zu berücksichtigen sein, welches letztlich viele Aspekte impliziter Kooperationen mit abdeckt.

(4) Beibehaltung der rechtlichen und wirtschaftlichen Selbständigkeit
Von Salje wird bezüglich der Selbständigkeit alleine das Merkmal der rechtlichen Selbständigkeit der beteiligten Unternehmen für das Vorliegen einer Unternehmenskooperation hervorgehoben.[2] An zahlreichen Stellen wird jedoch betont, daß neben der rechtlichen auch die wirtschaftliche Selbständigkeit für das Vorliegen einer Kooperation gegeben sein muß.[3] Etwas zu weit geht hier Götzelmann, wenn er feststellt, daß „das Kriterium der rechtlichen Selbständigkeit keinen Anhaltspunkt zur Unterscheidung kooperativer und konzentrativer Gebilde bietet, da wirtschaftlich unselbständige Tochtergesellschaften *unterschiedlicher* Konzerne rechtlich selbständig sein können (Hervorhebung d. Verf.)"[4]. Mit Tröndle vertreten wir einschränkend die Auffassung, daß diese wirtschaftliche Selbständigkeit nur im Binnenverhältnis der Kooperationspartner gegeben sein muß.[5] Die Forderung, nur dann von Kooperationen zu sprechen, wenn die beteiligten Unternehmen wirtschaftlich generell von keinem anderen Unternehmen abhängig sind, würde etwa dazu führen, daß Tochtergesellschaften von *verschiedenen* Konzernen, die zwar rechtlich, nicht jedoch wirtschaftlich selbständig sind, keine Kooperationen eingehen könnten und damit aus dem Phänomenbereich der Unternehmenskooperation herausfallen würden.

---

1 Vgl. Knoblich (1969), S. 500.
2 Vgl. Salje (1981), S. 3.
3 Vgl. Benisch (1972), S. 153; Götzelmann (1992), S. 90; Vornhusen (1994), S. 30.
4 Götzelmann (1992), S. 90.
5 Vgl. Tröndle (1987), S. 25.

Diese im Binnenverhältnis geforderte wirtschaftliche Selbständigkeit wird allerdings während der Kooperation in den von der Kooperation betroffenen Bereichen eingeschränkt. In diesem Zusammenhang ist auf ein von Boettcher als „Paradoxon der Kooperation"[1] bezeichnetes Phänomen hinzuweisen: Durch das Eingehen einer Kooperation geraten die Beteiligten in eine gegenseitige Abhängigkeit, verlieren also an Selbständigkeit, die ja zunächst Voraussetzung für die Kooperation ist. Knoblich rückt dieses Paradoxon auf das Maß des verbreiteten Problems des Abgleichs verschiedener Ziele und Zielsysteme zurecht: „Kooperation dagegen bedeutet Zusammenarbeit unter wirtschaftlich selbständig bleibenden Unternehmen. Damit steht nicht im Widerspruch, daß die Dispositionsfreiheit des einzelnen im Interesse des gemeinschaftlichen Wirkens in gewissem Umfang eingeschränkt ist, daß die Zielvorstellungen der Partner koordiniert werden müssen."[2]

Mit dieser Beschreibung der deskriptiven Merkmale von Unternehmenskooperationen ist nun die Grundlage geschaffen, einen Blick auf Unternehmenskooperationen in der Wirtschaftspraxis zu werfen und anschließend eine Typologisierung der möglichen Formen von Unternehmenskooperation vorzunehmen. Zuvor sollen jedoch noch einige Anmerkungen zu kartellrechtlichen Fragen der Unternehmenskooperation gemacht werden. Der Abgleich von Zielen und Zielsystemen verschiedener Marktteilnehmer entspricht immer einer Markt- oder Wettbewerbsbeeinflussung. Marktbeeinflussung ist aber nicht gleichzusetzen mit verbotener Marktbeeinträchtigung etwa durch Preisabsprachen oder Absprachen zur Marktaufteilung. Grundsätzlich gelten aber alle Absprachen zum Zweck der Wettbewerbsbeeinflussung, ob nun zulässig oder nicht, als Kooperationen, da unser Begriffsverständnis von Kooperation keine juristischen Einschränkungen beinhaltet.[3] Dies soll aber nicht bedeuten, daß das Kartellgesetz für Unternehmenskooperationen irrelevant sei. Es muß vielmehr betont werden, daß der Gesichtspunkt der kartellrechtlichen Zulässigkeit in der Praxis von großer

---

1   Boettcher (1974), S. 38.
2   Knoblich (1969), S. 500.
3   Vgl. im Unterschied dazu aber auch Hagemeister (1988), S. 64 und Rotering (1990), S. 40, die sich gegen die Bezeichnung von Kartell als Unternehmenskooperation mit der Begründung aussprechen, Kartelle dienen ausschließlich der Wettbewerbsbeschränkung.

Bedeutung für die vertragliche und organisatorische Gestaltung von Kooperationen ist. So beinhaltet das Gesetz gegen Wettbewerbsbeschränkungen (GWB) gemäß §1 zunächst ein grundsätzliches Kartellverbot, das jedoch in den folgenden §§2-8 durch zahlreiche Ausnahmeregelungen, die insbesondere kleinen und mittelständischen Unternehmen Kooperationsmöglichkeiten geben sollen, gelockert wird.

Insgesamt können nach dem Kartellgesetz drei Arten von Kartellen bzw. von Kooperationen unterschieden werden: kartellrechtlich unzulässige Kooperationen, kartellrechtlich legalisierbare Kooperationen und kartellfreie Kooperationen. Verbotene Kooperationen sind u.a. Preisabsprachen, Gebietsaufteilungen, Aufteilungen von Bezugsquellen, Absprachen über Investitionen oder Angebote und Boykottverträge. Legalisierbar sind Konditionenkartelle, Rabattkartelle, Strukturkrisenkartelle, Rationalisierungskartelle, Einfuhr- und Ausfuhrkartelle, die Aufstellung von Wettbewerbsregeln sowie speziell für den Mittelstand geltende sog. Mittelstandskartelle. Kartellfrei sind Kooperationen des Mittelstandes, die den Wettbewerb nicht spürbar beeinflussen. Davon wird ausgegangen, wenn der gemeinsame Marktanteil der beteiligten Unternehmen 5% nicht überschreitet. Aber auch bei höheren Marktanteilen muß eine Genehmigung nicht immer erforderlich sein. So werden etwa Kooperationen im Bereich Forschung und Entwicklung (F&E) überhaupt nicht durch das Kartellverbot erfaßt.[1] Die Komplexität kartellrechtlicher Bestimmungen macht daher gerade für größere Unternehmen regelmäßig eine juristische Überprüfung von Kooperationsvorhaben erforderlich, um unerlaubte Kartelle zu vermeiden oder ggf. eine kartellrechtliche Legalisierung vornehmen zu lassen. Für mittelständische Unternehmen wurde vom Bundesministerium für Wirtschaft eine Kooperationsfibel herausgegeben, die nicht nur auf zulässige Kooperationen hinweist, sondern die insbesondere die Attraktivität von Kooperationen gerade für den Mittelstand betont und die der Förderung von Kooperationen in diesem Bereich dienen soll.[2]

---

1 Auf eine vertiefende Auseinandersetzung mit den verschiedenen kartellrechtlichen Bestimmungen des GWB (Gesetz gegen Wettbewerbsbeschränkungen) und des EWGV (EG-Fusionskontrollverordnung) wollen wir hier verzichten. Ausführlicher dazu Werner (1985); Fritz (1988); Staudt et al. (1992), S. 162ff.; Bronder (1992), S. 92ff.

2 Vgl. Bundesministerium für Wirtschaft (1985).

2.2 Unternehmenskooperationen in der Wirtschaftspraxis

Zur Beschreibung von Kooperationsphänomenen in der Wirtschaftspraxis wollen wir zunächst noch einmal auf die bereits im 1. Kapitel vorgestellten, von Schüßler unterschiedenen vier Kooperationssituationen zurückkommen.[1] Bei einem Vergleich dieser vier Kooperationssituationen mit der Situation der Unternehmenskooperation scheint zunächst die dritte Kooperationssituation von herausragender Bedeutung zu sein, da sich Unternehmen in unserem Wirtschaftssystem ihre Interaktions- und Kooperationspartner ja zumindest weitgehend selber frei wählen können. Dies deckt jedoch nur einen kleinen Teil der tatsächlich beobachtbaren Kooperationssituationen innerhalb des Wirtschaftssystems ab. Eine große Rolle spielen daneben auch Kooperationssituationen ohne die Möglichkeit, sich aus der Kooperation auszuschließen. Dies ist zum einen bei vertikalen Wirtschaftsbeziehungen zwischen Unternehmen der Fall, da hier die potentiellen Kooperationspartner weitgehend vorgegeben sind und damit implizit laufend Entscheidungen über das Kooperationsverhalten gegenüber den Wirtschaftspartnern getätigt werden. Sich hier unkooperativ zu verhalten bedeutet jedoch nicht, keine Beziehungen mehr zu pflegen, sondern eben ausschließlich Konkurrenzbeziehungen zu pflegen. Auch die zweite Kooperationssituation findet ihre Entsprechung in der Wirtschaftspraxis. Dies immer dann, wenn etwa branchenweite Vereinbarungen getroffen werden, an deren Inhalt man sich halten kann, oder auch nicht. Eine unmittelbare Kontrollinstanz, wie sie die vierte Kooperationssituation beschreibt, besteht dabei nur selten und dann auch meist nur rudimentär.[2]

Das von den deskriptiven Merkmalen der Unternehmenskooperation aufgespannte Spektrum von Kooperationen in der Wirtschaftspraxis ist offensichtlich beträchtlich. Die in jüngerer Zeit rasch ansteigende Zahl

---

1 Vgl. ausführlicher Kap. 1.1. Die vier Kooperationssituationen in Kurzform: 1. Kooperation mit wenigen Teilnehmern ohne Ausschlußmöglichkeit; 2. Kooperation mit vielen Teilnehmern ohne Ausschlußmöglichkeit; 3. Kooperation in Tauschsystemen mit freier Teilnehmerwahl; 4. Kooperation mit vielen Teilnehmern mit Ausschlußmöglichkeit.
2 Das Kapitel 4.2 wird sich im Zuge der Auseinandersetzung mit der Spieltheorie mit den vorhandenen Sanktionsmöglichkeiten beschäftigen.

von Veröffentlichungen über Unternehmenskooperationen bestätigt diese Aussage nicht nur, sie legt auch die Vermutung nahe, es handele sich bei diesem weiten Spektrum von Unternehmenskooperationen um Phänomene innerhalb des Wirtschaftssystems, die sich zunehmender praktischer Bedeutung erfreuen. Viele dieser Veröffentlichungen führen auch Belege an, mit denen versucht wird, diese Vermutung zu stützen.[1] Besondere Erwähnung verdient hier sicher Sydow, der in seiner Untersuchung über „Strategische Netzwerke" die fortschreitende Evolution vielfältiger kooperativer Interaktionsformen im Wirtschaftssystem untersucht und dabei deren zunehmende Bedeutung für die unternehmerische Existenzsicherung nachdrücklich zu unterstreichen vermag.[2]

Es fällt jedoch auf, daß in den vorliegenden Untersuchungen nur in Ausnahmefällen auf empirische Ergebnisse Bezug genommen werden kann. So gibt es zwar Untersuchungen, die zu bestimmten institutionellen Formen von Kooperation, wie z.B. Joint Ventures[3] oder Kooperationen in bestimmten Unternehmensbereichen, wie z.B. Forschungskooperationen[4], Aussagen über Häufigkeiten des Auftretens machen, jedoch werden dazu kaum Vergleichszahlen aus jeweils vorangegangenen Perioden gegenübergestellt. Damit bleibt aus empirischer Sicht noch weitgehend offen, ob kooperative Koordinationsmechanismen zumindest in diesen Teilbereichen an Bedeutung gewinnen, ob sie an Bedeutung verlieren oder ob ihre Bedeutung etwa gleichbleibt. Verstärkt werden diese Schwierigkeiten auch durch die keineswegs einheitliche Verwendung von Begriffen, mit denen unterschiedliche Formen der Unternehmenskooperation gekennzeichnet werden sollen. So wird zum Beispiel der Begriff der strategischen Allianz zum Teil als Überbegriff für Unternehmenskooperationen verwendet,[5] zum Teil dient er der Kennzeichnung einer ganz bestimmten Form der Unter-

---

1 Vgl. etwa Müller/Goldberger (1986); Bronder (1992); Alter/Hage (1993).
2 Vgl. Sydow (1993).
3 Vgl. Kogut (1988), S. 324; Nach Kogut entsteht ein Joint Venture, „when two or more firms pool a portion of their resources within a legal organization"; ebd., S. 319; ähnlich auch Osborn/Baughn (1990), S. 505.
4 Vgl. Rotering (1990), S. 64ff.
5 Vgl. Bronder (1992), S. 6; Harrigan (1988), S. 53. Gleiches gilt für den Begriff des Joint Venture etwa bei Alter/Hage (1993), S. 6.

nehmenskooperation,[1] während er an wiederum anderer Stelle sogar dem Begriff der Unternehmenskooperation gegenübergestellt wird.[2] Begründet werden kann dies in Anlehnung an Hilbert et al. sicher mit der Tatsache, daß sich sowohl die theoretische wie auch die empirische Kooperationsforschung noch in der „Werkstatt-Phase" befindet[3] und deshalb entsprechende Untersuchungsergebnisse aus der Vergangenheit noch nicht vorliegen. Damit gerät das Ansinnen, empirische Aussagen über die grundsätzliche Bedeutungsentwicklung kooperativer Koordinationsmechanismen in der Wirtschaftspraxis herzuleiten, zu einem mehr als gewagten Unterfangen. Es bleibt daher nur die Möglichkeit, einige qualitative Eindrücke über die Bedeutung von Unternehmenskooperationen in der Vergangenheit, in der Gegenwart und in der Zukunft aufzuzeigen und im Vorgriff auf den 2. Hauptteil der vorliegenden Arbeit einige Faktoren vorzustellen, die das „Wie" und „Warum" der Entwicklung von Unternehmenskooperationen aus der Entwicklung der wirtschaftlichen Situation heraus in einer ersten Betrachtung aufzeigen sollen. Der 2. Hauptteil dieser Arbeit wird sich noch sehr ausführlich mit den unterschiedlichen Aspekten dieses „Wie" und „Warum" auseinandersetzen.

Im vorangegangenen Kapitel wurde festgestellt, daß die Ziele verschiedener Unternehmen zum Teil entgegengesetzt, zum Teil gleichgerichtet und zum Teil neutral zueinander sein können. Die Konsequenz daraus ist, daß Unternehmen häufig die Option haben, sich mit anderen Unternehmen in Teilbereichen über klassische Verträge oder über Kooperationen zu koordinieren, in anderen Bereichen aber mit den gleichen Unternehmen gar nicht zu koordinieren. Prägend für diese in der Wirtschaftspraxis verbreitete Parallelität von Kooperation und Konkurrenz sind alleine schon die Sachverhalte der Kooptation[4], des Personalflusses und des Arbeitsmarktes, die Unternehmen unweigerlich in Netze interpersoneller und formaler Beziehungen einbinden.[5] Damit

---

1 Vgl. Schütte (1990), S. 3; Vornhusen (1994), S. 36.
2 Vgl. Hemm/Diesch (1992), S. 532ff.
3 Vgl. Hilbert et al. (1991), S. 15.
4 Kooptation bezeichnet die häufig in Aufsichtsräten und Beiräten eines Unternehmens stattfindende Einbindung von Mitgliedern anderer Unternehmen in den Entscheidungsprozeß. Vgl. Schreyögg/Papenheim (1988), S. 8.
5 Vgl. Reddy/Rao (1990), S. 45.

wird der Blick zunächst einmal auf interpersonelle Verflechtungen gelenkt, durch die unabhängig von den juristischen Abgrenzungen der Unternehmen untereinander zahlreiche Situationen erzeugt werden, in denen gleichgerichtete Zielwechselbeziehungen von Unternehmen schon aufgrund der teilweise unvermeidlichen persönlichen Verflechtung der in diesen Unternehmen tätigen Personen zustande kommen.[1]

Es gibt aber noch zahlreiche weitere Phänomene innerhalb des Wirtschaftssystems, die kooperative Koordinationsmechanismen wahrscheinlich werden lassen. Beispielhaft dafür soll bereits hier auf den von Pfeffer/Salancik als „Resource Dependence" bezeichneten Sachverhalt hingewiesen werden, daß Unternehmen zur Leistungserstellung und zum Absatz von Leistungen auf zahlreiche Ressourcen des Wirtschaftssystems angewiesen sind.[2] Diese Abhängigkeit von Ressourcen führt dazu, daß Unternehmen zukunftsgerichtete Strategien entwickeln, um die Unsicherheit über den andauernden Zugang zu den Ressourcen zu verringern. Alternative Strategien dafür sind:[3]

- interne Vorkehrungen wie der Aufbau von Reserven oder die Flexibilisierung von Kapazitäten,
- Zusammenschlüsse zur Inkorporation der Unsicherheitsquellen und
- Kooperationen zur Steigerung der Umweltkontrolle.

Als Beispiel für die von Pfeffer/Salancik angeführte Strategie der Kooperation zur Steigerung der Umweltkontrolle läßt sich bereits das ganze Spektrum impliziter oder expliziter Kooperationen ins Feld führen, das die Wirtschaftspraxis bis heute hervorgebracht hat. Zu den impliziten Kooperationen zählen neben vielen bilateralen Beziehungen auch weitreichende Netzwerkbeziehungen von Unternehmen, die alleine auf der Basis gewachsener Austauschbeziehungen und der daraus entstandenen stabilen Verhaltensmuster eine Art Großgruppen-Kooperation darstellen. Typisch für diese impliziten Netzwerke ist jedoch, daß ihre Grenzen kaum exakt bestimmbar sind, daß damit letztlich unklar ist, wer zu einem solchen Netzwerk dazugehört und

---

1 Einen Eindruck über die Vielfalt derartiger Verflechtungen bieten Veröffentlichungen wie „Wer gehört zu wem – Handbuch der Beteiligungsverhältnisse in Deutschland?", das von der Commerzbank herausgegeben wird.
2 Vgl. Pfeffer/Salancik (1978), S. 2; ausführlich dazu Kapitel 6.2.1.
3 Vgl. Schreyögg/Papenheim (1988), S. 5.

wer nicht, und daß die Zugehörigkeiten ohnehin großen Schwankungen unterliegen.[1] Dies mag auch daran liegen, daß implizite Netzwerke letztlich immer auf eine Vielzahl unterschiedlicher kooperativer Beziehungen zwischen einer jeweils eher geringen Anzahl von Beteiligten rekurrieren. Erst die Verflechtungen und die Fernwirkung dieser zahlreichen kleineren Kooperationen führen zur Ausbildung von Netzwerken.

Sowohl kooperative bilaterale Beziehungen als auch Netzwerkbeziehungen können aber ebenso in expliziter Form auftreten. Beispiele für explizite bilaterale oder dyadische Kooperationsbeziehungen wurden weiter oben mit dem Hinweis auf bestimmte institutionelle Formen von Kooperationen wie Joint Ventures, strategische Allianzen oder Forschungskooperationen bereits gegeben. Explizite Netzwerkbeziehungen, die dann auch diesen Namen tragen, gibt es vergleichsweise selten. Dort, wo sie auftreten, dienen sie vorwiegend regionalbezogen der Koordination kleiner und mittelständischer Unternehmen. Als Beispiel können etwa die in der Emilia Romagna zwischen sehr innovativen Kleinstunternehmen bestehenden Netzwerke angeführt werden, die in dieser Region im Norden Italiens ein überdurchschnittliches Wirtschaftswachstum wesentlich mitbegründen.[2]

Viel bekanntere explizite Klein- und Großgruppen-Kooperationen bestehen dagegen in den zahlreichen Selbstverpflichtungsabkommen der Industrie. Obwohl hier regelmäßig Verbände die Initiierung oder Steuerung derartiger Selbstverpflichtungsabkommen übernehmen, findet die eigentliche Kooperation zwischen den Unternehmen selbst statt, indem diese kooperativ bestimmte Verhaltensweisen einhalten. Aber auch die Verbände stellen, wie bereits gezeigt, eine wichtige und eigenständige Kooperationsform der Wirtschaftspraxis dar. Alleine in Deutschland gibt es weit über 3000 dieser Wirtschaftsverbände, in denen sich Gruppen von Unternehmen unter Beibehaltung der jeweils rechtlichen Selbständigkeit und unter Fortführung der einzelwirtschaftlichen Konkurrenz- oder Kooperationsverhältnisse zusammenschließen, um ihre gemeinsamen Interessen zu fördern.[3]

---

1   Vgl. Belzer (1991), S. 24.
2   Vgl. Piore/Sabel (1985), S. 250ff.
3   Vgl. Verbände, Behörden, Organisationen der Wirtschaft 1994. Verlag Hoppenstedt GmbH. Nicht mitgezählt sind bei der angegebenen Zahl von

Es soll jedoch nicht der Eindruck erweckt werden, Unternehmenskooperationen seien ein grundsätzlich geeignetes Instrument zur Erreichung beliebiger unternehmerischer Ziele. Auch wenn nach unserer Auffassung der mögliche Nutzen oder die Vorteilhaftigkeit von Kooperationen bei weitem nicht immer erkannt wird, so führen auf der anderen Seite auch viele durchgeführte Kooperationen nicht zu den erwünschten Vorteilen. Neben der Fehleinschätzung der Entwicklung von nicht beeinflußbaren Rahmen- oder Umweltbedingungen kann die Ursache dafür in Problemen liegen, die innerhalb der kooperierenden Unternehmen liegen.[1] Sowohl die Entscheidungsorgane des einzelnen Unternehmens als auch die Unternehmen selbst mit ihren Strukturen und ihren Kulturen haben erheblichen Einfluß auf das Zustandekommen, den Verlauf und die Ergebnisse von Kooperationen. Von der potentiellen Vorteilhaftigkeit von Kooperationen darf daher nur gesprochen werden, wenn auch die Fragen nach den Fähigkeiten zur gemeinsamen Kooperation gestellt worden sind und wenn gegebenenfalls Maßnahmen zur Schaffung dieser Fähigkeiten mit in das Vorteilhaftigkeits-Kalkül aufgenommen wurden.[2]

Nach dieser skizzenhaften Darstellung der Erscheinungsformen von Kooperationen in der Wirtschaftspraxis sowie der Andeutung erster grundlegender Aspekte des Zustandekommens und des Erfolgs von Unternehmenskooperationen sollen nun noch einige Faktoren der Wirtschaftsentwicklung aufgezeigt werden, die nach Ansicht verschiedener Autoren für eine Zunahme der Unternehmenskooperation in der Zukunft sprechen. Dabei unterscheiden wir zwischen Faktoren, die als Rahmenbedingungen auf das Wirtschaftssystem wirken, und Faktoren, die das Wirtschaftssystem selbst hervorruft.

Rahmenbedingungen, die auf das Wirtschaftssystem wirken:

3000 die gewerkschaftlich oder genossenschaftlich ausgerichteten Institutionen.

1 Als aktuelles Beispiel dafür kann etwa die 1987 begonnene und 1994 gescheiterte Kooperation „Autolatina" zwischen Volkswagen und Ford in Brasilien angeführt werden, für deren Mißerfolg neben Fehleinschätzungen auch Kommunikations- und Kulturprobleme verantwortlich gemacht werden. Vgl. Busch (1994), S. 67.
2 Ausführlicher wird darauf in den Kapiteln 4.3 und 6 eingegangen.

- Die Wissensflut macht es zunehmend schwieriger, daß einzelne Personen bzw. Unternehmen all das Wissen besitzen, das für die Erfüllung ihrer Aufgaben oder Ziele erforderlich ist.[1]
- Begründet durch Wertewandel und höhere Informiertheit steigt die Nachfrage der Konsumenten nach qualitativ hochwertigen Produkten und Leistungen.[2]
- Die politische Annäherung ehemals separierter Nationen führt zur Öffnung neuer Märkte. Gleichzeitig sprechen protektionistische Tendenzen für Markteinstiege über kooperative Verträge.[3]
- Der Zusammenschluß europäischer Staaten in dem europäischen Binnenmarkt führt dort zu steigender Wettbewerbsintensität.[4]
- Die Umweltschutzauflagen bezüglich Produkten und Produktionsverfahren nehmen stark zu.[5]
- Das Wirtschaftssystem gerät im Zuge zunehmender staatlicher Steuerungsprobleme in die Situation, sich mittels kooperativer Gremien wie etwa Verbänden aktiv an der Definition von Gemeinwohl und der Aushandlung von Rahmendaten für dieses Gemeinwohl zu beteiligen.[6]

Veränderungen, die das Wirtschaftssystem selbst hervorbringt:

- Der schnellere Technologiewandel verkürzt die Produktlebenszyklen.[7]
- Die Vereinfachung des Transports von Informationen, Gütern und Personen führt unabhängig von politischen Entwicklungen zu einer Globalisierung von Märkten.[8]
- Die Zunahme von Systemtechnologien führt zur Verschmelzung ursprünglich artfremder Technologiebereiche wie z.B. Biotechnologie und Pharma, Optik und Elektronik, Maschinenbau und Computer.[9]

---

1 Vgl. Alter/Hage (1993), S. 28.
2 Vgl. ebd.
3 Vgl. Weder (1989), S. 7.
4 Vgl. Bronder (1992), S. 2.
5 Vgl. Müller/Goldberger (1986), S. 24.
6 Vgl. Willke (1983).
7 Vgl. Bronder (1992), S. 35.
8 Vgl. ebd., S. 1.
9 Vgl. ebd., S. 2.

In den Ausführungen des zweiten Hauptteils werden diese Faktoren zum Teil explizit, zum Teil implizit wieder aufgegriffen, um mit ihnen nach den Gründen für das Zustandekommen von Kooperationen zu fragen. Dabei wird der Schwerpunkt jedoch nicht auf Bemühungen liegen, Belege für eine zwangsläufige Zunahme von Kooperationen zu finden oder zu verifizieren, sondern unabhängig von der Entwicklungsrichtung interner und externer Rahmenbedingungen die grundsätzlichen Entstehungs- und Erfolgsbedingungen von Unternehmenskooperationen im Rahmen ökologischer Unternehmenspolitik zu ermitteln.

2.3 Eine Typologisierung von Unternehmenskooperationen

Die Vielzahl der empirisch nachweisbaren Formen der Unternehmenskooperation macht es auf der einen Seite dringend erforderlich, auf der anderen Seite aber auch schwer, eine den realen Gegebenheiten nahekommende Typologisierung der Unternehmenskooperation zu entwickeln. Wir wollen uns dieser Aufgabe mit dem Ziel stellen, eine Menge von Idealtypen der Unternehmenskooperation darzustellen, die das weite Feld der empirisch nachweisbaren Formen zumindest weitgehend erfaßt. In dem Interesse, hierbei nicht bis zur Farblosigkeit abstrahieren zu müssen, nehmen wir in Kauf, nicht das tatsächlich ganze Feld empirisch nachweisbarer Formen abzudecken.

Mit der Darstellung von Idealtypen verzichten wir auf die Verwendung der bereits eingeführten und bekannten Bezeichnungen institutioneller Formen der Kooperation wie Joint Venture, strategische Allianz, Verband, Genossenschaft, Kartell, Netzwerk etc. Hinter diesen Bezeichnungen können sich jeweils sehr verschiedene Ausprägungen von Kooperation verbergen, was der Schaffung von Transparenz wenig dienlich wäre. Zudem gibt es zahlreiche praktische Fälle von Kooperationen, die mit keiner der genannten institutionellen Formen beschrieben werden können, die aber dennoch Unternehmenskooperationen sind.

Unternehmenskooperationen lassen sich hinsichtlich vielfältiger Kriterien bzw. Dimensionen unterscheiden. Die vielfältigen Bemühungen, Unternehmenskooperationen zu kennzeichnen, legen davon beredtes Zeugnis ab. Aus den zahlreichen Dimensionen, nach denen Unternehmenskooperationen unterschieden werden, scheinen uns die nachfolgend aufgeführten im Sinne des eben Gesagten und hinsichtlich des Themas dieser Arbeit von Bedeutung:[1]

(1) Anzahl der an der Kooperation Beteiligten,
(2) Richtung der Kooperation,
(3) Vorgehensweise der Kooperation,
(4) Organisationsform der Kooperation,
(5) Gegenstand der Kooperation,
(6) räumliche Ausdehnung der Kooperation,
(7) zeitliche Ausdehnung der Kooperation,
(8) Zutrittsmöglichkeit zu der Kooperation.

Wie schon bei der Festlegung der zu betrachtenden Dimension gibt es auch innerhalb der einzelnen Dimension in aller Regel keine zwingend gegeneinander abzugrenzenden Ausprägungen. Wir wollen daher nachfolgend kurz zu jeder Dimension erläutern, welche Ausprägungen wir zur Typologisierung von Unternehmenskooperationen abgrenzen wollen. Ziel muß es dabei sein, zwischen zahlenmäßig begrenzten Ausprägungen und damit verarbeitbaren Aussagen bei gleichzeitiger Vermeidung eines Verlustes an erforderlicher Aussagekraft abzuwägen.

(1) Anzahl der an der Kooperation Beteiligten
Hinsichtlich der Anzahl der Beteiligten wollen wir uns auf die Unterscheidung der folgenden drei Ausprägungen beschränken:

- *dyadische Kooperationen* (Kooperationen zwischen zwei Partnern),
- *Kleingruppen-Kooperationen* (Kooperationen mit drei bis sieben Kooperationspartnern),
- *Großgruppen-Kooperationen* (Kooperationen, die mehr als sieben Unternehmen umfassen).[2]

---

1 Vgl. dazu auch Schwarz (1979), S. 102ff.; Boehme (1986), S. 31ff.; Root (1987), S. 67ff.; Tröndle (1987), S. 50ff.; Alter/Hage (1993), S. 47ff.

2 Die Abgrenzung zwischen der Klein- und Großgruppen-Kooperation ist sicher nicht stringent an sieben bzw. mehr als sieben Kooperationspartnern festzumachen. Daher soll damit lediglich der Bereich des Übergangs von einer Klein- zu einer Großgruppen-Kooperation gekennzeichnet werden.

(2) Richtung der Kooperation
Durch die Kennzeichnung verschiedener Kooperationsrichtungen wird berücksichtigt, daß Kooperationen zwischen Unternehmen bestehen können, die Liefer- bzw. Abnahmeverträge miteinander haben (vertikale Marktbeziehungen), die in Konkurrenz zueinander stehen (horizontale Marktbeziehungen) oder zwischen Unternehmen, die auf verschiedenen Märkten ohne Marktbeziehungen zueinander tätig sind. Letztere werden als komplementäre Kooperationen bezeichnet. Es ist aber auch denkbar, daß in Kleingruppen- und Großgruppen-Kooperationen verschiedene dieser Beziehungsrichtungen gleichzeitig auftreten. Aus der Fülle der denkbaren Kombinationen von vertikaler, horizontaler und komplementärer Richtung halten wir die zwei zusätzlich aufgeführten für besonders relevant. Ohne damit ausschließen zu wollen, daß auch andere Kombinationen in der Praxis auftreten können, unterscheiden wir daher insgesamt die folgenden fünf Richtungstypen:

- *vertikal* (eindimensional),
- *horizontal* (eindimensional),
- *lateral* (eindimensional),
- *vertikal und horizontal* (zweidimensional),
- *vertikal und horizontal und komplementär* (dreidimensional).

(3) Vorgehensweise der Kooperation
Hier sollen zwei in der Literatur beschriebene Dimensionen inhaltlich in einer neuen Dimension zusammengefaßt werden. Es handelt sich auf der einen Seite um die von Knoblich vorgestellte Dimension des Kooperationszwecks mit ihren Ausprägungen:[1]

- Vertretung wirtschaftspolitischer Interessen,
- Marktbeeinflussung durch Absprachen,
- Steigerung der Wirtschaftlichkeit der Mitglieder.

Auf der anderen Seite handelt es sich um die Dimension der Kooperationsintensität, für die etwa von Boehme folgende Ausprägungen vorgeschlagen werden:[2]

- stillschweigend aufeinander abgestimmtes Verhalten,
- unverbindliche Zusammenarbeit/Empfehlungen,

---

1 Vgl. Knoblich (1969), S. 502.
2 Vgl. Boehme (1986), S. 34.

- Austausch von Informationen/Ergebnissen,
- koordiniertes Vorgehen,
- gemeinschaftliches Vorgehen.

Die Ausprägungen beider Dimensionen erscheinen inhaltlich nicht konsistent. So muß zu den verschiedenen von Knoblich angeführten Kooperationszwecken angemerkt werden, daß letztlich alle Unternehmenskooperationen der Erhöhung der Wirtschaftlichkeit des Unternehmens dienen sollen. Die von Knoblich vorgenommene Unterteilung liefert daher innerhalb dieser Dimension keinen Erkenntnisgewinn. Ein ähnlicher Vorwurf ist auch den von Boehme vorgeschlagenen Intensitätsstufen zu machen. So kann etwa der Austausch von Informationen im Rahmen unverbindlicher oder verbindlicher Zusammenarbeit erfolgen, er ist diesen aber weder vor- noch nachgelagert. Wir führen diese zwei Dimensionen dennoch auf, da eine Mischung ihrer Ausprägungen eine andere Dimension erläutern hilft. Es handelt sich dabei um die Dimension der Vorgehensweise einer Kooperation. Als Kooperationszweck wird, wie bereits gesagt, regelmäßig eine Steigerung der Wirtschaftlichkeit angenommen, wobei nicht unterschieden wird, ob dieser Zweck durch unmittelbar oder mittelbar bzw. kurzfristig oder langfristig wirkende Maßnahmen verfolgt wird. Hinsichtlich der Intensität können zwar mit den einzelnen Vorgehensweisen unterschiedliche Intensitätsgrade assoziiert werden, eine zwingende Zuordnung von Intensitätsgraden ist aber nicht möglich. Wir unterscheiden insgesamt vier mögliche Ausprägungen der Vorgehensweise:

- *Gemeinsames Wirtschaftshandeln:*
  Die Kooperation erfolgt hier über die gemeinsame Durchführung von Aktivitäten. Typisch, aber nicht zwingend erforderlich dafür ist die Ausgliederung von Teilfunktionen aus den kooperierenden Unternehmen in eine dafür geschaffene eigene Organisation wie z.B. ein separates Wirtschaftsunternehmen oder einen Verband. Gemeinsames Wirtschaftshandeln kann aber auch auf weit geringerer Intensitätsstufe vorliegen, etwa durch gemeinsames Betreiben eines Messestandes.[1]

---

1 Bei Tröndle findet sich eine Unterteilung in redistributive und reziproke Kooperationsbeziehungen. Erstere ist mit der von uns als gemeinsames Wirtschaftshandeln bezeichnete Vorgehensweise zu vergleichen, letztere

- *Abgestimmtes Wirtschaftshandeln:*
  Im Unterschied zum gemeinsamen Wirtschaftshandeln handelt beim abgestimmten Wirtschaftshandeln jeder Kooperationspartner weiterhin eigenständig. Allerdings wird der Handlungsrahmen vorab mit den Handlungsrahmen der Kooperationspartner abgestimmt. Dadurch ergeben sich nicht nur Beschneidungen vorhandener Handlungsräume, sondern vor allen Dingen auch die Verpflichtung zur Ausfüllung von bestimmten Handlungsräumen. Beispiele dafür sind langfristige Liefer- oder Abnahmeverträge.
- *Absprachen:*
  Verhaltensabsprachen beinhalten alleine die Beschneidung vorhandener Handlungsräume. Es wird damit nicht das Durchführen bestimmter Handlungen oder Tätigkeiten vereinbart, sondern alleine die Unterlassung evtl. bisher durchgeführter Handlungen oder Tätigkeiten. Dies geschieht ohne wirtschaftliche Bindung der Kooperationspartner. Die Kooperationsbeziehungen zwischen den Kooperationspartnern beschränken sich auf Kontrollfunktionen. Typisches Beispiel für Absprachen sind Selbstverpflichtungsabkommen, in denen etwa der Verzicht auf die Verwendung eines bestimmten Einsatzstoffes vereinbart wird.
- *Informationsaustausch:*
  Mit dem Austausch von Informationen sind im Vergleich zu den bisher genannten Vorgehensweisen keine Verhaltensabsprachen verbunden, die das eigentliche Wirtschaftshandeln betreffen. Es geht hier aber auch nicht um den Wirtschaftstausch, bei dem dank gleichartigen Leistungsinhalts auf das Zwischenmedium Geld verzichtet wird, bei dem aber im Grunde die ausgetauschten Informationsinhalte gegeneinander aufgerechnet werden. Kooperativer Informationsaustausch bezeichnet die ggf. auch einseitige Überlassung von Informationen an andere Unternehmen, ohne daß aus der Verwendung dieser Informationen zwangsläufig Vorteile für das Unternehmen entstehen müssen, das die Informationen zur Verfügung stellt.

---

kann als Überbegriff für die von uns nachfolgend aufgeführten Kooperationsbeziehungen verstanden werden. Vgl. Tröndle (1987), S. 18ff.

(4) Gegenstand der Kooperation

Mit dem Gegenstand der Kooperation soll gekennzeichnet werden, in welchen Funktionsbereichen der beteiligten Unternehmen die Kooperation angesiedelt ist. Da in der Praxis des vernetzten Unternehmens regelmäßig viele, wenn nicht alle Unternehmensfunktionen ineinandergreifen, tangieren Kooperationen häufig mehrere dieser Funktionen gleichzeitig. Mit dem Gegenstand der Kooperation sollen die Unternehmensfunktionen gekennzeichnet werden, die hierbei im Vordergrund stehen. Dyllick unterscheidet in seiner Struktur eines ökologischen Unternehmenskonzepts zwei Funktionstypen, a) die primären, leistungswirtschaftlichen Funktionen und b) die sekundären, unterstützenden Funktionen. Obwohl mit dieser Aufteilung in primäre und sekundäre Unternehmensfunktionen die Gefahr verbunden ist, der Illusion einer Möglichkeit der beliebigen Aufgabenteilung im Unternehmen eher Vorschub zu leisten als diese zu beseitigen, wollen wir hier auf diese Aufgliederung der Unternehmensfunktionen zurückgreifen, um damit die möglichen Schwerpunkte einer Unternehmenskooperation abzugrenzen:[1]

Primäre, leistungswirtschaftliche Funktionen:

- Produktentwicklung,
- Materialbeschaffung,
- Produktion,
- Marketing/Verkauf,
- Logistik,
- Recycling/Entsorgung.

Sekundäre, unterstützende Funktionen:

- Personal und Organisation,
- Führungs- und Steuerungssysteme,
- Kommunikation und Öffentlichkeitsarbeit,
- Anlagen und Infrastruktur.

---

1 Vgl. Dyllick (1990), S. 28. Die in weitgehender Anlehnung an Dyllick gewählte Aufteilung ist weder hinsichtlich ihrer Bestandteile noch hinsichtlich ihrer Zuordnung zwingend. Diese Einschränkung gilt aber auch für andere vergleichbare Darstellungen, so etwa für die generische Wertschöpfungskette von Porter. Vgl. Porter (1985), S. 37.

(5) Organisationsform der Kooperation

Die unten unterschiedenen Ausprägungen der Organisationsform begründen sich in unserer Beobachtung, daß Unternehmenskooperationen grundsätzlich auf drei verschiedene Arten organisatorisch bewältigt werden können bzw. in der Praxis bewältigt werden:

- *Ohne separate, ausgegliederte Organisation:*
  Dies ist wohl die mit großem Abstand häufigste Form der Organisation von Kooperationen. Die organisatorischen Aufgaben können innerhalb der kooperierenden Unternehmen zwar durchaus durch dafür spezialisierte oder freigestellte Mitarbeiter übernommen werden, eine Zusammenführung von personellen Ressourcen und Sachmitteln der Kooperationspartner in eine zusätzlich entstehende Organisation wird aber nicht durchgeführt.
- *Mittels ausgegliedertem Wirtschaftsunternehmen:*
  Hier wird der Kooperationsgegenstand innerhalb eines von den Kooperationspartnern gegründeten Wirtschaftsunternehmens verfolgt. Die Geschäftsführer dieses ausgegliederten Unternehmens werden von den Kooperationspartnern bestimmt. Die Anzahl der Kooperationspartner ist in der Regel sehr gering.
- *Mittels Verband:*
  Verbände werden gegründet, um Aufgaben zu bewältigen, die im Interesse einer Vielzahl von Unternehmen sind, und die so effizienter oder überhaupt wahrgenommen werden. Verbände betreiben im Unterschied zu ausgegliederten Wirtschaftsunternehmen keine Marktaktivitäten, sondern übernehmen alleine Steuerungs-, Unterstützungs- und Repräsentationsfunktionen für die beteiligten Unternehmen.

Während die beiden erstgenannten Organisationsformen typisch für zwischenbetriebliche Kooperationen sind, gilt die Verbandslösung als typische überbetriebliche Kooperation. Diese Unterscheidung begründet sich darin, daß konkrete Verbandsaktivitäten weitgehend entkoppelt von konkreten Unternehmensaktivitäten entstehen.[1] Dennoch stellen sie das Ergebnis einer Unternehmenskooperation dar und sollen deshalb hier nicht vernachlässigt werden.

---

1 Vgl. Naujoks/Pausch (1977), S. 5.

(6) Räumliche Ausdehnung der Kooperation
Mit der Dimension der räumlichen Ausdehnung wird berücksichtigt, daß Kooperationen geografisch unterschiedlich ausgelegt sein können, nämlich

- *lokal,*
- *regional,*
- *national* oder
- *international.*

(7) Zeitliche Ausdehnung der Kooperation
Hinsichtlich der zeitlichen Ausdehnung scheinen uns zwei Ausprägungen zur Kennzeichnung ausreichend:

- *zeitlich begrenzte Kooperationen* (etwa Kooperations-Projekte),
- *zeitlich unbegrenzte Kooperationen* (etwa für Verbandsarbeit).

(8) Zutrittsmöglichkeit zu der Kooperation
Die letzte angeführte Dimension gilt der Zutrittsmöglichkeit zu Kooperationen. Auch hier genügen zwei Ausprägungen zur Kennzeichnung der Dimension:

- *offene Kooperation* (der Zutritt ist möglich),
- *geschlossene Kooperation* (der Zutritt ist nicht möglich).

Obwohl mit den angeführten Dimensionen zur Typologisierung von Kooperationsformen nicht das ganze in der Literatur angeführte oder theoretisch denkbare Spektrum an Vorschlägen ausgeschöpft wurde, ergibt sich aus der Multiplikation der jeweils angeführten Ausprägungen bereits eine beträchtliche Zahl an theoretisch denkbaren Kooperationstypen. Es hat sich bereits bei der Beschreibung der Ausprägungen gezeigt, daß nicht jede beliebige Ausprägung der einen Dimension zu jeder beliebigen Ausprägung einer anderen Dimension paßt, die Praxis das Feld möglicher Kooperationstypen also erheblich einschränkt. Wir wollen uns an dieser Stelle aber nicht auf bestimmte Kombinationen festlegen. Zur Veranschaulichung der möglichen Idealtypen von Unternehmenskooperationen sind die angeführten Dimensionen und Ausprägungen in einem morphologischen Kasten zusammengefaßt (vgl. Abbildung 1).

Abb. 1: *Morphologischer Kasten zur Typologisierung von Kooperationsformen*

Dimension	Ausprägung			
Anzahl der Beteiligten	dyadisch	Kleingruppe		Großgruppe
Richtung	eindimensional: vert. | horiz. | kompl.	zweidimensional		dreidimensional
Vorgehen	Informations-austausch	Verhaltens-absprachen	abgestimmtes Handeln	gemeinsames Handeln
Organisationsform	ohne separate Organisation	ausgegliedertes Unternehmen		Verband
Gegenstand	primäre, leistungswirt-schaftliche Funktionen		sekundäre, unterstützende Funktionen	
Räumliche Ausdehnung	lokal	regional	national	international
Zeitliche Ausdehnung	zeitlich begrenzt		zeitlich unbegrenzt	
Zutrittsmöglichkeit	geschlossen		offen	
	(A)		(B)	

Quelle: Verfasser

Das Beispiel (A) kennzeichnet eine Kooperation etwa zwischen einem Händler und dessen Lieferanten zur Veränderung und Anpassung des angebotenen Sortiments bei gleichzeitiger Zusicherung von Abnahmemengen. Das Beispiel (B) kennzeichnet das Wirken eines Verbandes zur Unterstützung der zugehörigen Unternehmen bei Fragen der Gründungs- und Investitionsförderung.

3. Kapitel

Ökologische Unternehmenspolitik mit Hilfe von Kooperationen

Nach der grundsätzlichen Beschreibung des Wesens und der Ausprägungsmöglichkeiten von Unternehmenskooperationen soll nun konkret an die Überlegungen zur Problematik der Koevolution von Ökologie und Zivilisation und der Rolle, die Unternehmen bei dieser Koevolution einnehmen können, angeknüpft werden. Dazu soll in Kapitel 3.1 zunächst die Frage vertieft werden, ob sich Unternehmen an dieser Koevolution tatsächlich aktiv beteiligen sollen, oder ob ihnen eher eine passive Haltung des „Evolviertwerdens" zukommmen muß. Kapitel 3.2 stellt anschließend die Ansatzpunkte einer ökologischen Unternehmenspolitik vor, wobei entsprechend den Ergebnissen des vorangegangenen Kapitels von einer durchaus aktiven Haltung der Unternehmen im Koevolutionsprozeß ausgegangen wird. Das abschließende Kapitel 3.3 beschäftigt sich dann mit der Abgrenzung möglicher Kooperationsfelder, in denen sich Unternehmen durch Kooperation miteinander Handlungsfelder erschließen können, die die Umsetzung einer ökologischen Unternehmenspolitik erleichtern oder überhaupt erst ermöglichen.

3.1 Unternehmen als ökologische Akteure und quasi-öffentliche Institutionen

Wir wollen uns der Frage nach der Rolle der Unternehmen in dem anzustrebenden Prozeß der Koevolution von Ökologie und Zivilisation annähern, indem wir zunächst über die Unternehmen hinaus den Blick auf das Wirtschaftssystem als Ganzes richten. Unter Benutzung eines systemischen Sprachgebrauchs läßt sich das Wirtschaftssystem als eines von verschiedenen gesellschaftlichen Funktionssystemen bezeichnen, neben dem sich weitere Funktionssysteme wie das Rechtssystem, die

Politik, die Wissenschaft, die Religion oder die Erziehung herausgebildet haben.[1] Diese Form der Aufteilung hat sich im Zuge der gesellschaftlichen Evolution aufgrund ihrer höheren Effizienz in der Bewältigung von Aufgaben gegenüber anderen institutionellen Formen wie z.B. den Zünften durchgesetzt. Die Ursache für den evolutionären „Erfolg" dieser heutigen Formen von Institutionen liegt also gerade in der funktionalen Differenzierung und damit der Arbeitsteilung, die diese Institutionen mitbrachten.[2]

Mit der funktionalen Ausdifferenzierung von Gesellschaften verbunden ist nach Luhmann der Verlust einer zentralen Lenkungsinstanz. Diese Funktion, die gemeinhin der Politik zugerechnet wird, kann von eben dieser in immer geringerem Maße souverän wahrgenommen werden.

> „Weder die Politik noch die Erziehung, weder die Wirtschaft noch die Wissenschaft können in Anspruch nehmen, mehr als andere für die Gesellschaft zuständig zu sein. Jede dieser Funktionen ist unentbehrlich, jede limitiert die Möglichkeit der anderen, aber keine kann sich selbst an die Stelle der anderen setzen."[3]

Damit verbleibt zwar das Gewaltmonopol in den Händen des Staates. Die Frage, welche Maßstäbe an das Verhalten der Gesellschaftsmitglieder gestellt werden sollen, kann aber nicht mehr vom Staat alleine beantwortet werden.

Wenn man Polanyi folgen möchte, dann stellt sich dieses Bild der gleichverteilten Handlungspotenz einzelner Funktionssysteme gerade gegenüber dem Wirtschaftssystem sogar deutlich kritischer dar. Nach Polanyi kommt es mit der Ausdifferenzierung der Wirtschaft als eines eigenständigen Systems (Polanyis Veröffentlichung stammt bereits aus dem Jahr 1944) zu einer Art umgekehrter Kolonialisierung der Gesellschaft durch das übermächtig werdende System Wirtschaft. Aus der vormaligen Einbettung wirtschaftlicher Beziehungen in das soziale Beziehungsnetz wurde eine Integration sozialer Beziehungen in das Wirtschaftssystem.[4] Damit wird eine Vermutung geäußert, der sich viele intuitiv anschließen, wenn es um die Kennzeichnung des Wirt-

---

1 Vgl. Willke (1984), S. 29.
2 Vgl. Luhmann (1976), S.73.
3 Luhmann (1988a), S. 60.
4 Vgl. Polanyi (1978).

schaftssystems in der zivilisierten Gesellschaft geht. Und auch der große Schub des „ökonomischen Ansatzes"[1] in der Soziologie zur Erklärung menschlichen Verhaltens mag diese These stützen.

Wenn aber eine zentrale Lenkungsinstanz völlig fehlt, und wenn darüber hinaus das Wirtschaftssystem hinsichtlich seines Einflusses auf andere Funktionssysteme gar als Primus inter pares betrachtet werden kann, dann gibt es keine andere Möglichkeit, dann muß jedes der Funktionssysteme und allen voran das Wirtschaftssystem in die Verantwortung gehen, wenn die Menschen der Gesellschaft auf einen Weg der Koevolution von Ökologie und Zivilisation einschwenken wollen. Dabei ist an dieser Stelle die Frage noch gar nicht gestellt, ob das Wirtschaftssystem nicht ohnehin Verantwortung im Sinne eigenen Zutuns für die gewaltige Zivilisationsdynamik trägt. Die vorangegangenen Ausführungen deuten jedoch bereits an, daß eine simple Schuldzuweisung an das System nicht nur wenig tragfähig wäre, sondern vor allen Dingen auch wenig brächte. Die Menschen bzw. deren Handlungen als Elemente der einzelnen Funktionssysteme sind es, die die Wirkung aller Funktionssysteme bestimmen. Schuldzuweisungen an das Gesamtsystem oder einzelne Funktionssysteme laufen ins Leere, weil das einzelne System keinen Empfänger besitzt, der betroffen oder gar beschämt auf Schuldzuweisungen an das System als Ganzes reagieren könnte. Daß dennoch so gerne und großzügig Verantwortung pauschal auf andere Funktionssysteme abgewälzt wird, mag an der (ökonomischen?) menschlichen Grundhaltung liegen, „die gewohnte Sicherheit und Vorteile verschaffenden Strukturen zu konservieren und die Arbeit der Auflösung und Neuordnung abzuwälzen oder gar zu verhindern"[2].

Nach diesen Betrachtungen scheint es um so erforderlicher, das einzelne Unternehmen als Teil des Wirtschaftssystems in das Licht der Diskussion zu rücken. „Die moderne Unternehmung als treibende Kraft"[3], so übertitelt Dyllick ein Kapitel seiner Dissertation, das sich mit der Bedeutung der Unternehmen in dem Prozeß der Zivilisationsentwicklung auseinandersetzt. Darin wird der Aufstieg der modernen

---

1 Gary Becker und Reinhard Selten wurden 1992 bzw. 1994 für ihre Bemühungen um die Übertragung ökonomischer Ansätze auf das menschliche Verhalten mit den Nobelpreisen für Wirtschaft geehrt.
2 Kießler (1990), S. 135.
3 Dyllick (1983), S. 36.

Unternehmung zur treibenden Kraft der Zivilisation als Reaktion auf gesellschaftliche, technische und administrative Veränderungen beschrieben. Mit zehn Propositionen wird die Entstehung und Etablierung der modernen Unternehmung als Bestandteil unserer Zivilisation nachgezeichnet. Die Begründung für die nicht nur etablierte, sondern zugleich auch höchst dominante Stellung der Unternehmung in der Zivilisation wird aber erst darauf aufbauend durch eine weitere evolutionäre Veränderung begründet:

> „In vielen Bereichen der Wirtschaft gingen die Koordinations- und Lenkungstätigkeiten vom unpersönlichen Markt in die Hände der Unternehmung über. In vielen Bereichen der Wirtschaft wurde somit die von Adam Smith zitierte „unsichtbare Hand" der Marktkräfte ersetzt durch die „sichtbare Hand" des Managements. Während der Markt wohl weiterhin die Nachfrage nach Gütern und Dienstleistungen generiert, übernahm die Unternehmung immer mehr die Funktion der Lenkung von Güterströmen durch bestehende Produktions- und Distributionskanäle sowie die Zuweisung von Arbeitskräften und Sachmittel für zukünftige Produktions- und Distributionsaufgaben."[1]

Wir stimmen Dyllick zu, wenn dieser den Markt als Erzeuger von Nachfrage kennzeichnet, weil damit eingeräumt wird, daß sowohl das Nachfrage- als auch das Angebotselement Nachfrage generiert. In der Anerkennung einer Erzeugung von Nachfrage auch durch das Angebot und damit durch Unternehmen selbst, und dem Hinweis auf die Lenkungsfunktionen der Unternehmen liegt der entscheidende Unterschied zu der noch immer häufig anzutreffenden Auffassung von Unternehmen als Erfüllungsgehilfe des Souveräns „Kunde".[2] Entscheidendes Gewicht für die Entwicklung der Zivilisation liegt in der Wahrnehmung der sich so ergebenden unternehmerischen Gestaltungsfelder, die zusätzlich gestützt wird durch die gleichzeitig enorm gestiegene Machtposition der Unternehmensleitungen. Diesen unterstellt Dyllick ähnlich wie schon 40 Jahre vorher Polanyi, „die Institution der Unternehmung zu einer der einflußreichsten Institutionen in der

---

1 Dyllick (1983), S. 37.
2 Vgl. Pechthold (1988), S. 11; aus dieser Position heraus leisten Unternehmen dann auch nicht nur einen Beitrag zur strukturellen Entwicklung von Gesellschaften, sondern über die damit verbundene Sinnstiftung weitergehend auch zu deren kulturellen Entwicklungen. Vgl. Pfriem (1995), S. 223.

modernen Gesellschaft und das Management zu der einflußreichsten Berufsgruppe gemacht (zu haben)"[1]. Dyllick vergleicht diese Entwicklung gar mit einer Management-Revolution, „die das Gesicht der Gesellschaft tiefgreifender verändert hat, als die meisten selbsternannten Revolutionäre auf dem Feld der Politik dies vermochten."[2] Unter diesen Bedingungen ist es dann auch gar nicht mehr möglich, die wirtschaftliche von der gesellschaftlichen Verantwortung der Unternehmung zu trennen, geschweige denn gesellschaftliche Verantwortung auf andere Institutionen, z.B. die der Politik, abzuwälzen.[3]

Damit wird auch verständlich, wenn Unternehmen als Besitzer solch großer Gestaltungsmöglichkeiten für gesellschaftlich relevante Sachverhalte als „quasi-öffentliche Institutionen"[4] bezeichnet werden. Öffentlich nicht deshalb, weil jeder Zutritt zu ihnen hat oder haben sollte, sondern öffentlich im Sinne des von ihnen tangierten „öffentlichen Interesses", wenn nicht sogar im Sinne der von Ronneberger vorgestellten Definition von Öffentlichkeit als „institutionalisiertes Mißtrauen gegen Herrschaft schlechthin"[5].

Aber nicht nur von theoretischer Seite wird dieser Anspruch mit zunehmendem Fortschreiten der Zivilisation an Unternehmen herangetragen. Die gesellschaftliche Praxis zeigt, daß die Menschen innerhalb der Gesellschaft, ob nun theoretisch gestützt oder intuitiv, die großen Gestaltungsfelder der Unternehmen beobachten, und daß sie auch wahrnehmen, in welcher Weise Unternehmen damit umgehen. Unternehmen sind daher nicht nur von theoretischer Seite „quasi-öffentliche Institutionen", sie spüren auch in zunehmendem Maße eine „öffentliche Exponiertheit". Mit dieser Bezeichnung kennzeichnet Dyllick die Tatsache, „daß Unternehmen durch ihre Tätigkeit öffentliche Interessen berühren, aber auch umgekehrt durch Handlungen, die im Namen öffentlicher Interessen ausgeübt werden, selber betroffen

---

1 Dyllick (1983), S. 37.
2 Ebd.
3 Vgl. dazu auch Miles (1987), S. 4, oder Pfriem, der Unternehmen folgerecht sowohl als ökonomische wie auch als ökologische Subsysteme der Gesellschaft bezeichnet. Vgl. Pfriem (1995), S. 28.
4 Der Begriff wurde eingeführt von Peter Ulrich (1977): „Die Großunternehmung als quasi-öffentliche Institution".
5 Ronneberger (1978), S. 116.

werden"[1]. Als Ursachen für diese Handlungen im Namen öffentlicher Interessen nennt Dyllick die Entstehung „gesellschaftlicher Anliegen", die dann entstehen, wenn zwischen den Erwartungen an bestimmte Aspekte der gesellschaftlichen Realität und der Wahrnehmung dieser Realitätsaspekte zu große Diskrepanzen entstehen.[2]

Weder die theoretische Begründung der „Quasi-Öffentlichkeit" von Unternehmen noch die empirische Nachweisbarkeit einer steigenden „öffentlichen Exponiertheit" der Unternehmen[3] beweisen letztlich, daß Unternehmen, und mit ihnen auch die Unternehmensleitungen, tatsächlich ein hohes Maß an Verantwortung für die zunehmenden Dysfunktionalitäten der Zivilisationsentwicklung tragen. Dennoch wird damit deutlich, daß Unternehmen zumindest in ihrer Gesamtheit große gesellschaftliche Gestaltungsfelder besitzen, und daß sie sowohl bemüht sind, diese Gestaltungsfelder zu nutzen, als auch, und da unterscheiden sie sich bestenfalls in ihrem Erfolg von anderen Funktionssystemen der Gesellschaft, diese Gestaltungsfelder zu erhalten oder sogar auszubauen. In Anbetracht dieser ausgeprägten unternehmerischen Gestaltungsfelder stellt sich aber zumindest die Frage, ob es aus unternehmenspolitischer Sicht opportun ist, diese alleine für das zu nutzen, was aus marktwirtschaftlicher Sicht als notwendiges „Kapitalverwertungsinteresse", aus systemischer Sicht als „konkurrenzwirtschaftlicher Sachzwang" oder wirtschaftstheoretisch schlicht als „interessenneutrales Formalziel" der Gewinnorientierung bezeichnet wird.[4]

Die Konsequenz daraus wäre, sich auf den Ruf nach politischen Lösungen für das Ökologieproblem, so diese irgendwie möglich sein sollten, und mit ihnen auf die Forderung nach politisch verordneter Internalisierung bisher externalisierter Umweltkosten zu beschränken. Damit könnten freilich bestenfalls Symptome gelindert, keinesfalls jedoch Ursachen behoben werden. Rohn stellt nach unserer Auffassung zu Recht fest: „Wenn aber die ökologische Krise nur ökonomisch bzw. anthropozentrisch verkürzt dadurch bewältigt wird, daß die bisher externalisierten Kosten der einzelwirtschaftlichen Produktion durch entsprechende Faktorpreisveränderungen internalisiert werden, so kann

---

1 Dyllick (1989), S. 15.
2 Vgl. ebd., S. 37.
3 Vgl. ebd., S. 114.
4 Kuhn (1990), S. 2/3.

eine Wende im Mensch-Natur- bzw. Ökonomie-Natur-Verhältnis nicht eingeleitet werden. Denn in der Fassung der Natur als Kapital wäre auch künftig ein potentieller, von menschlichen Nützlichkeits- oder Vernunftabwägungen losgelöster ‚Eigenwert von Natur' systematisch ausgeblendet."[1]

Mit der Hervorhebung der Unternehmen als quasi-öffentliche Institutionen geht es uns also um zweierlei:

- das Verdeutlichen der großen ökologischen Relevanz des freien Wirtschaftens; Unternehmen sind sowohl ökonomische als auch ökologische Subsysteme unserer Gesellschaft;
- das Aufgreifen von Handlungsinitiative dort, wo auch die Handlungspotenz liegt; damit verbunden ist auch die Vermeidung einer systematischen Vertiefung der von Beck als „organisierte Unverantwortlichkeit"[2] bezeichneten Tendenz der Zivilisation, sich mit einer Verlagerung juristischer Verantwortung auf bestimmte, möglichst abstrakte Institutionen ohne Handlungspotenz zu begnügen.

Es soll nicht verschwiegen werden, daß es auch zahlreiche Veröffentlichungen gibt, in denen eine solche Darstellung von Unternehmen, und noch wichtiger, die mit dieser Darstellung verbundenen Vorstellungen über das Verhalten von Unternehmen, abgelehnt werden. In ihrer Kritik zu unterscheiden sind im wesentlichen zwei Gruppen. Auf der einen Seite die amerikanischen Fundamentalisten mit ihrer liberalen Vorstellung einer Trennung von privater und öffentlicher Sphäre und einer Neigung zum Mißtrauen gegenüber dem Staat. Auf der anderen Seite die deutschen Institutionalisten, nach deren Überzeugung sich die Bereiche privater und öffentlicher Macht bereits weitgehend vermischt haben, und deren Mißtrauen sich eher gegen die Unternehmen richtet.[3]

Die Kritik an dem Postulat einer gesellschaftlichen Verantwortung von Unternehmen aus Sicht amerikanischer „Fundamentalisten" läßt sich wie folgt umreißen:[4]

---

1 Rohn (1991), S. 2/3.
2 Beck (1988).
3 Vgl. Dyllick (1989), S. 103.
4 Vgl. Friedman (1970), S. 2ff.; Friedman (1976), S. 176; Hayek (1969b), S. 238; Levitt (1958), S. 44ff.

(1) Manager sind als Beauftragte der Eigentümer rechtlich nur diesen gegenüber verantwortlich und haben auch nur deren Weisungen zu folgen.

(2) Manager wären überfordert, sollten sie auch noch, zu ihrem ohnehin schon komplexen Aufgabengebiet, einen weiteren Bereich der Verantwortung übernehmen müssen.

(3) Manager haben weder die Autorität noch die Legitimation, sich politische Macht im Sinne der Übernahme gesellschaftlicher Verantwortung anzueignen.

(4) Es besteht die Gefahr einer Unterminierung des marktwirtschaftlichen Systems, wenn das Prinzip der funktionalen Trennung politischer und wirtschaftlicher Aufgaben und Kompetenzen aufgeweicht wird.

Obwohl, wie gerade erwähnt, die deutschen Institutionalisten aus einer ganz anderen Perspektive heraus argumentieren, haben ihre Argumente eine gewisse Ähnlichkeit zu den eben genannten. Sie sollen daher zunächst ebenfalls kurz erwähnt werden,[1] bevor anschließend alle Kritikpunkte an den bisherigen Ausführungen widergespiegelt werden.

(5) Es kann im Einzelfall nicht immer ohne weiteres festgemacht werden, was tatsächlich im Interesse der Gesellschaft ist. Daraus ergibt sich das Problem fehlender operationaler Handlungsrichtlinien hinsichtlich der Übernahme gesellschaftlicher Verantwortung.

(6) Es besteht keine institutionalisierte Möglichkeit zur Kontrolle der „elitär-personellen" Macht, die Unternehmen bzw. deren Managern bei Übernahme gesellschaftlicher Verantwortung zuwächst.

(7) Dieser Mangel an interessenpluralistischer Legitimation der Wahrnehmung von gesellschaftlicher Verantwortung in Unternehmen hat darüber hinaus zur Folge, daß bürgerlich-liberale Ordnungsvorstellungen über eine Trennung von Staat und Gesellschaft fragwürdig werden.

Diese sieben kritischen Anmerkungen zum Postulat gesellschaftlicher Verantwortung von Unternehmen sollen ihrerseits kritisch beleuchtet werden:

---

[1] Vgl. Steinmann (1973), S. 467ff.; Ulrich, P. (1977), S. 217ff.

(1) Verantwortung des Managements nur gegenüber den Eigentümern
Diesem Einwand muß entgegengehalten werden, daß es bei der geführten Diskussion nicht primär um eine gesellschaftliche Verantwortung des Managements geht, sondern um eine gesellschaftliche Verantwortung der Unternehmen. Wenn in dieser Diskussion häufig direkt auf das Management der Unternehmen abgezielt wird und nicht auf deren Eigentümer oder auch deren Belegschaft, so geschieht dies, weil gerade in Großunternehmen, wo die Trennung von Management und Kapital üblich ist, die juristische Abhängigkeit des Managements von den Eigentümern de facto häufig in das Gegenteil verkehrt ist.[1] Wo diese Situation nicht gegeben ist, ist es in der Tat erforderlich, in der Diskussion um die gesellschaftliche Verantwortung von Unternehmen auf das Verhalten der Eigentümer zu schauen und an diese die entsprechenden Forderungen oder auch nur Hinweise zu richten.

(2) Überforderung des Managements
Es ist richtig, daß die Auseinandersetzung mit gesellschaftlichen Anliegen Ressourcen bindet. Und in Anbetracht der Tatsache, daß das Management in einer dynamischen Wirtschaft ohnehin regelmäßig an die Grenzen der Überforderung stößt oder darüber hinaus, läßt sich die Forderung nach einer zusätzlichen Übernahme gesellschaftlicher Verantwortung durch das Management leicht als unverantwortbare Komplexitätserhöhung darstellen, der dann endgültig kaum mehr jemand gewachsen ist. In der de facto Situation einer öffentlichen Exponiertheit von Unternehmen, in der Unternehmen zunehmend von der Öffentlichkeit gezwungen werden, sich zumindest reaktiv mit gesellschaftlichen Anliegen auseinanderzusetzen, verliert dieses Argument jedoch an Überzeugungskraft. Unternehmen sind heute bereits vielfach darauf angewiesen, im Rahmen der Weichenstellung für die Zukunft gesellschaftliche Verantwortung zu demonstrieren. Es läßt sich leicht nachvollziehen, daß sie mit einer antizipativen Übernahme dieser Verantwortung die für sie entstehende Komplexität eher reduzieren könnten. Aber auch unabhängig von dieser de-facto-Situation läßt sich ein weiteres Argument gegen eine Ablehnung von Forderungen an das Management anführen. Dyllick weist darauf hin, „daß es gerade die Unternehmungen sind, die in vielen Bereichen der Technik und Wissenschaft über Einsichten und Know-how verfügen, die niemand

---

1   Vgl. Dyllick (1989), S. 111.

anders, nicht einmal die dazu bestellten staatlichen Aufsichtsbehörden besitzen."[1] Auch wenn die Nutzung dieses Know-hows also tatsächlich zusätzlichen Aufwand bereitet, so ist die Erbringung dieser Leistung alleine deshalb erforderlich, weil sie von keiner anderen Stelle erbracht werden kann.

(3) und (6) Fehlende demokratische Legitimation des Managements
Auch die Bedenken einer fehlenden demokratischen Legitimierung des Managements (oder der Eigentümer oder der Belegschaft) zur Wahrnehmung gesellschaftlicher Verantwortung lassen sich angesichts der de-facto-Situation leicht relativieren. Unabhängig von der Perspektive, aus der heraus diese Bedenken geäußert werden ist festzustellen, daß es nicht um die Probleme einer Vorab-Legitimation des Managements (stellvertretend für die Unternehmen) zur Wahrnehmung gesellschaftlicher Verantwortung geht, sondern alleine um die Forderung nach einem verantwortungsvollen Umgang mit den von der Gesellschaft (demokratisch bewußt oder unbewußt[2]) bereits seit langem dem Management zur Verfügung gestellten gesellschaftlichen Gestaltungsfeldern.

(4) und (7) Aufweichung der Trennung von Staat und Gesellschaft
Es ist nicht die Wahrnehmung gesellschaftlicher Verantwortung, egal in welchem gesellschaftlichen Bereich sie gelebt wird, die zu einer Verschmelzung von Staat und Gesellschaft oder der Vermischung politischer und wirtschaftlicher Aufgaben führt. Es ist ganz im Gegenteil die Anmaßung illegitimer politischer Macht gegen den Willen des politischen Souveräns, die zu einer solchen Verschmelzung führt. Und Unternehmen geraten in diese Rolle, illegitime politische Macht gegenüber dem politischen Souverän auszuüben, wenn sie die ihnen zur Verfügung gestellten Gestaltungsfelder nicht alleine im Sinne dieses politischen Souveräns nutzen, sondern wenn sie darüber hinaus auch bestrebt sind, diese Gestaltungsfelder zur Einflußnahme auf den politischen Souverän zu nutzen.

---

1 Dyllick (1989), S. 111/112.
2 So ist es selbst bei allgegenwärtiger politischer Reglementierung häufig überhaupt nicht vermeidbar, daß zwischen technischer Entwicklung und politisch determinierter Rechtssetzung ein time lag entsteht, das ebenfalls als Gestaltungsfeld der Unternehmen bzw. des Managements genutzt werden kann.

(5) Fehlende operationale Handlungsrichtlinien
Nicht zu widerlegen ist das Fehlen einer letztinstanzlichen Antwort auf die Frage, welches Verhalten im einzelnen gesellschaftlich verantwortlich ist, und welches nicht. Es werden zwar zahlreiche Bemühungen unternommen, sich der Frage anzunähern oder Methoden zu ihrer Annäherung zu beschreiben. Dies alles geschieht jedoch häufig zu Recht unter dem Hinweis, daß eine letztinstanzliche Antwort nie gefunden werden wird, zumindest nicht auf einem pragmatischen Niveau, welches für Unternehmen operational handhabbar wäre. Ist damit aber die ganze Diskussion um die gesellschaftliche Verantwortung von Unternehmen obsolet? Gewiß nicht! Zunächst läßt sich sagen, daß das Problem des Fehlens dieser letztinstanzlichen Antwort auch dort zu beklagen ist, wo dennoch ohne Bedenken der Großteil gesellschaftlicher Verantwortung angesiedelt wird, nämlich in der Politik. Und genauso wie diese sich bei ihrer Entscheidungsfindung nicht an einer letztinstanzlichen Antwort orientieren kann, sondern ausschließlich an dem subjektiven Votum der Gesellschaft, genauso haben auch Unternehmen die Möglichkeit, sich an diesem Votum zu orientieren. Und wo diese Orientierung für die speziellen Fragen der Unternehmen nicht vorhanden ist, da kann sie durch eine dialogische Beteiligung der Betroffenen zumindest hergestellt werden.[1] Und mit dieser Beteiligung geht es nicht, um dies noch einmal ausdrücklich zu betonen, um die Herstellung einer letztinstanzlichen Antwort auf das Wesen gesellschaftlicher Verantwortung, sondern ausschließlich um das Schaffen von Orientierung für diese Verantwortung. Das immanente Problem, daß nie alle Betroffenen an diesem Dialog beteiligt werden können[2] und daß, selbst wenn alle Parteien vertreten wären, eine endgültige Entscheidung aufgrund der Werteabhängigkeit ebenfalls nicht zu erwarten wäre, spricht denn auch nicht gegen, sondern gerade für diese dialogische Kommunikation, um zumindest Orientierungspunkte für den Umgang mit der gesellschaftlichen Verantwortung ausmachen zu können.[3]

---

1 Vgl. Ulrich, P./Fluri (1992), S. 70ff.; Pfriem (1995), S. 60.
2 Ganz abgesehen von der Vielzahl betroffener Menschen zählen zu den Betroffenen auch Tiere und Pflanzen sowie spätere Generationen.
3 Vgl. Fischer et al. (1993), S. 34.

Zusammenfassend läßt sich sagen, daß die von Ulrich geäußerte Einschätzung, man habe es bezüglich gesellschaftlicher Instabilitäten, wie sie im Verhältnis von Ökologie und Zivilisation zu beobachten sind, weniger mit einem Verantwortungsdefizit bestimmter gesellschaftlicher Gruppen als vielmehr mit einer gesellschaftlich irrationalen Verantwortungskonzeption zu tun,[1] zwar ein Stück Wahrheit, aber nicht die ganze Wahrheit wiedergibt. Es drängt sich der Eindruck auf, daß die zu Recht als irrational bezeichnete gesellschaftliche Verantwortungskonzeption nicht ausschließlich das versehentliche Werk einer eigentlich um Verantwortung bemühten Gesellschaft ist, sondern daß eine menschliche Neigung dazu besteht, Verantwortung bewußt zu verlagern und zu umgehen, wo die Möglichkeiten dafür gegeben sind. Damit werden, bewußt oder unbewußt, Irrationalitäten in der gesellschaftlichen Verantwortungskonzeption, wenn nicht erzeugt, so doch zumindest verstärkt.

Unternehmen nehmen in diesem Prozeß eine bedeutende Rolle ein, da ihnen größte Gestaltungsfelder offenstehen, Verantwortung a) selber wahrzunehmen, sie b) passiv der Irrationalität der vorhandenen Verantwortungskonzeption mit entsprechend ungewissem Ausgang zu überlassen, oder c), und das ist nicht der seltenste Fall, mit der aktiven Verlagerung dieser Verantwortung die Irrationalität der Verantwortungskonzeption noch zu steigern.

3.2 Die Ökologie in der Unternehmenspolitik

Nach der Darstellung sowohl der Notwendigkeit einer Wahrnehmung ökologischer Verantwortung in dem Wirtschaftssystem und den dort tätigen Unternehmen als auch der Verdeutlichung der exklusiven Möglichkeit zur Umsetzung ökologischer Verantwortung in diesem Teilbereich der Gesellschaft, geht es nun um die Frage einer geeigneten Unternehmenspolitik zur Berücksichtigung ökologischer Erfordernisse in dem Prozeß des individuellen Wirtschaftens. Bevor ökologische Aspekte der Unternehmenspolitik betrachtet werden können, gilt es aber zunächst, den Begriff der Unternehmenspolitik für die Anwendung

---

1 Siehe dazu ausführlicher das Kapitel 5.3.

in der vorliegenden Arbeit genauer zu beschreiben. Macharzina weist darauf hin, daß der Begriff der Unternehmenspolitik häufig äquivalent zu Begriffen wie Unternehmensführung, Management oder Administration verwendet wird.[1] Entsprechend zahlreich sind auch die Beschreibungen oder Definitionen, mit denen Unternehmenspolitik gekennzeichnet werden kann. Für die Anwendung in der vorliegenden Arbeit wollen wir ein eher weit gefaßtes Begriffsverständnis von Unternehmenspolitik verwenden, in dem drei verschiedene der anzutreffenden Aspekte über Unternehmenspolitik zusammengefaßt werden. Es handelt sich dabei um die folgenden Aspekte:

- *Unternehmenspolitik als Grundzielsetzung*
  In diesem Verständnis von Politik, das auch als „policy" bezeichnet wird, ist das Treffen grundsätzlicher Entscheidungen für das Unternehmen zentraler Gegenstand der Unternehmenspolitik. „Unternehmenspolitik wird somit verstanden als Erlaß von „policies", von Grundsätzen und Richtlinien."[2]
- *Unternehmenspolitik als Zieldurchsetzung*
  Dieses Politikverständnis, das im Unterschied zum Vorgenannten als „politics" bezeichnet wird, sieht, in seiner Übertragung auf das Unternehmen, die Durchsetzung der unternehmerischen Ziele als primären Gegenstand der Unternehmenspolitik. „Politik wird hier als konfliktäre, die Erfüllung beliebiger Grundziele sichernde Interaktion, als u.U. wechselseitige Determinierung kollidierender Handlungsspielräume unter Einsatz von Macht begriffen."[3]
- *Unternehmenspolitik als Zielveränderung*
  Nach diesem Verständnis werden menschliche Handlungen und Entscheidungen als politisch eingestuft, „wenn grundlegende Veränderungen und tiefgreifender Wandel mit diesen verbunden sind (‚geplanter Wandel') oder wenn auf solche Wandlungsprozesse

---

1 Vgl. Marchazina (1993), S. 35.
2 Fischer et al. (1993), S. 26. Dieses Politikverständnis geht auf Aristoteles zurück. Betriebswirtschaftlicher Vertreter dieses Politikverständnisses ist u.a. Konrad Mellerowicz. Vgl. Mellerowicz (1976).
3 Dlugos (1987), S. 1986. Dieses Politikverständnis geht auf Machiavelli zurück. Dorow gilt als wesentlicher betriebswirtschaftlicher Vertreter dieses Politikverständnisses. Vgl. Dorow (1978).

reagiert werden muß."[1] Aufgrund des Zieles der vorliegenden Arbeit, Möglichkeiten zu untersuchen und herauszuarbeiten, mit denen die „policies" und die „politics" innerhalb von Unternehmen auf ökologische Belange ausgeweitet werden können, soll dieser dritte Aspekt nicht, wie etwa bei Dlugos, unter diesen beiden Ausprägungen von Unternehmenspolitik subsumiert werden,[2] sondern als eigenständiger Aspekt von Unternehmenspolitik explizit Erwähnung finden.

Der in dieser Arbeit Verwendung findende Begriff der Unternehmenspolitik umfaßt alle drei genannten Bereiche. Der 3. Hauptteil dieser Arbeit, der sich mit dem Management von Kooperationen befassen wird, wird dieser weiten Begriffsfassung Rechnung tragen.

Es wurde bereits darauf hingewiesen, daß wir im Zusammenhang mit den Folgen der Zivilisation bewußt häufiger von ökologischer Gefährdung und weniger häufig von Umweltgefährdung sprechen. In der Wirtschaft und den Wirtschaftswissenschaften ist mit der jeweiligen Begriffsverwendung zu häufig eine unterschiedliche Auffassung über den Umgang mit diesen Gefahren anzutreffen, als daß eine Gleichsetzung beider Begriffe angebracht wäre. Während mit der umweltorientierten Sichtweise häufig nur auf das Verhältnis zwischen wirtschaftendem Individuum und der (benachbarten) Menschheit abgezielt wird, soll mit der ökologischen Sichtweise zusätzlich die außermenschliche Natur mit in das Blickfeld gerückt werden. Maurer spricht in diesem Zusammenhang von dem Übergang einer Zweipoligkeit zu einer Dreipoligkeit der Handlungsorientierung.[3] Betont werden muß aber, daß es nicht Ziel der ökologischen Sichtweise sein kann, letztlich zu einer neuen Zweipoligkeit, diesmal zwischen Menschheit und außermenschlicher Natur, zu kommen, und damit das wirtschaftende Individuum bzw. das Unternehmen aus dem Beziehungsgefüge zu eliminieren.

---

1 Bartscher/Bomke (1993), S. 7. Dieses Politikverständnis geht auf Augustinus zurück. Hans Ulrich und später Peter Ulrich und Edgar Fluri haben dieses Politikverständnis in ihre Darstellung von Unternehmenspolitik einfließen lassen. Vgl. Ulrich, H. (1987) und Ulrich, P./Fluri (1992).
2 Dlugos beschränkt seine Kennzeichnung von Unternehmenspolitik auf diese beiden Bereiche. Vgl. Dlugos (1987), S. 1985ff.
3 Vgl. Maurer (1982), S. 24; Pfriem (1995), S. 51ff.

Ökologische Unternehmenspolitik[1] in dem hier verwendeten Sinne tritt an, diese Dreipoligkeit der Handlungsorientierung aufzunehmen und langfristig zu erhalten.

Vor diesem Hintergrund soll nun ein Blick auf die möglichen Rentabilitätswirkungen ökologischer Maßnahmen geworfen werden. Wir orientieren uns hierbei zunächst an Wicke et al., die hier insgesamt fünf Möglichkeiten unterscheiden:[2]

(1) ökologische Maßnahmen mit hoher Rentabilität,
(2) ökologische Maßnahmen als kostengünstige Realisierung von umweltrechtlichen Anforderungen,
(3) ökologische Maßnahmen mit geringer ökonomischer Rentabilität,
(4) gewinneutrale ökologische Maßnahmen,
(5) gewinnmindernde ökologische Maßnahmen.

Es ist längst kein Geheimnis mehr, daß man trotz bzw. gerade durch die Wahrnehmung von Verantwortung für die menschliche und außermenschliche Natur Geld verdienen kann. Die Möglichkeiten (1) bis (3) sind daher nicht Ausdruck eines Wunschdenkens, sondern entsprechen realen Möglichkeiten. Es ist aber auch kein Geheimnis, daß die ökologische Wirkung der bisher realisierten Maßnahmen (1) bis (3) bei weitem nicht ausreicht, eine weitere Verschlechterung der ökologischen Situation unserer Welt zu verhindern, geschweige denn die ökologische Situation zu verbessern. Hier drängt sich die Frage auf, ob es denn ausreichen würde, alle potentiell vorhandenen Möglichkeiten der Kategorie (1) bis (3) zu erkennen und umzusetzen, oder ob diese Möglichkeiten, so sie vorhanden sind, ohnehin erkannt werden, und somit nur die Durchführung von Maßnahmen der Kategorie (4) oder sogar (5) zu einer Verbesserung der ökologischen Situation führen können.

Wir werden die Antwort darauf schuldig bleiben müssen. Dies alleine deshalb, weil die Kennzeichnung der verschiedenen Möglichkeiten (1) bis (5) den Zeithorizont der Rentabilitätswirkung nicht beinhaltet und damit ungeklärt bleibt, wie Maßnahmen einzustufen sind, die kurzfristig gewinneutral oder gewinnmindernd sind, die langfristig aber zumindest potentiell rentabilitätssteigernd sein können. Dennoch scheint

---

1 Der Begriff der „Ökologischen Unternehmenspolitik" wurde mit der Herausgabe des gleichnamigen Buches von Reinhard Pfriem (1986) erstmals benutzt.
2 Vgl. Wicke et al. (1992), S. 643.

es angemessen, die Maßnahmen einer ökologischen Unternehmenspolitik nicht auf solche der Kategorie (1) bis (3) zu beschränken. Diese Maßnahmen sind auch im Rahmen einer nur einpolig ausgerichteten Unternehmenspolitik, in der eine ausschließlich eigenzentrierte Handlungsorientierung zum Tragen kommt, jederzeit opportun. Ökologische Unternehmenspolitik unterscheidet sich von dieser gerade dadurch, daß auch Maßnahmen der Kategorie (4) und (5) in das Kalkül einbezogen werden. Und da zahlreiche dieser Maßnahmen das Potential besitzen, zumindest langfristig rentabel zu werden, wird die Frage nach der Rentabilität von ökologischen Maßnahmen ohnehin zu einer vordergründigen. Es geht mit der Wahrnehmung einer ökologischen Unternehmenspolitik nicht darum, das Rentabilitätskalkül über Bord zu werfen, sondern um die *Bereitschaft und Fähigkeit*, langfristige Erfolgspotentiale im Einklang mit ökologischen Rahmenbedingungen zu erkunden und diese anzustreben.

Es muß aber mit Pfriem eingeräumt werden, daß keineswegs eindeutig feststeht, wie der Rahmen des hierbei betriebswirtschaftlich Vertretbaren zu definieren ist.[1] Zweifellos kann es nicht darum gehen, um dies noch einmal zu betonen, die Existenz des Unternehmens zu opfern oder aufs Spiel zu setzen. Aus unserer Sicht besteht dazu auch grundsätzlich kein Anlaß, da die Gestaltungsfreiräume der Unternehmen zahlreiche ökologische Maßnahmen mit zumindest langfristigem Rentabilitätspotential beinhalten, ohne daß diese jedoch bisher entsprechend genutzt würden.

Ein weiteres Merkmal ökologischer Unternehmenspolitik liegt in dem Bestreben, nachsorgende ökologische Maßnahmen entbehrlich zu machen, da vorsorgende ökologische Maßnahmen getroffen werden. Zur Verdeutlichung dieser unterschiedlichen Maßnahmenarten wollen wir in Anlehnung an Jänicke vier umweltpolitische Strategien unterscheiden, von denen je zwei nachsorgenden und zwei vorsorgenden Charakter haben (vgl. Tabelle 2).

Nachsorgende ökologische Maßnahmen entbehrlich machen heißt allerdings nicht, auf sie zu verzichten, wo sie erforderlich sind. Ökologische Unternehmenspolitik spielt sich also keineswegs exklusiv in dem Bereich vorsorgender Maßnahmen ab. Jedoch muß es das Ziel ökologischer Unternehmenspolitik sein, die Notwendigkeit für nach-

---

1 Vgl. Pfriem (1995), S. 96.

sorgende ökologische Maßnahmen gar nicht erst entstehen zu lassen. Wo diese Notwendigkeit aber entstanden ist, gehört deren Berücksichtigung ohne Frage zu den Aufgaben einer ökologischen Unternehmenspolitik.

Tab. 2: Modell und Beispiele umweltpolitischer Strategien

	Nachsorge		Vorsorge	
	Reparatur/ Kompensation von Umweltschäden	Entsorgung: Additive Umwelttechnik	Ökologische Modernisierung: umweltfreundliche Technik	Strukturveränderung
B E I S P I E L E	Kompensation von Lärmschäden	passiver Lärmschutz	leisere Motoren	veränderte Verkehrsstrukturen
	Kompensation von Waldschäden	Rauchgasentschwefelung von Kraftwerken	rationellere Primärenergienutzung in Kraftwerken	stromsparende Formen von Produktion u. Konsum
	Beseitigung von Industriemüllschäden	Müllverbrennung	Abfall-Recycling	abfallarme Wirtschaftsformen

Quelle: Jänicke (1988), S. 15

Aber selbst zwischen den zwei vorsorgenden umweltpolitischen Strategien besteht ein wesentlicher Unterschied. Während die ökologische Modernisierung im Sinne einer „beginning of the pipe"-Strategie zwar die Nachteile der verbreiteten „end of pipe"-Strategie hinter sich läßt, wird mit der Strukturveränderung versucht, auch gleich die ganze „pipe" als eigentliche Ursache ökologischer Schädigung durch geeignete Alternativen zu ersetzen. Am Beispiel der fünf Ebenen ökologischer Unternehmenspolitik kann dieser Unterschied verdeutlicht werden (vgl. Abbildung 2). Während es mit der ökologischen Modernisierung um die Verbesserung bestehender Produkte hinsichtlich ihrer Stoffe, Verfahren und ihrer Produkteigenschaften geht, wird mit der Strukturveränderung von einem Denken in Produkten abgerückt zugunsten eines Denkens in Problemlösungen oder Funktionen. Daß ökologische Unternehmenspolitik auch mit dieser Funktionsorientierung noch nicht am Ende ihrer Möglichkeiten angelangt ist, verdeutlicht die Verknüpfung der Ebene der Funktionen mit der Ebene des Sinns. Es gibt erfreuliche Beispiele dafür, daß ökologische Unternehmenspolitik auch vor dieser Ebene nicht haltmachen muß. Im Gegenteil, es zeigt sich, daß ökologische Unternehmenspolitik als ganzheitliche Unternehmenspolitik gewinnt, wenn sie den Mut findet, sich mit der Sinn-Ebene auseinanderzusetzen.[1]

Abb. 2: Fünf Ebenen ökologischer Unternehmenspolitik

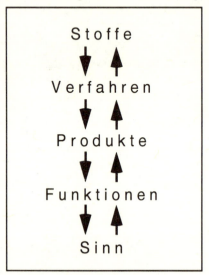

Quelle: Pfriem (1995), S. 299

Trotz der nun bereits angeführten Beispiele für umweltpolitische Strategien und die fünf Ebenen der ökologischen Unternehmenspolitik ist eine konkrete Bezugnahme auf die verschiedenen möglichen Handlungsansätze einer solchen Politik noch nicht ausreichend gegeben. Zur weiteren Kennzeichnung der möglichen Handlungsfelder sollen daher noch zwei weitere Aspekte des Handelns von Unternehmen dargestellt werden:

- der ökologische Produktlebenszyklus,
- die primären und die sekundären Unternehmensfunktionen.

Der erste Aspekt nimmt das Unternehmen als black box und schaut alleine auf die ökologische Wirkung unternehmerischen Handelns.

---

[1] Vgl. dazu Kapitel 6, in dem es u.a. um die Fähigkeit von Unternehmen geht, sich selbst zu beschreiben und zu thematisieren.

Beschrieben wird diese anhand eines ökologischen Produktlebenszyklus, der aus den folgenden Phasen besteht:[1]

(1) Rohstoffgewinnung,
(2) Vorproduktion,
(3) Produktion im eigenen Unternehmen,
(4) Weiterverarbeitung in anderen Unternehmen,
(5) Konsum,
(6) Entsorgung,
(7) Transport.

Obwohl offensichtlich ist, daß die hier vorgenommene Phaseneinteilung nicht zwingend ist, da z.B. die verschiedenen Produktionsstufen auch in anderer Anzahl und Anordnung auftreten können und der Transport eher als Sammelposition für die Verbindung der vorgelagerten Phasen zu verstehen ist, wird mit diesem Produktlebenszyklus ein wichtiger Sachverhalt deutlich gemacht: Die ökologische Wirkung eines Produktes beschränkt sich nicht auf dessen Herstellung und Vertrieb im eigenen Unternehmen. Ökologische Unternehmenspolitik kann nur dann wirkungsvoll erfolgen, wenn sie den gesamten ökologischen Produktlebenszyklus berücksichtigt.

Im Kapitel 2.3 zur Typologisierung von Kooperationen wurden als möglicher Gegenstand einer Kooperation sowohl die verschiedenen primären, leistungswirtschaftlichen Funktionen als auch die sekundären, unterstützenden Funktionen im Unternehmen genannt. Auf diese insgesamt zehn Funktionen wollen wir auch hier zurückgreifen, um eine konkrete Bezugnahme auf die Handlungsfelder einer ökologischen Unternehmenspolitik zu ermöglichen. Wichtig erscheint uns die Hervorhebung auch der sekundären Funktionen im Unternehmen, da es nicht genügt, ökologische Unternehmenspolitik im Unternehmen zu initiieren, indem per Entscheidung die primären, leistungswirtschaftlichen Funktionen des Unternehmens zum Gegenstand ökologischer Überlegungen gemacht werden. Vielmehr müssen auch die sekundären, unterstützenden Funktionen im Unternehmen als Ansatzpunkte für ökologische Unternehmenspolitik wahrgenommen werden, um diese auf die Bewältigung ökologischer Fragestellungen und Anforderungen auszurichten.

---

1 Vgl. Hallay/Pfriem (1992), S. 83ff.

In der Abbildung 3 sind die Ebenen der ökologischen Unternehmenspolitik und die primären und sekundären Funktionen im Unternehmen in Beziehung zueinander gestellt. Es wird davon ausgegangen, daß die sekundären Funktionen das „Wie" der primären Funktionen determinieren. Es können daher beide Funktionsbereiche zum Ansatzpunkt ökologischer Unternehmenspolitik werden. Dies geschieht entweder unmittelbar durch direkte Vorgaben an die primären Funktionsbereiche, oder mittelbar über die Gestaltung der sekundären Funktionsbereiche.

Abb. 3: Ökologische Unternehmenspolitik aus der Innensicht des Unternehmens

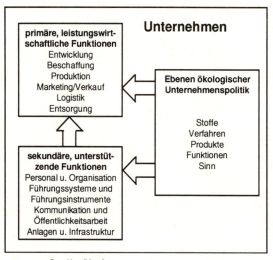

Quelle: Verfasser

In dieser Abbildung ist der Einfluß der Gesellschaft auf die ökologische Unternehmenspolitik und, vice versa, der Einfluß der (ökologischen?) Unternehmenspolitik auf die Gesellschaft als institutioneller Raum der Unternehmenstätigkeit noch nicht berücksichtigt. In Abbildung 4 findet eine entsprechende Erweiterung statt. Die Gesellschaft wird beeinflußt durch die Einflüsse aus dem ökologischen Produktlebenszyklus. Diese Einflüsse beinhalten die durch Produktion, Konsum und Entsorgung entstehenden Ressourcen- und Energiebedarfe, die Schadstoff- und Lärmemissionen, die Abfallentstehung und die Nutzung und Notwendigkeit bestimmter Transportsysteme. Jeder dieser Einflüsse bewirkt eine Veränderung und ggf. eine Verschlechterung unseres Ökosystems. Die Gesellschaft selbst beeinflußt über zahlreiche Mechanismen die Rahmenbedingungen der Entscheidungsfindung im Unternehmen. Zu nennen ist hier insbesondere der Einfluß der Politik als Legislative, das Auftreten und Wirken von externen Anspruchsgruppen und nicht zuletzt die Mitglieder des Unternehmens selbst, die ja gleichzeitig immer auch Mitglieder der Gesellschaft sind und deren Interessen in das Unternehmen hineintragen.[1]

Abb. 4: Ökologische Unternehmenspolitik aus der Außensicht des Unternehmens

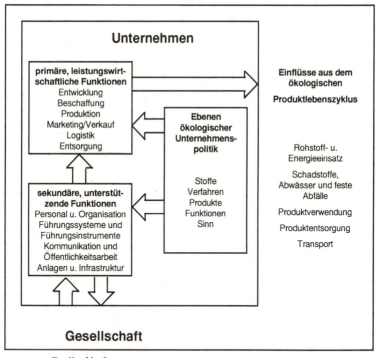

Quelle: Verfasser

---

1 Auf die hier wesentliche Kommunikation mit internen und externen Anspruchsgruppen des Unternehmens wird in Kapitel 6.1.2 ausführlich eingegangen.

Die Gesellschaft selbst wird in Abbildung 4 von dem ökologischen Produktlebenszyklus als Resultat unternehmerischen Handelns tangiert. Da wir uns auf ökologische Sachverhalte konzentrieren, finden aber nur diese in der Grafik Berücksichtigung.

Mit dieser Beschreibung des Verständnisses und der möglichen Ausprägungen ökologischer Unternehmenspolitik wollen wir uns nun der Frage zuwenden, welche Rolle den verschiedenen Formen der Unternehmenskooperation bei der Umsetzung ökologischer Unternehmenspolitik zukommen kann oder sogar zukommen muß, wenn der hohe, hier an die Unternehmenspolitik gestellte Anspruch unter den Bedingungen der langfristigen Existenzsicherung der Unternehmen eingelöst werden soll.

3.3 Kooperationsfelder einer ökologischen Unternehmenspolitik

Mit der zunehmenden Bedeutung einer verantwortungsvollen Nutzung der großen Gestaltungsfreiräume von Unternehmen gelangen vermehrt ökologische Ziele in das Zielsystem von Unternehmen.[1] Während sie dort auf normativer oder srategischer Ebene häufig noch mit den ökonomischen Zielen harmonieren, erwächst aus dieser Harmonie mit zunehmender Operationalisierung ein Bündel von Zielkonflikten. Es hat sich zwar gezeigt, daß ökologische Ziele auch förderlich für ökonomische Ziele sein können,[2] es gibt aber auch zahlreiche ökologische Ziele,

---

1 Wenn hier vereinfachend von ökologischen Zielen des Unternehmens die Rede ist, so ist damit das Spektrum solcher Ziele gemeint, die unabhängig von ihrer ökonomischen Wirkung dazu beitragen, negative ökologische Wirkungen des Unternehmens zu verringern oder zu vermeiden. Diese Vereinfachung ist insofern eine doppelte, als auch die Frage, was negative ökologische Wirkungen sind, weder natur- oder sozialwissenschaftlich noch philosophisch schlüssig beantwortet werden kann. Da wir diese Fragen im Rahmen der vorliegenden Arbeit nicht tiefer als im 1. Kapitel geschehen erörtern können, sei hier auf die dortigen Ausführungen sowie die dortigen Hinweise zu weiterführenden Quellen verwiesen.

2 Vgl. die Auswahl von Fallstudien in Meffert/Kirchgeorg (1992), S. 313ff. und Steger (1988), S. 259ff.

die sich bestenfalls langfristig mit ökonomischen Zielen vertragen, kurzfristig diesen jedoch entgegenstehen und daher existenzbedrohend werden können. Die Frage nach der Verträglichkeit ökologischer und ökonomischer Ziele ist aber, dies zeigen die zahlreichen Praxisbeispiele, selten alleine die eines klaren Ja oder Nein, sondern regelmäßig auch eine Frage nach dem Vorgehen bei der Zielerreichung. Es besteht begründeter Anlaß zu der Annahme, daß zahlreiche ökologische und ökonomische Ziele innerhalb von Unternehmen nicht tatsächlich unverträglich miteinander sind, sondern lediglich unverträglich miteinander scheinen, weil die Vorgehensweisen zu ihrer Erreichung nicht richtig erkannt oder gewählt werden.

Welche Bedeutung kann hier der Unternehmenskooperation zukommen?

Kooperation dient, um noch einmal die Begriffsdefinition aus Kapitel 1.1 aufzugreifen, der Steigerung der Effizienz bei dem Erreichen von Zielen mehrerer Beteiligter, wenn zwischen den Zielen der Beteiligten gleichgerichtete Wechselbeziehungen bestehen. Wenn wir also nach Kooperationsfeldern einer ökologischen Unternehmenspolitik suchen, so tun wir das in der Annahme, daß Unternehmen bestimmte Ziele verfolgen,

- die durch ökologische Unternehmenspolitik gefördert werden können,
- die in gleichgerichteter Wechselbeziehung zueinander stehen und
- die deshalb effizient durch Kooperationen erreicht werden können.

Auf die Unternehmenskooperation als Instrument ökologischer Unternehmenspolitik wird bereits in verschiedenen Veröffentlichungen hingewiesen. Hervorgehoben werden dabei insbesondere Selbstverpflichtungsabkommen, die entweder auf völlig freiwilliger Basis oder unter der Sanktionsandrohung des Staates zustande kommen und häufig von Verbänden gesteuert werden.[1] Aber auch der Hinweis auf die Möglichkeit vertikaler oder horizontaler Kooperationen mit weniger Kooperationspartnern ist anzutreffen.[2] Bevor wir auf Beispiele aus der Praxis eingehen, wollen wir zunächst aus theoretischer Sicht das Spek-

---

1 Vgl. Hansjürgens (1994), S. 35; Wicke (1993), S. 267ff.; Hilbert/Voelzkow (1984), S. 142.
2 Vgl. Meffert/Kirchgeorg (1992), S. 18; Schneidewind (1995), S. 16ff.

trum möglicher Kooperationsfelder kennzeichnen. Die Abgrenzung von Kooperationsfeldern rekurriert dabei nicht alleine auf Kooperationen im Rahmen ökologischer Unternehmenspolitik. Mit Schneidewind teilen wir die Auffassung, daß es wenig sinnvoll ist, einzelne Formen ökologisch orientierter Kooperationen zu einem eigenständigen theoretischen Phänomen hochzustilisieren.[1] Die Abgrenzung unterschiedlicher Kooperationsfelder soll daher generellen Charakter haben. Dazu bedienen wir uns des morphologischen Kastens, den wir bereits in Kapitel 2.3 entwickelt und vorgestellt haben. In der Abbildung 5 ist dieser Kasten noch einmal abgebildet, jedoch ohne die Dimensionen der räumlichen Ausdehnung, der zeitlichen Ausdehnung und der Zutrittsmöglichkeit. Diese Dimensionen besitzen hinsichtlich der genannten Fragestellung zunächst untergeordnete Bedeutung und sollen daher an dieser Stelle nicht berücksichtigt werden.

Abb. 5: Morphologischer Kasten der Unternehmenskooperationen im Rahmen ökologischer Unternehmenspolitik

Dimension	Ausprägung				
Anzahl der Beteiligten	dyadisch		Kleingruppe		Großgruppe
Richtung	eindimensional:		zweidimensional		dreidimensional:
	vert.	horiz.	kompl.		vert., horiz. u. kompl.
Vorgehen	Informationsaustausch		Verhaltensabsprachen	abgestimmtes Handeln	gemeinsames Handeln
Organisationsform	ohne separate Organisation		ausgegliedertes Unternehmen		Verband
Gegenstand	primäre, leistungswirtschaftliche Funktionen			sekundäre, unterstützende Funktionen	

Quelle: Verfasser

Zum Zweck der besseren Handhabbarkeit werden die nun verbleibenden Kooperationstypen in die Tabelle 3 übertragen, die wir als Kooperationsmatrix bezeichnen und die im weiteren Verlauf der vorliegenden Arbeit noch einige Male Erwähnung finden wird. Jedes Feld dieser Tabelle entspricht einem bestimmten Idealtypus von Unternehmensko-

---

1 Vgl. Schneidewind (1995), S. 20.

operation als Kombination aus jeweils einer Ausprägung der einzelnen Dimensionen.[1] Alle Kooperationstypen bzw. Kooperationsfelder[2], für die von uns in der Praxis konkrete Beispiele gefunden wurden, sind mit einem „+" gekennzeichnet. Die in der Kopfzeile und der Kopfspalte angegebenen Buchstaben und Nummern werden es erleichtern, bei der anschließend folgenden Beschreibung von Praxisbeispielen auf die jeweiligen Kooperationsfelder hinzuweisen. Zu jedem schraffierten Feld wird im 3. Hauptteil dieser Arbeit ein ausführlicheres Fallbeispiel angeführt werden.

Mit der anschließend folgenden Sammlung von Beispielen soll gleichzeitig auf einige Fragen zur Abgrenzung zwischen den einzelnen Kooperationsfeldern eingegangen werden. Dabei wird noch einmal deutlich werden, daß insbesondere im Bereich von dyadischen oder Kleingruppen-Kooperationen kaum institutionelle Begriffsfassungen vorhanden sind, die die verschiedenen Kooperationstypen kennzeichnen würden. Nur die wenigsten Kooperationen lassen sich als echtes Joint Venture oder als strategische Allianz bezeichnen[3]. Lediglich im Bereich der Großgruppen-Kooperationen gibt es mit den eingeführten Begriffen des Selbstverpflichtungsabkommens oder des Wirtschaftsverbandes Bezeichnungen für Kooperationen, die tatsächlich ein weites Feld der anzutreffenden Kooperationen abdecken. Um so mehr gilt es

---

1 Einige Hinweise zum Aufbau der Kooperationsmatrix: (1) Zur Vereinfachung werden Kleingruppen-Kooperationen nur in ihrer dreidimensionalen Form aufgenommen. (2) Bei Großgruppen-Kooperationen werden dagegen sowohl zwei- als auch dreidimensionale Formen unterschieden, da branchenbezogene und branchenübergreifende Großgruppen-Kooperationen wesentliche Unterschiede aufweisen können. (3) Die in der Dimension „Vorgehensweisen" angeführten Ausprägungen „Informationsaustausch", „Absprachen" und „abgestimmtes Wirtschaftshandeln" werden jeweils nur mit der Organisationsform „ohne separate Organisation" kombiniert, da nach unserer Einschätzung nur diese Kombinationen empirische Relevanz besitzen. (4) Da dyadische Verbände weder praktisch existieren noch theoretisch konstruierbar sind, werden die entsprechenden Felder von vorneherein ausgeblendet.

2 Bezugnehmend auf die „Felder" der Kooperationsmatrix in Tabelle 3 werden wir nachfolgend nicht mehr von Kooperationstypen, sondern von Kooperationsfeldern sprechen.

3 Siehe zu den Schwierigkeiten der Begriffsbildung auch noch einmal Kapitel 2.1.

daher zu versuchen, den einzelnen Matrixfeldern mit Beispielen aus der Praxis zu mehr Anschaulichkeit zu verhelfen.

Tab. 3: Kooperationsmatrix und in der Praxis gefundene Kooperationsbeispiele

Vorgehen Organisation (Kennzahl)		(A) dyadisch: vertikal		(B) dyadisch: horizontal		(C) dyadisch: komplementär		(D) Kleingruppe: vertikal, horizontal, komplementär		(E) Großgruppe: vertikal, horizontal		(F) Großgruppe: vertikal, horizontal, komplementär	
		P	S	P	S	P	S	P	S	P	S	P	S
Informationsaustausch ohne separate Organisation (1)		+		+									
Absprachen ohne separate Organisation (2)				+				+		+		+	+
Abgestimmtes Wirtschaftshandeln o.s.O. (3)								+		+			
Gemeinsames Wirtschaftshandeln	ohne sep. Organisation (4)	+		+		+		+	+	+	+	+	+
	ausgegl. Unternehmen (5)							+		+			
	Verband (6)									+		+	+

Quelle: Verfasser   P = Primärfunktion; S = Sekundärfunktion

Beispiele für das Feld A1(P):

- *Entwicklung und Austausch ökologisch relevanter Produktinformationen zwischen der Steilmann-Gruppe und der Firma Günther*
  In Zusammenarbeit zwischen der Entwicklungs-, Umwelt- und Einkaufsabteilung der Steilmann Gruppe (Textilhersteller) und deren Zulieferer, der Firma Günther (Knopfhersteller), wurde im Zeitraum

1993/1994 ein Artikelpaß entwickelt, in welchem ökologisch relevante Informationen über die Zusammensetzung, die Inhaltsstoffe und die Herstellungsverfahren der von der Firma Günther gelieferten Produkte zusammengefaßt werden. Aufgabe der Firma Günther war es weitergehend, diese Artikelpässe auszufüllen. Dazu bedurfte es ihrerseits der Kontaktaufnahme mit Vorlieferanten und zahlreicher eigener Laboruntersuchungen. Auf der Basis der Artikelpässe ist es der Steilmann-Gruppe möglich, klare ökologische Produktanforderungen und Einkaufsrichtlinien zu formulieren und damit die eigene ökologische Qualitätssicherung weiter voranzutreiben.[1]

- *Abstimmung zwischen der Hertie Waren- und Kaufhaus GmbH und den Herstellern/Lieferanten*
  Mit Unterstützung des BUND (Bund für Umwelt und Naturschutz Deutschland) unternahm Hertie in verschiedenen Bereichen Vorstöße zur Ökologisierung des Warenangebotes. Im Zuge dieser Entwicklung wurden 1990 alle wichtigen Lieferanten von Hertie um Auskunft über Produkt, Herstellungsprozeß und Verpackung gebeten. Entsprechend den geänderten Anforderungen an Produkte und Verpackungen wurden rund 3500 Artikel aus Umweltgründen im Hertie-Sortiment gestrichen, ausgetauscht oder neu eingeführt. Besondere Schwerpunkte lagen dabei in den Bereichen Parfümerie/Kosmetik, Hobby/Heimwerker, Schreibwaren, Haushaltswaren, Elektrogeräte, Putz-, Wasch- und Reinigungsmittel. Wenn dieses Beispiel trotz der zahlreichen Lieferanten und Vorlieferanten von Hertie der dyadischen Kooperation zugeordnet wird, so geschieht dies deshalb, weil Hertie im einzelnen Fall immer nur mit einem Lieferanten oder Vorlieferanten kooperiert. Die Lieferanten untereinander kooperieren nicht, Hertie unterhält dafür zahlreiche einzelne Kooperationen.[2]

Beispiel für das Feld A4(P):

- *Die strategische Partnerschaft zwischen Quelle und der Steilmann-Gruppe*
  Ende 1994 gründete das Versandhaus Quelle mit der Steilmann-

---

1 Ausführlicher zu dieser Kooperation vgl. future e.V. (1994).
2 Ein Ausschnitt aus diesem Fallbeispiel ist in Kapitel 9.1 ausführlich beschrieben.

Gruppe (Textilhersteller) eine strategische Partnerschaft mit dem Namen „Quesnet". Ziel der Kooperation ist die gemeinsame Durchführung ökologischer Projekte etwa im Verpackungsbereich oder im Bereich der Entwicklung von Kollektionen.

Beispiel für das Feld B1(S):

- *Der Informationsaustausch der Mineralbrunnen GmbH und der Siegsdorfer Petrusquelle GmbH*
  Die Staatliche Mineralbrunnen GmbH in Bad Brückenau und die Siegsdorfer Petrusquelle GmbH, die beide seit 1988 zur Löwenbräu Holding gehören, entwickeln seit einigen Jahren gesamtökologische Unternehmenskonzepte. In Zusammenarbeit mit dem Fachbereich „Umweltorientierte Betriebsführung" der Fachhochschule Nürnberg wurden die Grunddaten der Ökobilanzen beider Unternehmen angeglichen. Der somit mögliche Vergleich der Ökobilanzen erlaubte es beiden Unternehmen, jeweils vorhandene Defizite im Umweltschutz deutlich zu machen und Fehlerquellen leichter zu beseitigen. Ein Unternehmen dient dabei dem anderen quasi als „Pionierbetrieb".[1]

  Die Tatsache, daß beide Unternehmen zu einer Holding gehören, führt zu der Frage, ob die für eine Unternehmenskooperation erforderliche rechtliche und wirtschaftliche Selbständigkeit gegeben ist.[2] Da eine unmittelbare wirtschaftliche oder rechtliche Abhängigkeit nicht vorliegt und mit der Zusammenarbeit keine Verhaltensvereinbarungen verbunden sind, die über den Informationsaustausch als solche hinausgehen, kann nach unserer Auffassung dennoch von einer Unternehmenskooperation gesprochen werden.

Beispiel für das Feld B2(P):

- *Die Absprache zwischen der Mercedes-Benz AG und der BMW AG*
  Hier besteht die Absprache, daß die maximale Geschwindigkeit von Serienfahrzeugen 250 km/h nicht überschreiten darf. Für die zum Teil sehr stark motorisierten Spitzenmodelle beider Hersteller bedeutet dies den Einbau von elektronischen Geschwindigkeitsbeschränkern und den möglichen Verlust von Marktattraktivität. Diese

---

1 Vgl. Frankenberger (1993), S. 7.
2 Vgl. Kapitel 2.1 über die Definition von Unternehmenskooperationen.

Selbstbeschränkung in einem Bereich, der sich ohnehin jeglicher ökologischer Vernunft entzieht, wird deshalb hier angeführt, weil er dennoch eine echte Selbstbeschränkung darstellt. Die Audi AG hat es so beispielsweise anfangs nicht versäumt, bei ihrem Spitzenmodell auf die erreichbare Höchstgeschwindigkeit von 260 km/h pro Stunde hinzuweisen.

Beispiel für das Feld B4(P):

- *Kooperation der Daimler-Benz AG und der Mitsubishi Corporation*
  Die Daimler-Benz AG und die Mitsubishi Corporation vereinbarten Ende 1993 sechs Kooperationsprojekte, von denen drei Umweltschutzaspekte betreffen. Die sechs Projekte umfassen ein weites Spektrum der Konzernaktivitäten und betreffen daher in aller Regel Kooperationen auf der Ebene einzelner Konzerntöchter. Die drei den Umweltschutz betreffenden Kooperationsprojekte lauten:
  – Lizenzabkommen zwischen Mercedes Benz und der Mitsubishi Corporation über das metallurgische Recycling von Altautos bzw. der Bau einer Pilotanlage für das metallurgische Recycling von Altautos durch eine Daimler-Tochtergesellschaft zur Entsorgung von Altfahrzeugen und die Mitsubishi Corp.,
  – ein Forschungsprojekt (einjährige Machbarkeitsstudie) auf dem Gebiet des Plastikrecycling für die Bereiche Kfz, Flugzeug und Elektronik (Daimler Benz und Mitsubishi Heavy Industries),
  – ein gemeinsamer Auftritt bei der Umweltausstellung „New Earth 93" in Osaka.

Beispiel für das Feld C4(P):

- *Die Umweltinitiative der BASF in Kooperation mit der Rethmann-Gruppe und dem Rheinisch-Westfälischen TÜV*
  Koordiniert durch die BASF bietet die BASF-Tochter Glasurit GmbH ihre Produkte gleich mit zweierlei Zusatzleistungen an, die auf eigene Rechnung von Kooperationspartnern der BASF-Tochter, nämlich den Entsorgungsspezialisten der Rethmann-Gruppe und dem Rheinisch-Westfälischen TÜV (RWTÜV) erbracht werden. Die Rethmann-Gruppe übernimmt die Entsorgung des bei der Lackverwendung entstehenden Sondermülls. Consultants des Umweltinstituts des RWTÜV helfen den Lackierbetrieben bei der Organisation

sauberer Arbeitsstätten. Wenn eine Lackiererei bei der BASF-Tochter einkauft, wird sie damit in ein Entsorgungsprogramm eingebunden, das durch die BASF organisiert wird. Den Kunden entstehen trotz der Übernahme der Koordination von Produkteinkauf und Sondermüllentsorgung durch die BASF im Vergleich zur selbst organisierten Entsorgung keine zusätzlichen Kosten.

Beispiel für das Feld D2(P):

- *Selbstverpflichtungsabkommen, koordiniert durch den ZVEI*
Die Mitglieder des Zentralverbandes der Elektrotechnik- und Elektroindustrie, kurz ZVEI, haben sich Ende 1992 verpflichtet, ab 1994 ausschließlich FCKW-freie Haushaltskühlgeräte herzustellen. Ebenso soll auf teilhalogenierte FCKW verzichtet werden. Dieses Selbstverpflichtungsabkommen wird als Kleingruppenkooperation eingestuft, da die Vereinbarung von nur sechs Unternehmen getragen wird, die allerdings den entsprechenden Markt fast vollständig bedienen. Auch gilt die Absprache nicht als Kooperation in Verbandsform, da der Verband nur als Initiator und Koordinator des Selbstverpflichtungsabkommens auftritt. Die eigentliche Kooperationsleistung, die Vermeidung von FCKW, wird von sechs Mitgliedsunternehmen auf der Basis einer Absprache erbracht.

Beispiel für die Felder D3(P), D4(P) und D5(P):

- *City-Logistik in Freiburg*
Stellvertretend für die in Deutschland bereits zahlreich bestehenden City-Logistik-Konzepte sei hier das Freiburger Modell kurz vorgestellt, das in seinen zwei Stufen zunächst das Feld D4(P) und anschließend das Feld D3(P) abdeckt.
Zwölf Speditionen aus der Region Freiburg und die Deutsche Bahn AG haben zunächst in der Form gemeinsamen Wirtschaftshandelns in der Freiburger Fußgängerzone folgende mit der Güterlieferung zusammenhängende Parameter aufgenommen: Gütermenge, Güterart, Gewicht pro Entladepunkt, Entfernung der Entladepunkte, Frankatur und Anzahl der Stopps. Die zwölf Speditionen organisierten sich anschließend nach geografischen und gütertypischen Gesichtspunkten zu vier Kooperationsgruppen. Jede dieser Gruppen liefert nun nur noch mit einem LKW die ursprünglich von jeder

Spedition separat ausgelieferten Waren in den Innenstadtbereich. Im Fall der Freiburger City-Logistik übernimmt dazu aus jeder Gruppe ein Spediteur die Auslieferung für die gesamte Gruppe (abgestimmtes Wirtschaftshandeln). Möglich und praktiziert sind auch Konzepte mit eigens gegründeten Firmen zur gebündelten Auslieferung (gemeinsames Wirtschaftshandeln mit ausgegliedertem Unternehmen). Ebenso kann unterschieden werden zwischen der Bündelung auf bestimmte Stadtgebiete und/oder auf Zielgruppen, insbesondere auf Warenhäuser mit ihrer breiten Produktpalette.[1]

Beispiel für das Feld D4(P,S):

- *Arbeitskreis ökologischer Lebensmittelhersteller*
  Im Sommer 1992 haben sich drei Lebensmittelhersteller aus dem Raum Bayern, die Neumarkter Lammsbräu, Hipp und die Hofpfisterei zu einer zunächst losen Kooperation zusammengefunden, deren Ziel der Erfahrungsaustausch im Bereich ökologischer Lebensmittelherstellung und des betrieblichen Umweltschutzes sein sollte. Im September 1994 ging daraus der Arbeitskreis Ökologischer Lebensmittelhersteller hervor, der als weitere Ziele die Nutzung von Synergien in allen Unternehmensfunktionen sowie eine gemeinsame Öffentlichkeitsarbeit im Bereich der ökologischen Lebensmittelherstellung und des betrieblichen Umweltschutzes vorsieht. Im November wurde der Arbeitskreis um zwei Mitglieder, die Meyermühle und die Molkerei Scheitz, erweitert. In Unterarbeitskreisen, durch die Geschäftsführungen der Mitgliedsunternehmen eingesetzt, werden kontinuierlich Aufgaben im Bereich ökologischer Lebensmittelherstellung und des betrieblichen Umweltschutzes durch Mitarbeiter aller beteiligten Unternehmen behandelt.[2]

Beispiele für das Feld E2(P):

Branchenvereinbarungen und Selbstverpflichtungsabkommen
Der Bundesverband der Deutschen Industrie führt eine ganze Liste von freiwilligen Vereinbarungen und Selbstverpflichtungen der Industrie im

---

1 Ein City-Logistik-Konzept mit eigener Gesellschaft und Fokussierung auf die gebündelte Auslieferung an Warenhäuser findet sich z.B. in Bremen.
2 Dieses Fallbeispiel ist in Kapitel 9.2 ausführlich beschrieben.

Bereich des Umweltschutzes[1]. Aus dieser Liste sind die folgenden Kurzbeispiele entnommen:[2]

- Zusagen der Automobilindustrie zur Senkung des Kraftstoffverbrauchs in Personenwagen und Nutzfahrzeugen (1981),
- freiwilliges Konzept der Chemischen Industrie zur Verringerung des Einsatzes von Fluorchlorkohlenwasserstoffen (FCKW) in Sprays (1987),
- Sicherheitskonzept der Chemischen Industrie für Anlagen zum Umgang mit wassergefährdenden Stoffen (1987),
- freiwillige Vereinbarung über Herstellung und Inverkehrbringung von Fingermalfarben (1988),
- Selbstverpflichtung der Chemischen Industrie zur stufenweisen Einstellung der Produktion aller im Montrealer Protokoll geregelten FCKW (1990),
- Selbstverpflichtung der Chemischen Industrie zur Rücknahme und Wiederverwertung gebrauchter FCKW aus Kälte- und Klimageräten sowie von Isolierschäumen (1990),
- Selbstverpflichtung des Bundesinnungsverbandes des deutschen Kälteanlagenbauhandwerks, bis Ende 1993 auf den Einsatz von FCKW beim Bau neuer Kälte- und Klimaanlagen zu verzichten.[3]

Die Liste enthält auch einige Selbstverpflichtungsabkommen, deren Inhalt nicht alleine auf das Unterlassen von Handlungen oder das unternehmensinterne Verhalten abzielt, sondern deren Inhalt auch abgestimmtes oder gemeinsames Handeln, etwa für Recyclingvorhaben, beinhaltet. Entsprechende Selbstverpflichtungsabkommen werden als Beispiele der Felder E3 und E4 angeführt.

Um die Rolle der Verbände bei all diesen Selbstverpflichtungsabkommen zu verdeutlichen, wollen wir auf das folgende Beispiel eines Selbstverpflichtungsabkommens vertieft eingehen.

---

1 Eine Übersicht über die Bandbreite anzutreffender Begriffe findet sich bei Schafhausen (1984), S. 529. Wir verwenden für derartige Kooperationen im weiteren Verlauf alleine den Begriff des Selbstverpflichtungsabkommens.
2 Vgl. BDI (1993).
3 Das Fallbeispiel des Bundesinnungsverbandes ist in Kapitel 9.3 ausführlich beschrieben.

- *Responsible Care der Chemischen Industrie:*
Die Responsible-Care-Initiative der Chemischen Industrie wurde 1985 in Kanada gegründet, 1988 in den Vereinigten Staaten eingeführt, 1989 in Großbritannien und Australien, 1990 in Frankreich und 1991 in Deutschland. Mit der Übernahme der Responsible-Care-Initiative verpflichten sich chemische Betriebe „unter Berücksichtigung aller Sicherheits-, Gesundheits- und Umweltschutzaspekte dazu, nach ständigen Verbesserungsmöglichkeiten für ihre Leistungen zu suchen, die Mitarbeiter zu schulen und mit Kunden, Transporteuren, Lieferanten, Vertriebsorganisationen oder Gemeinden zusammenzuarbeiten und die Anwendung der Produkte sowie den gesamten Arbeitsprozeß zu überprüfen. ... Die nationalen Verbände der chemischen Industrie wachen darüber, daß diese Forderungen der ‚Responsible Care'-Initiative erfüllt werden"[1]. Sowohl die Initiative als auch die Konkretisierung der Inhalte der Responsible-Care-Initiative erfolgte auf Verbandsebene. Dennoch ordnen wir diese Selbstverpflichtungsabkommen, wie auch die oben vorangegangenen, auch als Absprache ohne separate Organisation ein, da ein wesentlicher Teil des kooperativen Handelns nicht innerhalb des Verbandes, sondern innerhalb oder zwischen den einzelnen beteiligten Unternehmen durch die Einhaltung der Selbstverpflichtung stattfindet. Die Verbände übernehmen hier häufig die Aufgaben der Steuerung, der Planung und der Kontrolle. Das konkrete Handeln geschieht aber außerhalb der Organisation des Verbandes. Dies ist anders, wenn der Verband alleine ökologisch handelt, etwa durch politische Einflußnahme oder durch das Angebot und die Durchführung von umweltschutzorientierten Diskussions- oder Bildungsmaßnahmen. Sowohl die Steuerungsfunktion als auch das autonome Handeln von Verbänden werden entsprechend in den Feldern D6 und E6 anzutreffen sein.

Umweltgemeinschaften des Handwerks
Neben diesen Selbstverpflichtungsabkommen der Industrie gibt es auch zahlreiche Umweltgemeinschaften des Handwerks, die ebenfalls zu einem wesentlichen Teil aus der Verpflichtung zu bestimmten Verhaltensweisen bestehen. Stellvertretend für eine ganze Reihe von Umwelt-

---

1 Schmidheiny (1992), S. 288.

gemeinschaften im Handwerk soll hier die Baden-Württembergische Umweltgemeinschaft im Schreinerhandwerk vorgestellt werden.

- *Umweltgemeinschaft des Schreinerhandwerks*
 Die von der Fachgruppe des Landesverbandes Holz + Kunststoff Baden Württemberg ins Leben gerufene Umweltgemeinschaft dient dem Zweck, Umwelt- und Gesundheitsgefährdungen bei Herstellung, Gebrauch und Entsorgung von Schreinereierzeugnissen zu vermeiden. Die Mitglieder der Umweltgemeinschaft verpflichten sich dafür, die in einem Kriterienkatalog festgelegten Anforderungen an Beschaffung, Entsorgung, Arbeitsschutz, Betriebsorganisation, Kundenbetreuung sowie Fortbildung und Schulung zu erfüllen. Die Mitglieder sind berechtigt, durch ein von der Umweltgemeinschaft vergebenes Umweltzeichen auf ihre Mitgliedschaft in der Umweltgemeinschaft hinzuweisen. Die Umweltgemeinschaft bestimmt auch eine Arbeitsgruppe Umwelt, deren Aufgaben als Beispiel zum Feld E4(S), also als gemeinsames Wirtschaftshandeln ohne separate Organisation, beschrieben werden. Mit dieser Aufteilung wird der Tatsache Rechnung getragen, daß einzelne Unternehmenskooperationen mehrere Kooperationsfelder mit jeweils eigenen Inhalten belegen können.

Beispiele für die Felder E3(P) und E4(P):

Recycling-Kooperationen
Wie bereits angekündigt, sind in der Liste über Selbstverpflichtungsabkommen der Industrie, die der Bundesverband der Deutschen Industrie herausgibt, auch einige Vereinbarungen und Selbstverpflichtungen enthalten, die ein abgestimmtes oder sogar gemeinsames Wirtschaftshandeln der beteiligten Unternehmen implizieren. Auch diese seien hier in Kurzform wiedergegeben:[1]

- freiwilliges Konzept der Lampenindustrie/Energiewirtschaft zum Recycling von Leuchtstofflampen (1987),
- freiwilliges Konzept der Elektro-Hausgeräteindustrie zur Entsorgung von Kühl- und Gefriergeräten (1988),
- freiwillige Vereinbarung zur Entsorgung von Altbatterien (1988).

---

1 Vgl. BDI (1993).

Beispiel für das Feld E4(S):

- *Die Arbeitsgruppe Umwelt der Umweltgemeinschaft des Schreinerhandwerks*
  Wie bereits erwähnt, betreibt die Umweltgemeinschaft des Schreinerhandwerks in Baden-Württemberg eine Arbeitsgruppe. Aufgaben dieser Arbeitsgruppe sind:
  – Information und Beratung der Mitglieder,
  – Organisation von Fortbildungsveranstaltungen,
  – Öffentlichkeitsarbeit und Werbung,
  – Weiterentwicklung des Kriterienkatalogs,
  – Wahrnehmung der Kontrollfunktion.

Beispiel für das Feld E6(P):

- *Koordination von Selbstverpflichtungsabkommen durch Verbände*
  Man kann davon ausgehen, daß kaum ein Selbstverpflichtungsabkommen von Unternehmen ohne die koordinierende Leistung eines oder mehrerer Verbände zustande kommt. Bereits zur Erläuterung der Unterscheidung zwischen den Kooperationsleistungen der Beteiligten eines Selbstverpflichtungsabkommens und der Koordinationsleistung eines Verbandes wurde ergänzend zum Feld E2(P) das Beispiel der Responsible-Care-Initiative beschrieben. Stellvertretend für die zahlreichen weiteren Initiierungs- und Koordinationsleistungen von Verbänden wird in Kapitel 9.3 ausführlich auf das Beispiel des Bundesverbandes des Deutschen Kälteanlagenbauerhandwerks eingegangen werden. Dieser Verband hat 1992 eine Selbstverpflichtung initiiert und stellvertretend für seine Mitglieder abgegeben, in der sich die Kälteanlagenbauer zu einem Ausstieg aus der FCKW-Verwendung bereits ein Jahr vor dem gesetzlich festgeschriebenen Verbot verpflichtet haben.

Beispiel für das Feld F2(P,S):

- *Ehrenkodex der Mitglieder des B.A.U.M.-Förderkreises*
  Die Mitglieder des Bundesdeutschen Arbeitskreises für Umweltbewußtes Management e.V. verpflichten sich, ihr Unternehmen nach einem Ehrenkodex für umweltbewußte Unternehmensführung zu führen. Dieser Ehrenkodex beinhaltet neben zehn konkreten Leitli-

nien unternehmerischen Verhaltens auch den folgenden Auszug, zu denen sich alle B.A.U.M.-Fördermitglieder bekennen:

„Wir verstehen die Natur, die Gesellschaft, die Wirtschaft und jedes einzelne Unternehmen als Teile eines globalen ökologischen Systems, dessen Gleichgewicht und Artenvielfalt entscheidend für den Fortbestand allen Lebens sind. Wir bekennen uns als Wirtschaftsunternehmen zu unserer besonderen Mitverantwortung für die Bewahrung der natürlichen Lebensgrundlagen. Wir sind überzeugt, daß der schonende Umgang mit den öffentlichen Gütern Wasser, Luft und Boden sowie Flora und Fauna mit marktwirtschaftlichen Instrumenten gesichert werden muß, daß dafür eine enge Zusammenarbeit zwischen Wirtschaft und Politik erforderlich ist, und daß in gemeinsamer Anstrengung das allgemeine Bewußtsein für den Umweltschutz durch Information und Ausbildung zu verstärken ist."

Der Ehrenkodex des B.A.U.M.-Förderkreises beinhaltet sowohl Verhaltensabsprachen, die außerhalb des steuernden Verbandes, und damit nicht von diesem selbst, sondern von den Mitgliedsunternehmen erfüllt werden müssen, als auch Aktivitäten, die der B.A.U.M.-Förderkreis selbst durchführt. Auf die Letztgenannten wird bei den Beispielen zum Feld E6 einzugehen sein.

<u>Beispiel für die Felder F2(P,S) und F4(P,S):</u>
- *Die fünf Umweltinitiativen der Wirtschaft in Ostwestfalen*
Im Jahr 1990 wurde auf Initiative der Bielefelder Bürgermeisterin Maja Oetker eine Umweltinitiative Bielefeld mit anfangs zehn Gründungsunternehmen ins Leben gerufen. Unter der Koordination der Industrie- und Handelskammer Ostwestfalen zu Bielefeld entstanden in den Folgejahren vier weitere Umweltinitiativen (Gütersloh, Herford, Minden-Lübbecke und Paderborn/Höxter) mit gegenwärtig insgesamt etwa 160 Mitgliedsunternehmen. Alle Mitgliedsunternehmen unterzeichnen einen Kodex, mit dem sie dokumentieren, daß der Umweltschutz als wichtige Unternehmensaufgabe in die Führungsgrundsätze der Unternehmen und in den betrieblichen Zielkatalog aufgenommen wurde. Die Ziele und Aktionsfelder der Umweltinitiativen sind nachfolgend aufgeführt:
– Realisieren von Umweltschutzmaßnahmen auf freiwilliger Basis,
– Einsetzen eines Umweltbeauftragten,

- größtmögliche Abfallvermeidung schon durch Maßnahmen bei der Beschaffung und verstärkte Wiederverwertung von Reststoffen,
- getrennte Sammlung verschiedener Wert- und Abfallstoffe,
- Anfertigen von Reststoffbilanzen,
- Einsatz umweltschonender Technologien zur Verbesserung der Umweltqualität,
- stetige Steigerung der Umweltverträglichkeit von Produkten und Produktionsverfahren,
- Motivation der Mitarbeiter zu umweltbewußtem Verhalten,
- Beteiligung an Veranstaltungen und Umweltforen,
- Gespräche mit allen Gesellschaftsgruppen mit dem Ziel, das umweltrelevante Handeln der Betriebe transparent zu machen und Anregungen von außen für dieses Handeln aufzunehmen.

Die Einordnung dieser Umweltinitiativen erfolgt gleichzeitig in die zwei Vorgehensweisen „Absprachen" und „gemeinsames Wirtschaftshandeln", da die Mitglieder nicht nur einen Kodex unterzeichnen, sondern sich darüber hinaus an Arbeitskreisen (etwa zu den Themen „Abfallvermeidung/Abfallverringerung", „Umweltgesetze", „Umwelthandbuch/Umweltkonzepte" u.a.m.) beteiligen, in denen detailliert und problembezogen Themen aus dem Umweltschutzbereich bearbeitet werden.

Beispiel für das Feld F4(P,S):

European Business Council for a Sustainable Energy Future, E^5
Als Gegengewicht zur Kohle- und Öl-Lobby hat sich im Februar 1996 aus 30 europäischen Firmen und Unternehmensverbänden – darunter die Firmen AEG Hausgeräte, REBAG, Bölkow-Systemtechnik, Danfoss A/S, Rockwool, Enron Europe und Landis&Gyr – eine kurz mit E^5 bezeichnete Unternehmerlobby gebildet.[1] Der „Öko-Wirtschaftsrat", wie sich die Initiatoren selbst auch nennen, setzt sich auf europäischer Ebene in der Debatte um eine Liberalisierung des Elektrizitäts- und Erdgasmarktes für einen sparsamen Energieverbrauch, Energie-Effizienz und einen aktiven Klimaschutz ein. Die beteiligten Unternehmen

---

[1] Vgl. o.V. (1996), S. 2. E^5 steht für Energy, Environment, Economy, Employment und Efficiency.

wollen zudem gemeinsam energie- und umweltoptimierte Haussysteme entwickeln.

Beispiel für das Feld F4(S):

Unternehmerinitiative Umwelt
Die Unternehmerinitiative Umwelt wurde im Herbst 1995 auf Initiative der Arbeitsgemeinschaft selbständiger Unternehmer (ASU) als punktueller Zusammenschluß verschiedener Verbände gegründet. Die Initiative, gegenwärtig bestehend aus der ASU, dem Bundesverband Junger Unternehmer (BJU), dem Dialog Textil-Bekleidung (DTB), UnternehmensGrün und der Umweltinitiative der Wirtschaft in Ostwestfalen, stellt selbst keinen Verband dar. Der Zusammenschluß dient der gemeinsamen Artikulation von Strategien einer nachhaltigen Entwicklung, bei der ökonomische, ökologische und soziale Aspekte berücksichtigt werden. Ziel ist eine stärkere Einflußnahme auf die politische Diskussion mit den genannten Themen. Die erste im Oktober 1995 veröffentlichte Stellungnahme der Unternehmerinitiative Umwelt betraf ökologisch kontraproduktive Subventionen. Die Stellungnahme wurde auch von dem Bundesverband des Deutschen Groß- und Außenhandels (BGA) und der Fachgruppe Unweltmanagement des Bundesverbandes Deutscher Unternehmensberater (BDU) unterstützt. Die Unternehmerinitiative verfährt bei der Verabschiedung ihrer Positionen nach dem Verfahren des Opting-out: Organisationen, die im Einzelfall nicht zustimmen, erscheinen nicht auf der Unterstützerliste.

Beispiel für das Feld F5(P):

- *Duales System Deutschland GmbH (DSD)*
  Die Duales System Deutschland GmbH (DSD) wurde am 28. September 1990 von zunächst 95 Unternehmen aus Handel, Konsumgüter- und Verpackungsindustrie gegründet. Der Unternehmenszweck des DSD ist der Aufbau und der Betrieb einer Entsorgungsinfrastruktur für das getrennte Sammeln, Sortieren und Verwerten von gebrauchten Verkaufsverpackungen. Dieser Unternehmenszweck dient der Erfüllung der am 12. Juni 1991 in Kraft getretenen Verpackungsverordnung, die eine Rücknahme- und Verwertungspflicht von Verkaufsverpackungen durch den Handel vorsieht. Von dieser Rücknahme- und Verwertungspflicht kann der Handel aber freige-

stellt werden, wenn er sich an einem System beteiligt, das die regelmäßige Abholung gebrauchter Verkaufsverpackungen beim Endverbraucher oder in dessen Nähe und bestimmte Quoten der Wiederverwertung sicherstellt.[1] Diese Freistellung ist Ende 1992 aufgrund der Leistungen des DSD erfolgt. Es bedarf jedoch eines jährlichen Mengenstromnachweises durch das DSD, um die Freistellung aufrecht zu erhalten.

Aus den anfangs 95 Gesellschaftern sind mittlerweile rund 600 geworden, die jedoch alle nicht an etwaigen Erträgen des DSD profitieren. Alle Einnahmen des DSD werden zweckgebunden reinvestiert. Das DSD finanziert sich über die Lizenzvergabe für den „Grünen Punkt", der Verkaufsverpackungen kennzeichnet, die recycelt werden können. Im Mai 1994 waren 16937 Lizenznehmer beim DSD registriert.

Sowohl die Gründung und der Betrieb der DSD GmbH als auch die Lizenznahme stellen Kooperationsleistungen von Unternehmen dar, die beide dem Kooperationsfeld F5(P) zugeordnet werden können. Der Eintritt in die Gesellschaft und die Lizenznahme steht jedem Unternehmen der oben genannten Branchen offen. Die Lizenznahme ist Voraussetzung für die Finanzierung und damit für das Bestehen des DSD, das seinerseits Voraussetzung für die Freistellung von der Rücknahmeverpflichtung des (gesamten) Handels ist.

Beispiel für das Feld F6(P):

- *Verbandskoordination für das Zustandekommen des DSD*
Wie so häufig war für das Zustandekommen einer derartigen Großgruppen-Kooperation das steuernde und koordinierende Handeln eines oder mehrerer Verbände erforderlich. Auch das DSD ist unter der Schirmherrschaft zweier Verbände, nämlich des Bundesverbandes der Deutschen Industrie (BID) und des Deutschen Industrie- und Handelstages (DIHT) gegründet worden.

---

[1] Vgl. die Verordnung über die Vermeidung von Verpackungsabfällen „VerpackV" vom 12. Juni 1991.

Beispiele für das Feld F6(S):

- *Bundesdeutscher Arbeitskreis für Umweltbewußtes Management e.V., B.A.U.M.*

Wir haben als Beispiel für das Feld E2 bereits auf den Ehrenkodex des B.A.U.M.-Förderkreises hingewiesen, der für seine Mitglieder bindend ist. Hier soll nun der Verband selbst kurz vorgestellt werden. B.A.U.M. wurde 1987 als überparteiliche Umweltinitiative der Wirtschaft gegründet. Ziel von B.A.U.M. ist es,

„Unternehmen und Institutionen für die Probleme des Umweltschutzes weiter zu sensibilisieren und darzustellen, daß es aus unternehmerischer Weitsicht und Eigeninteresse sinnvoll ist, wenn Unternehmen freiwillig und über die gesetzlichen Anforderungen hinaus Umweltschutz als wichtige Zielsetzung unternehmerischer Tätigkeit erkennen und entsprechend umsetzen, um damit gleichzeitig dem Wohle aller zu dienen"[1].

Um dieses Ziel zu erreichen, betreibt B.A.U.M. verschiedene Aktivitäten, von denen einige nachfolgend aufgeführt sind:
- Veranstaltung von Seminaren und Arbeitskreisen, z.B. „Ökologie im Büro",
- Durchführung eines jährlichen B.A.U.M.-Kongresses,
- Mitwirkung an Forschungsprojekten, z.B. „Umweltbewußte Unternehmensführung" des Bundesministers für Umwelt, Naturschutz und Reaktorsicherheit/ Umweltbundesamt,
- Erstellung umweltorientierter Planungshilfen, z.B. Checklisten und EDV-gestützte Experten-Systeme.

- *Förderkreis Umwelt future e.V.*

Der Förderkreis Umwelt future e.V. wurde 1986 von rund 200 Unternehmern und Führungskräften der deutschen Wirtschaft gegründet. Ziel von future ist es, mit seiner Arbeit Hilfe zur Selbsthilfe zu leisten für die Entwicklung einer ökologisch- und sozialverpflichteten Marktwirtschaft. Folgende Tätigkeiten bilden dabei die Basis für diese Hilfe zur Selbsthilfe:
- Entwicklung des dualen Ansatzes zur ökonomisch/ökologischen Unternehmensführung sowie die Verfolgung von dessen Umsetzung mit Hilfe einer umweltorientierten Organisationsentwicklung,

---

1 Entnommen aus dem B.A.U.M.-Faltblatt: Die Umweltinitiative der Wirtschaft - B.A.U.M.

- Organisation von Erfahrungsaustauschgruppen,
- Beteiligung an wissenschaftlichen Forschungsprojekten,
- Herausgabe der Zeitschrift „Unternehmen + Umwelt",
- Veranstaltung von Management-Workshops,
- Veranstaltung von Foren, Seminaren und Schulungen,
- Moderation von Diskussionen mit Industrievertretern, Politikern, Umweltschützern, Gewerkschaften und Medien.

- *UnternehmensGrün – Verband zur Förderung umweltgerechten Wirtschaftens*
UnternehmensGrün wurde 1992 von 15 baden-württembergischen Unternehmern gegründet und hat mittlerweile 120 Mitglieder aus der gesamten Bundesrepublik. Der Verband setzt sich dafür ein, daß die staatlichen Rahmenbedingungen so geändert werden, daß ökologisches und zukunftsorientiertes Wirtschaften gefördert und nicht behindert wird. Dafür will der Verband tragfähige Konzepte für eine ökologisch angepaßte Wirtschaft entwickeln und an deren Umsetzung arbeiten. Im Zuge dieser Tätigkeiten liegt ein weiterer Schwerpunkt der Aktivitäten des Verbandes in der Öffentlichkeitsarbeit sowie der Ausrichtung von Gesprächen mit Ministerien, Parteien und anderen Verbänden.

- *Plädoyer für eine ökologisch orientierte Soziale Marktwirtschaft des Bundesverbands Junger Unternehmer (BJU)*
Der BJU ist, im Unterschied zu den oben aufgeführten Verbänden B.A.U.M., future und UnternehmensGrün kein Umweltverband. Als branchenübergreifender Verband für Unternehmer unter 40 Jahren schreibt er sich, unabhängig von der Bearbeitung bestimmter Problemfelder, die Verfolgung marktwirtschaftlicher Interessen auf seine Fahnen. Hinsichtlich einer ökologischen Unternehmenspolitik betreibt er in dieser Funktion zum einen Informationsarbeit über ökologische Fragestellungen und Lösungsmöglichkeiten für seine Mitglieder. Erwähnt und als Fallbeispiel in Kapitel 9.4 angeführt wird der BJU hier jedoch deshalb, weil er als nicht ausdrücklich dem Umweltschutz dienender Verband im August 1993 ein Plädoyer für eine ökologisch orientierte Soziale Marktwirtschaft veröffentlicht hat. In diesem Plädoyer fordert der BJU eine Marktwirtschaft mit geschlossenen Stoffkreisläufen sowie die Korrektur des Preissystems durch die Einführung von Zertifikaten und Umweltsteuern.

Die aufgeführten Beispiele untermauern nachdrücklich die enorme Bandbreite, die durch die verschiedenen Kooperationsfelder der Kooperationsmatrix aufgespannt wird. Das Bild wäre dabei sicher noch schattierungsreicher, wenn zu noch mehr Kooperationsfeldern Beispiele für Kooperationen im Rahmen einer ökologischen Unternehmenspolitik entdeckt worden wären. Es kann mit den angeführten Beispielen selbstverständlich nicht der Anspruch erhoben werden, jedes in der Praxis durch eine bestehende Kooperation belegte Kooperationsfeld durch ein entsprechendes Beispiel auch als solches nachgewiesen zu haben. Dennoch wird durch die Fülle der gefundenen Beispiele bereits folgendes deutlich:

(1) Die Kooperationsmatrix scheint geeignet dimensioniert, um die in der Praxis auftretenden Kooperationen mit einer ausreichenden Trennschärfe aufnehmen zu können.

(2) Kooperationen im Rahmen ökologischer Unternehmenspolitik können alle Ausprägungen der in der Kooperationsmatrix verwendeten Dimensionen berühren.

Mit der nun im 2. Hauptteil folgenden sozialwissenschaftlich theoretischen Auseinandersetzung über Kooperationen wird der Tatsache Rechnung zu tragen sein, daß Kooperationen im Rahmen ökologischer Unternehmenspolitik alle Ausprägungen der in der Kooperationsmatrix verwendeten Dimensionen berühren können. Entsprechend breit soll die Auswahl von Theorieansätzen sein, mit deren Hilfe Aussagen über Entstehungsbedingungen von Kooperationen im Rahmen ökologischer Unternehmenspolitik hergeleitet werden können.

II.

ERKLÄRUNGSANSÄTZE FÜR DAS ENTSTEHEN VON KOOPERATIONEN IM RAHMEN ÖKOLOGISCHER UNTERNEHMENSPOLITIK

Der zweite Hauptteil der vorliegenden Arbeit setzt sich in den Kapiteln 4, 5 und 6 aus drei verschiedenen Perspektiven mit der Frage des Zustandekommens von Kooperationen im Rahmen ökologischer Unternehmenspolitik auseinander. Zunächst wird dabei im 4. Kapitel die Perspektive des Individuums als Initiator der Kooperation eingenommen. Im 5. Kapitel wird die Perspektive des Wirtschaftssystems als Ganzes sowie dessen Umwelt als Raum der Kooperation beschrieben und im 6. Kapitel schließlich die Perspektive des Unternehmens als Akteur der Kooperation behandelt. Diese Art der Gliederung erlaubt es, die innerhalb der jeweiligen Perspektive besonders relevant erscheinenden Theorieansätze alleine nach Maßgabe ihres Aussagegehaltes für die jeweilige Perspektive auszuwählen und zu diskutieren.

Kapitel 4

Über das Individuum als Initiator der Kooperation

Alle im Rahmen dieses 4. Kapitels zunächst diskutierten Ansätze sind von der Orientierung an einem bestimmten sozialwissenschaftlichen Paradigma geprägt. Es handelt sich dabei um die Wert-Erwartungs-Theorie und damit um das sogenannte „ökonomische Paradigma" der Sozialwissenschaft[1]. Kern dieses Paradigmas ist die Vermutung, daß individuelles Verhalten aus den zu erwartenden Konsequenzen eben dieses Verhaltens heraus erklärt werden kann. Dabei wird, im Unterschied zu verhaltensorientierten Ansätzen, weitgehend auf psychologische und lerntheoretische Implikationen verzichtet, womit einerseits Erklärungskraft hinsichtlich von Einzelfällen verlorengeht, andererseits Erklärungskraft auf aggregiertem Niveau, also hinsichtlich des Verhaltens „durchschnittlicher Akteure" gewonnen werden soll.[2]

Dieser mikroökonomische Erklärungsansatz soll hier nun Grundlage für drei separate, aber doch miteinander verwandte Betrachtungen von Kooperationen im Rahmen ökologischer Unternehmenspolitik sein. Zunächst soll der wesentlich auf dem Paradigma des opportunistischen und damit egoistisch rationalen Verhaltens beruhende Transaktionskostenansatz hinsichtlich seiner Aussagen für Kooperationen vorgestellt werden. Damit wird zunächst ein Blick auf die Kosten der Koordination geworfen, die für den rationalen Egoisten ein maßgebliches Entscheidungskriterium für die Auswahl verschiedener Handlungs- bzw. Koordinationsalternativen darstellen. Anschließend daran soll genannter Erklärungsansatz helfen, Lösungsmöglichkeiten für das aus der Spieltheorie stammende Gefangenendilemma aufzuzeigen. Damit soll ebenfalls noch unter der strengen Prämisse egoistisch rationalen Handelns geklärt werden, welche Voraussetzungen Kooperationssituationen mitbringen müssen, damit die für den Einzelnen zunächst attraktiven Kooperationsbrüche letztlich unattraktiv werden. Abschließend in

---

1 Vgl. Wiswede (1991), S. 113.
2 Vgl. ebd., S. 115.

diesem 4. Kapitel soll, in Erweiterung des genannten Erklärungsansatzes, ein Blick auf den akteur-analytischen Rational-Choice-Ansatz geworfen werden.[1] Dieser stellt mit Aussagen über individuelle Präferenzstrukturen und die Möglichkeiten zur Selbststeuerung dieser Präferenzstrukturen das simplifizierende Bild egoistisch rationalen oder nutzenmaximierenden Handelns deutlich schattierungsreicher dar und eröffnet damit den Blick auf weitere Aspekte der individuellen Bereitschaft zur Auseinandersetzung mit ökologischer Unternehmenspolitik und Kooperationen.

4.1 Die Theorie des Transaktionskostenansatzes

Wir beginnen den zweiten Hauptteil der vorliegenden Arbeit, der sich mit dem „Wie" und „Warum" des Zustandekommens oder des Nicht-Zustandekommens, aber auch des Gelingens oder Mißlingens von Kooperationen beschäftigt, mit einer Betrachtung der Kosten marktwirtschaftlicher Koordination. Derartige Kosten können immer dann anfallen, wenn verschiedene Teilnehmer eines Marktsystems ihr Handeln koordinieren, was unweigerliche Voraussetzung dafür ist, daß ein Markt als Ort des Zusammentreffens von Angebot und Nachfrage entstehen kann. Da es verschiedene Möglichkeiten gibt, diese Koordination zu organisieren, gibt es auch verschiedene Kostenwirkungen, die mit den unterschiedlichen Koordinationsformen verbunden sind. Die Kosten dieser Koordination werden in Anlehnung an den Begriff der Transaktion, mit dem der institutionelle Überbau einer Tauschbeziehung gekennzeichnet wird, als Transaktionskosten bezeichnet.[2]

---

1 Sowohl der Transaktionskostenansatz als auch die Spieltheorie lassen sich ebenfalls als Varianten oder Theorierichtungen innerhalb des Rational-Choice-Ansatzes verstehen, der damit als Sammelbegriff für Theorien fungiert, die auf der Wert-Erwartungs-Theorie beruhen oder diese aktualisieren. Vgl. vertiefend zu den Theorierichtungen innerhalb des Rational-Choice-Ansatzes Wiesenthal (1987b).

2 Coase benutzt 1937 in einem Aufsatz über das Wesen der Unternehmung zum ersten Mal den Begriff der Transaktionskosten zur Erklärung der verschiedenen wirtschaftlichen Institutionen. Vgl. Coase (1937). Der eigentliche Transaktionskostenansatz ist aber erst wesentlich später von Williamson vorgestellt worden. Vgl. Williamson (1975) u. (1985).

Der Transaktionskostenansatz zählt zu den institutionenökonomischen Theorien der Organisation. Einheitliches Merkmal dieser Theorien, zu denen neben dem Transaktionskostenansatz auch die Theorie der Verfügungsrechte und die Agenturtheorie (principal agent theory) gehören, ist der jeweils ähnliche Analysegegenstand, nämlich Institutionen wie Märkte, Organisationen, Rechtsnormen oder Verfügungsrechte, also Institutionen, in deren Rahmen oder auf deren Basis ökonomischer Austausch vollzogen wird.[1] Die zentralen Fragestellungen dieser Theorien lauten:[2]

- Welche alternativen Institutionen haben bei welchen Arten von Koordinationsproblemen des ökonomischen Austauschs die relativ geringsten Kosten und die größte Effizienz zur Folge?
- Wie wirken sich die Koordinationsprobleme, die Kosten und die Effizienz von Austauschbeziehungen auf die Gestaltung und den Wandel von Institutionen aus?

Obwohl die drei genannten Theorien weniger in Konkurrenz zueinander stehen als vielmehr geeignet sind, sich gegenseitig zu ergänzen, wollen wir unsere Aufmerksamkeit alleine auf den Transaktionskostenansatz (TKA) richten. In dieser Theorie stehen Institutionen wie Märkte, Unternehmen oder Kooperationen im Mittelpunkt der Diskussion, womit sie hinsichtlich unseres Erkenntnisinteresses, nämlich der Kooperationen, die weitreichendsten Aussagen und Erklärungen zuläßt.[3] Zunächst soll daher eine kurze Darstellung des TKA anhand der vier folgenden Teilbereiche der Theorie erfolgen:[4]

---

1 Vgl. Ebers/Gotsch (1993), S. 193.
2 Vgl. ebd.
3 Gegenstand der Theorie der Verfügungsrechte ist die Institution des Verfügungsrechts, die Individuen verschiedene Rechte zur Nutzung von Ressourcen zuerkennt. Vgl. vertiefend dazu Alchian (1961); Barzel (1989). Gegenstand der Agenturtheorie ist die Institution des Vertrags zwischen Auftraggeber und Auftragnehmer. Vgl. vertiefend dazu Ross (1973); Laux (1990).
4 Hinzuweisen ist hierbei schon vorab auf die herausragende Bedeutung des Werkes von Williamson, der den Transaktionskostenansatz begründet und ihn der Organisationstheorie zugänglich gemacht hat. Vgl. Williamson (1975). Williamson stützt sich in seiner Theorie auf Vorüberlegungen von Commons (1934) und Coase (1937).

(1) *Transaktionen* als Analysegegenstand des Ansatzes,
(2) die *Kostenarten der Transaktion*,
(3) Restriktionen hinsichtlich der *Menschen als Transaktionspartner*,
(4) die Verschiedenartigkeit möglicher *institutioneller Arrangements zur Bewältigung der Transaktionen*.

(1) Transaktionen
Der TKA befaßt sich mit der Frage, welche verschiedenen Möglichkeiten es zur Übertragung bzw. Transaktion bestehender Verfügungsrechte gibt und wie sich diese Möglichkeiten hinsichtlich der durch sie verursachten Kosten unterscheiden. Drei verschiedene Parameter bestimmen dabei nach der Auffassung von Williamson die Frage, welche institutionelle Form der Transaktion bzw. welches institutionelle Arrangement am jeweils kostengünstigsten ist:[1]

- die transaktionsspezifischen Investitionen,
- die mit der Transaktion verbundenen Unsicherheiten,
- die Häufigkeit der Transaktion.

Investitionen dienen den Transaktionspartnern zur Schaffung von Produktionsfaktoren für die Erstellung der auszutauschenden Güter oder Leistungen.[2] Spezifisch sind diese Investitionen, wenn mit ihnen eine Spezialisierung auf die Herstellung oder den Vertrieb bestimmter Güter oder Leistungen und damit auch auf bestimmte Transaktionspartner verbunden ist. Dies führt zu Abhängigkeiten, die Opportunitätskosten verursachen können.

Ein weiterer Parameter, der sich auf die Kostengünstigkeit der unterschiedlichen institutionellen Arrangements auswirkt, ist die mit der Transaktion verbundene Unsicherheit. Es werden zwei Arten von Unsicherheit unterschieden:[3]

- die Unsicherheit über die Umweltentwicklung,
- die Unsicherheit über das Verhalten des Transaktionspartners.

---

1 Vgl. Williamson (1985), S. 52ff.
2 Williamson unterscheidet sechs verschiedene Arten transaktionsspezifischer Investitionen: standortspezifische Investitionen, anlagenspezifische Investitionen, Investitionen in das Humankapital, für die Aufträge eines Kunden erforderliche Erweiterungsinvestitionen, Investitionen in den Markennamen und Investitionen in terminlich verfallbare Güter oder Leistungen. Vgl. Williamson (1991), S. 281.
3 Vgl. Williamson (1985). S. 57ff.

Mit der Unsicherheit über die Umweltentwicklung wird berücksichtigt, daß sich Faktoren außerhalb des Einflußbereichs der Transaktion verändern können, die das Ziel der Transaktion für einen oder sogar beide Transaktionspartner gefährden können. Die Verhaltensunsicherheit der Transaktionspartner untereinander wird im Abschnitt über den *Menschen als Transaktionspartner* näher erläutert werden. Es kann aber bereits gesagt werden, daß auch Gefahren aus der Unsicherheit über das Verhalten der Transaktionspartner durch geeignete institutionelle Arrangements verringert werden können.

Der dritte Parameter, der auf die Kostengünstigkeit institutioneller Arrangements Einfluß nimmt, ist die Häufigkeit der Transaktionen. Bei der Abwicklung einer Transaktion lassen sich mit zunehmender Häufigkeit Skalen- und Synergieeffekte realisieren. Die Realisierung dieses Einsparungspotentials hängt ebenfalls von der Form des institutionellen Arrangements ab.

(2) Kostenarten der Transaktion
Der TKA kennt unterschiedliche Bestandteile bzw. Kostenarten innerhalb der Transaktionskosten. Im wesentlichen wird hier zunächst zwischen den Produktionskosten und den Transaktionskosten im engeren Sinne (Transaktionskosten i.e.S.) unterschieden. Die Produktionskosten umfassen die Kosten der Erstellung von Gütern und Leistungen. Die davon zu unterscheidenden Transaktionskosten i.e.S. entstehen durch die Abwicklung und Organisation des Austauschs dieser Güter oder Leistungen. Die Trennung eines Kostenblocks in Produktions- und Transaktionskosten ist nicht immer ganz einfach durchzuführen, da die Produktion selber häufig erst durch den Austausch von Leistungen, z.B. Arbeitsleistung gegen Gehalt, und damit durch Transaktionen möglich wird. Dies begründet auch die in der Namengebung erfolgte begriffliche Zusammenfassung beider Kostenarten auf die Transaktionskosten.

Innerhalb der Transaktionskosten i.e.S. werden ex-ante- und ex-post-Transaktionskosten unterschieden. Erstere entstehen durch Vertragsanbahnung und Vertragsabschluß, die anderen durch Überwachung und Kontrolle der Vertragseinhaltung, durch Vertragsanpassung, durch auftretende Konflikte und deren Behandlung sowie durch opportunistisches Verhalten. Gerade die ex-post-Transaktionskosten können einen wesentlichen Anteil der insgesamt anfallenden Transaktionskosten ausmachen.

(3) Menschen als Transaktionspartner
Oben wurde bereits als ein Unsicherheitsfaktor bei Transaktionen die Unsicherheit über das Verhalten der Transaktionspartner genannt. Diese Unsicherheit findet ihren Niederschlag in zwei Annahmen über das menschliche Verhalten. Diese Annahmen lauten:[1]

- die Akteure handeln mit begrenzter Rationalität,
- die Akteure handeln opportunistisch.

Die erste Annahme unterstellt, daß Akteure zwar bemüht sind, vollkommen rational zu handeln, daß es ihnen aufgrund der Unmöglichkeit, alle Entscheidungsalternativen und deren Wirkungen zu kennen, aber nicht möglich ist, diese Bestrebung auch vollständig umzusetzen.[2] Mit der Unterstellung von Opportunismus wird versucht, verschiedenen in der Praxis zu beobachtenden menschlichen Verhaltensmustern auch in der Theorie Rechnung zu tragen. Im TKA wird deshalb berücksichtigt, daß Transaktionspartner bei der Gestaltung von Austauschbeziehungen ihr Eigeninteresse verfolgen, und daß sie dabei auch bereit sind, List, Täuschung, Zurückhaltung von Informationen und ähnliche Strategien einzusetzen.[3] Auch wenn nicht unterstellt wird, daß alle Menschen immer opportunistisch handeln, so muß zumindest immer von der Möglichkeit dieses Verhaltens ausgegangen werden.

Beide genannten Verhaltensannahmen sind Grundthesen des TKA, durch die alleine sich die Notwendigkeit unterschiedlicher institutioneller Arrangements ergibt. Verfügten die Menschen nämlich über vollständige Informationen und neigten nicht (eigentlich erst als Folge begrenzter Information) zum Opportunismus, so bedürfte es auch keiner unterschiedlichen institutionellen Arrangements, um die bei Transaktionen auftretenden zahlreichen Unsicherheiten zu berücksichtigen. Es gäbe nämlich gar keine Unsicherheiten.

(4) Institutionelle Arrangements zur Bewältigung der Transaktionen
Da es diese Unsicherheiten realiter aber in vielfältiger Form gibt, gibt es auch zahlreiche institutionelle Arrangements, die dazu dienen sollen, ihre möglichen unerwünschten Auswirkungen für den einzelnen Trans-

---

1 Vgl. Williamson (1975), S. 40, Abb. 3.
2 Vgl. ausführlicher zur menschlichen Rationalität die Ausführungen zum akteur-analytischen Rational-Choice-Ansatz in Kapitel 4.3.
3 Vgl. Ebers/Gotsch (1993), S. 218.

aktionspartner zu reduzieren. Dabei werden drei verschiedene Vertragstypen als Grundlage entsprechend unterschiedlicher institutioneller Arrangements gegenübergestellt:[1]

- das klassische Vertragsrecht,
- das neoklassische Vertragsrecht,
- das relationale Vertragsrecht.

Klassische Vertragsbeziehungen sind typisch für kurz andauernde Transaktionen bei klar festgelegtem Transaktionsinhalt, die sich aber durchaus häufig wiederholen können. Das Verhältnis der Transaktionspartner zueinander ist von untergeordneter Bedeutung. Der Preismechanismus des Marktes ist der tragende Koordinationsmechanismus.[2]

Verträge nach dem neoklassischen Muster entstehen in Situationen, in denen Transaktionen aufgrund heterogener Produkte oder Leistungen sowie erhöhter transaktionsspezifischer Investitionen einer höheren Unsicherheit und der größeren Gefahr opportunistischen Verhaltens ausgesetzt sind.[3] Typisch für solche Vertragsbeziehungen sind langfristige Lieferverträge, Franchising- und Joint-Venture-Verträge.

Relationale Vertragsbeziehungen schließlich kennzeichnen Austauschbeziehungen, in denen aufgrund der engen sozialen Bindung der Transaktionspartner und der Dauerhaftigkeit der Transaktionsbeziehungen nur noch die Rahmenbedingungen bzw. Regeln des Austauschprozesses festgelegt werden können. Angewendet wird dieser Vertragstyp u.a. zur Regelung unbefristeter Arbeitsverhältnisse[4] und damit zur vertraglichen Absicherung hierarchischer Austauschbeziehungen. Aber auch Partnerschaften zwischen Unternehmen basieren auf diesem Vertragstyp.

Mit jedem der folgenden von Williamson unterschiedenen vier Charakteristika institutioneller Arrangements lassen sich alle drei grundlegenden Vertragstypen noch genauer charakterisieren und auch weiter ausdifferenzieren:[5]

---

1 Vgl. Williamson (1979), S. 247ff.
2 Vgl. Büchs (1991), S. 3.
3 Vgl. ebd.; Ebers/Gotsch (1993), S. 223.
4 Vgl. MacNeil (1987), S. 276ff.
5 Vgl. Williamson (1991), S. 277ff.

(1) die Anreizintensität,
(2) die Kontrollmechanismen,
(3) die Anpassungsfähigkeit,
(4) die Kosten der Etablierung und Nutzung des institutionellen Arrangements.

(1) Anreizintensität
Anreize dienen, ähnlich wie die nachfolgenden Kontrollmechanismen, der Vermeidung opportunistischen Verhaltens. Je höher die Anreizintensität, desto besser deckt sich das gewünschte kooperative Verhalten mit dem latent vorhandenen opportunistischen Verhalten. Diese Kopplung ist bei klassischen Vertragsbeziehungen am allerhöchsten und bei relationalen Vertragsbeziehungen am niedrigsten.

(2) Kontrollmechanismen
Mit den Kontrollmechanismen verhält es sich genau umgekehrt. Diese sind bei relationalen Vertragsbeziehungen aufgrund der Enge der Beziehung höher als bei neoklassischen oder klassischen Vertragsbeziehungen. Mögliche Diskrepanzen zwischen kooperativem und opportunistischem Verhalten werden hier also durch das ausgeprägtere gegenseitige „im Auge behalten" gering gehalten.

(3) Anpassungsfähigkeit
Anpassungsfähigkeit ist erforderlich, um der begrenzten Rationalität der Kooperationspartner zu begegnen. Da nicht alle zukünftigen Ereignisse im Moment der Transaktionsvereinbarung bekannt sind, kann es im Zeitablauf erforderlich werden, die Transaktionsvereinbarung zu verändern oder zu ergänzen. Im Unterschied zu den Anreiz- oder Kontrollmechanismen geht es damit also nicht darum, trotz sich verändernder Ziele die Einhaltung der Transaktionsvereinbarungen sicherzustellen. Vielmehr geht es um die Möglichkeit, ohne steigende Transaktionskosten die Transaktionsvereinbarungen den neuen Gegebenheiten anzupassen. Hier zeigen sich relationale Vertragsbeziehungen besser geeignet als neoklassische oder gar klassische Vertragsbeziehungen. Die Flexibilität hängt eng mit dem Ausmaß der Kopplung von Leistung und Gegenleistung zusammen, die bei relationalen Vertragsbeziehungen am geringsten ausgeprägt ist.

(4) Kosten der Etablierung und Nutzung des institutionellen Arrangements

Hinsichtlich der Kosten, die unmittelbar durch den Akt der Etablierung und Nutzung eines institutionellen Arrangements entstehen, zeigen sich klassische und neoklassische Vertragsbeziehungen vorteilhafter gegenüber relationalen Vertragsbeziehungen. Die bei relationalen Vertragsbeziehungen erforderliche Enge der Beziehung zwischen den Transaktionspartnern kann nicht ohne vergleichsweise höheren Aufwand hergestellt und gepflegt werden.

Dem Hinweis auf diese potentiellen Vor- und Nachteile der verschiedenen institutionellen Arrangements soll nun aber auch ein Hinweis auf ein grundsätzliches Problem bei dem Zustandekommen institutioneller Arrangements nachgeschoben werden. Götz/Töpfer weisen darauf hin, daß institutionelle Arrangements erst dann zustande kommen, wenn die Ausgangssituationen der beteiligten Transaktionspartner identische Arrangements als angemessen zur Abwicklung der Transaktion erachten.[1] Kooperationen etwa kommen nur dann zustande, wenn die potentiellen Transaktionspartner ähnliche transaktionsspezifische Investitionen tätigen müssen und ein ähnliches Maß an Unsicherheit bewältigen wollen. Andernfalls kann es passieren, daß ein Transaktionspartner A eher die marktliche Koordinationsform für vorteilhaft hält, ein anderer Transaktionspartner B eher die kooperative oder integrierende. In diesem Fall können verschiedene Anpassungsstrategien erforderlich sein, um a) überhaupt die Transaktion zustande kommen zu lassen und b) diese in Form einer Kooperation zu gestalten. Wenn B nicht in der Lage ist, seine Situation so zu verändern, daß auch für ihn eine marktliche Koordination sinnvoll wird, dann kann die Transaktion nur zustande kommen, wenn B das Risiko opportunistischen Verhaltens von A in Kauf nimmt oder wenn A sich der Position von B annähert. Dazu hat A die Möglichkeit, indem er „eine Kaution"[2] leistet bzw. indem er glaubhaft machen kann, daß er an einem unkooperativen opportunistischen Verhalten kein Interesse haben kann. Hauser redet in diesem Zusammenhang von einer Verhaltensbeeinflussung „über glaubhaft vermittelte Signale", beispielsweise durch bewußte Immobilisierung eigener Handlungsfreiräume zur Senkung der Transaktionsrisiken

---

1 Vgl. Götz/Töpfer (1991), S. 32.
2 Ebd.

für potentielle Kooperationspartner.[1] Bevor der TKA nun weiter angewendet werden soll, um im folgenden Kapitel die Entstehung von Kooperationslösungen im allgemeinen und speziell im Rahmen ökologischer Unternehmenspolitik vertiefend zu diskutieren, werden die wesentlichen Elemente des TKA und deren Beziehung zueinander in der folgenden Abbildung 6 noch einmal zusammengefaßt.

Abb. 6: *Die Theorieelemente des Transaktionskostenansatzes*

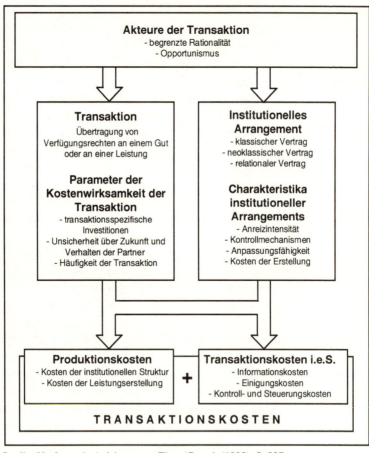

Quelle: Verfasser in Anlehnung an Ebers/Gotsch (1993), S. 227

---

1 Vgl. Hauser (1991), S. 115 u. 119.

4.1.1 Kooperationen im Rahmen ökologischer Unternehmenspolitik aus der Sicht des Transaktionskostenansatzes

Im 3. Kapitel wurden anhand verschiedener Dimensionen und deren Ausprägungen zahlreiche Kooperationsfelder abgegrenzt, die im Rahmen einer ökologischen Unternehmenspolitik von Bedeutung sein können. Zunächst soll für die Ausprägungen einer dieser Dimensionen, nämlich der kooperationsbezogenen Vorgehensweise, kurz dargestellt werden, welche Transaktionen dabei jeweils getätigt werden.

Im Rahmen eines *Informationsaustausches* ist offensichtlich das Verfügungsrecht über Informationen Gegenstand der Transaktion. Ziel der Transaktion ist der Austausch von Informationen. Kooperativer Informationsaustausch zeichnet sich insbesondere dadurch aus, daß Informationen nicht als Ware gehandelt bzw. ge- oder verkauft werden, sondern allein nach Maßgabe ihrer Nützlichkeit den Kooperationspartnern zur Verfügung gestellt werden. Dies geschieht einseitig natürlich nur, wenn keine Nachteile aus der Informationsweitergabe befürchtet werden müssen.

Etwas weniger offensichtlich ist die Situation bei *Absprachen*. Zum Austausch kommen hier Verfügungsrechte über das unternehmensinterne Recht, etwas zu tun oder auch etwas zu unterlassen. Ziel der Transaktion ist es hier, diese Verfügungsrechte einzuengen, also die Verfügungsrechte dahingehend zu verändern, daß unternehmensintern nur noch die Alternativen der Unterlassung oder Vermeidung erhalten bleiben. Damit werden als Ergebnis der Transaktion Handlungsmöglichkeiten eingeschränkt. Selbstverständlich kann es erforderlich sein, um diese Unterlassung oder Vermeidung zu erreichen, Aktivitäten zu entfalten. Plastisches Beispiel hierfür ist etwa der Bau einer Filteranlage, um den eigentlichen Gegenstand einer Kooperation, nämlich die Absprache, auf das Recht zum Ausstoß einer Schadstoffmenge zu verzichten, umsetzen zu können.

Bei einem *abgestimmten Wirtschaftshandeln* werden dagegen auch Vereinbarungen über Aktivitäten konkreter Gegenstand der Transaktion. Aus dem Verfügungsrecht, unternehmensintern etwas zu tun oder zu lassen, wird durch den Austausch die Pflicht, etwas ganz Bestimmtes aktiv zu tun.

Das *gemeinsame Wirtschaftshandeln* schließlich ist durch die Zusammenführung von vormals unternehmensinternen Ressourcen zur

Verfolgung eines gemeinsam festgelegten Zweckes gekennzeichnet. Gegenstand der Transaktion sind also Verfügungsrechte über Produktionsfaktoren aller Art. Diese können in gemeinsame Aktivitäten, in gemeinsame Unternehmen oder in gemeinsame Verbände einfließen.

Welche Rolle spielen nun die so gekennzeichneten Transaktionen von Verfügungsrechten im Rahmen ökologischer Unternehmenspolitik? Um diese Frage zu beantworten, wollen wir einen Blick auf den Zeithorizont ökologischer Unternehmenspolitik werfen. Dieser Zeithorizont ist, wie bereits mehrfach deutlich wurde, sehr weit in die Zukunft gerichtet. Ein Ziel ökologischer Unternehmenspolitik ist es, die Natur mit ihren Strukturprinzipien auf Dauer zu erhalten. Ein weiteres Ziel ökologischer Unternehmenspolitik ist es, auch das wurde betont, die Existenzsicherung des Unternehmens diesem Ziel an die Seite zu stellen, also dem erstgenannten Ziel nicht unter-, aber auch nicht überzuordnen. Während nun auf lange Sicht das Ziel des Erhalts der Biosphäre und das Ziel der Existenzsicherung sich komplementär ergänzen, ist dies kurzfristig häufig genau umgekehrt. Ökologische Ziele konkurrieren hier häufig unvereinbar mit ökonomischen Zielen (siehe Abbildung 7).

Abb. 7: Verhältnis ökonomischer und ökologischer Ziele in Abhängigkeit von dem Zeithorizont

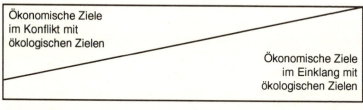

Quelle: Verfasser

In der Sprache des TKA liegt der Grund für die konfligierende Zielbeziehungen einer kurzfristigen Betrachtungsweise in den transaktionsspezifischen Investitionen, die zur Verfolgung ökologischer Ziele zu tätigen sind. Zu Zielkonflikten können diese transaktionsspezifischen Investitionen deshalb führen, weil sie zur Erstellung oder zum Vertrieb ökologisch weniger nachteiliger Güter oder Leistungen zwar zwingend erbracht werden müssen, damit aber das Risiko verbunden ist, aufgrund des möglichen opportunistischen Verhaltens der Transaktionspartner Opportunitätskosten hinnehmen zu müssen. An nur zwei Beispielen soll diese Situation belegt werden:

- Eine Firma zur Herstellung von Lackieranlagen plant die Entwicklung und die Produktion einer Lackieranlage mit deutlich geringeren Emissionen als die Vorgänger- und Konkurrenzanlagen. Ob die Transaktionspartner des Herstellers, also die Unternehmen der Automobilindustrie, bereit sein werden, ihre alten Lackieranlagen gegen die neuen auszutauschen, ist ungewiß.
- Ein Automobilhersteller plant den Kauf einer emissionsärmeren Lackieranlage. Der ökologische Produktlebenszyklus seiner Automobile soll verbessert werden. Ob die Transaktionspartner des Automobilherstellers, also die Autofahrer, bereit sein werden, die entstandenen Mehrkosten zu übernehmen, ist ungewiß.

Natürlich decken diese Beispiele nur einen sehr kleinen Bereich dessen ab, was im Rahmen ökologischer Unternehmenspolitik an Maßnahmen denkbar ist. Beide zeigen jedoch ein symptomatisches Problem im Zusammenhang mit den Maßnahmen einer ökologischen Unternehmenspolitik. Dieses Problem liegt in dem Bedarf transaktionsspezifischer Investitionen und der Ungewißheit darüber, ob das Tätigen dieser Investitionen nicht zu Opportunitätskosten führen wird; sei es nun dadurch, daß man neue, die Ökologie weniger schädigende Produkte oder Leistungen aus Kosten- oder Attraktivitätsgründen gar nicht austauschen kann, daß man sie nur zu den gleichen oder sogar niedrigeren Preisen als die bisherigen Produkte oder Leistungen verkaufen kann, oder daß sie, etwa als Maßnahmen der Personalentwicklung und des Öko-Controlling, gar nicht unmittelbar dem Austausch zugänglich sind.

Zumindest für die unmittelbar der Güter- oder Leistungserstellung zurechenbaren transaktionsspezifischen Investitionen hat Williamson eine grobe Aussage über die Vorteilhaftigkeit der verschiedenen institutionellen Arrangements, also der unterschiedlichen Vertragsformen, in Abhängigkeit von der Höhe der transaktionsspezifischen Investitionen „k" gemacht (siehe Abbildung 8). Die Kostenkurve der klassischen Vertragsform ist mit M (k) gekennzeichnet, die der neoklassischen mit H (k) und die der relationalen mit O (k). Das M steht für den Markt als institutionelles Arrangement, das H für hybride bzw. kooperative institutionelle Arrangements und das O für die Organisation als institutionelles Arrangement.

Abb. 8: *Transaktionskosten in Abhängigkeit institutioneller Arrangements*

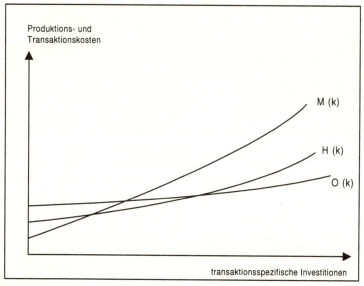

Quelle: Williamson (1991), S. 284

Nach Ansicht von Williamson gewinnen mit zunehmenden transaktionsspezifischen Investitionen zunächst die neoklassischen Vertragsformen, anschließend die relationalen Vertragsformen an Vorteilhaftigkeit.

Aus dieser Darstellung ließe sich nun bereits die These ableiten, daß immer dann, wenn die Maßnahmen einer ökologischen Unternehmenspolitik mit transaktionsspezifischen Investitionen verbunden sind, marktliche Koordinationsmechanismen an Vorteilhaftigkeit gegenüber kooperativen Koordinationsformen und der Integration verlieren. Neben den transaktionsspezifischen Investitionen galten aber auch die Unsicherheit und die Häufigkeit der Transaktionen als Parameter, die auf die Kostengünstigkeit der verschiedenen institutionellen Arrangements Einfluß haben. Der Einfluß dieser Parameter auf die Vorteilhaftigkeit verschiedener institutioneller Arrangements muß daher auch geprüft werden.

Da sich hinter der Unsicherheit bei Transaktionen verschiedene Bestandteile, wie z.B. die Unsicherheit über die zukünftige Entwicklung der Umwelt und das Verhalten der Transaktionspartner, verbergen, finden sich zwar einzelne Aussagen über bestimmte Unsicherheitsfaktoren und geeignete institutionelle Arrangements,[1] generelle Aussagen sind dazu jedoch kaum möglich. So gilt etwa als Tenor transaktionskostentheoretischer Überlegungen, daß bei zunehmender Unsicherheit festere Bindungen bis hin zur vollständigen Integration an Vorteilhaftigkeit gewinnen. Bezüglich der Unsicherheiten über die technische Entwicklung wird dies aber bereits wieder revidiert, da hier die Desintegration vertikaler Beziehungen die vorteilhaftere Strategie darstellt.[2] Diese Desintegration führt nun aber nicht zum anderen Extrem einer rein marktlichen Koordination, sondern zu den institutionellen Arrangements, die als kooperativ bezeichnet werden. Dieser Aspekt ist besonders wichtig, da im Rahmen ökologischer Unternehmenspolitik die Ungewißheit über zukünftige Technologien und damit Innovationen eine herausragende Rolle einnimmt. So werden zahlreiche Primärfunktionen innerhalb eines Unternehmens wie die Produktentwicklung, die Materialbeschaffung, die Produktion, die Logistik und das Recycling/Entsorgen von der Ungewißheit über neue Technologien tangiert. Und ein wesentliches Element ökologischer Unternehmenspolitik gilt ja gerade der Auseinandersetzung mit neuen, die Ökologie weniger schädigenden Technologien und den Bemühungen, diese Technologien zum Einsatz zu bringen.

Aber nicht nur die Unsicherheiten über die Vermarktung neuer Technologien lassen Kooperationslösungen attraktiv erscheinen. Daneben können im Zuge der Technologieentwicklung mit Kooperationen Transaktionskosten auch dadurch reduziert werden, daß durch kooperatives Vorgehen die begrenzte Rationalität der Interaktionspartner

---

1 So etwa Ouchi's Theorie Z, nach der bei besonders großer Unsicherheit weder Markt noch Hierarchie die geeigneten institutionellen Arrangements darstellen, sondern der „Clan", bei dem aufgrund bzw. mittels einer ausgeprägten organisationalen Kultur gemeinsame Werte und Überzeugungen hergestellt werden, die zu einer Zielkongruenz zwischen den Transaktionspartnern führen. Dies, so Ouchi, sei typisch für die Beziehungen zahlreicher japanischer Unternehmen untereinander. Vgl. Ouchi (1981).
2 Vgl. Rendeiro (1989), S. 220; Walker/Weber (1984).

hinsichtlich ihres Know-hows und der notwendigen Informationsmengen ausgeglichen werden.[1]

Noch etwas komplexer sieht das Bild der Kostengünstigkeit institutioneller Arrangements aus, wenn auch die Häufigkeit von Transaktionen innerhalb einer Austauschbeziehung berücksichtigt wird (vgl. Abbildung 9).

Abb. 9: Die „efficient governance structure" nach Williamson

		Transaktionsspezifische Investitionen		
		gering	mittel	hoch
Häufigkeit	selten	marktliche Koordination (klassisches Vertragsrecht)	dreiseitige Organisationsstruktur (neoklassisches Vertragsrecht)	
	häufig		zweiseitige Organisationsstruktur (relationales Vertragsrecht)	Integration

Quelle: Williamson (1985), S. 79

Im Vergleich zu der alleinigen Betrachtung der transaktionsspezifischen Investitionen differenziert sich das Bild dadurch, daß bei geringer Transaktionshäufigkeit auch dann noch die neoklassische Vertragsform kostengünstiger bleibt, wenn hohe transaktionsspezifische Investitionen erforderlich sind. Umgekehrt aber ist bei großer Häufigkeit die relationale Vertragsform auch bei mittleren transaktionsspezifischen Investitionen kostengünstiger als die neoklassische Vertragsform. Williamson ordnet innerhalb des relationalen Vertragsrechts die hier unterschiedenen Ausprägungen a) der Integration und b) der Partnerschaft (zweiseitige Organisationsstruktur) zum einen der hohen Häufigkeit

---

[1] Vgl. Belzer (1993), S. 122.

und zum anderen der mittleren Häufigkeit zu. Diese Darstellung macht deutlich, daß Kooperationen zur Bewältigung zahlreicher Transaktionen stärker auf gewachsene, partnerschaftliche Strukturen angewiesen sind als dies bei geringerer Transaktionshäufigkeit der Fall ist.

Eine gezielte Übertragung dieser Aussagen auf die Kooperationsfelder einer ökologischen Unternehmenspolitik ist nur sehr begrenzt möglich, da die von uns beschriebenen Kooperationsfelder nicht hinsichtlich ihrer Transaktionshäufigkeit unterschieden werden können. Es ist jedoch offensichtlich, daß sich der TKA implizit sehr stark an Transaktionsbeziehungen zwischen einer geringen Anzahl von Unternehmen orientiert. Aus diesem Grund kann ein Großteil der bisher gemachten Aussagen nur auf den Bereich dyadischer und Kleingruppen-Kooperationen bezogen werden. Auch die Anwendung des TKA auf Netzwerke etwa durch Sydow oder Jarillo[1] ist nicht mit einer generellen Anwendung auf Großgruppen-Kooperationen gleichzusetzen, da die betrachteten Netzwerke letztlich auf zahlreiche dyadische oder Kleingruppen-Kooperationen rekurrieren. Als Aussagen des TKA sollen nun generalisierend aus dem bisher Gesagten und erweiternd aus den Ausführungen Sydows[2] folgende Punkte zusammengefaßt und einzelnen Feldern der Kooperationsmatrix zugeordnet werden:

- Tansaktionen kommen nicht allein deshalb zustande, weil eine relativ transaktionskostengünstigste Vertragsform für diese Transaktion gefunden ist. Die absoluten Transaktionskosten mindestens einer möglichen Vertragsform müssen auch niedriger sein als die erwarteten Erträge dieser Transaktion. ⇒ Gilt für alle Felder der Kooperationsmatrix.
- Kooperationen haben gegenüber der Marktlösung Transaktionskostenvorteile durch geringere Kosten bei der Suche nach Abnehmern und Lieferanten, durch besseren Informationsfluß infolge besserer Kopplung, durch die Möglichkeit zum Transfer auch nicht-kodifizierbaren Wissens und durch die Möglichkeit zur Übertragung auch wettbewerbsrelevanter Informationen bei besserer Kontrolle über Wissensverwendung. ⇒ Gilt insbesondere für die Spalten A, B, C und D (ohne Zeile 6) der Kooperationsmatrix.

---

1 Vgl. Sydow (1993); Jarillo (1988).
2 Vgl. Sydow (1993), S. 143.

- Kooperationen haben gegenüber der Hierarchielösung Transaktionskostenvorteile durch gezielte funktionsspezifische Zusammenarbeit, durch größere Reversibilität der Kooperationsentscheidung, durch größere Umweltsensibilität des dezentral organisierten Gesamtsystems und durch eine leichtere Überwindbarkeit von organisatorischem Konservatismus bei Anpassung an verändertes Umweltverhalten. ⇒ Gilt insbesondere für die Spalten A, B, C und D (ohne Zeile 6) der Kooperationsmatrix.
- Die sich aus der Auseinandersetzung mit zukünftigen Technologien ergebenden Unsicherheiten können mittels Kooperationen reduziert werden. Kooperationen können hier die geeignete Strategie sein, um Unsicherheiten aus neuen Technologien soweit zu reduzieren, daß entsprechende Transaktionen überhaupt durchgeführt werden. ⇒ Gilt insbesondere für die Zeilen 2, 3, 4 und 5 der Kooperationsmatrix.
- Kooperationen sind dann von Vorteil, wenn eine mittlere bis hohe Transaktionshäufigkeit vorliegt. Nur bei sehr hohen transaktionsspezifischen Investitionen und bei sehr großer Häufigkeit wird die vollständige Integration vorteilhafter. ⇒ Gilt insbesondere für die Spalten A, B, C und D (ohne Zeile 6).
- Kooperationen kommen nicht schon dann zustande, wenn ein potentieller Transaktionspartner kooperieren möchte, sondern wenn die Transaktionskostenvorteile der Kooperation bei allen Transaktionspartnern absolut gesehen eher hoch und relativ gesehen etwa ausgeglichen sind. ⇒ Gilt für alle Felder der Kooperationsmatrix.

Um den Anwendungsbereich der getroffenen Aussagen im Vergleich zu den Kooperationsfeldern der Kooperationsmatrix aus Kapitel 3.2 noch einmal zu verdeutlichen, wird die Matrix in Tabelle 4 noch einmal abgebildet. Die dabei schraffierten Kooperationsfelder geben die Bereiche an, für die Aussagen des TKA getroffen wurden. Je stärker die Schraffur in einzelnen Feldern, desto deutlicher ist der Aussagenzusammenhang des TKA mit diesen Feldern.

Tab. 4: Anwendungsbereich der Aussagen des Transaktionskostenansatzes

(Kennbuchstabe) / Anzahl: Richtung, Gegenstand / Vorgehen Organisation (Kennzahl)	(A) dyadisch: vertikal		(B) dyadisch: horizontal		(C) dyadisch: komplementär		(D) Kleingruppe: vertikal, horizontal, komplementär		(E) Großgruppe: vertikal, horizontal		(F) Großgruppe: vertikal, horizontal, komplementär	
	P	S	P	S	P	S	P	S	P	S	P	S
Informationsaustausch ohne separate Organisation (1)												
Absprachen ohne separate Organisation (2)												
Abgestimmtes Wirtschaftshandeln o.s.O. (3)												
Gemeinsames Wirtschaftshandeln — ohne sep. Organisation (4)												
Gemeinsames Wirtschaftshandeln — ausgegl. Unternehmen (5)												
Gemeinsames Wirtschaftshandeln — Verband (6)												

Quelle: Verfasser   P = Primärfunktion; S = Sekundärfunktion

4.1.2 Kritisches zum Transaktionskostenansatz

Da der TKA wohl als bedeutendster Ansatz zur Erklärung von Kooperationen in der Wirtschaftspraxis angesehen wird, räumen wir ihm auch ein eigenes Unterkapitel zur kritischen Auseinandersetzung mit seinen Aussagen ein. So verbreitet der TKA nämlich zur Erläuterung des Kooperationsphänomens in der Wirtschaftspraxis ist, so vielfältig ist auch die Kritik, die an ihm festgemacht wird. Als solche Kritikpunkte stechen besonders hervor:[1]

- *Der Mangel an Operationalisierbarkeit:*
  Williamson benutzt für seine Einstufung ausschließlich ordinale

---

[1] Ausführlicher dazu Schneider (1985); Sydow (1993), S. 145ff.

Skalierungen. Welche transaktionsspezifische Investition konkret als hoch, welche als mittel oder gering einzustufen ist, dies läßt sich nur aus Erfahrungswerten heraus ableiten. Das gleiche gilt für die Transaktionshäufigkeit.

- *Die Vernachlässigung der Ertragsseite von Transaktionen:*
Der TKA berücksichtigt nicht, daß für bestimmte Strategien wie z.B. Kostenführerschaft die Transaktionskosten eine wesentlich zentralere Rolle spielen als etwa für Differenzierungsstrategien, wo die Transaktionskosten von untergeordneter Bedeutung sind. Fragen über die mit den institutionellen Arrangements verbundenen strategischen Wettbewerbspositionen oder die Motivation der Beteiligten bzw. Mitarbeiter sind damit ausgeblendet. So bleiben Faktoren, die für die Ertragsseite von großer Bedeutung sind, außerhalb der Betrachtung.[1]

- *Vernachlässigung nicht-ökonomischer Motive bei der Auswahl bzw. evolutionären Durchsetzung bestimmter institutioneller Arrangements:*
Eine Theorie, die als ihre Grundthesen beschränkte menschliche Rationalität und Hang zu opportunistischem Handeln unterstellt, wird kaum erwarten können, daß die Auswahl der Koordinationsformen ohne diese kostentreibenden Randbedingungen vor sich gehen würde. Genau dies scheint der TKA aber zum Teil zu tun. Der TKA muß sich daher den Vorwurf gefallen lassen, in seiner Erklärung des Zustandekommens bestimmter institutioneller Arrangements durchaus wichtige Aspekte individuellen Verhaltens wie das Streben nach Macht, Status, Anerkennung u.ä. nicht ausreichend zu berücksichtigen.

- *Die Blindheit gegenüber dem evolutionären Wachsen von Beziehungen:*
Kooperative Beziehungen sind nicht alleine das Ergebnis planvollen Handelns, sondern ebenso stark das Ergebnis evolutionärer Prozesse innerhalb des Wirtschaftssystems und das Ergebnis sich wiederholender Austauschaktivitäten. Somit ist auch das für Kooperationen so wichtige Vertrauen nicht per Beschluß herzustellen. Man kann zwar vertrauenschaffende Maßnahmen tätigen, das Vertrauen selber aber ist nicht zu erzwingen. Gerade kooperative Beziehungen sind

---

1 Vgl. Windsberger (1987), S. 65; Kogut (1988), S. 322.

daher als langsam wachsende, dynamische Beziehungsformen zu betrachten. Dies wird vom TKA nicht in der entsprechenden Weise berücksichtigt.[1]
- *Die Vernachlässigung von Gestaltungsfragen:*
Der TKA trifft überwiegend allgemeine Tendenzaussagen. Daraus lassen sich zwar pragmatische Gestaltungsanregungen ableiten, die erfolgreiche praktische Umsetzung der transaktionskostentheoretischen Erkenntnisse hängt jedoch maßgeblich davon ab, wie gut die allgemeinen Einsichten der Transaktionskostentheorie im Einzelfall präzisiert werden können und wie gut die Gestaltungsentscheidungen den besonderen Bedingungen des Einzelfalls dann auch Rechnung tragen.[2] Nach Auffassung nicht nur von Ebers/Gotsch bietet der TKA für beide Aufgaben aber nur wenig Unterstützung.[3]

Mit dieser zum Teil doch sehr fundamentalen Kritik wird deutlich, daß der TKA nicht mit dem Anspruch antreten kann, der umfassende Erklärungsansatz für die Entstehung von Unternehmen und für die Entstehung von Austausch zwischen Unternehmen über marktliche oder kooperative Koordinationsmechanismen bis hin zur Integration zu sein. Es wird sich im weiteren Verlauf der Untersuchung jedoch zeigen, daß keiner der noch folgenden Theorieansätze in der Lage sein wird, Unternehmenskooperationen auch nur annähernd vollumfänglich zu erklären. Mit der Darstellung des TKA ist es zunächst schon einmal gelungen, zahlreiche Einflüsse für die Wahl unterschiedlicher institutioneller Arrangements zwischen Unternehmen aufzuzeigen. Die dabei gewonnenen Aussagen erlauben es allerdings nur unter jeweils bestimmten Bedingungen, unmittelbare Rückschlüsse auf mögliche Koordinationsmechanismen zu ziehen, da sie auf einem hohen Allgemeinheitsgrad angesiedelt sind.

---

1 Vgl. Sydow (1993), S. 154; Götz/Töpfer (1991), S. 33.
2 Vgl. Ebers/Gotsch (1993), S. 235.
3 Vgl. ebd.; Sydow (1993), S. 162; Sauter (1985), S. 161.

4.2 Spieltheoretische Aussagen zur Unternehmenskooperation

Die nun folgende Darstellung einiger spieltheoretischer Überlegungen besitzt einen wichtigen Schnittbereich zu den gerade vorgestellten Überlegungen des Transaktionskostenansatzes. Dieser Schnittbereich liegt in der in beiden Ansätzen jeweils intensiven Auseinandersetzung mit den Charakteristika institutioneller Arrangements, insbesondere der Anreizintensität und, davon abgeleitet, den Kontrollmechanismen. Während der Transaktionskostenansatz unterschiedliche institutionelle Arrangements untersucht und hierbei nach einer jeweils geeigneten Ausgestaltung anhand der unterschiedlichen Charakteristika institutioneller Arrangements fragt, werden die von uns herangezogenen spieltheoretischen Überlegungen dazu dienen, konkret nach Möglichkeiten zur Erhöhung der Anreizintensität von Kooperationen zu suchen. Dies geschieht bereits unter der Prämisse einer aus der Außensicht kosten- und ertragsmäßigen Vorteilhaftigkeit der Kooperation als institutionellem Arrangement. Da es aus der Innensicht für den Einzelnen aber vorteilhafter sein kann, als Trittbrettfahrer von der Kooperationsbereitschaft anderer zu profitieren, gilt es, diese Gefahr durch besondere Anreize zu verringern oder gar zu beseitigen. Mit Hilfe der Spieltheorie sollen nun die Voraussetzungen und Möglichkeiten zur Schaffung individueller Kooperationsbereitschaft in derartigen Situationen diskutiert werden. Dazu seien zunächst die wichtigsten Grundlagen der Spieltheorie kurz vorgestellt.

Die Spieltheorie liefert zahlreiche formale, mathematisch-ökonomische Modelle, die sich mit den Problemen strategischer Interdependenzen in „Spielsituationen" auseinandersetzen. Derartige Interdependenzen entstehen in Spielsituationen deshalb, weil jedem beteiligten Spieler verschiedene Handlungsalternativen zur Verfügung stehen, deren Wirkungen von dem Verhalten der anderen Spieler abhängig sind. Die Spieltheorie geht dabei von einem bestimmten Verhaltenstyp aller Spieler aus, nämlich dem des egoistischen bzw. zweckrationalen Verhaltens.[1] Schüßler rechtfertigt diese Ausgangshypothese hinsichtlich der Untersuchung von Kooperationen mit dem Hinweis darauf,

---

1 Vgl. Neumann/Morgenstern (1961); Morgenstern (1963).

daß somit auf die denkbar schwierigste Ausgangssituation für Kooperationen Bezug genommen wird:

> „Die Annahme rein egoistischen Verhaltens läßt sich wahrscheinlich am leichtesten aufrechterhalten, wenn man ihre empirische Falschheit eingesteht. Menschen sind weder vollständig rational, noch allzeit egoistisch. Trotzdem macht es Sinn, das Modell des homo oeconomicus in den Sozialwissenschaften zu verwenden, und sei es nur als ‚Was wäre, wenn'-Betrachtung zum Risiko der egoistischen Entgleisungen sozialer Systeme."[1]

Dieser Rechtfertigung der restriktiven spieltheoretischen Grundhypothese wollen wir bezüglich der spieltheoretischen Überlegungen folgen. Es sei aber darauf hingewiesen, daß im folgenden Kapitel zum akteuranalytischen Rational-Choice-Ansatz eine Erweiterung dieser Grundannahme bevorsteht und damit auch andere Sichtweisen gewürdigt werden.

Die spieltheoretische Auseinandersetzung mit dem Kooperationsphänomen erfolgt regelmäßig mittels des Spiels „Gefangenendilemma". Dieses erfaßt in maximal vereinfachter Schematisierung den Widerspruch zwischen individueller und kollektiver Rationalität, der unter der Annahme rational egoistischen Verhaltens entstehen kann.[2] Folgende Spielsituation liegt diesem Gefangenendilemma zugrunde:

Zwei Gefangene, die gemeinsam eines Verbrechens beschuldigt werden und nun in getrennten Zellen verhört werden, haben jeweils zwei Verhaltensalternativen, nach denen sie vorgehen können. Dies ist zum einen das Leugnen jeder Schuld, was sie jedoch vor einer Bestrafung nicht bewahren wird, und zum anderen das Eingestehen der Tat. Die in Abhängigkeit davon zu erwartenden Strafen stellen sich entsprechend der folgenden Tabelle 5 dar.

Es ist offensichtlich, daß beide Gefangenen zusammen am besten fahren, wenn sie kooperieren, also „dichthalten", da dann nicht alle begangenen Verbrechen ans Tageslicht kommen und daher insgesamt nur 20 Jahre Gefängnis abgesessen werden müssen. Aus der Sicht des Einzelnen sieht dies jedoch anders aus. Für den Einzelnen wäre es am günstigsten zu „singen" und damit in den Genuß der Kronzeugenregelung zu gelangen. Voraussetzung dafür ist allerdings, daß der andere

---

1   Schüßler (1990), S. 2; ähnlich Axelrod (1991), S. 6.
2   Vgl. Schüßler (1990), S. 5.

dicht hält. Der Nichtkooperierende würde aus seinem Kooperationsbruch reichlich Früchte ernten, der Kooperationsbereite würde unter dem Kooperationsbruch des anderen erheblich zu leiden haben. Insgesamt müßten 23 Jahre Gefängnis abgesessen werden. Am schlechtesten fahren beide, wenn beide „singen", also nicht kooperieren, da dann keine Kronzeugenregelung zum Tragen kommt, und damit die Höchststrafe von 20 Jahren nur auf 15 Jahre für beide reduziert wird. Obwohl damit die Verhältnisse klar sind, ist es für den einzelnen Gefangenen nicht möglich, die für ihn optimale Entscheidung zu treffen, da die Qualität seiner Entscheidung vollständig von der Entscheidung des Mitgefangenen abhängt.[1]

Tab. 5: „Auszahlungsmatrix" des Gefangenendilemmas

	Gefangener B hält dicht (er kooperiert)	Gefangener B singt (er kooperiert nicht)
Gefangener A hält dicht (er kooperiert)	A bekommt 10 Jahre B bekommt 10 Jahre	A bekommt 20 Jahre B bekommt 3 Jahre
Gefangener A singt (er kooperiert nicht)	A bekommt 3 Jahre B bekommt 20 Jahre	A bekommt 15 Jahre B bekommt 15 Jahre

Übertragen auf die Situation der von uns betrachteten Unternehmenskooperationen bedeutet dieses Spiel folgendes: Da in Kooperationsvereinbarungen das zukünftige Verhalten der Partner zwar abgesprochen, nicht jedoch definitiv vorausbestimmt werden kann, ergibt sich für den einzelnen Partner die Möglichkeit und damit auch die Versuchung, die für die Kooperation notwendigen Verhaltensweisen nicht zu erbringen und damit den eigenen Ertrag über das vorgesehene Maß zu steigern. Dieser individuellen Ertragssteigerung steht allerdings eine Ertragsminderung des Kooperationspartners und der gesamten Kooperation gegenüber.

Die mit dem Gefangenendilemma aufgezeigte Gefahr, innerhalb einer Kooperation von dem Partner übervorteilt zu werden, berührt

---

[1] Diese Situation des Gefangenendilemmas läßt sich spieltheoretisch auf beliebig viele Spieler ausweiten. Auf die Darstellung von n-Personen-Gefangenendilemmas kann hier aber verzichtet werden, da sich bereits aus dem 2-Personen-Spiel die für die vorliegende Arbeit wesentlichen Schlüsse, auch für Großgruppen-Kooperationen, ziehen lassen.

damit aber nicht nur Fragen des Verhaltens in bestehenden Kooperationen, sondern ebenso Fragen des Zustandekommens von Kooperationen. Wenn nämlich eine geplante Kooperation offensichtlich eine Auszahlungsmatrix wie die des Gefangenendilemmas besitzt, so kann dies bereits vorentscheidend für das Akzeptieren oder Ablehnen dieser Kooperation sein, da Unternehmen das Risiko eines möglichen Kooperationsbruches nicht eingehen wollen. Nur in wenigen Fällen werden Unternehmen auch ohne unmittelbare Kooperationsentscheidung Teilnehmer von Kooperationen. Dies gilt z.B. für verbandlich organisierte Branchenvereinbarungen, für die nicht immer alle potentiell beteiligten Unternehmen ihre explizite Zustimmung geben müssen. Da diese jedoch nur einen kleinen Ausschnitt möglicher Kooperationen darstellen, ist die Art der erwarteten Auszahlungsmatrix ein wesentlicher Faktor sowohl für das Zustandekommen von Kooperationen wie auch das Verhalten der Kooperationspartner.

Aus der Situation des Gefangenendilemmas läßt sich daher die Aussage ableiten, daß *stabile* Kooperationsbeziehungen nur dann zustande kommen können, wenn die Auszahlungsmatrix, unter Einbeziehung aller Konsequenzen unkooperativen Verhaltens, kooperatives Verhalten aller Beteiligten am höchsten honoriert und wenn die so geartete Kooperationsmatrix auch allen Beteiligten bekannt ist. In allen anderen Fällen können bestenfalls *instabile* Kooperationen entstehen. Das bedeutet, daß auch ohne das Vorliegen solchermaßen idealer Kooperationsbedingungen Kooperationen entstehen. Die Wahrscheinlichkeit für Kooperationsbrüche, und damit für insgesamt suboptimale Kooperationsergebnisse, ist hier jedoch deutlich höher.

Beide genannten Bedingungen, um dieses zu vermeiden, sind jedoch häufig nur mit besonderen Anstrengungen und zum Teil auch gar nicht zu erfüllen. Das Wissen um die Existenz dieser Bedingungen hilft daher nicht zwingend, sie auch zu erfüllen. Nachfolgend sollen die vorhandenen Möglichkeiten separat für den Fall dyadischer oder Kleingruppen-Kooperationen und für den Fall von Großgruppen-Kooperationen besprochen werden.

4.2.1 Bedingungen für stabile dyadische und Kleingruppen-Kooperationen

Mit der Suche nach Bedingungen für stabile Kooperationen geht es nicht, um dies vorab noch einmal zu betonen, um Fragen grundsätzlicher Vor- und Nachteile von Kooperationen. Die grundsätzliche Vorteilhaftigkeit kooperativen Verhaltens verschiedener Spieler bzw. Unternehmer gegenüber dem nicht kooperativen Verhalten dieser Unternehmer wird hier bereits vorausgesetzt. Gefragt ist vielmehr nach Bedingungen, die es innerhalb bestehender Kooperationsspiele unattraktiv erscheinen lassen, sich unkooperativ zu verhalten. Derartige Bedingungen können dann dafür verantwortlich sein, daß Kooperationen, die per se vorteilhaft wären, die aber aufgrund der akuten Gefahr von Kooperationsmißbrauch nicht eingegangen würden, doch eingegangen werden. Und sie können dafür verantwortlich sein, daß es dann auch tatsächlich zu keinem Kooperationsmißbrauch und damit zu stabilen Kooperationsbeziehungen kommt.

Übertragen auf die Situation der Unternehmenskooperation wäre dafür eine Auszahlungsmatrix des Kooperationsspiels Voraussetzung, wie sie beispielhaft in Tabelle 7 wiedergegeben ist. Zum besseren Verständnis dieser Auszahlungsmatrix ist aber zunächst in Tabelle 6 die Auszahlungsmatrix des Gefangenendilemmas auf die Situation einer dyadischen Unternehmenskooperation übertragen.

Tab. 6: Auszahlungsmatrix des Gefangenendilemmas übertragen auf eine dyadische Unternehmenskooperation

	Unternehmer B kooperiert	Unternehmer B kooperiert nicht
Unternehmer A kooperiert	A erzielt 10 Mio (w) B erzielt 10 Mio (w)	A verliert 3 Mio (x) B erzielt 20 Mio (y)
Unternehmer A kooperiert nicht	A erzielt 20 Mio (y) B verliert 3 Mio (x)	A erzielt 5 Mio (z) B erzielt 5 Mio (z)

Die gewählten Zahlenbeispiele in Tabelle 6 sind, wie schon beim Gefangenendilemma, innerhalb der geschilderten Rahmenbedingungen willkürlich gewählt. In mathematischer Form lauten diese Rahmenbedingungen:

$y > w > z > x$; Nebenbedingung: $(x + y) < 2w$

Im Fall der stabilen Kooperation lauten diese Rahmenbedingungen:

$w > y$; $x > z$; Nebenbedingung: $(x + y) < 2w$

Tab. 7: *Auszahlungsmatrix einer stabilen dyadischen Unternehmenskooperation*

	Unternehmer B kooperiert	Unternehmer B kooperiert nicht
Unternehmer A kooperiert	A erzielt 10 Mio (w) B erzielt 10 Mio (w)	A erzielt 5 Mio (x) B erzielt 8 Mio (y)
Unternehmer A kooperiert nicht	A erzielt 8 Mio (y) B erzielt 5 Mio (x)	A erzielt 4 Mio (z) B erzielt 4 Mio (z)

Welche Möglichkeiten bestehen nun aber, eine Auszahlungsmatrix analog dem Gefangenendilemma in eine Auszahlungsmatrix der stabilen Kooperation zu überführen? Im Bereich dyadischer oder Kleingruppen-Kooperationen sind die Möglichkeiten dafür recht umfangreich. Folgende Bedingungen oder Voraussetzungen können genannt werden, die die Erträge w und x erhöhen, den Ertrag y jedoch senken können:

- Eine zentrale Voraussetzung für die Veränderbarkeit der Auszahlungsmatrix ist, daß eine fortgesetzte Kooperation stattfindet. Damit besteht die Gefahr, für unkooperatives Verhalten im weiteren Verlauf der Kooperation bestraft zu werden, bzw. die Chance, unkooperatives Verhalten bestrafen zu können.
- Möglichkeiten dafür bestehen in „Revanche-Fouls", in der Zahlung vereinbarter Strafen oder in der Auflösung der Kooperation. Alle diese Sanktionen senken den Ertrag y, also den Ertrag aus Kooperationsbrüchen.
- Voraussetzung für Bestrafung ist allerdings die Aufdeckung des Kooperationsbruchs, was seinerseits Kontrollmöglichkeiten voraussetzt. Diese sind im Bereich kleiner Kooperationen zumeist implizit vorhanden, da die Kooperationspartner nicht anonym miteinander kooperieren, sondern, ganz im Gegenteil, häufig sogar enge persönliche Beziehungen aufbauen.
- Damit bestehen nicht nur erhöhte Kontrollmöglichkeiten, sondern auch ein gesteigertes Sanktionspotential, da nun zu den ohnehin denkbaren materiellen Sanktionsgefahren die Gefahr des „Gesichts-

verlustes" bzw. der unternehmensbezogenen oder gar der persönlichen öffentlichen Diskreditierung hinzukommt. Durch die damit zusätzlich entstehenden Kosten eines Kooperationsbruches sinkt der Ertrag y ungleich stärker, als wenn keine Gefahr eines solchen Gesichtsverlustes vorhanden wäre.
- Voraussetzung für die Würdigung eines Sanktionspotentials durch potentielle Kooperationsbrecher ist aber, daß echte Kooperationsbrüche, wenn sie einmal auftreten, tatsächlich bestraft werden.
- Um hier tatsächlich zielführend zu sanktionieren und die Auszahlungsmatrix noch vor der Kooperationsentscheidung kooperationsfördernd zu gestalten, müssen mit der Kooperationsvereinbarung nicht nur von vornherein entsprechende Sanktionsmöglichkeiten vereinbart werden. Ebenso wichtig ist es, ein gemeinsames Verständnis von kooperativem und unkooperativem Verhalten zu entwickeln. Dazu gehört auch, die einzelnen Kooperationsbeiträge klar zu bezeichnen und die Aufteilung von Kooperationserträgen frühzeitig zu regeln.
- Damit wird gleichzeitig ein weiterer wichtiger Punkt sichergestellt, nämlich der, daß alle Kooperationspartner eine einheitliche Vorstellung über die Auszahlungsmatrix haben. Dies betrifft zwar die Ausprägung der Auszahlungsmatrix nicht, verhindert aber, daß auf der Basis unterschiedlicher bzw. falscher Grundannahmen gehandelt wird.
- Die Auszahlungsmatrix kann schließlich durch bewußte Immobilisierungsstrategien verändert werden.[1] Ähnlich der Vereinbarung von Sanktionen werden dabei von vornherein bestimmte Vereinbarungen getroffen, mit denen unabhängig vom eigentlichen Kooperationszweck Einschränkungen etwa hinsichtlich eigener Forschungsbemühungen oder der Kooperation mit Drittpartnern vereinbart werden.

Alle diese Voraussetzungen lassen sich natürlich nur schwer derart quantifizieren, daß letztlich alle Kooperationspartner eine simple Abwägung zwischen den Erträgen w, x, y und z vorzunehmen hätten, um ihr Verhalten zu steuern. Die Auseinandersetzung mit diesen vier Ertragstypen eröffnet jedoch zweifellos ein deutlich praxisnäheres Bild von Motivlagen, Bedenken und Voraussetzungen der Kooperation, als

---

1 Vgl. Hauser (1991), S. 119; hierauf wurde bereits bei der Darstellung des Transaktionskostenansatzes in Kapitel 4.1 hingewiesen.

es die bloße Gegenüberstellung der Erträge w und z zu leisten vermag. Häufig reduzieren sich die Forschungsbemühungen aber auf die Feststellung dieser letztgenannten Ertragstypen. Dabei entstehen dann sowohl zahlreiche aufgrund ihrer Beliebigkeit wenig aussagekräftige Vorteil-Nachteil-Listen[1] wie auch Ansätze für mathematisch unterlegte Kosten-/Nutzenanalysen der Kooperation[2]. Abgesehen von der grundsätzlichen Problematik der Quantifizierung von Kosten und Nutzen einer Kooperation übersehen diese Darstellungen die Existenz der Erträge x und y und die große Gefahr, im Zuge einer Kooperation diese Erträge anzustreben bzw. lediglich diese Erträge erzielen zu können. In der Erforschung der Erträge x und y liegen damit aber wesentliche Ansatzpunkte zur Initiierung und zur Gestaltung von Kooperationen, und es ist das Verdienst der Spieltheorie, dies sehr deutlich zu machen.

4.2.2 Bedingungen für stabile Großgruppen-Kooperationen

Eine separate Betrachtung von Großgruppen-Kooperationen ist vor diesem Hintergrund besonders wichtig, weil für einen bestimmten Bereich dieser Großgruppen-Kooperationen wesentliche Voraussetzungen, wie sie eben beschrieben wurden, nicht oder nur unter erschwerten Bedingungen realisierbar sind. Gemeint sind Großgruppen-Kooperationen ohne gemeinsame Organisation, also Kooperationen ohne ausgegliedertes Unternehmen und ohne Verbandsform. Die hier anzutreffenden Kooperationsfelder werden im wesentlichen durch branchenbezogene oder branchenübergreifende Selbstverpflichtungsabkommen belegt. Alleine auf diese werden sich die weiteren Ausführungen beziehen. Da es sich bei den übrigen Großgruppen-Kooperationen ausschließlich um Kooperation mit ausgegliedertem Unternehmen oder in der Form des Verbands handelt, bestehen wesentlich geringere Kontrollprobleme, so daß viele Maßnahmen aus dem Bereich dyadischer und Kleingruppen-Kooperationen umgesetzt werden können.

---

1 Vgl. stellvertretend die Auflistung von Alter/Hage (1993), S. 36, die eine Sammlung verschiedenster kooperationsbezogener Aussagen zahlreicher anderer Autoren beinhaltet.
2 Vgl. Contractor/Lorange (1988b).

Bezüglich der Selbstverpflichtungsabkommen ist sich die Wirtschaftsforschung einig, daß die Erträge w (aus allseits kooperativem Verhalten) regelmäßig höher sind als die Erträge z (aus allseits unkooperativem Verhalten), sofern die alternativ drohende staatliche Regulierung tatsächlich durchgesetzt und überwacht wird.[1] Begründet wird dies damit, daß im Falle staatlicher Regulierung unternehmerische Handlungsfreiräume aus Kontrollgründen in einem Umfang beschnitten werden müssen, der für beide Seiten ungleich gravierender und damit ungleich aufwendiger ist, als dies bei Vorwegnahme des notwendigen Handelns durch die Unternehmen der Fall wäre. Von Interesse sind daher wieder die Fragen nach den Stabilitätsbedingungen dieser Kooperationen und damit die Frage nach den Erträgen x und y der Auszahlungsmatrix von Selbstverpflichtungsabkommen.

Im Bereich dieser Selbstverpflichtungsabkommen kommen nun zwei Faktoren zum Tragen, die die Gestaltung einer Stabilität sichernden Auszahlungsmatrix, wie sie in Tabelle 7 vorgestellt wurde, deutlich erschweren:

(1) Durch die große Anzahl von Kooperationspartnern verringern sich die Kontrollmöglichkeiten erheblich. Weder materielle Sanktionen, noch die mögliche Diskreditierung, noch der persönliche Impetus von Kooperationsbeziehungen verringern daher y-Erträge, also Erträge aus unkooperativem Verhalten innerhalb einer bestehenden Kooperation.

(2) Es werden mit der Kooperation häufig öffentliche und nicht mehr nur kollektive Güter erstellt. Diese kommen allen *potentiellen* Kooperationspartnern zugute, da selbst im Falle des Entdecktwerdens unkooperativer Unternehmen ein Ausschluß aus dem Genuß öffentlicher Güter als Sanktion nicht möglich ist. Damit sind hohe y-Erträge aus unkooperativem Verhalten realisierbar. Zudem besteht die Gefahr, daß mit jedem Trittbrettfahrer die x-Erträge der kooperativen Unternehmen mehr sinken, da relative Nachteile am Markt entstehen können, die unmittelbare Ertragseinbußen für die kooperativen Unternehmen zur Folge haben.[2]

---

1 Vgl. Hansjürgens (1994), S. 36; Steger (1988), S. 60ff.
2 Dies ist z.B. dann der Fall, wenn durch unkooperatives Verhalten Kostenvorteile im Vergleich zu kooperativem Verhalten entstehen und damit Marktanteile gewonnen werden.

Beide Faktoren laufen somit den notwendigen Bedingungen $w > y$ und $x > z$ genau entgegen. Die Möglichkeiten, im Falle derart ungünstiger Rahmenbedingungen dennoch stabilisierende Maßnahmen zu ergreifen, sind, das sei bereits hier gesagt, sehr gering. Es sei aber auch bereits hier gesagt, daß dies nicht das Aus für Selbstverpflichtungsabkommen bedeutet. Es gibt alleine durch die Beachtung egoistisch rationaler Rahmenbedingungen gute Gründe dafür, daß sich die Auszahlungsmatrix nicht zwingend ganz so unattraktiv darstellen muß, wie dies zunächst als Möglichkeit unterstellt wurde. Jetzt aber zu den Bemühungen, im Falle einer sehr unattraktiven Auszahlungsmatrix, zu der es nach wie vor in vielen Fällen kommen kann, stabilisierende Verschiebungen der Erträge x und y zu bewirken:

- Auch hier spielt ein glaubhaft angedrohtes Sanktionspotential eine wichtige Rolle. In Ermangelung von Kontrollmöglichkeiten besteht für den Staat dabei zumindest die Möglichkeit, anhand vereinbarter Zielwerte den Gesamterfolg der Kooperation zu beurteilen. Eine mögliche Sanktion für nicht akzeptable Zielabweichungen ist die Umsetzung der angedrohten Regulierung von betrieblichem Umweltschutzverhalten durch den Gesetzgeber. Auch wenn damit alle Beteiligten sanktioniert werden, so besteht darin dennoch die einzige staatliche Möglichkeit, Umweltschutzziele zu erreichen, wenn zu viele Trittbrettfahrer die Erreichung ansonsten unmöglich machen. Ein glaubhaft vermitteltes Sanktionspotential bewirkt damit eine zumindest tendenzielle Verringerung der y-Erträge.
- Daneben kann aber auch ein verbandliches Sanktionieren in Frage kommen. Dies ist dann möglich, wenn das Selbstverpflichtungsabkommen über einen oder mehrere Verbände gesteuert oder sogar initiiert wurde. Den Verbänden wird in diesem Fall eine zumindest theoretische Chance zur gezielten Sanktionierung einzelner Unternehmen zugesprochen. Zu unterscheiden ist dabei zwischen unmittelbarer Bestrafung, die nur durch Verbandsausschluß zu erreichen ist (Verringerung der y-Erträge), und der indirekten Sanktionierung durch die Vorenthaltung von Sonderleistungen, die nur den kooperierenden Unternehmen zugute kommen (Erhöhung der x-Erträge). Aber selbst wenn die Verbände von diesen Sanktionsmethoden

Gebrauch machen würden,[1] stehen auch sie vor dem Problem der Erkennung der unkooperativen Mitspieler.

So weit zu den begrenzten Möglichkeiten, die ggf. sehr unattraktive Auszahlungsmatrix eines Selbstverpflichtungsabkommens attraktiver zu gestalten. Diesen bescheidenen theoretischen Ergebnissen zum Trotz gibt es aber in der Praxis zahlreiche Selbstverpflichtungsabkommen, von denen viele ihren Verpflichtungen vollumfänglich nachkommen oder die diese sogar übertreffen. Da in spieltheoretischer Strenge nicht davon ausgegangen werden kann, daß hier der Altruismus das Feld beherrscht, muß nach weiteren Faktoren Ausschau gehalten werden, die die Auszahlungsmatrix für derartige Kooperationen attraktiver macht. Folgende Faktoren können denn auch ergänzend zu den bisher gefundenen angeführt werden:

- Unternehmen erkennen häufig, daß durch die Beteiligung an Selbstverpflichtungsabkommen zwar zunächst Ertragseinbußen möglich sind, daß ein rechtzeitiges, innovatives Umschwenken auf neue Verfahren, Technologien oder Produkte aber auch Innovationsgewinne verspricht. Trittbrettfahrer werden diese Innovationsgewinne nicht einfahren. Damit können sich x-Erträge auf ein Maß erhöhen, das nicht nur über den z-Erträgen für völligen Verzicht auf das Selbstverpflichtungsabkommen liegen kann, sondern das auch über den y-Erträgen für unkooperatives Verhalten liegen kann.
- Nicht alle Selbstverpflichtungsabkommen werden innerhalb einer anonymen Menge untereinander und nach außen hin unbekannter Unternehmen vereinbart. In vielen Branchen stehen öffentlich sehr bekannte Unternehmen im unmittelbaren Zusammenhang mit dem Zustandekommen von Selbstverpflichtungsabkommen. Damit entsteht für diese Unternehmen eine neue Sanktionsgefahr, die den y-Ertrag senken kann. Dies ist die öffentliche Meinung und damit das Sanktionspotential der Öffentlichkeit als Marktpartner.
- Das Vorhandensein solchermaßen exponierter Unternehmen ermöglicht es, diese von vornherein stärker in die Kooperationspflicht zu nehmen, da ihre Zusage und ihr Beitrag zum Selbstverpflichtungsabkommen als Zugpferd auch für kleinere Unternehmen

---

1 Hansjürgens hält dies wohl zu Recht für eher unwahrscheinlich oder zumindest sehr problematisch; vgl. Hansjürgens (1994), S. 40ff.

wirken kann. Damit können zum einen Erwartungen an x-Erträge steigen, da Innovationsgewinne realistischer werden. Zum anderen verringern sich damit zumindest für diese exponierten Unternehmen die y-Erträge, da sie im Falle unkooperativen Verhaltens auch gegenüber staatlicher Seite wesentlich leichter in Rechtfertigungsnotstand geraten werden als dies bei unbekannteren Unternehmen der Fall ist.

Trotz dieser Entschärfung der zunächst aufgezeigten sehr unattraktiven Auszahlungsmatrix gelten Selbstverpflichtungsabkommen aber letztlich als sehr problematisch. Von den Unternehmen mit Nachdruck gefordert und propagiert, hängt ihnen aufgrund der zahlreichen schlechten Erfahrungen der Verdacht an, häufig eher zur Problemverschleppung denn zur Problemlösung eingesetzt zu werden. Eine pauschalierende Abwertung der mit Selbstverpflichtungsabkommen erzielbaren Ergebnisse ist damit zwar keineswegs möglich. Solange jedoch im Einzelfall keine Möglichkeiten bestehen, aus dem Kooperationsziel ein Kollektivgut und damit kein öffentliches Gut zu machen, werden Selbstverpflichtungsabkommen auch weiterhin mit Auszahlungsmatrizen zu kämpfen haben, die für potentielle Kooperationsbrecher attraktiv sind und die daher auch zu Kooperationsbrüchen führen werden.[1]

Diese pessimistische Einschätzung gilt natürlich besonders dann, wenn man von einem egoistisch rationalen Verhalten aller Spieler ausgeht, wie wir es hier ausdrücklich getan haben. Das folgende Kapitel stellt nun abschließend in diesem 4. Kapitel die Frage, ob diese Prämisse berechtigt ist und welche Alternativen oder Erweiterungen es dazu geben kann.

4.3 Der akteur-analytische Rational-Choice-Ansatz

Die Erklärung individuellen menschlichen Handelns ist, das haben die bisherigen Ausführungen bereits deutlich gemacht, eng verknüpft mit

---

[1] Das Duale System Deutschland DSD und dessen Finanzierungsprobleme aufgrund des umfangreichen Lizenzmißbrauchs ist zweifellos das aktuell schillerndste Beispiel für diese Kollektivgut-Problematik. Vgl. DSD (1993).

Fragen der menschlichen Handlungsrationalität. Die Charakterisierung dieser menschlichen Handlungsrationalität bereitet aber, auch dies wurde bereits deutlich, gewisse Schwierigkeiten. Es ist zwar selbst im Rahmen spieltheoretischer Überlegungen nicht unbedingt ein Streitthema, daß der homo oeconomicus als Erfindung der klassischen und neoklassischen Wirtschaftstheorie viel zu selten im realen Leben angetroffen wird, als daß es angemessen wäre, dessen vollständige Rationalität allen sozialwissenschaftlichen Entscheidungsmodellen zugrunde zu legen. Hinter der vollständigen Rationalität eines homo oeconomicus verbirgt sich nämlich der hohe Anspruch an das Individuum, „konsistente Ziele zu haben, einen Maßstab zur Unterscheidung zwischen besseren und schlechteren Wegen zu besitzen, mit dessen Hilfe die jeweils günstigste Handlungsalternative auszuwählen und diese Prozedur so oft zu wiederholen, bis das Ziel des Handelns erreicht ist"[1]. Dieses Rationalitätsverständnis des homo oeconomicus ist nicht einmal das strengste anzutreffende, beinhaltet es doch das Zugeständnis an das Individuum, mehrere Ziele gleichzeitig zu verfolgen und nicht ausschließlich das Ziel einer einzigen „Nutzenmaximierung".

Wie aber sieht es mit der Rationalität des regelmäßig anzutreffenden homo sapiens im Vergleich selbst zu dieser Form der Rationalität aus, die hier als vollständig bezeichnet wird? Zur Kennzeichnung seiner Rationalität muß zunächst einmal von dem Bild einer einzigen Nutzenmaximierungsabsicht Abstand genommen werden und dafür das Streben nach zahlreichen, diffus verketteten und sich höchst dynamisch verändernden Zielen unterstellt werden, die sich nicht zwingend alle unter dem Topos „Nutzen" aggregieren lassen. Es geht dem Menschen mit seinem Handeln nämlich möglicherweise nicht alleine um die Maximierung von Nutzen, sondern auch, oder vielleicht gerade, um die Befriedigung von Bedürfnissen.[2] Und obwohl beide Begriffspaare miteinander verbunden werden können, so ruft doch jedes für sich recht unterschiedliche Assoziationen hervor. Aber selbst in berechenbar maximierbaren Zielsystemen ist es dem Menschen aufgrund verschiedenartiger Beschränkungen keineswegs immer möglich, objektiv rationale Entscheidungen zu treffen. Beispiele für solche Beschrän-

---

1 Wiesenthal (1987a), S. 8.
2 Vgl. hierzu ausführlich Pfriem (1995), S. 109ff.

kungen rationaler Entscheidungsfähigkeit werden in vielfältiger Form angeführt. Nach Simon etwa liegen sie wesentlich in a) dem unvollständigen Wissen über die Bedingungen, die die Konsequenzen von Entscheidungsalternativen beeinflussen, b) den Schwierigkeiten der vorzeitigen Bewertung zukünftiger Ereignisse und c) dem begrenzten Umfang entdeckter Entscheidungsalternativen.[1] Wiesenthal beschreibt andere Faktoren, die das Modell vollständiger Rationalität obsolet werden lassen. So taugt das Modell nach seiner Ansicht nicht zur Bewältigung von Entscheidungssituationen, „wenn mehrere Entscheider (mit gleichen oder ungleichen Absichten) mitwirken, wenn sich die Randbedingungen der Entscheidungssituation von Mal zu Mal ändern, wenn der Entscheidende sich selbst in Abhängigkeit von seiner Umwelt verändert und wenn von den gegenwärtigen Entscheidungen u.a. auch die in späteren Schritten erreichbaren Möglichkeiten beeinflußt werden"[2]. Dies aber sind Bedingungen, die den Großteil aller Entscheidungssituationen kennzeichnen. Und es sind Bedingungen, über die sich viele Menschen zumindest intuitiv bewußt sind und die damit nicht nur unmittelbar die Entscheidungsqualität, sondern auch mittelbar das Entscheidungsverhalten selbst beeinflussen.

Die Schwierigkeiten des Begreifens menschlicher Rationalität werden hier deutlich, da es nur gelingt, diese Rationalität in Form verschiedener Negativ-Definitionen zu kennzeichnen, also durch die Beschreibung dessen, was sie alles nicht zu leisten imstande ist. Es gelingt jedoch nicht in einer Form, die alleine damit auskommt zu kennzeichnen, was menschliche Rationalität zu leisten vermag. Dies soll hier nicht als Vorwurf an diejenigen verstanden werden, die sich um die Beschreibung menschlicher Rationalität bemühen. Es soll alleine auf die Schwierigkeiten hinweisen, die sich aus dem Umgang mit der menschlichen Rationalität in den Sozialwissenschaften ergeben. Wir werden uns zunächst mit diesen Ausführungen zur menschlichen Rationalität begnügen und diese in Anlehnung an Simon als „begrenzte Rationalität" kennzeichnen.[3]

Ausgehend von dieser Idee der begrenzten menschlichen Rationalität sind innerhalb des Rational-Choice-Ansatzes, wie bereits gesehen,

---

1 Vgl. Simon (1976), S. 81ff.
2 Wiesenthal (1987a), S. 9.
3 Vgl. Simon (1976).

eine Anzahl verschiedener und, wie noch zu zeigen sein wird, durchaus widerstreitender Theorien entstanden. Während der Transaktionskostenansatz und die Spieltheorie von sehr stringenten, nutzenmaximierenden Rationalitäts- bzw. Verhaltensprämissen ausgehen und diese als „worst case" ihren Überlegungen zugrunde legen, soll nun differenzierter auf eben diese Prämissen eingegangen werden. Wiesenthal weist in diesem Zusammenhang auf eine Polarisierung zwischen rechten und linken Versionen innerhalb des Rational-Choice-Ansatzes hin:

> „Wo noch vor zehn Jahren eine hohe Korrelation zwischen methodisch-individualistischen Ausgangsannahmen und ‚neoklassischen' politisch-ökonomischen Ordnungsvorstellungen als nahezu naturgegeben vorausgesetzt werden konnte, häufen sich heute die intuitiv eher unwahrscheinlichen Gegenbeispiele einer ‚linken' Version von individualistischen Handlungstheorien."[1]

Zu den eher „rechten" Versionen werden von Wiesenthal damit diejenigen gezählt, in denen Handeln nicht als Wahl unter oft unsicheren Alternativen begriffen wird, sondern als ein nach ökonomischen Regeln geleitetes, optimierendes Verhalten gleich einem simplen Taschenrechner.[2] Gary Becker, der neben Milton Friedman als renommierter Vertreter dieses „quasi-ökonomischen Behaviorismus" angesehen werden kann, resümiert aus seiner Perspektive: „Alles menschliche Verhalten kann ... so betrachtet werden, als habe man es mit Akteuren zu tun, die ihren Nutzen, bezogen auf ein stabiles Präferenzsystem, maximieren und sich in verschiedenen Märkten eine optimale Ausstattung an Informationen und anderen Faktoren schaffen"[3]. Mit den bisherigen Überlegungen zum Transaktionskostenansatz und zur Spieltheorie wurde deutlich diese „rechte" Version individualistischer Handlungstheorien herangezogen. Die Idee dieser Richtung des Rational-Choice-Ansatzes ist es, a) diesen Ansatz plausibel auf alle nur denkbaren Entscheidungssituationen von Individuen zu übertragen und b) aus dieser Fülle von individuumbezogenen Betrachtungen dann auch gesellschaftstheoretische Aussagen abzuleiten. Die so entwickelten Erklärungsschemata erheben zwar lediglich den Anspruch, das Verhalten „durchschnittlicher Akteure" zu erklären, sie wollen aber gerade damit

---

1 Wiesenthal (1987a), S. 8.
2 Vgl. Wiesenthal (1987b), S. 9.
3 Becker (1982), S. 15.

eine Aggregation der Aussagen erlauben und damit eine Bewältigung des Schrittes zu gesellschaftstheoretischen Aussagen ermöglichen. In bezug auf die Entstehung öffentlicher Güter wird diesen Ansätzen jedoch entgegengehalten, daß unter der Prämisse individueller Nutzenmaximierung immer nur die Nicht-Teilnahme an Kooperationen die einzig individuell rationale Alternative darstellen kann,[1] womit die Entstehung öffentlicher oder kollektiver Güter immer das Ergebnis irrationalen Verhaltens sein müßte. Eine überzeugende Erklärung des realiter aber entstehenden kollektiven Handelns wird daher durch diese Theorien nicht geleistet.

Wir wollen daher nun eine als eher „links" gekennzeichnete Version dieser Handlungstheorie nachzeichnen, um dadurch weitere Einsichten zur Entstehung kollektiven Handelns zu bekommen und daraus abgeleitet auch Einsichten zu der Frage zu erhalten, unter welchen Voraussetzungen ökologische Unternehmenspolitik und Kooperationen als unternehmerische Handlungsalternativen überhaupt erkannt und ggf. sogar wahrgenommen werden. Dazu soll zunächst die wesentliche Unterscheidung von Handlungszwängen resp. „constraints" und Handlungsalternativen resp. „choices" deutlich gemacht werden. Nach Wiesenthal pflegen „große" Theorien[2] soziale Interaktion nur bis hinunter auf die Ebene der constraints des Handelns zu analysieren, womit sie gerade noch fähig bleiben, eine Synthese auf der Abstraktionsebene der Gesellschaft vorzunehmen. Handlungstheorien scheinen dagegen die constraints zu akzeptieren und damit im Rahmen der vorausgesetzten und allemal beschränkten Wahlmöglichkeiten häufig trivial zu bleiben.[3]

Elster erweitert diese einseitige Art der Berücksichtigung von constraints und choices mit der These, daß Individuen auch ihre constraints rational wählen können. Dazu unterscheidet er zwischen einer schmalen und einer breiten Konzeption von Rationalität.

„In der erstgenannten werden die Wünsche und Präferenzen des Handelnden als gegeben betrachtet, so daß das Ziel der Rationalitätstheorie einfach darin besteht, bei ihrer Erfüllung Effizienz zu erreichen. In der umfassenderen Konzeption verlangen wir, daß die Wünsche und Präferenzen selbst einer gewissen Rationalitätsbedingung unterliegen."[4]

---

1 Vgl. Olson (1965).
2 Gemeint sein dürften insb. die Systemtheorie und der Funktionalismus.
3 Vgl. Wiesenthal (1987a), S. 13.
4 Elster (1987), S. 23.

Begründet wird diese These mit der Erkenntnis, daß Menschen zu „strategischem Handeln" fähig und daher in der Lage sind, ein „globales Maximum" anzustreben.[1] Wiesenthal verdeutlicht die Rolle der constraints für diesen Prozeß globaler Maximierung:

> „Gerade dann, wenn Akteure sich entschließen, strategisch zu handeln, also über den Tag und die Gunst der gegebenen Gelegenheit hinausreichende Absichten zu verfolgen und dabei einem einmal gewählten Ziel treu zu bleiben, stehen sie vor der Aufgabe, sich als Handelnde selbst zu gestalten, d.h. ihren eigenen Wandel intentional zu organisieren – sei es durch die Beschränkung ihrer Handlungsmöglichkeiten, durch geplante Veränderung ihres Charakters, durch Manipulation der erreichbaren Informationen oder durch die Umgestaltung ihrer Präferenzordnung."[2]

Damit wird, im Unterschied zu den erstgenannten Ansätzen innerhalb des Rational-Choice-Ansatzes, die von einer nicht weiter aufgeschlüsselten Nutzenmaximierung ausgehen, der Blick auf verschiedene Aspekte hinsichtlich der Rahmenbedingungen und individuellen Präferenzen von Akteuren gelenkt mit dem Hintergrund, diese ebenfalls als Gegenstand von Wahlhandlung zu kennzeichnen. Erst nachdem über die anzuerkennenden Rahmenbedingungen bewußt oder unbewußt Entscheidungen getroffen worden sind, stellt sich dem Akteur das Set von Alternativen, das als choices den Namensgeber des Rational-Choice-Ansatzes darstellt. Mit dieser Fähigkeit zur endogenen Variation seiner Handlungsdisposition wird der Akteur nach Elster zu einem „multiple self"[3], dessen unterschiedliche Präferenzordnungen zu koordinieren ihm selbst ein Problem von gleichartiger Logik bereitet, wie es die Koordination verschiedener Individuen darstellt. Dieses Problem wird noch verstärkt, da in einem akteur-analytischen Rational-Choice-Ansatz weder Nutzenmaximierung noch ein utilitaristisches Akteurbild unterstellt wird.

> „Was der Maßstab der Erfolgsorientierung ist, sei es Eigennutz oder Nächstenliebe, bleibt in der theoretischen Grundausstattung offen. Es geht also zunächst nur um die Angemessenheit von Mitteln für gegebene Ziele."[4]

---

1 Vgl. Elster (1987), S. 34.
2 Wiesenthal (1987a), S. 17.
3 Elster (1986).
4 Wiesenthal (1987b), S. 16.

Die sich aufdrängende Frage, ob mit dieser Betonung der constraints eine Polarisierung der Rational-Choice-Ansätze in eher rechte und eher linke Versionen gerechtfertigt ist, oder ob die hier als eher links gekennzeichnete Version nicht als mögliche Ausdifferenzierung oder Weiterentwicklung einer Theorie der Nutzenmaximierung in eine Theorie der Befriedigung von Bedürfnissen interpretiert werden sollte, spielt für die hier angestellten Überlegungen keine maßgebliche Rolle. Auch soll an dieser Stelle nicht die sehr interessante Auseinandersetzung mit der Frage nachgezeichnet werden, auf welchen Wegen Akteure in der Lage sind, ihre eigenen Kognitionen, Präferenzen und Ziele und damit ihre Handlungsdisposition bzw. die von ihnen als relevant erachteten Rahmenbedingungen zu verändern.[1] Wichtig erscheint uns aber festzuhalten, daß die Anerkennung von constraints als wählbaren Rahmenbedingungen des Handelns eine deutliche Erweiterung der Wert-Erwartungs-Theorie darstellt, da so dargestellt werden kann, welche Gründe dafür verantwortlich sein können, daß objektiv vorhandene Handlungsalternativen bereits durch bestimmte Mechanismen der Präferenzsetzung ausgeblendet werden können. Als Ursachen für diese Ausblendung von eigentlich vorhandenen Handlungsalternativen unterscheiden wir in Anlehnung an Elster:

(1) inkonsistente Zeitpräferenzen,
(2) adaptive Präferenzbildung,
(3) Präferenzen auf Nebenprodukte des Handelns.

(1) Inkonsistente Zeitpräferenzen
Um ein globales Maximum in der Zukunft erreichen zu können, muß der Akteur vorher häufig den Verführungen durch die günstigen Gelegenheiten zu lokalen Maxima widerstehen. Damit wird die häufig zu beobachtende Tendenz angesprochen, die Gegenwart gegenüber der Zukunft zu bevorzugen. Je nach Willensstärke und Selbstbindungstaktiken gelingt es dabei, sich entweder an den Präferenzen zur Erlangung globaler Maxima in der Zukunft oder an den Präferenzen zur Erlangung lokaler Maxima in der Gegenwart zu orientieren.[2]

---

1 Vgl. dazu ausführlich Elster (1987).
2 Vgl. ebd., S. 96ff.; berühmtes, auch von Elster angeführtes Beispiel zur Selbstbindung ist das Verhalten von Odysseus, der sich, um nicht dem Gesang der Sirenen zu verfallen, an den Schiffsmast binden läßt. „Fleh

(2) Adaptive Präferenzbildung
Mit dieser Bezeichnung wird das Phänomen gekennzeichnet, nur das zu wollen, was man auch meint erreichen zu können. Diese an der Umwelt orientierte Präferenzsetzung kann dazu führen, daß globale Maxima erst gar nicht angestrebt werden, da hierzu Ziele präferiert werden müßten, die außerhalb der Reichweite erscheinen.[1]

(3) Präferenzen auf Nebenprodukte des Handelns
Es gibt eine Vielzahl von Präferenzen, deren Umsetzung gar nicht oder zumindest nicht unmittelbar über die Auswahl einer Handlungsalternative gesteuert werden kann. Beispiele hierfür sind z.B. Präferenzen darauf, etwas vergessen zu wollen oder geistig abwesend sein zu wollen. Aber auch Präferenzen darauf, bewundert zu werden oder Macht ausüben zu können, zählen zu dieser Kategorie, da sie nur als Nebenprodukt von Handlungen, und damit eingeschränkt oder gar nicht steuerbar, befriedigt werden können. Da jedoch anzunehmen ist, daß das Eintreten solcher Nebenwirkungen antizipiert oder erhofft wird, können auch solche Präferenzen maßgeblichen Einfluß auf das Spektrum wahrgenommener Handlungsalternativen haben.[2]

Basierend auf der hier vorgestellten Unterscheidung von constraints und choices soll nun besprochen werden, welche individuellen Verhaltensweisen bzw. welche Wahrnehmung und Auswahl von constraints und choices für die Aufnahme einer ökologischen Unternehmenspolitik und für das Eingehen von Kooperationen erforderlich sind.

---

ich aber euch an und befehle die Seile zu lösen: Eilend fesselt mich dann mit mehreren Banden stärker!" (Odyssee).
1 Vgl. Elster (1983).
2 Vgl. Elster (1987), S. 152ff.; diese Überlegungen werden auch von Gary Becker (1982) berücksichtigt. Über Becker hinausgehend hebt Elster die Schwierigkeiten hervor, die nur als Nebenwirkung erzielbaren Resultate auch tatsächlich zu erreichen.

4.3.1 Constraints und choices einer ökologischen Unternehmenspolitik

Am Beispiel der drei oben beschriebenen Mechanismen der Präferenzsetzung sollen zunächst solche constraints beschrieben werden, die die Wahrnehmung ökologischer Unternehmenspolitik je nach Ausprägung fördern oder behindern können. Keiner der angeführten constraints und deren vermuteter Bedeutung für eine ökologische Unternehmenspolitik kann hierbei dogmatisch als eindeutig in seiner Wirkung bezeichnet werden. Dennoch machen die Beispiele einige Grundeinstellungen bzw. Präferenzen deutlich, die der Fragestellung des wirtschaftlichen Könnens von ökologischer Unternehmenspolitik vorgelagert sind, da sie das Wollen eben dieser ökologischen Unternehmenspolitik maßgeblich beeinflussen:

(1) Inkonsistente Zeitpräferenzen
Es gibt zahlreiche Beispiele, die belegen, daß sich die Erträge einer ökologischen Unternehmenspolitik sehr schnell einstellen können. Dennoch wurde bereits an früherer Stelle deutlich gemacht, daß selbst die Wahrnehmung all dieser kurzfristig ertragreichen Maßnahmen einer ökologischen Unternehmenspolitik vermutlich nicht ausreichen kann, die Verschlechterung der ökologischen Verfassung unserer Welt zu beenden. Es bedarf darüber hinaus auch der Wahrnehmung von Maßnahmen, die aufgrund ihres grundlegenden Charakters nur mittel- oder langfristig einen Ertrag sichern können, dies u.U. sogar unter kurzfristigen Ertragseinbußen. Für die Wahrnehmung einer umfassenden ökologischen Unternehmenspolitik bedarf es daher einer Präferenz auf langfristige Ertragspotentiale, oder, in der Sprache von Elster, einer Präferenz für globale anstelle lokaler Maxima. Eine Präferenz auf kurzfristige Ertragssicherung entspricht der Präferenz für lokale Maxima und kann nur eingeschränkt den Anforderungen an eine ökologische Unternehmenspolitik gerecht werden. Freimann/Pfriem folgern daher zu Recht: „Nicht zuletzt machen ökologische Fragen den begrenzten Zeithorizont der heute lebenden Menschen bewußt."[1]

Aber natürlich ist es mit diesem Hinweis auf die Vorteile einer Präferenz für globale Maxima nicht getan. Unternehmen unterliegen

---
1 Vgl. Freimann/Pfriem (1990), S. 128.

der Anforderung durch Gesetz und Kapitalgeber, quasi zu jedem Zeitpunkt ihrer Existenz Erträge zu erwirtschaften. Bei den Bemühungen, dieser Anforderung nachzukommen, stellt sich den Unternehmen bzw. deren Entscheidungsträgern nicht immer die Wahl zwischen lokalen oder globalen Maxima. Die Wahrnehmung lokaler Maxima kann zur Voraussetzung dafür werden, überhaupt längerfristig zu existieren. Trotz dieser berechtigten Einschränkung kann nicht übersehen werden, daß längst nicht alle vorhandenen Möglichkeiten zur Wahrnehmung globaler Maxima wahrgenommen werden, und daß dies dann weniger auf die Anforderungen von Gesetz und Kapitalgeber zurückgeführt werden muß als vielmehr auf die Präferenzstruktur der Entscheidungsträger im Unternehmen.

(2) Adaptive Präferenzbildung
Man wird kaum den Weg einer ökologischen Unternehmenspolitik einschlagen, wenn man nicht der Ansicht ist, auf diesem Weg etwas gegen die Verschlechterung der ökologischen Verfassung unserer Welt tun zu können. Die auch in anderen Feldern anzutreffende Grundeinstellung des „ich alleine kann da ohnehin nichts machen" ist also wenig geeignet, einer ökologischen Unternehmenspolitik den Weg zu bereiten. Wer als unternehmerischer Entscheidungsträger dagegen die Einstellung vertritt, daß selbst wenig Veränderung immer noch ungleich viel mehr ist als gar keine Veränderung, der wird auch eher bereit sein, ökologischen Fragestellungen in seiner Unternehmenspolitik Platz einzuräumen. Neben dieser stark in die Wertestruktur eines Menschen hineinreichenden Art von Präferenzbildung existiert aber auch ein stark vom Informationsstand abhängiger Bereich der Präferenzbildung. Das Wissen über Zusammenhänge von Ökologie auf der einen Seite und der Zivilisation oder der Wirtschaft auf der anderen Seite ist nicht einheitlich stark ausgeprägt. Auch hier kann unterstellt werden, daß ein gesteigertes Wissen über die hier vorhandenen Interdependenzen eher zu einer Berücksichtigung und damit Präferierung ökologischer Aspekte führt als dies bei Unkenntnis der Zusammenhänge der Fall ist.

(3) Präferenzen auf Nebenprodukte des Handelns
Als Beispiel für Präferenzen auf Nebenprodukte des Handelns soll hier ein Sachverhalt angeführt werden, das in seiner Bedeutung für ökologische Unternehmenspolitik vermutlich regelmäßig unterschätzt wird. Als Nebenprodukt des Handelns geht es dabei konkret um die Erwar-

tungen an die Anerkennung für eben dieses Handeln. Sowohl im privaten als auch im beruflichen Umfeld kann dabei die Erwartung bestehen, durch besonders ökologiefreundliches und damit auch innovatives Verhalten Anerkennung zu erhalten, als auch durch ökologisch gedankenloses Verhalten in den Genuß dieser Anerkennung zu gelangen. Gerade im beruflichen Umfeld sind mit dieser Erwartungshaltung auch die Erwartungen an steigende Verantwortungsbereiche und damit auch an den Zuwachs von sozialer Macht verbunden. Es handelt sich dabei um ein zweifellos sehr beliebtes Ziel menschlichen Handelns, das auf direktem und indirektem Weg gefördert werden kann. Problematisch wird es für den Handelnden, wenn etwa aus dem privaten und dem beruflichen Umfeld unterschiedliche Erwartungshaltungen vorliegen. Beispielhaft hierfür ist die Situation eines Topmanagers, dessen 18-jährige Tochter das Elternhaus verläßt, weil sie nicht mehr mit jemanden unter einem Dach leben möchte, der an der Zerstörung der Umwelt beteiligt ist.[1] Umgekehrte Beispiele, in denen ein Unternehmer trotz ablehnender Haltung aus dem privaten Umfeld ökologische Unternehmenspolitik durchsetzt, sind daneben aber keineswegs undenkbar. Es soll daher auch nicht von einer Unterscheidung in eine Präferenz auf die Erwartungshaltung aus dem privaten Umfeld oder die Präferenz auf die Erwartungshaltung von Vorgesetzten oder Aktionären gesprochen werden. Es soll lediglich deutlich gemacht werden, daß es für das Verhalten eines unternehmerischen Entscheidungsträgers von ausschlaggebender Bedeutung sein kann, ob er Präferenzen auf die Anerkennung aus einem ökologiebewußten Umfeld legt, oder ob er Präferenzen auf die Anerkennung aus einem eher konservativen, kurzfristig rentabilitätsorientierten Umfeld legt.

Erst wenn aufgrund entsprechender constraints eine grundsätzliche Bereitschaft besteht, ökologische Unternehmenspolitik zu betreiben, stellen sich als choices die Handlungsalternativen, die ganz konkret ein Mehr oder ein Weniger an ökologischer Unternehmenspolitik bedeuten. Die folgende Tabelle 8 stellt zahlreiche solcher Handlungsalternativen vor, die pro oder contra eine ökologische Unternehmenspolitik wirken.

---

1 So lautet der Aufmacher eines Artikels über Wirtschaftsethik in der Wirtschaftswoche Nr. 5, Jg. 1990, S. 34.

Tab. 8: *Constraints und choices pro und contra eine ökologische Unternehmenspolitik*

	Constraints		Choices	
	pro	contra	pro	contra
Ökologische Unternehmenspolitik	Präferenz auf langfristige Ertragspotentiale auch unter Hinnahme kurzfristiger Ertragseinbußen; Präferenz auf "Ein wenig ist unendlich mal mehr als nichts"; hoher Informationsstand über die Interdependenzen von Wirtschaft und Ökologie; Präferenz auf die Anerkennung aus einem ökologiebewußten Umfeld	Präferenz auf kurzfristige Ertragssicherung auch zu Lasten langfristiger Ertragspotentiale; Präferenz auf "Ich alleine kann da eh' nichts machen"; geringer Informationsstand über die Interdependenzen von Wirtschaft und Ökologie; Präferenz auf die Anerkennung aus einem konservativen, kurzfristig rentabiltätsorientierten Umfeld	ökologische Produktentwicklung; ökologische Produktionsverfahren; ökologische Entsorgung; ökologische Investitionsrechnung; ökologisches Marketing; ökologisches Controlling; innovationsfördernde Organisation; ökologieorientiertes Unternehmensleitbild; innovationsfördernde Unternehmenskultur	konservative Produktentwicklung; konventionelle Produktionsverfahren; legale Entsorgung; konventionelle Investitionsrechnung; konventionelles Marketing; konventionelles Controlling; traditionelle Organisation; Unternehmensleitbild ohne ökologischen Anspruch; innovationshemmende Unternehmenskultur

In dieser Tabelle aufgenommen sind auch noch einmal die hier besprochenen constraints, die der eigentlichen Wahlentscheidung vorgelagert dafür verantwortlich sind, welche konkreten ökologischen Handlungsalternativen überhaupt als solche erkannt werden und die damit den angegebenen Entscheidungsraum der choices überhaupt erst entstehen lassen.

4.3.2 Constraints und Choices der Kooperation

Auch hier soll zunächst am Beispiel der drei unterschiedenen Mechanismen der Präferenzsetzung dargestellt werden, welche constraints dafür verantwortlich sein können, daß die Option der Kooperation als eine mögliche Alternative zur Bewältigung der im Wirtschaftsgeschehen notwendigen Koordination wahrgenommen wird.

(1) Inkonsistente Zeitpräferenzen
Die Bevorzugung globaler Maxima in der Zukunft anstelle lokaler Maxima in der Gegenwart hat für Kooperationen nur eine untergeordnete Bedeutung. Es läßt sich zwar anführen, daß der Aufbau einer Kooperation deshalb mehr Zeit in Anspruch nehmen kann als eine marktliche Koordination, weil die für eine effiziente Kooperation notwendige Vertrauensbasis nicht per Beschluß hergestellt werden kann. Somit kann es passieren, daß erst eine Durststrecke überwunden werden muß, ehe die Früchte einer Kooperation geerntet werden können. Diese Durststrecke kann aber nicht als symptomatisch für Kooperationen bezeichnet werden. Vielmehr können Kooperationen auch von ihrem Beginn an ein sehr effizienter Koordinationsmechanismus sein. Es kann sogar der umgekehrte Fall eintreten, daß aufgrund unterschiedlicher Geschäftspraktiken innerhalb einer marktlichen Koordination nicht annähernd die Effizienz der Koordination zustande kommt, die die Beteiligten erwartet haben.[1] Eine Zuordnung bestimmter zeitlicher Präferenzstrukturen zu bestimmten Koordinationsformen scheint daher kaum möglich.

(2) Adaptive Präferenzbildung
Die adaptive Präferenzbildung kann erhebliche Bedeutung für die Wahrnehmung der Koordinationsalternative Kooperation haben. Kooperationen entsprechen nicht dem in der Marktwirtschaft verankerten und dort auch in vielen Belangen wichtigen Konkurrenzverhalten. Dadurch kann es passieren, daß Kooperationen dort, wo sie auch in der Marktwirtschaft sinnvoll möglich sind, alleine deshalb nicht wahrgenommen werden, weil es traditionell nicht üblich ist zu kooperieren. Mit dieser geringen traditionellen Verankerung von Kooperationen ist auch ein geringer Kenntnisstand über Möglichkeiten und das Management von Kooperationen verbunden. Staudt et al. weisen darauf hin, daß alleine die fehlenden Informationen über Kooperationsmöglichkeiten einen bedeutenden Hemmfaktor für das Zustandekommen von Kooperationen darstellen.[2] Es ist aber nicht alleine das rationale Erkennen der Kooperationsoption, sondern auch das emotionale Bewerten

---

1 Vgl. hierzu die Ausführungen zum Transaktionskostenansatz im 4. Kapitel und die dort beschriebene Abhängigkeit der Koordinationsform von den transaktionsspezifischen Investitionen.
2 Vgl. Staudt et al. (1992), S. 31.

der Kooperationsoption, das im Sinne der adaptiven Präferenzbildung große Bedeutung für die Wahrnehmung der Koordinationsalternative Kooperation haben kann. Wenn Kooperationen bereits unabhängig von einer konkreten Kooperationsperspektive mit zusätzlichen Konfliktpotentialen und Stabilitätsverlusten assoziiert werden, so wird die Kooperationsalternative weit weniger Chancen haben beachtet zu werden, als wenn sie mit einer Stärkung durch Konfliktbewältigung und mit Flexibilitätsgewinn assoziiert wird.[1]

(3) Präferenzen auf Nebenprodukte des Handelns
Bereits bei der Betrachtung von Präferenzen auf Nebenprodukte des Handelns hinsichtlich ökologischer Unternehmenspolitik wurde auf die Bedeutung der Erwartungen an Anerkennung, und damit auch an mögliche Erwartungen an den Machtgewinn innerhalb eines Unternehmens hingewiesen. Bei Kooperationen geht es nun weniger um die Erwartungen an den individuellen Machtgewinn innerhalb eines Unternehmens, die durch Kooperationen gefördert oder gemindert werden können, sondern um Erwartungen an die Machtentwicklung des gesamten Unternehmens. Natürlich werden davon mittelbar auch individuelle Erwartungshaltungen des unternehmerischen Entscheidungsträgers berührt. Ohmae drückt die Konsequenzen in seinen Überlegungen zu strategischen Allianzen sehr deutlich aus: „Eine echte Allianz schränkt die Unabhängigkeit der wirtschaftlichen Akteure möglicherweise ein, und das mögen Manager nicht. Für sie ist Führung nämlich gleichbedeutend mit totaler Beherrschung. Allianzen hingegen basieren auf Teilung der Macht. Das eine schließt das andere aus."[2] Eine Präferenz auf die Autonomie der Machtposition des eigenen Unternehmens wird daher der Wahrnehmung von Kooperationsoptionen eher im Wege stehen. Dagegen wird eine Präferenz auf die Steigerung der Macht mit mehreren Beteiligten, also auf eine teilweise Aufgabe autonomer Machtpositionen zugunsten eines kooperativen Machtpotentials, für die Entstehung von Kooperationen eher förderlich sein.[3] Eng damit verbunden sind auf der Seite der Präferenz für eine autonome Machtposition Ängste um den Verlust technischer Überlegenheit, während auf der Seite der Präferenz für ein kooperatives Machtpotential eher

---

1 Vgl. Berg/Hoekman (1988), S. 145ff.
2 Ohmae (1994), S. 54.
3 Vgl. Lorsch (1975), S. 82ff.; Hladik (1988), S. 197.

die Erwartungen an die Gelegenheit zum Lernen und Adaptieren oder generell zur Kompetenzentwicklung stehen.[1]

Auch hier stellen die Choices nur dann Handlungsalternativen für ein Mehr oder ein Weniger an Kooperation dar, wenn aufgrund entsprechender constraints eine grundsätzliche Bereitschaft besteht, Kooperationen zu betreiben. Die folgende Tabelle 9 stellt in der Spalte der choices in Anlehnung an Kapitel 3.2 die Handlungsalternativen vor, die ein Mehr an Kooperation bedeuten, und stellt diesen die Handlungsalternativen gegenüber, die ein Weniger oder ein Gleich Wenig an Kooperation bedeuten.

Tab. 9: Constraints und choices pro und contra die Kooperation

	Constraints		Choices	
	pro	contra	pro	contra
Unternehmenskooperation	Präferenz auf "Stärkung durch Konfliktbewältigung"; hoher Informationsstand über Kooperationsmöglichkeiten und Kooperationsmanagement; Assoziation einer höheren Reaktionsfähigkeit; Präferenz auf die Steigerung eines kooperativen Machtpotentials; Präferenz auf die Schaffung von Gelegenheiten zum Lernen, Adaptieren und zur Kompetenzentwicklung	Präferenz auf Vermeidung von Konfliktpotentialen; geringer Informationsstand über Kooperationsmöglichkeiten und Kooperationsmanagement; Assoziation von Stabilitätsverlusten; Präferenz auf die Autonomie der eigenen Machtposition; Präferenz auf die Sicherung von aktueller technischer Überlegenheit	vertikale Kooperation; horizontale Kooperation; laterale Kooperation; branchenbezogene oder branchenübergreifende Großgruppen-Kooperation; Kooperation zum Informationsaustausch, für Absprachen, zur Abstimmung von Wirtschaftshandeln, zum gemeinsamen Wirtschaftshandeln ohne separate Organisation, in einem ausgegliederten Unternehmen oder in einem Verband	Koordination mittels klassisch marktlicher Koordinationsmechanismen; Koordination mittels Konzentration; Verzicht auf Koordination

Auch hier sind vorab wieder die besprochenen constraints aufgenommen, die der eigentlichen Wahlentscheidung vorgelagert dafür verantwortlich sind, welche konkreten Kooperationsoptionen überhaupt als

---

1 Vgl. Moxon et al. (1988), S. 255.

solche erkannt werden und damit den angegebenen Entscheidungsraum der choices überhaupt erst entstehen lassen.

4.3.3 Zusammenfassung und Kritik

Wie schon im vorangegangenen Kapitel 4.2 ist es auch hier nicht sinnvoll möglich, die gefundenen Ergebnisse einzelnen Feldern der Kooperationsmatrix zuzuordnen. Die Ergebnisse der Spieltheorie und des akteur-analytischen Rational-Choice-Ansatzes liefern zahlreiche Erklärungen für die Entstehung und die Nicht-Entstehung von Kooperationen, ohne hierbei einzelne Kooperationsfelder in den Mittelpunkt zu stellen. Die Bedeutung der gefundenen Erklärungsansätze für das Zustandekommen von Kooperationen müssen dabei sehr hoch eingeschätzt werden. Zeigten die der Spieltheorie entlehnten Überlegungen zur Kollektivgutproblematik noch ein sehr simplifizierendes und im Sinne einer „worst case"-Betrachtung vorsichtiges Bild der menschlichen Handlungsrationalität, so fügt der akteur-analytische Rational-Choice-Ansatz der Kollektivgutproblematik einen weiteren Aspekt, nämlich den der Koordination der zeitlich differenzierten Handlungsdispositionen des Akteurs selbst hinzu. Damit wird nicht mehr nur ein möglicher individueller Nutzen von Kooperationen als handlungsleitend erkannt, sondern es werden darüber hinaus zahlreiche Faktoren aufgezeigt, die die Fähigkeit und Bereitschaft des Individuums, sich selbst zu einem kooperationsfähigen Akteur zu gestalten, maßgeblich beeinflussen. Auch diese zusätzlichen Faktoren können damit sowohl für das Zustandekommen als auch für den Erfolg von Kooperationen von ausschlaggebender Bedeutung sein.

Bei aller Wichtigkeit der so gewonnenen Erkenntnisse soll aber nicht übersehen werden, daß am Rational-Choice-Ansatz, unabhängig von einer Differenzierung in eine rechte oder linke Version, auch Kritik geübt wird. In Anlehnung an Wiswede sei hier auf folgende zwei Kritikpunkte hingewiesen:[1]

- Eine Erklärung altruistischen Verhaltens ist auf der Basis der Wert-Erwartungs-Theorie nicht möglich.

---

1 Vgl. Wiswede (1991), S. 113ff.

Hier ist festzustellen, daß es gar nicht das Ziel des Rational-Choice-Ansatzes ist, das Auftreten von Altruismus zu erklären. Vielmehr wird altruistisches Verhalten als ebenfalls kalkuliertes, individuell zielorientiertes Handeln interpretiert und somit die Existenz eines echten Altruismus vorsichtig negiert. Der Streit darüber, ob es echtes altruistisches Verhalten gibt, oder ob man nur zwischen mehr oder weniger intelligentem Egoismus unterscheiden sollte, wird dabei wohl immer Auslegungssache bleiben. Eine Annäherung beider Standpunkte und damit eng verbunden auch die Klärung der Frage nach der Internalisierung sozialer Normen könnte aber, hier stimmen wir Wiswede zu, über eine stärkere Berücksichtigung lerntheoretischer Aspekte möglich sein.

- Dem Rational-Choice-Ansatz wird eine tautologische Argumentation vorgeworfen. Vom Handeln eines Individuums werde auf die diesem Handeln zugrundeliegenden Präferenzen geschlossen und davon wieder zurück auf das Handeln. Auch hier könnten nach Auffassung von Wiswede lerntheoretische Implikationen den Tautologievorwurf entkräften.

Es ist jedoch zu fragen, ob der Tautologievorwurf überhaupt berechtigt ist. Zumindest erscheint der von Wiswede gemachte Vorschlag, vom Verhalten einer Person in einem Zeitpunkt t1 auf Verstärker und nicht auf Präferenzen zu schließen, um aus der Kenntnis dieser Verstärker in einer vergleichbaren Situation im Zeitpunkt t2 auf das Verhalten schließen zu können, nur so lange weniger angreifbar zu sein, wie im Zuge des Rational-Choice-Ansatzes alleine auf die choices, nicht jedoch auf die constraints geachtet wird. Letztere müssen aber auch im Rahmen des Rational-Choice-Ansatzes, wie eben gesehen, keineswegs unberücksichtigt bleiben.

Obwohl die geäußerte Kritik am Rational-Choice-Ansatz offensichtlich eher gering ausfällt, was durch die aktuell intensive und auch durchaus fruchtbare Nutzung dieses Ansatzes eine Bestätigung erfährt, deckt die Erklärungskraft des Rational-Choice-Ansatzes dennoch nicht das ganze Spektrum der Faktoren ab, die für das Zustandekommen zumal auch erfolgreicher Kooperationen oder deren Nicht-Zustandekommen angeführt werden können. Insbesondere die Frage nach Emergenzphänomenen in Kollektiven oder sozialen Systemen bleibt mit individualistischen Ansätzen per definitionem außen vor. In einem nächsten Schritt soll deshalb eine ganz andere Perspektive, nämlich die des Wirtschaftssystems als Raum der Kooperation eingenommen werden. Auch aus dieser Perspektive sollen nun Erklärungen für das Zustandekommen und das Gelingen von Kooperationen im Rahmen ökologischer Unternehmenspolitik herausgearbeitet und damit weitere Erkenntnisse über diese Kooperationen gewonnen werden.

Kapitel 5

Über das Wirtschaftssystem als Raum der Kooperation

Mit der Perspektive des Wirtschaftssystems als Raum der Kooperation richten wir unsere Aufmerksamkeit nun insbesondere auf die verschiedenen Richtungen der Systemtheorie. Aber auch Interorganisationstheorien werden aus dieser Perspektive zu diskutieren sein. Systemtheoretische Ansätze erfreuen sich in weiten Bereichen der wirtschaftswissenschaftlichen Forschung großer Beliebtheit. Dies mag daran liegen, daß die Grundidee der Systemtheorie, nämlich die Darstellung von Sachverhalten als Systemen aus Elementen und deren Beziehungen untereinander, auf scheinbar alle nur denkbare Sachverhalte übertragen werden kann. Dies wiederum ermöglicht es, eines oder beide der nachfolgend genannten Ziele zu verfolgen:

- die Systematisierung komplexer Sachverhalte, um diese transparent zu machen und/oder deren sukzessive Bearbeitung zu ermöglichen;
- die Verwendung weitergehender, an die Systemtheorie gekoppelter Forschungsfelder, z.B. die Kybernetik oder die Theorie autopoietischer Systeme, um deren Erklärungs- oder Gestaltungsaussagen für das eigene Forschungsvorhaben nutzbar zu machen.

So ist es nicht nur die Vielfalt möglicher Anwendungen, sondern auch die zum Teil respektable Erklärungs- und Gestaltungskraft, die das große Interesse an der Systemtheorie begründet. Daher wollen auch wir auf den Versuch nicht verzichten, die Systemtheorie zur Beantwortung unserer Fragestellungen hinsichtlich der Anwendbarkeit von Kooperationen im Rahmen ökologischer Unternehmenspolitik nutzbar zu machen.

In Kapitel 5.1 werden deren Grundlagen erläutert (5.1.1) und es werden einige erste Ansätze zur systemtheoretischen Darstellung bzw. Erklärung von Kooperationen vorgestellt (5.1.2). Es wird sich dabei zeigen, daß die direkt aus der traditionellen Systemtheorie abgeleiteten Erklärungsansätze nur einen eingeschränkten theoretischen Zugang zum Phänomen der Kooperation zulassen. In Kapitel 5.2 sollen daher zwei Theorieansätze vorgestellt werden, die als „Interorganisationstheorien" das Phänomen der Kooperation explizit zum Gegenstand haben. Diese Theorien, der Resource-Dependence-Ansatz und die Netzwerktheorie, greifen zwar teilweise auf systemtheoretische Begriffe zurück, sind jedoch keine originär systemtheoretischen Ansätze, da sie auch andere theoretische Richtungen in sich aufnehmen. Im Kapitel 5.3 wird dann erneut explizit auf die Systemtheorie eingegangen. Gegenstand dort ist die neuere Systemtheorie und deren Erklärungskraft für Kooperationen und für ökologisches Verhalten innerhalb des Wirtschaftssystems.

5.1 Systemtheoretische Grundlagen und erste Aspekte der Kooperation

5.1.1 Grundlegendes zur Systemtheorie und zum sozialen System Unternehmen

Die Systemtheorie wurde zu Anfang der zweiten Hälfte dieses Jahrhunderts zunächst durch den Biologen L. von Bertalanffy, im Anschluß auch durch K.E. Boulding und R.W. Gerard[1] mit dem Anspruch vorgestellt, gleichbleibende Prinzipien auf beliebige „Ganzheiten", nämlich Systeme anwenden zu können, und zwar unabhängig von der Art der Elemente innerhalb dieses Systems und deren Beziehungen zueinander.[2] Galt das Interesse der systemtheoretischen Forschung zunächst dem Ziel, eine Vereinheitlichung aller Realwissenschaften herbeizuführen, so wurde schon Ende der fünfziger Jahre auf eine andere, bis heute gängige Anwendung der Systemtheorie umgeschwenkt. In dieser wird die Systemtheorie als Instrument betrachtet, das es ermöglicht, innerhalb der verschiedenen Wissenschaftsgebiete jeweils separate, jedoch auf einheitlichen, übergreifenden Prinzipien beruhende und damit interdisziplinär leichter übermittelbare Forschungs-

---

1 Vgl. Bertalanffy (1951); Boulding (1956), Gerard (1964).
2 Vgl. Ulrich, H. (1970), S. 102.

ergebnisse hervorzubringen. Willke faßt diese Eigenschaften der Systemtheorie mit den Merkmalen der fachspezifischen Universalität, der interdisziplinären Universalität und der Universalität des Problems der Komplexität zusammen.[1] Da die Anwendung dieser Prinzipien darüber hinaus geeignet ist, die Forschungsergebnisse innerhalb einzelner Disziplinen erheblich anzureichern, erfährt sie auch dort hohe Akzeptanz, wo auf Interdisziplinarität im Zuge der vorherrschenden Wissenschaftstradition gar kein besonderer Wert gelegt wird.

In aller Kürze sollen nun die grundlegenden Begriffe und Ideen der Systemtheorie vorgestellt werden. Bei unserer Darstellung orientieren wir uns an den Ausführungen von Hans Ulrich, der als einer der ersten grundlegende Ideen der Systemtheorie in die Betriebswirtschaftslehre integriert hat. In Anlehnung an Ulrich verstehen wir unter einem System „eine geordnete Gesamtheit von Elementen, zwischen denen irgendwelche Beziehungen bestehen oder hergestellt werden können"[2]. Aus dieser Definition des Systembegriffs lassen sich die Merkmale „Gesamtheit", „Beziehung" sowie, aus der Verbindung von Element und Beziehung, die „Struktur" herauslesen. Anhand der nachfolgenden Präzisierung dieser Merkmale sollen die grundlegenden Ideen der Systemtheorie weiter verdeutlicht werden.

Eine *Gesamtheit* von Elementen wird dann als System bezeichnet, wenn zwischen den Elementen ein größeres Maß an Interaktion besteht als dies mit anderen, dann außerhalb des Systems befindlichen Elementen der Fall ist. Da dieses tatsächliche Ausmaß an Interaktion zwischen den Elementen relativ ist, kann ein System seinerseits Element eines übergreifenden Supersystems sein und eigene Subsysteme besitzen, die ihrerseits eine Ganzheit von Elementen mit im Vergleich erhöhter Interaktion darstellen. Wenn ein System keinerlei Beziehungen zu seiner Systemumwelt hat, so wird es als geschlossen bezeichnet, andernfalls als offen.[3]

---

1 Vgl. Willke (1993b), S. 2ff.
2 Ulrich, H. (1970), S. 105.
3 Bereits hier sei auch auf die mit der neueren Systemtheorie eingeführten Überlegungen zur operativen Geschlossenheit von lebenden, psychischen oder sozialen Systemen hingewiesen, die in bestimmten Bereichen eine Offenheit des Systems zur Systemumwelt attestiert (Energie, Signale, Informationen), die eine Determinierbarkeit des Systems von außen aber ausschließt und daher von einer Geschlossenheit des Systems hinsichtlich

Mit dem Begriff der *Beziehung* wird auf die Art der Verbindung zwischen den Elementen innerhalb eines Systems und zu den Elementen in der Systemumwelt Bezug genommen. Die Vielfalt möglicher Systeme macht nachvollziehbar, warum eine Aufzählung aller denkbaren Beziehungstypen nicht geleistet werden kann. So kann nur darauf hingewiesen werden, daß durch die Beziehungen der Elemente innerhalb eines Systems eine gewisse Abhängigkeit geschaffen wird, wobei jedoch nicht jedes Element unmittelbar mit jedem anderen innerhalb des Systems in Beziehung zu stehen braucht und die Beziehungen zwischen zwei Elementen nicht notwendigerweise gegenseitig zu sein brauchen.[1] Mit zunehmendem Beziehungsreichtum innerhalb eines Systems steigt dessen Komplexität.

Das Verhältnis der Elemente eines Systems und deren Beziehungen zueinander ergibt eine *Struktur*, die in statischen Systemen immer gleich bleibt, die sich in dynamischen Systemen jedoch verändern kann. Um das Verhalten eines Systems zu erklären oder vorauszusagen, muß man seine Struktur erkennen, und umgekehrt muß man Systemen eine bestimmte Struktur geben, wenn man mit ihnen ein bestimmtes Verhalten erreichen möchte. Daß dies bei offenen, komplexen und vor allen Dingen bei dynamischen Systemen leichter gesagt als getan ist, kann nicht überraschen.

Mit der Nennung verschiedener Eigenschaften von Systemen wie der Offen- oder Geschlossenheit, dem Ausmaß der Komplexität und dem statischen oder dynamischen Verhalten sind nur wenige, aber sehr wichtige der möglichen Eigenschaften von Systemen bereits erwähnt worden. Als mögliche Eigenschaften von Systemen können jedoch auch viele andere angeführt werden, beispielsweise die mögliche Unterscheidung in determinierte oder probabilistische Systeme, das Ausmaß der Zweck- und Zielorientierung von Systemen, die Stabilität von Systemen und beliebige andere Eigenschaften mehr. Das Vorliegen einer bestimmten solchen Eigenschaft ist jedoch nicht begriffskonstitutiv für das Vorliegen eines Systems als solchem. Systeme können lediglich entsprechend den verschiedenen Eigenschaften unterschieden und kategorisiert werden.

---

der Steuerung der eigenen Reproduktion ausgeht. Siehe genauer dazu Kapitel 5.3.

1 Vgl. Ulrich, H. (1970), S. 109.

Zur gleichen Zeit wie die Systemtheorie entstand auch die Wissenschaft der Kybernetik. Aus heutiger Sicht gilt diese, wie oben bereits erwähnt, trotz ihrer eigenen Entstehungsgeschichte als an die Systemtheorie gekoppelt. Die Kybernetik befaßt sich mit der Struktur, den Relationen und dem Verhalten dynamischer Systeme durch die Betrachtung der darin ablaufenden Steuerungs- und Regelungsvorgänge.[1]

Mit diesem Überblick über die systemtheoretischen Grundbegriffe wollen wir nun überleiten zu der Betrachtung einer bestimmten Gattung von Systemen, die im Mittelpunkt der vorliegenden Arbeit steht. Es handelt sich um Unternehmen. Diese können in Anlehnung an die Forschungen des Tavistock-Instituts in London als „sozio-technische" Systeme bezeichnet werden, da sie ökonomische, technische und soziale Komponenten in sich vereinen.[2] Wir interessieren uns nun insbesondere für die soziale Komponente des Systems Unternehmen und stellen die Frage, was den Charakter sozialer Systeme und die Unterscheidung zu Systemen, die nicht mit dem Adjektiv „sozial" versehen werden können, ausmacht. Als solche „nicht-sozialen" Systeme können in Anlehnung an Pfriem technische und ökologische Systeme genannt werden.[3] Diese Unterscheidung in technische, ökologische und soziale Systeme ist inhaltlich ähnlich zu der von Dyllick angeführten Unterscheidung von Systemen in mechanische, organische und humane Systeme, die in Analogie zur materiellen, lebendigen und geistigen Evolution gesehen wird.[4] Ein Unterschied dieser zwei Schemata wird aus dem Vergleich einer detaillierteren Systemtypologie, und zwar der nach Boulding, ersichtlich (vgl. Tabelle 10).

Jedes der von Boulding genannten Systemmerkmale ist auch in den jeweils höheren Systemstufen vorhanden. Soziale Systeme, die bei Boulding wie bei Pfriem eine eigene Kategorie bilden, besitzen demnach alle Systemmerkmale der untergeordneten technischen und ökologischen Systeme.

---

1 Vgl. Ulrich, H. (1970), S. 118ff.
2 Vgl. Wiswede (1991), S. 393.
3 Vgl. Pfriem (1995), S. 131.
4 Vgl. Dyllick (1983), S. 171.

Tab. 10: Systemtypen nach Boulding, Dyllick, Pfriem

Systemtyp nach Boulding	Komplexitäts- ebene (Bsp.)	System- merkmal	Zuordnung nach Dyllick	Zuordnung nach Pfriem
Statisches System	Anordnung	Struktur	Mechanisches System	Technisches System
Dynamisches System	Uhrwerk	festes Verhalten	"	"
Kybernetisches System	Thermostat	Selbst- regulation	"	"
Offenes System	Zelle	Selbsterhaltg. / -organisation	Organisches System	Ökologisches System
Fortpflanzungs- fähiges System	Pflanze	Fortpflanzungs- u. Entw.-fähigkt.	"	"
Kognitives System	Tier	Kognition	"	"
Symbolverarbei- tendes System	Mensch	Selbstbewußt- sein, Sprache	Humanes System	"
Soziales System	Gesellschaft	Kultur	"	Soziales System
Transzendentales System[1]	Noosphäre	Transzendenz	?	?

Quelle: Boulding (1956), S. 202ff. mit eigener Ergänzung

Nach dieser Darstellung der verschiedenen möglichen Systemtypen und ihrer Kennzeichnung ist nun zu klären, was soziale Systeme, abgesehen von ihrer Fülle an Strukturmerkmalen, weiter auszeichnet. Pfriem versteht unter sozialen Systemen „spezifische Anordnungen, die Menschen zur Regulierung ihrer Interaktion geschaffen haben."[2] Dabei ist zunächst unerheblich, ob diese „spezifischen Anordnungen" konkret als Struktur von Normen und Regeln zu verstehen sind,[3] als sinnhaft aufeinander bezogene Handlungen[4] oder eben allgemeiner als gestalt-

---

[1] Unter einem transzendentalen System ist nach Boulding ein System zu verstehen, das die Absoluta und die unentrinnbare Erkenntnis umfaßt. Vgl. Boulding (1956), S. 205. Wir berücksichtigen diesen Systemtyp nicht weiter.
[2] Pfriem (1995), S. 132.
[3] So bei Reimann et al. (1991), S. 173.
[4] So bei Luhmann (1991), S. 191ff.

bare Zusammenhänge menschlichen Handelns.[1] Allen genannten Autoren ist zumindest gemein, daß sie Gesellschaften, Religionsgemeinschaften, Unternehmen, Vereine, Familien und alle anderen Anordnungen zur Regulierung menschlicher Interaktion als soziale Systeme bezeichnen.

Aus der Feststellung, daß soziale Systeme immer auch die Systemmerkmale ihrer untergeordneten Systemtypen besitzen, folgt, daß soziale Systeme u.a. als offene Systeme zu betrachten sind. Ein offenes System unterscheidet sich von einem geschlossenen System dadurch, daß es Beziehungen zu den Elementen der Systemumwelt besitzt. Diese Austauschbeziehungen zur Systemumwelt in Form von z.B. Materie, Energie oder Information sind existentiell wichtig für das Bestehen des Systems. Ein offenes System kann sich nur auf der Grundlage von Austauschbeziehungen mit seiner Umwelt selbst erhalten und selbst organisieren.[2] Mit dieser Feststellung knüpfen wir nun erstmals in diesem 5. Kapitel an das Verhältnis des sozialen Systems Unternehmen zu seiner Umwelt an. Die Umwelt des Unternehmens ist in seiner weitesten, aber auch einzig umfassenden Sicht die Ökosphäre. Etwas reduzierter kann man den Blick zunächst auch nur auf das Wirtschaftssystem, die Gesellschaft oder die benachbarte natürliche Umwelt richten.

Eine solche Reduzierung der Sichtweite ist einerseits erforderlich, um Diskussionsansätze für das Verhältnis Unternehmen und Umwelt greifbar zu machen, andererseits beinhaltet es aber auch die bereits mehrfach erwähnte Gefahr, das Ökologieproblem auf ein Problem veränderter Konsumentenwünsche, auf ein Problem sich verändernder Wettbewerbsbedingungen oder auf ein Problem der benachbarten natürlichen Umwelt zu reduzieren. Die Offenheit eines Systems und damit die Interaktion mit dessen Supersystem bedeutet aber unabhängig von dieser Problematik immer, daß es zwischen System und Umwelt zu einer Koevolution kommt, in der sich die Strukturmerkmale Struktur, Verhalten, Selbstregulation, Selbsterhaltung und Selbstorganisation, Fortpflanzungs- und Entwicklungsfähigkeit, Kognitionen, Selbstbewußtsein, Sprachfähigkeit und Kultur (vgl. Tabelle 10) beider Systeme nur in Abhängigkeit voneinander entwickeln können.

---

1 So bei Pfriem (1995), S. 133.
2 Vgl. Dyllick (1983), S. 169.

5.1.2 Kooperationen aus der Sicht der traditionellen Systemtheorie

Es wurde in der Einleitung zum 5. Kapitel bereits darauf hingewiesen, daß die traditionelle Systemtheorie nur eine geringe Erklärungskraft für Kooperationen zwischen sozialen Systemen bereithält. Dennoch wollen wir nicht darauf verzichten, auch als Vorarbeit zu den Interorganisationstheorien des folgenden Kapitels, einige der vorhandenen Erklärungs- und Darstellungsbemühungen aufzuzeigen.

Wohl am deutlichsten in die Kategorie „Anwendung des Systemansatzes zur Systematisierung von Sachverhalten" zählen die Bemühungen etwa von Arnold oder Pampel, Kooperationen zwischen Unternehmen als eigene Systeme zu charakterisieren. Vor dem Hintergrund der Analyse von vertikalen Kooperationsbeziehungen kennzeichnet Arnold die sich aus der Koordination zwischen dem Absatzsubsystem eines Unternehmens A und dem Beschaffungssubsystem eines Unternehmens B ergebende Beziehung als „Zwischensystem".[1] Dabei versäumt es Arnold nicht, auch auf die Verwendung des Begriffs des Zwischensystems durch Luhmann hinzuweisen, der diesen bereits 1964 einführt, um der komplexen Beziehungsstruktur der Umweltbeziehungen von Unternehmen eine systemtheoretische Heimat geben zu können.[2] Darauf stützt sich auch Pampel, der speziell kooperative vertikale Koordinationsbeziehungen als Zwischensysteme kennzeichnet, um diese dann wiederum nach systemtheoretischem Muster in Elemente und Beziehungen zu zerlegen und dann Stück für Stück zu bearbeiten.[3] Diese Form der Anwendung systemtheoretischer Grundlagen erfüllt zweifellos den Zweck, Problemlagen strukturiert aufzuarbeiten. Sie trägt jedoch selber nichts zur Erklärung von Kooperationen bei.

Diesem Zweck dienen aber, um nun zu einer weiteren Form der Nutzung traditioneller Systemtheorie zu gelangen, die zwei im folgenden angeführten Darstellungen der Systemstufen wirtschaftlichen Handelns. Dies ist zum einen „The Great Chain of Being" von Perrow (siehe Abbildung 10).

---

1 Vgl. Arnold (1982), S. 16ff.
2 Vgl. Luhmann (1964), S. 220ff.
3 Vgl. Pampel (1993), S. 65ff.

Abb. 10: „The Great Chain of Being"

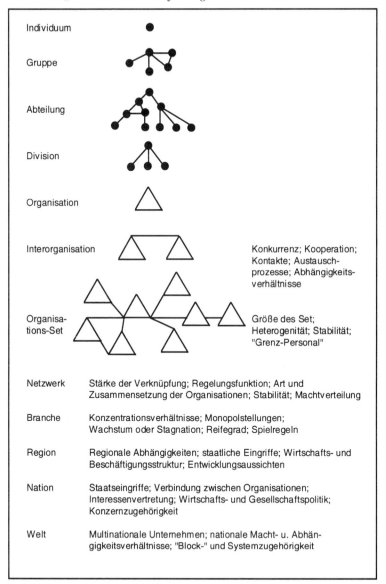

Quelle: Perrow (1986), S. 194/195

Zum anderen ist dies die von Dyllick vorgestellte Unterteilung „sozialer Organisationsstufen". Perrows Verdienst ist es, den Blick für sehr verschiedene für die Wirtschaft relevante Organisationsstufen unterhalb und vor allen Dingen auch oberhalb der von uns vordergründig betrachteten Unternehmen zu öffnen. Zumindest bis zu der Stufe des Netzwerkes liegen mittlerweile auch zahlreiche Forschungsbeiträge vor, die sich speziell mit den jeweiligen Organisationsstufen befassen.[1] Mit dem Resource-Dependence-Ansatz von Pfeffer/Salancik und der auf Håkansson zurückzuführenden Netzwerktheorie berücksichtigen wir zwei der hier besonders wichtigen Ansätze im nachfolgenden Kapitel 5.2 vertieft. Zunächst soll aber noch eine von Dyllick vorgetragene Weiterführung der Darstellung von Perrow vorgestellt werden.

Dyllick entwickelt ein 6stufiges Modell der sozialen Organisationsstufen für die Managementlehre (Abbildung 11). Im Unterschied zu Perrow unterscheidet Dyllick neben verschiedenen Aggregationsstufen von Elementen in dem Aufbau seines Modells zwei grundlegend unterschiedliche Systemtypen. Dies sind a) Handlungssysteme, die sich bei steigender Aggregation mit b) Wirkungssystemen abwechseln.[2] Handlungssysteme zeichnen sich nach Dyllick durch ihr relativ autonomes Führungssubsystem aus. Damit besitzen sie a) eine explizite Lenkung, b) die Kompetenz zur Norm- und Regelsetzung und werden c) von innerpolitischen Prozessen bestimmt. Als Handlungssysteme werden einzelne Mitarbeiter, einzelne Unternehmen und einzelne Gesellschaften bezeichnet. Wirkungssysteme entstehen, quasi zwischengeschaltet, durch die Interaktion einer Vielzahl von Handlungssystemen jeweils einer Stufe. Diese Wirkungssysteme besitzen keine explizite Lenkung oder autonomes Führungssubsystem mehr, sondern bestenfalls eine implizite Lenkung. Wirkungssysteme besitzen damit a) keine lenkende Instanz, haben b) keine Kompetenz zur Norm- und Regelsetzung und unterliegen c) keinen innerpolitischen Prozessen. Typische Wirkungssysteme sind Gruppen (mehrere Mitarbeiter), Populationen (mehrere Unternehmen) und die Staatengemeinschaft (mehrere Gesellschaften).

---

1 Vgl. zur „Interorganizational Theory" Negandhi (1980); Rogers/Whetten (1982); Mulford (1984); Pfeffer/Salancik (1978) und zu Netzwerken Håkansson (1989); Håkansson, H./Johanson, J. (1988); einen ausführlichen Überblick erarbeitet Sydow (1993).
2 Vgl. Dyllick (1983), S. 248ff.

Die bei Perrow beschriebenen Systemstufen werden je nach Ausprägung eher den Handlungs- oder Wirkungssystemen zugeordnet. Zwar scheint die Annahme, daß Wirkungssysteme frei von innerpolitischen Prozessen und ohne Fähigkeit zur Norm- und Regelsetzung seien, sehr theoretisch, es wird mit dieser Unterscheidung aber zumindest auf unterschiedliche Tendenzen innerhalb der beiden Systemtypen hingewiesen.

Abb. 11: Ein 6stufiges Modell der sozialen Organisationsstufen für die Managementlehre

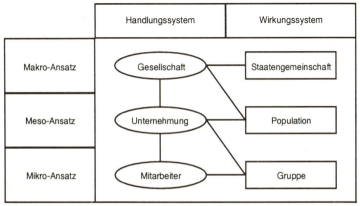

Quelle: Dyllick (1983), S. 249

Während Perrow mit seiner stärkeren Differenzierung der Systemstufen den aufeinander aufbauenden Charakter von Interorganisationsbeziehungen deutlich zu machen versucht, zielt Dyllick mit seiner Unterscheidung von Handlungs- und Wirkungssystemen auf die Ableitung unterschiedlicher Anforderungen an die Steuerung einzelner Systemstufen ab. Als Aufgaben etwa der Unternehmensführung auf der Stufe der Population nennt Dyllick die Sicherung der Ressourcenversorgung und Unternehmungsautonomie (bezogen auf die eigene Unternehmung) und die Sicherung der Rahmenbedingungen für die Existenz der gesamten Population.[1]

Der Auffassung von Dyllick, daß für diese Stufe der Organisation kein mit den tieferen Stufen der Organisation vergleichbares Wissen

---

1 Vgl. ebd., S. 262ff.

vorliegt, muß auch heute noch zugestimmt werden.[1] Eine Darstellung von Gray macht die unterschiedlichen Bedingungen der intra- und interorganisationalen Entwicklung deutlich (vgl. Tabelle 11).

Tab. 11: Intra- und Inter-Organisationsentwicklung im Vergleich

Intra-Organisationsentwicklung	Inter-Organisationsentwicklung
• Setting mit hohem Organisationsgrad	• Setting mit niedrigem Organisationsgrad
• Vertragsabschluß mit nur einem Klienten	• Vertragsabschluß mit mehreren Klienten
• Unterbelichtung von Machtprozessen	• Machtprozesse stehen im Mittelpunkt und sind zu berücksichtigen
• hierarchische Strukturen im Zentrum	• laterale Strukturen im Zentrum
• zumeist einheitliche Vision	• zumeist keine einheitliche Vision
• Fokus auf egalitäre Werte	• beschränkte Information
• permanente Strukturen	• oft temporäre, fragile Strukturen

Quelle: in Anlehnung an Gray (1990), S. 117

Die Darstellung von Dyllick und auch die Darstellung von Gray sind zweifellos sehr grob gemustert, so daß es nicht möglich ist, sämtliche Phänomene des Wirkens von Unternehmen eindeutig entweder der Gruppe der Wirkungssysteme bzw. der Intra-Organisationsentwicklung oder der Gruppe der Handlungssysteme bzw. der Inter-Organisationsentwicklung zuzuordnen. Durch diese theoretische Unterscheidung und durch die Darstellung der Organisationsstufen durch Perrow wird aber deutlich, daß Kooperationen als eine eigene Organisationsstufe innerhalb des Wirtschaftssystems betrachtet werden können und daß diese bestenfalls in Ausschnitten nach den Regeln der Unternehmensführung gesteuert werden können. In weiten Teilen muß diese Steuerung aber auch nach den (noch weitgehend unbekannten) Regeln des Managements in Wirkungssystemen gesteuert werden.[2]

---

1 Sydows Bemühungen etwa um die theoretische Aufarbeitung von Netzwerken ist, wie auch die vorliegende Arbeit, auf eine Zusammenführung von Theoriebausteinen aus verschiedenen Forschungsrichtungen angewiesen. Vgl. Sydow (1993).

2 In Kapitel 5.3.3 wird mit der Diskussion der Kontextsteuerung noch vertieft auf derartige Steuerungsprobleme einzugehen sein.

5.2 Das Wirtschaftssystem als Interorganisationssystem

Mit verschiedenen Interorganisationstheorien wurde und wird versucht, dem allgegenwärtigen Sachverhalt der zum Teil engen Beziehungen zwischen Unternehmen theoretisch tiefer auf den Grund zu gehen. Gegenstand der entsprechenden Forschung sind die Systemstufen, die bei Perrow als „Interorganisation", „Organisations-Set" oder „Netzwerk" bezeichnet werden und die bei Dyllick in dem Bereich zwischen dem einzelnen Unternehmen und der Population anzusiedeln sind. Aus der Fülle der hier auffindbaren Erklärungsansätze[1] sollen nachfolgend zwei bedeutende Ansätze vorgestellt werden. Es handelt sich um den Resource-Dependence-Ansatz, der insbesondere auf die Arbeiten von Pfeffer und Salancik zurückzuführen ist, und auf den Netzwerkansatz, dessen Wurzeln in Skandinavien liegen und der eng mit den Namen Håkansson, Johanson und Mattsson verbunden ist. Es sei bereits hier darauf hingewiesen, daß beide vorzustellenden Ansätze Kooperationen nur als eine mögliche Form der Ausgestaltung von Netzwerkbeziehungen thematisieren. Sie sind daher nicht als explizite Kooperationstheorien, sondern als Netzwerktheorien zu verstehen. Aber auch als solche gestatten sie wichtige Einblicke in die Ursachen der Entstehung von Kooperationen. Beide Ansätze werden deshalb an dieser Stelle berücksichtigt, da sie auch als Umweltinteraktionsansätze gelten. Als solche konzeptionieren sie Unternehmen als umweltoffene Systeme und implizieren damit, daß das Organisationsproblem nicht auf die Gestaltung der internen Leistungsprozesse beschränkt ist, sondern daß die Gestaltung der Beziehung zur Umwelt wichtig für das Überleben des Unternehmens ist.[2]

---

1 Sydow etwa unterscheidet insgesamt acht verschiedene Interorganisationstheorien, die zum Teil stark aufeinander aufbauen und deren Erklärungskraft insbesondere für Kooperationen zum Teil als gering einzustufen ist. Vgl. Sydow (1993), S. 191ff.
2 Vgl. Schreyögg/Papenheim (1988), S. 4.

5.2.1 Der Resource-Dependence-Ansatz

Der Resource-Dependence-Ansatz, dessen theoretische Wurzeln in der sozialen Austauschtheorie liegen, geht bei seiner Betrachtung und theoretischen Erörterung des Beziehungsgeflechts zwischen Unternehmen innerhalb eines marktwirtschaftlichen Wirtschaftssystems von folgenden Annahmen aus:[1]

- Organisationen sehen sich knappen Ressourcen ausgesetzt.
- Organisationen können diese Ressourcen im Wege des Austausches von anderen Organisationen erhalten.
- Die Tatsache, daß Organisationen für die Ressourcenakquisition von anderen Organisationen abhängig sind, reduziert ihre Autonomie.
- Deshalb versuchen Organisationen ihre Autonomie zu bewahren, indem sie spezielle Interorganisationsbeziehungen entwickeln, die den Verlust von Autonomie kompensieren.
- Wo dies nicht gelingt, entwickeln Organisationen verschiedene Strategien, um das Verhalten der Organisationen, von denen sie abhängig sind, zu kontrollieren, etwa indem sie ihrerseits Abhängigkeiten schaffen.

Unternehmen sind daher immer bemüht, Abhängigkeiten von anderen Unternehmen so gering wie möglich zu halten, andererseits deren Abhängigkeiten von dem eigenen Unternehmen zu erhöhen. Abhängigkeiten zwischen Unternehmen können dabei sowohl danach unterschieden werden, ob sie einseitig oder gegenseitig sind, als auch danach, ob sie in der Vertikalen (symbiotische/transaktionale Abhängigkeiten) oder in der Horizontalen (kompetitive Abhängigkeiten) bestehen.[2] Unternehmen sind nun immer bemüht, unweigerlich entstehende Abhängigkeiten von anderen Unternehmen, wenn schon nicht zu beseitigen, so doch zumindest auf Gegenseitigkeit beruhen zu lassen. Das dafür erforderliche „Management der Interdependenzen" kann über Verbesserung eigener Alternativen (Suche nach neuen Bezugsquellen, Koalitionenbildung mit anderen abhängigen Unternehmen) oder durch

---

1 Vgl. Van Gils (1984), S. 1081.
2 Pfeffer/Salancik geben unabhängig davon insgesamt zehn Bedingungen an, die auf die Stärke der Abhängigkeit zwischen zwei Unternehmen Einfluß haben. Vgl. Pfeffer/Salancik (1978), S. 45.

die Kooperation mit den Ressourcenbesitzern erfolgen, sofern nicht die Strategie der Integration, also des Zusammenschlusses voneinander abhängiger Unternehmen gewählt wird. Da aber eine vollkommene Integration aller benötigten Ressourcen unerreichbar bleibt, bedarf es immer auch eines Managements der Interdependenzen.[1]

Um die aus den Abhängigkeitsverhältnissen resultierenden Unsicherheiten geringzuhalten, stehen neben internen Vorkehrungen wie Abpufferung oder Flexibilisierung auch verschiedene Kooperationsstrategien zur Verfügung. Zum einen sind dies implizite Kooperationen, die auf der Basis stabiler Verhaltensmuster ein gewisses Maß an ex-ante- und ad-hoc-Abstimmung beinhalten. Diese entfalten am ehesten in hochkonzentrierten Branchen mit wenigen großen Unternehmen ihre Wirkung.[2] Zu den expliziten Kooperationsstrategien zählen dagegen beispielsweise Joint Ventures, langfristige Lieferverträge, Kartelle, Kooptationen oder Verbände.[3] Joint Ventures stellen dabei die höchsten Anforderungen an das Management der beteiligten Unternehmen, da hierfür erhebliche führungs- und organisationstechnische Aufgaben zu bewältigen sind. Generell haben nach Auffassung von Pfeffer/Salancik Strategien einer expliziten Kooperation in oligopolistischen Märkten die größte Bedeutung, da hier bereits vielfältige gegenseitige Abhängigkeiten gegeben sind, stillschweigende, implizite Kooperationen aber aufgrund der zu hohen Anzahl von Unternehmen nicht mehr möglich sind. In atomistischen Märkten dagegen ist eine gegenseitige Beeinflussung der Organisationen kaum mehr möglich, da der Kooperationsaufwand aufgrund der vielen kleinen Unternehmen zu groß würde.[4]

Der Resource-Dependence-Ansatz erkennt dabei die Bedeutung inter- und intraorganisationaler Machtstrukturen als wesentlich für die Art der entstehenden Unternehmensbeziehungen an. Diese Macht-

---

1 Vgl. Kotter (1979); Pfeffer/Salancik bezeichnen all diese Aktivitäten als „discretionary role" des Managements und unterscheiden diese wiederum von der „responsive role" zur Anpassung der eigenen Organisationsstruktur an die Umweltbedingungen und von der „symbolic role" im Sinne eines rein symbolischen Managements ohne direkten Bezug auf Umweltanforderungen oder -restriktionen. Vgl. Pfeffer/Salancik (1978), S. 262ff.
2 Vgl. Schreyögg/Papenheim (1988), S. 6.
3 Vgl. Pfeffer/Salancik (1978), S. 143ff.
4 Vgl. Schreyögg/Papenheim (1988), S. 13.

strukturen sind aber ihrerseits abhängig von Kontingenzfaktoren der Umwelt. Sydow stellt derartige Kontingenzfaktoren zusammen, wobei er zwischen Kontingenzfaktoren der globalen Umwelt und Kontingenzfaktoren der Branchenumwelt unterscheidet:[1]

Kontingenzfaktoren der globalen Umwelt:

(1) staatliche und suprastaatliche Wettbewerbs- und Kooperationspolitik,
(2) Kapitalmarkt und staatliche Finanz- und Geldpolitik,
(3) Arbeitsmarktstrukturen,
(4) nationale Kultur,
(5) Entstehung des europäischen Binnenmarktes.

Kontingenzfaktoren der Branchenumwelt:

(1) Entwicklungsstadium der Branche,
(2) Technologieintensität und technologische Unsicherheit,
(3) marktliche Unsicherheit,
(4) Wettbewerbsintensität,
(5) Kultur einer Branche.

Aspekte einer ökologischen Unternehmenspolitik werden aus dieser Perspektive dann virulent, wenn sie Einfluß auf die Unsicherheit infolge von Ressourcenabhängigkeiten haben. Als Kontingenzfaktor der globalen Umwelt spielt hier insbesondere die staatliche und suprastaatliche Wettbewerbspolitik eine bedeutende Rolle. Auf Branchenebene kann allen Kontingenzfaktoren Bedeutung für die Berücksichtigung ökologischer Aspekte zugesprochen werden. Auf diese Kontingenzfaktoren und ihre Bedeutung für Kooperationen im Rahmen ökologischer Unternehmenspolitik soll daher abschließend zu diesem Kapitel jeweils eingegangen werden. Dabei wird unter Rückgriff auf die Ausarbeitung von Sydow[2] weitgehend auch auf solche Erkenntnisse zurückzugreifen sein, die nicht unmittelbar dem Aussagenbereich des Resource-Dependence-Ansatzes zuzurechnen sind.

---

1 Vgl. Sydow (1993), S. 287.
2 Vgl. ebd., S. 287ff.

(1) Entwicklungsstadium der Branche
Aussagen über die Kooperationsneigung innerhalb einer Branche in Abhängigkeit von deren Entwicklungsstadium scheinen mit gewissen Widersprüchlichkeiten behaftet zu sein. Stigler etwa stellt bereits 1951 die These vor, daß in der Entstehungsphase einer Branche ein hoher Integrationsgrad erforderlich ist, da wenig Möglichkeiten bestehen, notwendige Vorleistungen über den Markt zu beziehen. Erst in der Reifephase einer Branche wird dies möglich, wodurch Interorganisationsbeziehungen einen höheren Stellenwert erhalten. In der Degenerierungsphase schließlich steigt nach Auffassung von Stigler wieder die Notwendigkeit der Internalisierung.[1] Dem entgegen stehen Aussagen, die gerade in jungen, innovativen Branchen starke, auch branchenübergreifende Kooperationsbestrebungen beobachten. Diese Bestrebungen seien mit eine Voraussetzung für die Innovationskraft und damit den Erfolg dieser Branchen. Kogut etwa spricht gerade den branchenübergreifenden Kooperationen wichtige Geburtshelferfunktionen zu, von denen freilich die Kooperationspartner auf beiden Seiten profitieren.[2] Entsprechend kommt es dann in der Reifephase vormals junger Branchen zu keinem weiteren signifikanten Anstieg der Interorganisationsbeziehungen.

Eine unmittelbare Abhängigkeit zwischen dem Entwicklungsstadium einer Branche und deren Kooperationsneigung ist offensichtlich nicht auszumachen. Es zeigt sich vielmehr, daß nicht erst in gereiften Branchen Kooperationen eine „strategische Alternative"[3] zur Integration von Funktionen bilden können. Auch junge Branchen haben diese Option, und hier scheint es gerade im Zusammenhang mit innovativen Technologien von Vorteil zu sein, bereits in frühen Stadien auch branchenübergreifende Kooperationen anzustreben.

Hinsichtlich ökologischer Unternehmenspolitik läßt sich daraus jedoch kein unmittelbarer Rückschluß auf entsprechend ökologisch motivierte Kooperationen ziehen. Der Reifegrad als solches macht Branchen nicht zwingend mehr oder weniger offen für Kooperationen. Für die branchenübergreifende Perspektive kann jedoch resümiert werden, daß gereifte Branchen über die Kooperation mit ökologisch

---

1 Vgl. Stigler (1951); ebenfalls Tucker/Wilder (1977); Casson (1984).
2 Vgl. Kogut et al. (1990), S. 5; Wright/Thompson (1986).
3 Sydow (1993), S. 289.

innovativen, neuen Industriezweigen nicht nur deren Überleben mit absichern können (das alleine wäre selten ausreichend Motivation), sondern daß sie auf diesem Weg auch frühzeitig Zugang zu ökologisch innovativen Technologien erhalten können.

(2) Technologieintensität und technologische Unsicherheit
Eine hohe Technologieintensität als Ausdruck hoher F&E-Aufwendungen scheint in einer ersten Betrachtung eher Integrationsstrategien nahezulegen, da damit Kernkompetenzen geschützt bleiben und eine enge Verbindung von F&E, Produktion und Marketing leichter zu realisieren ist.[1] Dieses Bild ändert sich jedoch, wenn im Zusammenhang mit der F&E-Intensität weitere Faktoren wie steigende Unsicherheit oder die Zunahmen von Systemtechnologien in Verbindung gebracht werden. Bereits im 4. Kapitel konnte darauf hingewiesen werden, daß Unsicherheit über zukünftige Technologien sogar zur Desintegration in Richtung kooperativer Zusammenarbeit führen kann, wenn Risiken reduziert werden sollen. Auch die zunehmende Bedeutung von Systemtechnologien zwingt Unternehmen immer mehr dazu, Kooperationen einzugehen. Der alternative Aufbau oder Zukauf der erforderlichen Komplementär-Kompetenzen und Produktionsfaktoren ist nicht nur mit enormen finanziellen Anforderungen verbunden, er birgt seinerseits auch das Risiko einer erhöhten Inflexibilisierung und gilt daher häufig nur als „second-best" Alternative.[2]

Maßnahmen einer ökologischen Unternehmenspolitik tangieren sehr häufig die Bereiche neuer Technologien, und sie sind aufgrund ihres Innovationsgehalts ebenso häufig mit Unsicherheitsfaktoren belegt. Und auch der Aspekt der Systemtechnologie spielt aus ökologischen Gesichtspunkten eine ganz besondere Rolle. Beispiele sind die bisher noch wenig fortgeschrittene Entwicklung von Verkehrs-Verbundsystemen oder die Schaffung dezentraler Energieversorgungsstrukturen. Hier besteht mit Kooperationen die Möglichkeit, vergleichsweise schnell und kostengünstig sowie mit einem reduzierten Risiko strategischer Fehlausrichtung auf komplementäre Kompetenzen zuzugreifen.

---

1 Vgl. Siebert (1990), S. 15ff.; Daems (1983), S. 45.
2 Vgl. Siebert (1991), S. 301.

(3) Marktliche Unsicherheit

Marktliche Unsicherheiten werden primär assoziiert mit Nachfrageschwankungen und in der Folge mit Beschäftigungsschwankungen. Auch hier stehen sich verschiedene Aussagen zum Umgang mit dieser Art von Unsicherheit zum Teil sehr kontrovers gegenüber. Während aus konventioneller Sicht die weitestgehende Vermeidung von Internalisierungen in Hierarchien geboten scheint, um die Gefahr von Auslastungslücken zu verringern,[1] sieht der Transaktionskostenansatz gerade in den marktlichen Unsicherheiten ein Argument für die Internalisierung, da durch die Vermeidung ständiger vertraglicher Anpassungen Transaktionskosten gespart werden könnten.[2] Echte Empfehlungen können daher nur unter gleichzeitiger Berücksichtigung auch anderer Unsicherheitsfaktoren wie z.B. der oben genannten Unsicherheit über die technologische Entwicklung gegeben werden. Dies führt unweigerlich zu einer stärkeren Berücksichtigung auch qualitativer Anpassungsbedarfe als Reaktion auf marktliche Diskontinuitäten. Diese wiederum lassen sich mit kooperativen Organisationsformen wesentlich einfacher bewältigen als dies mit hierarchischen oder marktlichen Organisationsformen der Fall ist.[3]

Hinsichtlich der Bedeutung des Kontingenzfaktors „marktliche Unsicherheit" auf eine ökologische Unternehmenspolitik kann deshalb auf die Ergebnisse des vorangegangenen Absatzes über Technologieintensität und technologische Unsicherheit verwiesen werden. Hier wie dort gilt es in zunehmendem Maße, maximale Ressourcensicherheit zugunsten steigender Flexibilität zu beschneiden, sei es zum Zweck der Bedarfsanpassung, sei es zum Zweck der strategischen Anpassung oder sei es im Bereich der technologischen Entwicklung.

(4) Wettbewerbsintensität

Als eine Aussage des Resource-Dependence-Ansatzes wurde bereits angeführt, daß Kooperationen insbesondere in oligopolistischen Märkten, also bei mittlerer Wettbewerbsintensität, hohe Bedeutung haben. Neben der tatsächlichen Wettbewerbsintensität ist die Aufmerksamkeit aber auch auf den potentiellen Wettbewerb zu richten. Vor diesem Hintergrund müssen Kooperationen darauf überprüft werden,

---

1 Vgl. Friedman (1977).
2 Vgl. Balakrishan/Wernefelt (1986).
3 Vgl. ebd.; Sydow (1993), S. 292.

ob sie geeignet sind, Markteintrittsbarrieren aufzubauen oder diese zu überwinden.[1] Der Aufbau von Markteintrittsbarrieren kann sowohl durch vertikale Integration als auch durch langfristige, kooperative Bindungen zwischen Herstellern und Abnehmern erfolgen. Es genügt hier, Kostenvorteile durch die faktische Verfügungsmacht über Ressourcen zu erlangen.[2] Für die Überwindung von Markteintrittsbarrieren sind es aber gerade Kooperationen wie z.B. strategische Allianzen,[3] die als Instrument benutzt werden, um Zugang zu Branchen zu erlangen, die durch hohe Globalisierungsgrade, hohe Größenvorteile und kurze Produktlebenszyklen, und somit durch hohe Markteintrittsbarrieren, gekennzeichnet sind.[4]

Wenn die Wahrnehmung von Umweltschutzaufgaben vornehmlich zur Erreichung von Wettbewerbsvorteilen betrieben wird, dann kann der Aufbau von Markteintrittsbarrieren auch im Rahmen einer ökologischen Unternehmenspolitik Bedeutung erlangen. Dies gilt zumindest für den Aufbau neuer Märkte durch neue Produkte oder Verfahren. Hier wird man Unternehmen das Recht zugestehen müssen, auch im Rahmen einer ökologischen Unternehmenspolitik insoweit Markteintrittsbarrieren aufzubauen, als Innovationskosten wettgemacht werden müssen. Eine Abgrenzung zwischen ökologischer Unternehmenspolitik alleine der Ökologie zuliebe und einer Wahrnehmung von Umweltschutzaufgaben einem Marktvorsprung zuliebe wird ohnehin in der Praxis selten deutlich ziehbar sein. Von daher soll festgehalten werden, daß es zwar nicht im Interesse einer ökologischen Unternehmenspolitik sein sollte, Markteintrittsbarrieren in dem Markt ökologisch innovativer Produkte oder Problemlösungen aufzubauen. Es kann jedoch durchaus ökonomisch und gleichzeitig ökologisch sinnvoll sein, Kooperationen zur Erschließung neuer und damit zunächst auch exklusiver und lukrativer Märkte einzugehen, wenn alleine dadurch eine Innovation ökonomisch realisierbar wird. Und natürlich können Kooperationen auch im umgekehrten Fall erforderlich sein, wenn nämlich vorhandene Markteintrittsbarrieren überwunden werden müssen.

---

1 Auf die Bedeutung des potentiellen Wettbewerbs für das Verhalten der Unternehmen am Markt weist erstmals Baumol (1982) hin.
2 Vgl. Sydow (1993), S. 293.
3 Vgl. die empirische Untersuchung von Morris/Hergert (1987).
4 Vgl. Vizjak (1990), S. 129.

(5) Kultur einer Branche
Diesem Kontingenzfaktor liegt die Annahme zugrunde, daß Branchen eigene Kulturen als „industry-based assumptions about customers, competitors, and society" besitzen.[1] Diese brancheneigene Kultur kann sich sowohl darauf auswirken, welche Annahmen über die Sinnhaftigkeit von Unternehmenskooperationen oder welche Erfahrungen mit Unternehmenskooperationen bestehen,[2] als auch welche Annahmen über die Sinnhaftigkeit von ökologischer Unternehmenspolitik und die Erfahrungen mit ökologischer Unternehmenspolitik bestehen. Selbst wenn man die Richtigkeit dieser Annahme unterstellt, läßt sie sich dennoch schwerlich nutzen. Um in einem Erfahrungsfeld tätig werden zu können, kann es unmöglich Voraussetzung sein, in eben diesem Erfahrungsfeld bereits Erfahrungen gesammelt zu haben. Somit mag zwar unterstellt werden, daß Branchen mit einem reichen Erfahrungsschatz im Bereich der Kooperation und/oder der ökologischen Unternehmenspolitik leichter weitere Tätigkeiten in diesen Bereichen entfalten werden, dennoch besteht für keine andere Branche ein echtes branchenspezifisches Hindernis, hier ebenfalls tätig zu werden.

Nach dieser Betrachtung verschiedener Kontingenzfaktoren der Branchenumwelt können nun einige Aussagen aus dem Resource-Dependence-Ansatz zusammengefaßt werden. Da nicht jede Aussage für alle Felder der Kooperationsmatrix (vgl. Tabelle 3) gültig ist, wird für jede Aussage angegeben, für welchen Bereich der Kooperationsmatrix diese Aussage von Bedeutung ist.

- Kooperationen dienen der Reduzierung von Autonomieverlusten aus Ressourcenabhängigkeiten. ⇒ Gilt für alle Felder der Kooperationsmatrix.
- In hochkonzentrierten Branchen bestehen eher implizite Kooperationen durch die Eingewöhnung stabiler Verhaltensmuster. ⇒ Gilt insbesondere für Informationsaustausch und Absprachen in branchenbezogenen Kooperationen, also für die Felder der Zeilen 1 und 2 in den Spalten A, B, D und E.
- In oligopolistischen Märkten können sich implizite Kooperationen kaum herausbilden. Kooperationen müssen hier explizit aufgebaut

---

1 Gordon (1991), S. 399.
2 Vgl. Sydow (1993), S. 294.

werden. ⇒ Gilt für alle Felder der Kooperationsmatrix, da in Märkten Akteure unterschiedlicher Branchen tätig sind.
- Sowohl alte als auch junge Branchen haben Interesse und Bedarf nach Kooperationen. ⇒ Gilt für alle Felder der Kooperationsmatrix, da sich die Aussage nicht auf brancheninternen Kooperationen bezieht.
- Technologieintensive Branchen können durch Kooperationen ihr Risiko reduzieren und sich den Zugriff auf komplementäre Kompetenzen sichern. ⇒ Gilt insbesondere für die Spalten A, B, C und D der Kooperationsmatrix, also für alle Arten dyadischer und Kleingruppen-Kooperationen.
- Marktunsicherheiten alleine haben keine klare Auswirkung auf die Kooperationsfreudigkeit einzelner Branchen. ⇒ Gilt für alle Felder der Kooperationsmatrix.
- Der Aufbau oder die Überwindung von Markteintrittsbarrieren spielt im Bereich ökologischer Unternehmenspolitik eine untergeordnete Rolle für den Einsatz von Kooperationen. ⇒ Gilt für alle Felder der Kooperationsmatrix.
- Der Kultur einer Branche kann sowohl hinsichtlich der Wahrnehmung einer ökologischen Unternehmenspolitik als auch hinsichtlich der Wahrnehmung von Kooperationen eine entscheidende Bedeutung zukommen. ⇒ Gilt insbesondere für die Spalten A, B, D und E der Kooperationsmatrix, also für alle brancheninternen Kooperationen.

In der Tabelle 12 sind die Felder der Kooperationsmatrix entsprechend der Häufigkeit ihrer Nennung stärker oder schwächer schraffiert. Es ist deutlich erkennbar, daß die Gültigkeit der Aussagen des Resource-Dependence-Ansatzes in den Spalten brancheninterner Kooperationen und dort im Bereich Informationsaustausch und Absprachen am höchsten ist, während sie im Bereich komplementärer dyadischer Kooperationen und branchenübergreifender Großgruppen-Kooperationen am geringsten ist. Bei der häufigeren Nennung der Kleingruppen-Kooperationen mußten allerdings regelmäßig branchenbezogene, also ausschließlich horizontale und/oder vertikale Kooperationsbeziehungen unterstellt werden.

Tab. 12: Anwendungsbereich der Aussagen des Resource-Dependence-Ansatzes

(Kennbuchstabe) Anzahl: Richtung Gegenstand / Vorgehen Organisation (Kennzahl)	(A) dyadisch: vertikal		(B) dyadisch: horizontal		(C) dyadisch: komplementär		(D) Kleingruppe: vertikal, horizontal, komplementär		(E) Großgruppe: vertikal, horizontal		(F) Großgruppe: vertikal, horizontal, komplementär	
	P	S	P	S	P	S	P	S	P	S	P	S
Informationsaustausch ohne separate Organisation (1)	■	■	■	■	■	■	■	■				
Absprachen ohne separate Organisation (2)	■	■	■	■	■	■	■	■				
Abgestimmtes Wirtschaftshandeln o.s.O. (3)	■	■	■	■	■	■	■	■				
Gemeinsames Wirtschaftshandeln — ohne sep. Organisation (4)	■	■	■	■	■	■	■	■				
Gemeinsames Wirtschaftshandeln — ausgegl. Unternehmen (5)	■	■	■	■	■	■	■	■				
Gemeinsames Wirtschaftshandeln — Verband (6)							■	■	■	■		

Quelle: Verfasser   P = Primärfunktion; S = Sekundärfunktion

Zum Abschluß dieser Auswertung des Resource-Dependence-Ansatzes soll aber auch ein Kritikpunkt an diesem Ansatz deutlich gemacht werden. Die Kritik ergibt sich daraus, daß mit dem Resource-Dependence-Ansatz die begrenzte Rationalität der Akteure nicht berücksichtigt wird, so daß Beziehungen zwischen Unternehmen als das Resultat rational handelnder Unternehmer dargestellt werden. Individuelle, subjektive und evolutorische Aspekte der Kooperation bleiben damit ausgeblendet. Der im folgenden Kapitel dargestellte Netzwerkansatz versucht dagegen explizit, derartige Aspekte menschlichen Verhaltens in seine Theorie zu integrieren.

5.2.2 Der Netzwerkansatz

Der Netzwerkansatz bildet keinen echten Gegenpart zum Resource-Dependence-Ansatz, sondern setzt an dem Resource-Dependence-Ansatz an, der ja seinerseits auf der Theorie des sozialen Tausches aufbaut. Gegenstand des Netzwerkansatzes sind denn auch nicht explizite Netzwerke, wie sie in Kapitel 2.2 als eine mögliche, aber seltene Erscheinungsform von Unternehmenskooperationen angeführt wurden, sondern implizite Netzwerke aus einer Vielzahl von Einzelbeziehungen und ohne exakt bestimmbare Grenzen und Zugehörigkeiten. Die betrachteten Netzwerkbeziehungen rekurrieren damit letztlich auf eine Verflechtung zahlreicher dyadischer, Kleingruppen- und ggf. auch Großgruppen-Kooperationen.

Mit dem Netzwerkansatz wird nun, im Unterschied zum Resource-Dependence-Ansatz, nicht mehr unmittelbar auf Abhängigkeits- und Interdependenz-Phänomene abgestellt, sondern es wird zunächst das Maß der Interaktion zwischen Unternehmen zum Ausgangspunkt von Netzwerkbetrachtungen gemacht. Erst durch die fortlaufende Interaktion zwischen Unternehmen kommt es danach zwischen den Interaktionspartnern zu Adaptionen und damit auch zu Interdependenzen. Netzwerke entstehen damit nicht unweigerlich durch vorab bestehende Machtgefälle, sondern erst durch absichtsvoll geplante und auch evolvierende Austauschaktivitäten.[1]

Da die Interaktion im industriellen Sektor nach Auffassung der Netzwerkforscher eine besondere Ausprägung hat, gilt der Netzwerkansatz dann auch exlipizit der Analyse industrieller Netzwerke. Diese werden von Håkansson folgendermaßen beschrieben: „An industrial network consists of companies linked together by the fact that they either produce or use complementary or competitive products. Consequently the network always contains an element of both cooperation and conflict."[2] Die Einschränkung auf industrielle Netzwerke wird damit begründet, daß diese weniger als andere Märkte den mikroökonomischen Vorstellungen eines atomistischen Marktes entsprechen. Typisch für industrielle Märkte sind dagegen langfristige und stabile

---

1 Vgl. Håkansson (1989), S. 127.
2 Håkansson (1989), S. 16.

Austauschbeziehungen, an denen zumeist mehrere intensiv miteinander interagierende Organisationen beteiligt sind.[1]
Der Aufbau netzwerkartiger Beziehungen zwischen Unternehmen kann sowohl durch gemeinsamen Willen als auch durch einseitigen Willen unter Ausnutzung bestehender Machtgefälle erfolgen.[2] Unabhängig davon wird der Aufbau von Beziehungen als Investition in eine Ressource betrachtet, deren Bereitstellung ihrerseits Ressourcen bindet.[3] Eine zentrale Aussage der Arbeit von Håkansson verdeutlicht den Stellenwert, der Netzwerkbeziehungen beigemessen wird: „Relationships are one of the most valuable resources that a company possesses."[4] Der Stellenwert der Netzwerkbeziehungen ist deshalb von so hoher Bedeutung, weil durch ihn determiniert ist, welche Wahlmöglichkeiten dem einzelnen Unternehmen offenstehen, und dies sowohl im positiven wie im negativen Sinne, da Interaktionsbeziehungen sowohl neue Wahlmöglichkeiten erschließen als auch Wahlmöglichkeiten ausschließen können, die ohne Interaktionsbeziehungen vorhanden wären.[5]

Für das Zustandekommen von Netzwerkbeziehungen ist die informelle Interaktion zwischen den Mitgliedern der Unternehmen von großer Bedeutung. Ein wesentliches Anliegen der Netzwerkforscher ist es, darauf hinzuweisen, daß industrielle Netzwerke immer auch personelle Netzwerke sind bzw. von diesen überlagert werden.[6] Während auf die Konzeptionalisierung verschiedener Theoriebausteine des Netzwerkansatzes wie den Komponenten des Netzwerks (Akteure, Aktivi-

---

1 Vgl. Sydow (1993), S. 216.
2 Bezüglich der Ausübung von Macht in Austauschbeziehungen weist Cook auf ein Machtparadoxon hin: Je mehr Ressourcen einer anderen Organisation durch die Ausnutzung von Macht für die eigene Organisation mobilisiert werden, desto größer wird letztlich die Abhängigkeit der zunächst mächtigeren Organisation von der anderen Organisation. Dadurch stellt sich langfristig ein Gleichgewichtszustand ein. Vgl. Cook (1977), S. 73.
3 Vgl. Mattsson (1987), S. 236.
4 Håkansson (1987), S. 10.
5 Vgl. ebd., S. 235; Johanson/Mattsson (1987). In der Terminologie des Netzwerkansatzes werden die Begriffe der Position und der Verbindung benutzt, um die Stellung von Unternehmen innerhalb des Netzwerkes nach jeweils verschiedenen Kriterien zu kennzeichnen.
6 Vgl. Johannisson (1987), S. 53ff.

täten, Ressourcen)[1] oder den Bindungsebenen des Netzwerks (funktionale Interdependenzen, Machtstrukturen, Wissensstrukturen, Zeitstrukturen)[2] nur hingewiesen werden soll, gilt es an dieser Stelle eine Aussage des Netzwerkansatzes besonders hervorzuheben:

Unternehmen sind in ihrem Handeln und in ihrer Identität letztlich nur über ihre zu anderen Organisationen unterhaltenen Beziehungen begreifbar. Für das Management von Unternehmen bedeutet dies, daß Interorganisationsbeziehungen eine entscheidende Rolle spielen für jede Art von strategischem Wandel des Unternehmens.[3]

Die Betonung des informalen und persönlichen Charakters des überlagernden personalen Netzwerkes weist auf die Bedeutung der Entstehung von Vertrauen zwischen den Netzwerkpartnern hin. Dieses Vertrauen gilt mit als Voraussetzung dafür, daß Unsicherheit reduziert werden kann und damit das Netzwerk gegenüber alleine marktlichen Austauschbeziehungen an Stabilität gewinnt und dadurch effizienter wirtschaften kann.[4] Damit werden implizit kooperative Koordinationsmechanismen zur Voraussetzung dafür erklärt, daß zumindest im industriellen Bereich Stabilität und damit höhere Effizienz erreicht werden kann. Von Håkansson und Johanson wird deshalb auch eine deutliche Unterscheidung zwischen informalen und formalen Kooperationen hinsichtlich ihrer Entstehung und ihres Zwecks in Netzwerken getroffen. Während informale Kooperationen häufig kaum von außen zu erkennen sind, liegt gerade diesen eine gewachsene Vertrauensbasis auf der Grundlage zahlreicher Austauschaktivitäten zugrunde, was als Voraussetzung für echtes kooperatives Handeln unverzichtbar ist. Formale Kooperationen dagegen sind regelmäßig deutlich sichtbar; das mit ihnen angestrebte kooperative Handeln stellt sich jedoch, wenn überhaupt, erst mit Zeitverzug auf der Basis wachsenden Vertrauens ein. „This means that formal cooperation does not often lead to real cooperation, and that real cooperation is often not visible."[5]

Dennoch gestehen Håkansson und Johanson auch formalen Kooperationen einen unmittelbaren Zweck in Netzwerken zu. Diese nämlich

---

1 Vgl. Håkansson (1987), S. 14 ff; Håkansson (1989), S. 16ff.
2 Vgl. Håkansson/Johanson (1984), S. 9.
3 Vgl. Sydow (1993), S. 218.
4 Vgl. Powell (1990).
5 Håkansson/Johanson (1988), S. 374.

können die Netzwerkposition eines Unternehmens absichern, indem sie sowohl gegenüber den übrigen Netzwerkakteuren als auch in das Unternehmensinnere hinein deutlich signalisieren, wo Anbindung und gegenseitige Loyalität gesucht wird.[1] Diese zusätzliche Funktion von Kooperationen ist auch dafür verantwortlich, daß es im Rahmen eines strategischen Managements von Netzwerkbeziehungen als einer zentralen Aufgabe des strategischen Managements schlechthin nicht darum gehen kann, möglichst viele Kooperationen informaler und formaler Art zu betreiben. Dies kann auch zu einer Schwächung der eigenen Stellung im Netzwerk führen. Kooperationen dienen nicht nur dem Zusammenhalt von Allianzen innerhalb von Netzwerken, sie dienen auch der Sichtbarmachung von Differenzen zwischen verschiedenen Allianzen.[2]

Hinsichtlich der Bedeutung von Kooperationen im Rahmen ökologischer Unternehmenspolitik lassen sich aus der Sicht des Netzwerkansatzes nun folgende Aussagen zusammenfassen:

- Die Auseinandersetzung mit Kooperationen als einer möglichen Form von Außenbeziehung ist ein wesentlicher Teil des strategischen Managements. Ohne geeignete Außenbeziehungen gibt es keine Strategiedurchsetzung. ⇒ Gilt für alle Felder der Kooperationsmatrix.
- Kooperationen steigern die Effizienz des Wirtschaftens, wenn sie auf gegenseitigem Vertrauen beruhen. ⇒ Gilt für alle Felder der Kooperationsmatrix.
- Implizite Kooperationen haben eine geringe Signalwirkung. ⇒ Gilt insbesondere für die Felder der Zeilen 1 und 2, also für Informationsaustausch und Absprachen.
- Formale Kooperationen besitzen zunächst kaum Vertrauen. Dieses muß erst wachsen. ⇒ Gilt für alle Felder der Kooperationsmatrix.
- Formale Kooperationen haben dennoch eine Funktion. Sie signalisieren nach innen und nach außen die Bereitschaft zur Loyalität gegenüber bestimmten Unternehmen und damit auch eine bestimmte strategische Ausrichtung. ⇒ Gilt insbesondere für die Spalten A, B, C und D der Kooperationsmatrix.

---

1 Vgl. Håkansson/Johanson (1988), S. 375.
2 Vgl. ebd., S. 376.

In der Tabelle 13 sind die Felder der Kooperationsmatrix erneut entsprechend der Häufigkeit ihrer Nennung stärker oder schwächer schraffiert. Wie schon bei der Auswertung der Ergebnisse des Resource-Dependence-Ansatzes ist auch hier deutlich erkennbar, daß die Gültigkeit der Aussagen des Netzwerkansatzes im Bereich dyadischer Kooperationen und Kleingruppen-Kooperationen und dort im Bereich Informationsaustausch und Absprachen am höchsten ist, während sie diagonal entgegengesetzt im Bereich der Großgruppen-Kooperationen in Form abgestimmten oder gemeinsamen Wirtschaftshandelns am geringsten ist.

Tab. 13: Anwendungsbereich der Aussagen des Netzwerkansatzes

Vorgehen Organisation (Kennzahl) \ (Kennbuchstabe) Anzahl: Richtung Gegenstand	(A) dyadisch: vertikal		(B) dyadisch: horizontal		(C) dyadisch: komplementär		(D) Kleingruppe: vertikal, horizontal, komplementär		(E) Großgruppe: vertikal, horizontal		(F) Großgruppe: vertikal, horizontal, komplementär	
	P	S	P	S	P	S	P	S	P	S	P	S
Informationsaustausch ohne separate Organisation (1)												
Absprachen ohne separate Organisation (2)												
Abgestimmtes Wirtschaftshandeln o.s.O. (3)												
Gemeinsames Wirtschaftshandeln — ohne sep. Organisation (4)												
Gemeinsames Wirtschaftshandeln — ausgegl. Unternehmen (5)												
Gemeinsames Wirtschaftshandeln — Verband (6)												

Quelle: Verfasser   P = Primärfunktion; S = Sekundärfunktion

Sowohl der Ressource-Dependence-Ansatz als auch der Netzwerkansatz nehmen sich damit insbesondere der impliziten Kooperationsbeziehungen an, die ihre größte Verbreitung ja gerade im Bereich dyadischer Kooperationen haben. Als Theorieansätze, die sich explizit mit Kooperationsbeziehungen auseinandersetzen, gelingt es ihnen dann auch zumindest für diesen Bereich, wie gesehen, zahlreiche und durchaus konsistente Aussagen zur Entstehung derartiger Kooperationen anzubieten. Diese überschneiden sich auch kaum mit den in ihrem Gültigkeitsbereich ebenfalls eingeschränkten Aussagen des Transaktionskostenansatzes, dessen Aussagen zwar auch insbesondere für den Bereich dyadischer Kooperationen gültig sind, dort aber eher die Vorgehensweisen des abgestimmten oder gemeinsamen Wirtschaftshandelns betreffen.

Mit der abschließend zu diesem 5. Kapitel vorzustellenden neueren Systemtheorie soll nun ein Theoriegebiet vorgestellt werden, das innerhalb der Makro-Perspektive auch einige Erklärungskraft für die Entstehung von Großgruppen-Kooperationen zu beinhalten verspricht.

5.3 Neuere Systemtheorie

Die Ansätze der neueren Systemtheorie sollen nicht ohne einen vorherigen Rückblick auf einige Ergebnisse des 1. und 3. Kapitels dargestellt werden. Wie dort deutlich gemacht wurde, sind es gerade die Unternehmen, die maßgeblich zu unserer Zivilisationsentwicklung beitragen.[1] Und es wurde dort auch deutlich gemacht, daß sich die Strukturprinzipien der Zivilisation von denen der Ökologie in der gegenwärtigen Tendenz zunehmend unterscheiden.[2] Erinnert sei hier an die Prinzipien der Dezentralisierung, Ganzheitlichkeit und Artenvielfalt auf der Seite der Ökologie gegenüber den Prinzipien der Arbeitsteilung, Spezialisierung und Artenarmut auf der Seite der gegenwärtigen Zivilisationsentwicklung industrialisierter Gesellschaften.[3] Weiterhin wurde auch deutlich gemacht, daß das Ökosystem nicht in der Lage ist, mit der überaus dynamischen Evolution der Zivilisation in dem Sinne Schritt zu halten, daß sie deren Strukturprinzipien zu ihren eigenen macht. Es wurde aber auch offensichtlich, daß es überhaupt nicht das Ziel der Menschheit sein kann, eine solche Anpassung zu wünschen, geschweige denn diese gewaltsam vorzunehmen. Denn der Mensch als Subsystem von Unternehmen und der Ökosphäre will und muß ja

---

1 Vgl. Kapitel 3.1.
2 Vgl. Kapitel 1.3.
3 Vgl. Müller-Reißmann (1979).

weiterhin in und von genau einer solchen Natur leben, die ökologische Strukturprinzipien in sich verkörpert. Das Unternehmen ist eben nicht die Spitze der Systemhierarchie, sondern nur ein Baustein innerhalb der Systemhierarchie. Ein Baustein allerdings, der an der Zerstörung des Gesamtgebildes erheblichen Anteil haben könnte, wenn er es nicht versteht, die Strukturprinzipien des Gesamtgebildes zu erhalten.

Ein Weg zu dieser Erhaltung könnte die Berücksichtigung ökologisch-systemorientierter oder biokybernetischer Grundregeln sein, wie sie auch dem von Bleicher vorgeschlagenen „Paradigmenwechsel im Management" zugrunde liegen. Dabei geht es Bleicher mit seinem Vorschlag gar nicht um eine Erhaltung ökologischer Strukturprinzipien bzw. um ökologische Unternehmenspolitik, sondern um die grundsätzliche Stärkung der Wettbewerbsfähigkeit von Unternehmen durch Anwendung derartiger Strukturprinzipien. Bleicher orientiert sich dabei an der von Hans Ulrich entwickelten systemorientierten Managementlehre,[1] die ihrerseits kybernetische Prinzipien ökologischer Systeme berücksichtigt.[2] Damit wollen diese Ansätze nicht nur einen Weg zu größerer Wettbewerbsfähigkeit aufzeigen, sie legen auch das Fundament zur Umsetzung der Forderung nach Erhaltung ökologischer Strukturprinzipien. Die nachfolgend aufgeführten, von Bleicher vorgestellten sechs „Megatrends des Managements" verdeutlichen dies:[3]

(1) Vom technokratischen Verständnis eines Managements mit Machbarkeitsansprüchen zu einer evolutorischen Unternehmungsphilosophie des Kultivierens einer „spontanen" Ordnung.

(2) Vom Investment in harte, materiell-physische Aktiva zur zunehmenden Fokussierung auf weiche, immaterielle und humane Aktiva als kritische Erfolgsfaktoren für Unternehmen.

(3) Vom Gleichgewichtsstreben rationaler Optimierung eines strukturellen und systemischen Managements zum visionären Entdecken und Produzieren von Ungleichgewichten im Unternehmerischen.

(4) Von tiefgreifender Arbeitsteilung und Spezialisierung zur Generalisierung von Aufgaben und Verantwortung.

---

1 Vgl. Bleicher (1992), S. 1; Ulrich, H. (1970).
2 Vgl. Ulrich, H. (1988); vgl. dazu auch Vesters „biokybernetische Grundregeln" in Vester (1988), S. 81ff.
3 Vgl. Bleicher (1992), S. 44ff.

(5) Rahmenbedingungen richten sich auf die Handhabung von Informationen.
(6) Von asymmetrischer Einflußgestaltung durch Führung zur symmetrischen (lateralen) Kooperation.

Pfriem zweifelt jedoch daran, ob mit der technokratischen Übertragung derartiger Prinzipien auf soziale Systeme deren Funktionsfähigkeit nicht nur hinsichtlich ihrer Stabilität, sondern auch hinsichtlich ihrer Qualität tatsächlich verändert werden kann.[1] Dieses Technokratierisiko ist nach Pfriem dort besonders groß, „wo die Systemtheorie oder die Ökologie dazu eingesetzt wird, für den Bereich der Sozialwissenschaft in einer Art metabiologischer Perspektive naturalistische Erklärungsstrategien zu verfolgen"[2].

Die Befürchtungen Pfriems, mit naturalistischen Erklärungsstrategien zu wenig Erklärungs- und damit auch Gestaltungskraft für das Verhalten sozialer Systeme herleiten zu können, scheinen im Hinblick auf das beobachtbare Verhalten sozialer Systeme angebracht. Dies soll für uns jedoch kein Anlaß sein, der Systemtheorie den Rücken zu kehren. Vielmehr wollen wir prüfen, ob es nicht gerade durch die Übertragung metabiologischer Perspektiven auf soziale Systeme möglich ist, die offensichtlich vorhandenen Hemmnisse bei der Umsetzung vorliegender und vernünftig scheinender Konzepte sichtbar zu machen. Zu diesem Zweck werfen wir einen Blick auf neuere sozialwissenschaftliche Konzepte der Systemtheorie.

5.3.1 Die Theorie autopoietischer sozialer Systeme

Ausgehend von den Forschungen der Biologen Maturana und Varela,[3] die den Begriff der Autopoiesis als Beschreibungsmodell für die Organisation des Lebendigen einführten und diesen Begriff insbesondere auf molekulare Prozesse in Zellen und neuronale Prozesse in Nervensystemen anwandten, hat eine Übertragung der Autopoiesis-

---

1 Vgl. Pfriem (1995), S. 146; Pfriem bezieht sich hier auf die acht biokybernetischen Grundregeln von Vester. Vgl. Vester (1988), S. 86.
2 Pfriem (1995), S. 132 und 146/147.
3 Vgl. Maturana (1982); Varela (1981).

Theorie in verschiedene Wissenschaftsbereiche begonnen.[1] Als Vorreiter der Übertragung des Konzeptes in die Sozialwissenschaften muß allen voran Niklas Luhmann genannt werden,[2] für die Betriebswirtschaft kommt diese Vorreiterrolle Hans Ulrich und Gilbert Probst zu.[3]

Grundlegende Aussage der Theorie autopoietischer Systeme ist, daß sich *lebende* (bzw. organische oder ökologische) Systeme ihre Bestandteile durch aufeinander bezogene Prozesse selbst erzeugen, wobei das Beziehungsgeflecht dieser Prozesse durch die Interaktion der Bestandteile ständig selbstbezüglich erneuert wird.[4] Diese Selbstbezüglichkeit ist es, die autopoietische Systeme zu operativ geschlossenen Systemen macht, weshalb sich diese von den bisher kennengelernten „gänzlich" geschlossenen und „gänzlich" offenen Systemen unterscheiden. Im Unterschied zu offenen Systemen können operativ geschlossene Systeme von Umweltereignissen nicht determiniert werden, sondern von diesen lediglich zu eigenen Operationen angeregt werden.[5] Externe Einflüsse können interne Veränderungen damit zwar induzieren, jedoch nicht determinieren.

Die Übertragung des Konzeptes der Autopoiesis von lebenden auf soziale Systeme setzt eine Klärung darüber voraus, ob man die Autopoiesis sozialer Systeme von der Autopoiesis lebender Systeme her konzipieren soll, deren einzelne Theoriebestandteile also direkt übertragen (von Zellen über Organismen hin zu sozialen Systemen) und die hierarchisch höheren sozialen Systeme daran unmittelbar anschließen kann, oder ob eine qualitativ eigenständige Autopoiesis sozialer Systeme zu entwickeln ist, die es sich auch erlauben kann, basierend alleine auf den Grundideen der operativen Geschlossenheit und der Selbstreferenz von Systemen eigene Theorieelemente zu entwickeln.[6] In der erstgenannten Sichtweise werden Menschen[7] oder deren kogni-

---

1 Einen Überblick bietet Schmidt (1987), S. 49ff.
2 Vgl. Luhmann (1991).
3 Vgl. Ulrich, H./Probst (1984).
4 Vgl. Drepper (1992), S. 96.
5 Vgl. Willke (1993a), S. 45.
6 Zu Vertretern der direkten Übertragung zählen Sozialwissenschaftler aus dem Kreis des radikalen Konstruktivismus; vgl. Hejl (1992). Die hier bereits zitierten Luhmann, Willke und Drepper (vgl. a.a.O.) schließen sich der zweiten Auffassung an und entwickeln eine z.T. spezielle Theorie autopoietischer sozialer Systeme.
7 Vgl. Maturana/Varela (1982), S. 220.

tive Systeme[1] als Elemente sozialer Systeme betrachtet, und Zellen als autopoietische Systeme erster Ordnung, Organismen als autopoietische Systeme zweiter Ordnung und soziale Systeme als autopoietische Systeme dritter Ordnung hierarchisiert. Anders dagegen die Sichtweise von Luhmann. Dieser wendet den Autopoiesisbegriff unabhängig von dieser Hierarchie dann auf Systeme an, wenn diese operativ geschlossen sind und sich „die Elemente, aus denen sie bestehen, durch die Elemente, aus denen sie bestehen, selbst produzieren und reproduzieren"[2]. Drei verschiedene Systemtypen kommen nach Luhmann für diese Autopoiesis in Betracht: lebende Systeme, Bewußtseinssysteme und soziale Systeme.[3] Elemente sozialer Systeme sind nach dem Verständnis Luhmanns nun nicht Menschen oder deren Kognitionen, sondern ein Emergenzprodukt menschlicher Interaktion, die Kommunikation. Unter Kommunikation versteht Luhmann dabei die Synthese aus drei verschiedenen Selektionen, „nämlich Selektion einer Information, Selektion der Mitteilung dieser Information und selektives Verstehen oder Mißverstehen dieser Mitteilung und ihrer Information"[4]. Ein soziales System reproduziert sich, wenn eine solche Einheit dreier aufeinander bezogener Selektionen zustande kommt. Wenn dagegen keine Kommunikation (mehr) zustande kommt, hört das System auf zu existieren. Ein soziales System existiert daher alleine aus der Schaffung und Fortsetzung anschlußfähiger Kommunikation bzw. durch die Prozessierung von Sinn in Form sprachlich-symbolisch vermittelter Kommunikation.[5] Daß es Menschen sind, die diese sinnhafte und damit anschlußfähige Kommunikation herstellen, ändert nichts daran, daß Kommunikationen die Elemente des sozialen Systems sind. Menschen, die nicht anschlußfähig miteinander kommunizieren, begründen kein soziales System. Und auch wenn Menschen miteinander kommunizieren und damit durch die Erzeugung von Sinn Systeme und Systemgrenzen bilden, bleiben sie selber Umwelt des Systems.[6]

---

1 Vgl. Hejl (1992), S. 127.
2 Luhmann (1985), S. 403.
3 Vgl. ebd.
4 Luhmann (1991), S. 199.
5 Vgl. Willke (1993a), S. 44.
6 Was nicht bedeutet, daß sie für die Evolution von sozialen Systemen ohne Bedeutung wären. Operativ geschlossene soziale Systeme werden durch ihre Umwelt zwar nicht determiniert, aber eben doch beeinflußt.

Wir wollen uns bei der weiteren Diskussion neuerer systemtheoretischer Ansätze auf die Berücksichtigung einer dieser beiden genannten Sichtweisen (Hierarchisierung autopoietischer Systeme unter Berücksichtigung kognitionsbiologischer Überlegungen nach Maturana oder eigenständige Theorie der Autopoiesis sozialer Systeme nach Luhmann) beschränken. Da beide als in sich geschlossene Theorien betrachtet werden können und eine Auswahlentscheidung nach dem Kriterium höherer Wissenschaftlichkeit zwar zu einer sicherlich interessanten, aber nicht zielführenden Fortsetzung des Wissenschaftsstreits zwischen diesen beiden Richtungen führen könnte,[1] ist das für uns relevante Kriterium, ganz im Sinne radikal konstruktivistischer Auffassung, als deren Vertreter sich sowohl Luhmann als auch Hejl verstehen, die für unsere Fragestellungen gegebene Problemlösungskapazität der beiden Theorien. Und hier scheint uns die Luhmannsche Sichtweise, in der die Menschen aus dem sozialen System exkommuniziert und damit der Systemumwelt zugerechnet werden, hinsichtlich möglicher Problemlösungsstrategien zumindest eine andere Art von Perspektiven aufzuzeigen, da sie die Frage nach der Zurechnung von Schuld oder Verantwortung für einen gegenwärtigen Zustand – Zurechnung dem System oder dem Individuum – theoretisch bewußt offen hält. Gesellschaften werden in dieser Sichtweise eben nicht aus Individuen, sondern aus deren sozialen Aktivitäten konstituiert.[2] Es soll

---

1 Eine kritische Auseinandersetzung mit der jeweils anderen Sichtweise findet sich u.a. in Hejl (1992), S. 130ff.; Drepper (1992), S. 103ff.

2 Vgl. Bardmann (1994), S. 152; Drepper (1992), S. 105. Wo Hejl hinsichtlich der Möglichkeiten zu gesellschaftlichem Wandel letztlich auf vorhandene oder notwendige Machtdifferenzen von Individuen rekurriert (vgl. Heil (1992), S. 142), bleibt Luhmann hinsichtlich der Steuerbarkeit von gesellschaftlichem Wandel zunächst (noch) pessimistischer, eröffnet damit aber eine vielleicht notwendige Auseinandersetzung mit den darüber hinaus vorhandenen Bedingungen eines, wenn nicht gezielten, so zumindest gerichteten gesellschaftlichen Wandels. Zu der angeregten Auseinandersetzung über die wissenschaftstheoretischen Implikationen einer Exkommunizierung des Menschen aus sozialen Systemen vgl. Fuchs/Göbel (1994). Zur Frage ihrer ethischen Bewertung (insbesondere der kritischen Anmerkungen durch den Mitbegründer des Autopoiesisgedankens, Maturana) vgl. die Ausführungen in Bardmann (1994), S. 149ff. Bardmann gelangt hierbei zu der Überzeugung, daß die Theorie Luhmanns aufgrund ihres Abstraktionsgrades und ihrer inkongruenten Perspektive eher in der Lage ist, den ethischen Imperativ der radikalen

aber nicht übersehen werden, daß sich der Luhmannsche Ansatz, im Unterschied zu dem von Hejl, mit seiner Abstraktionsleistung u.a. dem Vorwurf der Realitätsferne und des Forschens im Elfenbeinturm[1] sowie dem Vorwurf der Vernachlässigung menschlicher Verantwortungsbereiche und menschlicher Aktivitätspotentiale[2] aussetzt. Wir werden versuchen, bei unserer Diskussion der Aussagen der neueren Systemtheorie diese Kritikpunkte im Auge zu behalten.

Was sind nun also, um nach diesem Exkurs und der Entscheidung für die vertiefte Auseinandersetzung mit dem Luhmannschen Erklärungsmodus weiterzufahren, die Konsequenzen aus dem von Luhmann geprägten Verständnis sozialer Systeme? Die operative Geschlossenheit und die Selbstreferenzialität sozialer Systeme bedeutet für diese Systeme, daß sie sich nur aus sich selbst heraus und unter Benutzung und Produktion ihrer eigenen Operationsweisen bzw. ihrer Prozessierungsform von Sinn weiterentwickeln können. Soziale Systeme unterscheiden sich vor diesem Hintergrund nicht deshalb voneinander, weil jeweils unterschiedliche Menschen die Kommunikation innerhalb des Systems aufrechterhalten, sondern weil in ihnen, unabhängig von den kommunizierenden Menschen, unterschiedliche systemische Operationsweisen vorliegen, die auch nur bestimmten Kommunikationen sinnhaften Anschluß ermöglichen. Willke begründet diese „eigensinnige Bedeutung sozialer Kommunikation" damit, daß nur so verständlich gemacht werden kann,

> „warum zur Veränderung der Muster gesellschaftlicher Kommunikation, etwa der Formen ökonomischen, erzieherischen, wissenschaftlichen oder kulturellen Handelns, die Einwirkung auf Personen nicht ausreicht. Es müssen systemische Operationsweisen des jeweiligen sozialen Systems selbst beeinflußt werden, um kalkulierbare Wirkungen in diesem System zu erreichen"[3].

Die (nur) operative Geschlossenheit sozialer Systeme begründet dabei, warum diese zwar autonom, nicht aber autark in ihrer Umwelt exi-

---

Konstruktivisten: „Handle stets so, daß die Anzahl der Wahlmöglichkeiten größer wird" zu erfüllen, als dies bei Maturana der Fall ist. Vgl. Bardmann (1994), S. 152.
1 Vgl. etwa Münch (1990), S. 388; Wiswede (1991), S. 265.
2 Vgl. Pfriem (1995), S. 148 u. 154.
3 Willke, (1993a), S. 44.

stieren können. Während es bei lebenden Systemen ein Austausch von Materie und Energie zwischen System und Umwelt ist, der die autonome Existenz erst möglich macht, ist dies bei sozialen Systemen die von Menschen durchgeführte Beobachtung der Differenz von System und Umwelt und die dadurch vorgenommene Sinnstiftungsleistung.[1] Das Ergebnis dieser Beobachtung der Wirkung der eigenen Identität in der Umwelt und der daraus sich ergebenden Rückwirkungen auf das System kann in der eigenen, systembildenden Kommunikation reflektiert werden. Nur diese mitlaufende Selbstbeobachtung und die Reflexion des Beobachteten können zu einer Selbständerung des sozialen Systems im Sinne einer besseren Passung zu der perzipierten Umwelt führen.[2] Die Reflexion des Beobachteten führt damit dazu, daß neben der Selbstreferenz auch eine Fremdreferenz entsteht, die beide gemeinsam Einfluß auf die Selbstorganisation[3] des sozialen Systems haben.

Unter Gesellschaft versteht Luhmann vor diesem Hintergrund das System, das alle sinnhafte Kommunikation in sich einschließt. Innerhalb dieses Systems bilden sich jedoch auf der Grundlage unterschiedlicher Sinnstrukturen zahlreiche andere soziale Systeme aus. Wie im nächsten Kapitel zu zeigen sein wird, begründet sich in diesen unterschiedlichen Sinnstrukturen autonomer, aber nicht autarker sozialer Systeme das Problem, gesellschaftlichen Anliegen durch das Handeln dieser Systeme Ausdruck zu verleihen.

---

1 Ausführlich dazu Luhmann (1990), S. 51ff.
2 Vgl. Willke (1993a), S. 123.
3 Unter Selbstorganisation verstehen wir mit Drepper die Fähigkeit eines Systems, Strukturen der Ordnung intern im Zusammenwirken seiner Systemkomponenten aufzubauen, und diese nicht von außen zu importieren. Vgl. Drepper (1992), S. 92. Hejl, der Individuen und nicht Kommunikationen als Elemente sozialer Systeme begreift, kommt mit dieser grundlegend anderen Voraussetzung zu dem folgerechten Schluß, daß soziale Systeme weder als selbstreferentiell noch als selbstorganisierend bezeichnet werden können. Hejl schlägt vor diesem Hintergrund vor, soziale Systeme als synreferentiell zu bezeichnen. Vgl. Hejl (1992), S. 130ff.

5.3.2 Über die Ökologie im Funktionssystem Wirtschaft

Im Rahmen einer funktionalistischen Analyse sozialer Systeme wird das Wirtschaftssystem als ein Funktionssystem der Gesellschaft bezeichnet. Soziale Systeme als sinnhaft aufeinander bezogene Kommunikationen dienen den Menschen zur Regulierung ihrer Interaktion. Sie erfüllen damit bestimmte Funktionen. Im Prozeß der funktionalen Differenzierung werden soziale Systeme, die zunächst gleichzeitig mehrere Funktionen erfüllen, durch mehrere Systeme ersetzt, die jetzt jeweils nur mehr auf eine Funktion oder wenige Funktionen hin orientiert sind.[1] Dieser auch als evolutionär betrachtete Prozeß hat dazu geführt, daß heute in entwickelten Gesellschaften zahlreiche separate Funktionssysteme wie etwa das Wirtschaftssystem, das Rechtssystem, das Politiksystem, das Wissenschaftssystem u.v.a.m. einzelne gesellschaftliche Funktionen wahrnehmen, die vormals innerhalb eines einzigen oder weniger separater Funktionssysteme wahrgenommen wurden. Als evolutionär wird dieser Prozeß deshalb bezeichnet, weil mit ihm eine Effizienzsteigerung in der Bewältigung gesellschaftlicher Aufgaben verbunden war und aufgrund dieser Überlegenheit gegenüber vormals bestehenden gesellschaftlichen Strukturen die Verdrängung der selbigen erfolgte.[2]

Funktionale Differenzierung bedeutet Verzicht auf Redundanz, denn genau darin liegt der Effizienzvorteil. Dies bedeutet aber auch, daß Funktionssysteme nicht wechselseitig füreinander einspringen können.

„Die Politik kann nicht an die Stelle der Wissenschaft, die Wissenschaft nicht an die Stelle des Rechts treten – und so fort in allen Zwischensystembeziehungen. Die alten multifunktionalen Institutionen und Moralen werden dadurch aufgelöst, und statt dessen kommt es zu jener Zuordnung spezifischer Codes zu spezifischen Systemen, die die moderne Gesellschaft von all ihren Vorgängern unterscheidet."[3]

Nach der Auffassung Luhmanns strukturieren die wichtigsten Funktionssysteme ihre Kommunikation durch einen binären, zweiwertigen Code. Dieser Code ist etwa für das Rechtssystem die Unterscheidung

---

1 Vgl. Willke (1993b), S. 19ff.
2 Vgl. Luhmann (1976), S.73.
3 Luhmann (1990), S. 97. Die strukturell aufgezwungene Nichtsubstituierbarkeit der Funktionssysteme schließt Interdependenzen der vielfältigsten Art zwischen Funktionssystemen jedoch nicht aus. Vgl. ebd., S. 208.

von Recht und Unrecht und in der Wissenschaft die Unterscheidung von wahr und unwahr. In dem für uns besonders wichtigen Funktionssystem der Wirtschaft ist nach Luhmann die Unterscheidung der Ein- und Auszahlung von Geld das zentrale Kommunikationsmedium.[1] Die Interpretation von Kommunikation als je nach Subsystem codifizierter Sprache wird von Luhmann lediglich insoweit aufgeweicht, als er auch eine funktional nicht zuzuordnende oder mehrdeutige Kommunikation einräumt, die er in Anlehnung u.a. an Habermas mit „lebensweltlicher" Kommunikation bezeichnet, der er aber keine gesellschaftliche Veränderungskraft beimißt.[2]

Auf die verschiedentlich vorgetragenen Überlegungen, weniger eindeutige Interpretationen von Kommunikation auch in einzelnen Funktionssystemen zuzulassen, soll hier zunächst mit Giegel hingewiesen werden, der zwischen kontextgeschlossenen (binär codierten, technokratischen) und kontextoffenen (kommunikativ reflexiven) Funktionssystemen unterscheidet. Zu den ersten zählt er u.a. die Ökonomie, die Naturwissenschaft und die Politik, zu den zweiten die Sozialwissenschaft und die Sozialarbeit.[3] Überlegungen, auch dem Wirtschaftssystem Kontextoffenheit nachzuweisen bzw. diesem die Möglichkeit zuzugestehen, durch Lernfähigkeit den eigenen Code zu erweitern oder zu verändern, werden von Pfriem vorgetragen.[4] Pfriem stellt dabei aber bereits nicht mehr das Wirtschaftssystem als Ganzes, sondern die Unternehmen als Teile des Wirtschaftssystems in den Mittelpunkt seiner Betrachtungen. Da auch unser Interesse den Unternehmen gilt, wollen wir der Frage nachgehen, ob die Idee eines binären Codes gesellschaftlicher Subsysteme direkt auf die darin jeweils befindlichen Organisationen übertragen werden kann. Insgesamt stellen sich uns daraus zwei Fragen bezüglich des Kommunikationscodes von Unternehmen:

(1) Liegt der Kommunikation von Unternehmen der binäre Code der Ein- und Auszahlungen zugrunde?
(2) Kann die Kommunikation in Unternehmen auf nur einen Code zurückgeführt werden?

---

1 Vgl. Luhmann (1990), S. 101ff.
2 Vgl. ebd., S. 75 unter Verweis auf Habermas (1981), S. 171ff.
3 Vgl. Giegel (1994), S 98.
4 Vgl. Pfriem (1995), S. 150ff. und S. 224.

(1) Liegt der Kommunikation von Unternehmen der binäre Code der Ein-und Auszahlungen zugrunde?

Zunächst ist offensichtlich, daß die Unterscheidung von Ein- und Auszahlungen für die Kommunikation in Unternehmen bestenfalls vereinfachend oder populärwissenschaftlich stehen kann, da hier viel eher in den Kategorien von Erträgen und Aufwendungen, von Ertrags- und Verlustpotentialen oder von Lebensfähigkeit bzw. Viabilität des Unternehmen gesprochen wird. Willke kennzeichnet die Viabilität als Ziel des Handelns in Unternehmen, um sich als Organisation „in einem Umfeld unvermeidbaren und oft dynamischen Wandels der Operationsbedingungen wieder herzustellen, zu erhalten oder gar zu verbessern"[1]. Im weiteren Verlauf soll daher zunächst einmal der Begriff der Viabilität bzw. der Code der Viabilität und der Nicht-Viabilität an die Stelle des Codes der Ein- und Auszahlungen im Unternehmen gesetzt werden, um dem an Luhmann gerichteten Vorwurf einer Trivialisierung unternehmerischen Handelns[2] einen ersten Schritt entgegenzutreten. Die Frage, ob dieser Code als binär codiert oder mehrdimensional zu interpretieren ist, soll hier nicht erörtert werden. So eindeutig die Unterscheidung von Leben und Nicht-Leben sein mag, so vieldeutig sind doch die Faktoren, die für das Weiterleben oder das Sterben (im metaphorischen Sinne für unternehmerischen Untergang) verantwortlich sein können. Statt dessen wollen wir einer Frage nachgehen, die ein Stück weit stellvertretend für die Frage der Anzahl der Dimensionen eines Codes stehen kann:

(2) Kann die Kommunikation in Unternehmen auf nur einen Code zurückgeführt werden?

Anzeichen dafür, daß dies in Unternehmen nicht der Fall ist, gibt es an prominenter Stelle. Luhmann selbst, der sich in einer Aufsatzsammlung über „Mikropolitik – Rationalität, Macht und Spiele in Organisationen"[3] zu Wort meldet, vermeidet es dort konsequent, die Anschlußfähigkeit von Kommunikation in Organisationen an die Existenz eines bestimmten Codes zu binden. Statt dessen macht er hier Entscheidun-

---

1   Willke (1994), S. 171.
2   Vgl. Pfriem (1995), S. 188.
3   Küpper/Ortmann (1988). Der Titel deutet sowohl die Existenz als auch den möglichen Charakter unterschiedlicher Codes in Organisationen bereits an.

gen zu den Elementen des Systems, die durch Bezugnahme auf andere Entscheidungen des Systems Sinn gewinnen.[1] Luhmann selbst weist darauf hin, daß Unternehmen dabei in Abhängigkeit ihrer Organisationskultur oder ihrer corporate identity ganz unterschiedlich auf differente Kommunikationsangebote von außen und innen reagieren können.[2] Von der Domäne des Codes der Ein- und Auszahlungen ist hier also keine Rede; es wird allerdings keine Erklärung angeboten, die als Anschluß an die Überlegungen zu einer binären Codierung von Kommmunikation in gesellschaftlichen Subsystemen interpretiert werden könnte. Auch Willke stellt heraus, daß Unternehmen nicht alleine der Logik preisorientierter Zahlungen (als Synonym für den Code der Ein- und Auszahlungen resp. der Viabilität), sondern zugleich organisationseigenen Logiken folgen.[3] Willke zieht daraus Schlüsse für die Möglichkeiten der Intervention in Unternehmen, wobei er zurecht weit über die schlichte Notwendigkeit der Berücksichtigung eines einzigen Codes zur Sicherung kommunikativer Anschlußfähigkeit hinausgeht. Vielmehr werden komplexe Regelsysteme angesprochen, die das Kommunizieren und Entscheiden in Unternehmen determinieren und die bei weitem nicht durch einen einzigen, binären Code abgebildet werden können. Damit festigt sich die Einschätzung, daß der Code der Viabilität oder Nicht-Viabilität in Unternehmen zwar grundsätzlich eine wichtige Anschlußmöglichkeit für Kommunikation darstellt, daß dieser aber nicht der einzige Code ist, mit dem in Unternehmen Kommunikationsanschlüsse hergestellt werden können. Aspekte der Einhaltung systeminterner kollektiver Entscheidungsregeln und individueller Interessen können für diese Anschlußfähigkeit von Kommunikation offen-

---

1 Vgl. Luhmann (1988b), S. 171.
2 Vgl. ebd. S. 181.
3 Vgl. Willke (1994), S. 165. Diese Überlegungen Willkes stehen in gewissem Widerspruch zu seiner Aussage an früherer Stelle im gleichen Text, in denen er jeder Organisation eine einzige Leitdifferenz als systembildend zuspricht, denen andere Leitdifferenzen bestenfalls klar nachgeordnet existieren können. Da sich Willke in seinem Text aber anschließend ausführlich mit der Veränderung komplexer, und nicht trivialer Regelsysteme als systembildenden Merkmalen auseinandersetzt, scheint es dennoch gerechtfertigt, sich mit der genannten Aussage auf Willke zu beziehen.

sichtlich ebenfalls maßgeblich sein.[1] Neben dieser möglichen Vielfalt von Codes innerhalb von Organisationen muß aber zweifellos auch die Möglichkeit zur selbstreflexiven Modifizierung oder Ausdifferenzierung einzelner Codes anerkannt werden, da darin ein wesentlicher Faktor der evolutorischen Veränderung von Systemen und Subsystemen liegt.

Was bringt nun aber die Beantwortung der zwei oben gestellten Fragen? Obwohl es offensichtlich notwendig ist, sich bei der Betrachtung von Unternehmen von der strengen Luhmannschen Sichtweise systemischer Kommunikation in gesellschaftlichen Subsytemen zu lösen, kann nicht übersehen werden, daß der Code der Viabilität und Nicht-Viabilität einen zentralen Kommunikationsanschluß in Unternehmen darstellt, der zwar um andere Codes ergänzt werden kann, der dadurch aber nicht ersetzt werden kann. Aus der Begründung, daß autopoietische Systeme gerade durch ihre eigenen Operationsweisen, zu denen der Kommunikationscode zu zählen ist, und die Reproduktion dieser Operationsweisen aus sich selbst heraus konstituiert werden, entsteht das Dilemma, daß das Wirtschaftssystem und die Unternehmen also dennoch gar nicht anders existieren können, als durch eine Operationsweise, in der der Code der Viabilität oder Nicht-Viabilität einen zentralen Anschluß an Kommunikation darstellt. In der Unterstellung der Existenz eines einzigen Codes schließt Luhmann daraus, daß Kommunikationen über ökologische Gefährdungen nur dann in einem Wirtschaftssystem bzw. dessen Unternehmen verstanden werden können, wenn man mit ihnen „neue Verdienstmöglichkeiten entdeckt, neue Märkte erschließt, neue oder verlagerte Kaufanreize produziert und vor allem: Preise erhöht und am Markt durchsetzt."[2] Entscheidungseinheiten des Wirtschaftssystems können sich vor diesem Hintergrund niemals für das gesamte System (Gesellschaft) entscheiden, sondern müssen sich statt dessen an der internen Umwelt des Wirtschaftssystems, dem Markt, orientieren.[3]

---

1 Vgl. hierzu die Ausführungen in den Kapiteln 4.3 und 6. Der Rück- bzw. Vorgriff auf andere sozialwissenschaftliche Forschungsfelder mag gleichzeitig den metatheoretischen Charakter der Systemtheorie untermauern.
2 Luhmann (1990), S. 113.
3 Vgl. ebd., S. 116.

Diese ernüchternde Erkenntnis kann entsprechend unserer Erweiterung der Luhmannschen Sichtweise nur eine bedingte Wahrheit wiedergeben. Zweifellos ist der Code der Viabilität in Unternehmen nicht nur vorhanden, sondern dort auch dominant. Es bestehen aber dennoch zwei Möglichkeiten, ökologischen Aspekten in Unternehmen Gehör zu verschaffen, auch wenn die Kommunikation darüber nicht unmittelbar auf der Analyse neuer Verdienstmöglichkeiten aufgebaut ist. Zum einen besteht innerhalb von Unternehmen die Möglichkeit, dem, was unter Viabilität zu verstehen ist, ständig neue Aspekte hinzuzufügen und andere Aspekte abzulösen. Die Codes sozialer Systeme sind nämlich weder starr vorgegeben noch müssen sie von ewiger Dauer sein. Vielmehr werden sie von den sozialen Systemen selbst ausgebildet und ausdifferenziert. Beeinflußt, nicht determiniert, werden soziale Systeme dabei von der Systemumwelt, d.h. von anderen Systemen und von Menschen. Im Hinblick auf eine stärkere Berücksichtigung ökologischer Aspekte in Unternehmen ist bei einer solchen Modifizierung oder Ausdifferenzierung des Codes der Viabilität insbesondere an eine Verlagerung des Zeithorizonts (von allein kurz- zu kurz- und langfristiger Viabilität) sowie das Abrücken von einer Gleichsetzung der Viabilität mit Quantität hin zu einer Gleichsetzung der Viabilität mit Qualität zu denken. Zum anderen besteht die Chance, über ganz andere im Unternehmen verankerte Codes dem Thema Ökologie mehr Präsenz zu verschaffen. Sowohl unternehmenskulturell verankerte Regeln als auch individuelle Interessen können hier, müssen aber freilich nicht, den Weg zu mehr ökologischer Verantwortung im Unternehmen ebnen, ohne dabei auf den Beweis eines kurzfristig positiven Ein- und Auszahlungssaldos angewiesen zu sein.[1]

Als Resümee aus dieser systemtheoretischen Betrachtung können wir folgern, daß Anregungen an das Wirtschaftssystem, sich stärker mit den ökologischen Folgen seines Handelns auseinanderzusetzen, solange notwendigerweise ungehört bleiben, wie diese Anregungen nicht an zumindest einen in den Unternehmen des Wirtschaftssystems verankerten Code anschließbar sind. Die wachsenden Bemühungen, das Wirtschaftssystem über moralische Appelle und gesellschaftlichen Sanktionsdruck zu mehr gesellschaftlicher Verantwortung zu motivieren, sind damit entgegen Luhmanns Auffassung für den angestrebten Zweck

---

[1] Vgl. auch hierzu die Ausführungen in den Kapiteln 4.3 und 6.

keineswegs ungeeignet. Eine erhöhte Bereitschaft für die Berücksichtigung verschiedener gesellschaftlicher Bedürfnisse durch das Wirtschaftssystem kann es nämlich nicht nur dann geben, wenn es gelingt, die Möglichkeit einer kurz- und langfristigen Existenzsicherung durch die Berücksichtigung eben dieser Bedürfnisse glaubhaft nachzuweisen. Eine stärkere Berücksichtigung ökologischer Aspekte in Unternehmen kann es auch dann geben, wenn es gelingt, das Wirtschaftssystem zur Ausdifferenzierung seines Codes der Viabilität anzuregen oder Anschluß an andere unternehmensinterne Codes zu finden und damit zunehmende Resonanz für ökologische Fragestellungen herzustellen. Und eben dazu können die Anregungen aus und die Diskussionen in der Systemumwelt beitragen.

Inwieweit Unternehmenskooperationen dazu dienen können, die Ausdifferenzierung oder Modifizierung von Codes voranzutreiben, soll im zweiten Teil des folgenden Kapitels besprochen werden.

5.3.3 Kooperationen aus der Sicht der Theorie autopoietischer sozialer Systeme

Die neuere Systemtheorie hat sich bisher nicht explizit mit dem Zustandekommen von Unternehmenskooperationen auseinandergesetzt. Luhmann stellt zwar fest, daß das Wirtschaftssystem interessanterweise gleichzeitig Konkurrenz, Tausch und Kooperation hervorzubringen vermag, und dies, so Luhmann, obwohl man heute doch, soziologisch gesehen, normalerweise nicht mit denen kooperiert, gegen die man konkurriert.[1] Kooperationen werden aber anschließend nicht weiter zum Gegenstand der Überlegungen gemacht. Dennoch vermag die neuere Systemtheorie auch hier zumindest einige Ableitungen zu Fragen der Kooperation von Unternehmen zuzulassen.

Ausgangspunkt dafür ist die Darstellung der Mechanismen sozialer Systeme zur Bewältigung von Komplexität. Nach Baecker stellen sich soziale Systeme auf die Komplexität ihrer Umwelt ein, „indem sie instabile und indeterminierte Strukturen ausbilden, in denen nicht vorab festgelegt ist, mit welchen internen Operationen auf Umweltgesche-

---

1 Vgl. Luhmann (1990), S. 107.

nisse reagiert wird, sondern die Raum schaffen für interne und selbstreferentielle Errechnung von Anschlüssen"[1]. Die Beherrschung der Umweltkomplexität muß dabei sowohl über eine geeignet hohe Binnendifferenzierung als auch über eine geeignet hohe Außendifferenzierung erfolgen. Mit zunehmender Komplexität der Systemumwelt muß daher die Komplexität der Außendifferenzierung zunehmen, um die Anpassungsfähigkeit sicherzustellen.

Aus dieser Perspektive kann die ökologische Bedrohung der Welt als eine sich wandelnde Umweltbedingung interpretiert werden, die zu einer veränderten und vor allen Dingen höheren Komplexität der Unternehmensumwelt führt. Unternehmen besitzen nun über den Weg der Kooperation mit anderen Unternehmen die Möglichkeit, das Maß ihrer Außendifferenzierung zu erhöhen und damit auf die zunehmende Umweltkomplexität zu reagieren. Die Fähigkeit zur Selbstorganisation der an einer Kooperation beteiligten Unternehmen, aber auch die Fähigkeit zur Selbstorganisation der Kooperation als solcher ist dabei maßgeblich dafür verantwortlich, daß ein Kooperationsmanagement überhaupt möglich ist.[2] Denn mit der zunehmenden Außendifferenzierung steigt ja auch die Komplexität des zu steuernden Systems. Und diese Steuerung ist ohne die Fähigkeit zur Selbstorganisation nicht zu leisten.[3] Aufgrund der Fähigkeit bzw. der unweigerlich entstehenden Selbstorganisation im Rahmen abgesteckter Strukturen wird es Unternehmen damit möglich, auf erhöhte Umweltkomplexität mit Kooperationen zu reagieren und so das Maß der Außendifferenzierung zu erhöhen, ohne die vorhandene Flexibilität zu verringern. Die Anpassung an die bestehenden Umweltbedingungen führt damit nicht zu einem gleichzeitigen Verlust von Anpassungsfähigkeit an zukünftige Umweltbedingungen.[4]

Neben dieser von innen nach außen bzw. vom System in seine Umwelt gerichteten Perspektive für Komplexitätserhöhung gibt es aber auch eine von außen nach innen, also von der Systemumwelt oder dem gesellschaftlichen Ganzen in die einzelnen Funktionssysteme gerichtete Perspektive der Komplexitätserhöhung durch Außendifferenzierung.

---

1 Baecker (1988), S. 121.
2 Vgl. Sydow (1993), S. 249; Sydow spricht von Netzwerkmanagement.
3 Vgl. dazu grundsätzlich Malik/Probst (1981), S. 122ff.
4 Vgl. Belzer (1993), S. 110.

Auf gesamtgesellschaftlicher Ebene ist es die funktionale Differenzierung, die auf der Basis einer Selektion effizienterer, da redundanzärmerer Systemtypen zu einer Vermehrung zwar interdependenter, aber für sich jeweils operativ geschlossener und damit nur bedingt von außen manipulierbarer Systeme führt. Die Steuerung des Gesamtsystems Gesellschaft scheint mit dieser Schaffung mehrerer funktional differenzierter Syteme die insgesamt erforderliche Fähigkeit zur Anpassung an sich verändernde Umweltbedingungen zu verlieren. Die Steuerungsleistung des Staates wird durch die Folgen seiner eigenen Leistung damit zunehmend unterminiert.[1] Um die notwendige Anpassungsfähigkeit zurückzugewinnen, bedarf es nach Willke nun keiner Entdifferenzierung, wie sie etwa von Karl Marx zur Auflösung der Eigenständigkeit und Eigenrationalität, insbesondere der Ökonomie, vorgeschlagen wurde[2], sondern einer „angemessenere(n) Verknüpfung der differenzierten Bereiche"[3]. Mit der von Willke und Teubner vorgeschlagenen „dezentralen Kontextsteuerung" sollte dabei angestrebt werden, die Extrema der rein hierarchischen Gesellschaftssteuerung auf der einen Seite und der evolutorisch kurzsichtigen, funktionalen Differenzierung bis zum Verlust jeder Anpassungsfähigkeit auf der anderen Seite zu vermeiden, und statt dessen auf die „reflexive, dezentrale Steuerung der Kontextbedingungen aller Teilsysteme" und die „selbstreferentielle Selbststeuerung jedes einzelnen Teilsystems" zu setzen.[4]

„Die relevanten gesellschaftlichen Akteure als Repräsentanten der Subsysteme sind an der Formulierung der Zielmuster der Kontextsteuerung selbst beteiligt; z.B. in Verhandlungssystemen, Räten, konzertierten Aktionen, gemischten Kommissionen, Vernehmlassungsverfahren oder ähnlichen Einrichtungen. Die Beteiligung der kontextuellen Parameter schafft die Voraussetzung dafür, die jeweilige Selbststeuerung auf die Prämissen der Kontextsteuerung auszurichten, also eine Selbstbindung über Partizipation zu erreichen. Man könnte von einem Prinzip der *Ordnung durch Selbstbindung* sprechen."[5]

---

1 Vgl. Willke (1993b), S. 260.
2 Vgl. Marx (1968), S. 378ff.
3 Willke (1993a), S. 36.
4 Vgl. Willke (1993a), S. 58;   Teubner/Willke (1984); Willke (1984), S. 48.
5 Willke (1993a), S. 58/59.

Um diese Form der Außendifferenzierung von gesellschaftlichen Funktionssystemen einschließlich der notwendigen Selbstbindung auf das Wirtschaftssystem zu übertragen, müssen verschiedene Fragen geklärt werden, auf die im folgenden separat einzugehen sein wird:

(1) Was sind die möglichen Vorgehensweisen zur dezentralen Kontextsteuerung?
(2) Wer kann innerhalb des Wirtschaftssystems als „relevanter gesellschaftlicher Akteur" bezeichnet werden und wie können diese Akteure in die dezentrale Kontextsteuerung eintreten?

(1) Was sind die möglichen Vorgehensweisen zur dezentralen Kontextsteuerung?

Um die erste Frage nach den Vorgehensweisen dezentraler Kontextsteuerung zu erörtern, seien zunächst mögliche Formen zu deren Institutionalisierung vorgestellt, wie sie von Willke vorgeschlagen werden. Dieser nennt Verhandlungssysteme, Anhörungsverfahren, Konzertierte Aktionen, sozialökonomische Räte oder tripartistische Kommissionen als mögliche Institutionen dezentraler Kontextsteuerung.[1] Wichtiger als die Frage nach diesen Institutionen scheint jedoch die Frage zu sein, was dort, so sie geschaffen sind, mit welchem Ziel konkret getan werden soll. Grundsätzlich geht es um die Abstimmung und Koordination der funktional differenzierten Teilsysteme, um die „kollektive Ignoranz" zu überwinden, zu der sich die Technologien, Fertigkeiten, Spezialisierungen und Wissensbestände der Teilsysteme summiert haben.[2] Damit geht es um den Aufbau von Kommunikation und die Überwindung intersystemischer Konflikte bzw. die Erzielung von Konsens zwischen den Teilsystemen zu Fragen ihrer Koevolution. Mögliche Institutionen als Orte für die notwendige Kommunikation wurden bereits beispielhaft angeführt. Auf die unterschiedlichen möglichen Formen von Konflikten und Konsens soll nun eingegangen werden, da diese Unterscheidungen wichtig für eine präzise Auseinandersetzung mit den Zielen einer dezentralen Kontextsteuerung sind. In Anlehnung an Miller unterscheiden wir dabei drei Arten von Konflikten:[3]

---

1 Vgl. Willke (1993a), S. 139.
2 Vgl. Willke (1993b), S. 245.
3 Vgl. Miller (1994), S. 37.

(1) Konflikte, bei denen es den Beteiligten nicht gelingt zu klären, worüber sie überhaupt streiten;
(2) Konflikte, in denen es den Beteiligten gelingt, etwas Strittiges gemeinsam zu identifizieren und damit einen „rationalen Dissens" zu erzeugen;
(3) Konflikte, die behoben und damit in einen Konsens aufgelöst werden können.

Hinsichtlich des Konsenses unterscheiden wir in Anlehnung an Giegel:[1]

(1) den Hintergrundkonsens, in welchem sich die Grundstrukturen der gemeinsamen Welt vergesellschafteter Individuen darstellen;
(2) den Ergebniskonsens, der erzielt wird, ohne daß die Beteiligten ihre Argumentationsbasis gegenseitig übernommen bzw. angeglichen haben; man versteht sich im Ergebnis, nicht aber in der Begründung dieses Ergebnisses;
(3) den Argumentationskonsens, bei dem auch eine gemeinsame Ergebnisbegründung vorliegt.

Wenn nun die Vertreter verschiedener Funktionssysteme miteinander kommunizieren, so liegt ein Grundproblem in der Situation, daß die Vertreter der Teilsysteme zwangsläufig auf der Grundlage verschiedener Codes miteinander kommunizieren. Der so ebenfalls geradezu zwangsläufig entstehende Dissens ist nun aber keineswegs als Ergebnis der Kommunikation abzulehnen. Willke weist darauf hin, daß es gerade das Erleben dieses Dissenses ist, das mittelfristig die Anschlußfähigkeit von Kommunikation in den beteiligten Funktionssystemen erhöht, der die „Anschließbarkeit neuer Informationen" möglich macht.[2] Es geht damit zunächst einmal um das Erzielen eines rationalen Dissenses zwischen operativ geschlossenen sozialen Systemen, der zur Voraussetzung für die Entstehung von Konsens, und sei es nur ein Ergebniskonsens zwischen diesen Systemen, wird. Aber natürlich ist die Entstehung von Dissens noch keine Garantie für einen sich später einstellenden Konsens. Aufgrund der Unmöglichkeit, von außen direkt in ein soziales System zu intervenieren, ist der Interventionsversuch über Diskurse mit dem Risiko behaftet, daß er „gar nichts, etwas

---

1 Vgl. Giegel (1994), S. 9.
2 Vgl. Willke (1993a), S. 137.

anderes oder gar das Gegenteil dessen bewirkt, was beabsichtigt war"[1]. Dennoch gibt es keinen anderen Weg, als über den Diskurs zu versuchen, kommunikative Anschlußfähigkeit bei anderen sozialen Systemen zu erzeugen mit dem Ziel, gesamtgesellschaftlich notwendige Steuerungsimpulse in die einzelnen Funktionssysteme hineinzutransportieren. Eine besondere Form des mindestens anzustrebenden Ergebniskonsenses könnte dann schon in der Einigung auf eine bestimmte Streitkultur oder im Sinn des von Giegel vorgeschlagenen „konstitutiven Diskurses" auf der Festlegung allgemeiner Voraussetzungen der Entscheidung über Kooperation liegen, bei welchem über konkrete Entscheidungen diskussionslos nach den entsprechend konsensual festgelegten Regeln entschieden wird.[2] Damit dies gelingen kann, bedarf es der Selbstreflexion der Teilsysteme, die gerade durch den Diskurs möglich wird. Konsens, gleich welcher Art, wird daher möglich, wenn als Konsequenz aus dieser Selbsreflexion eine Selbstbeschränkung in der Erkenntnis erfolgt, nur so für andere Systeme eine mögliche Umwelt darzustellen.[3] Wichtiges Ziel der Institutionalisierung von Diskurs zwischen den Teilsystemen ist also nicht die unmittelbare gegenseitige Beeinflussung, sondern die Erzeugung von Fremdreferenz für andere Teilsysteme. Erst die dadurch angeregte Selbstreflexion der Teilsysteme kann zu einer Modifizierung der Selbstorganisation dieser Teilsysteme führen und damit eine Konsensfindung, gleich welcher Art, wahrscheinlicher machen.

(2) Wer kann innerhalb des Wirtschaftssystems als „relevanter gesellschaftlicher Akteur" bezeichnet werden und wie können diese Akteure in die dezentrale Kontextsteuerung eintreten?

Neben einzelnen Unternehmen, denen alleine aufgrund ihrer Beschäftigtenzahl der Status eines relevanten gesellschaftlichen Akteurs zugesprochen werden kann, sind es vor allen Dingen Verbände als organisierte Interessenvertretungen, denen dieser Status im Wirtschaftssystem zukommt. Dazu zählen etwa Wirtschaftsverbände, Arbeitgeber-

---

1 Vgl. Willke (1993a), S. 131.
2 Vgl. Giegel (1994), S. 82. Die Klimakonferenz im April 1995 in Berlin, die den Großteil ihrer Zeit für die konsensuelle Verabschiedung von Abstimmungsmodalitäten benötigte, ist ein eindrucksvolles Beispiel für einen solchen konstitutiven Diskurs.
3 Vgl. Willke (1993b), S. 249.

verbände oder Kammern.[1] Wirtschaftssystem übergreifend übernehmen auch tatsächlich die zahlreichen bestehenden Verbände einen Großteil der Vermittlerfunktion mit anderen Funktionssystemen. Aber auch die zahlreichen Diskurse einzelner Unternehmen mit externen Anspruchsgruppen können natürlich als Bemühungen um eine Kontextsteuerung verstanden werden. Hauptgesprächspartner der Verbände bei systemübergreifenden Vermittlungsbemühungen ist das Funktionssystem der Politik.[2] Die zahlreichen bestehenden Verbände und deren intensiv betriebene Kommunikation gerade mit dem Teilsystem der Politik machen deutlich, daß die von Willke vorgeschlagene Kontextsteuerung auch gegenwärtig schon weit mehr den tatsächlichen Gegebenheiten gesellschaftlicher Steuerung entspricht, als dies nach streng evolutionären Gesetzmäßigkeiten zu erwarten wäre[3] und als es z.B. die Vertreter

---

1 Vgl. Mann (1994), S. 36. Im Hinblick auf den Diskurs über ökologische Unternehmenspolitik dürften von den genannten Interessenvertretungen insbesondere die branchenbezogenen oder branchenübergreifenden Wirtschaftsverbände sowie deren Dachorganisationen als relevante gesellschaftliche Akteure bezeichnet werden.

2 Das Politiksystem ist dabei nicht gleichzusetzen mit dem im 3. Kapitel von uns vorgestellten Verständnis von Politik bzw. Unternehmenspolitik, sondern bezeichnet lediglich ein weiteres gesellschaftliches Subsystem, in dem es um das „Innehaben bzw. Nichtinnehaben der Positionen, in denen öffentliche Gewalt ausgeübt werden kann", geht und von denen aus sich regulieren läßt, „wer politischen Einfluß hat, in welchen Angelegenheiten und wieviel" (Luhmann (1990), S. 170). Das Politiksystem kann damit über den Code des Innehabens oder Nichtinnehabens von öffentlicher Gewalt oder öffentlicher Macht verstanden werden.

3 Die blinde Evolution ökologischer Systeme kennt kein strategisches Verhalten. Dies aber ist erforderlich, um sich aus der Schere der zwei sich zuwiderlaufenden Evolutionsprinzipien zu befreien, die auf der einen Seite zu einer zunehmenden Ausdifferenzierung sozialer Systeme nach funktionalen Kriterien führt, auf der anderen Seite damit aber die gesamtgesellschaftliche Interdependenz und Abhängigkeit dieser autopoietischen Systeme untereinander zunehmend größer werden läßt. Der Grund für das auch als Neokorporatismus (vgl. Schimank/Glagow (1984), S. 20) bezeichnete Phänomen der zumindest teilweisen Überwindung dieser evolutionären Dysfunktionalität dürfte in der Fähigkeit sozialer Systeme begründet liegen, die Mechanismen der Evolution zwar nicht abzuschaffen, aber doch zu modifizieren. So gelingt es sozialen Systemen, Variationen durchaus absichtsvoll zu erzeugen, und damit zwar nach wie vor deren Auswirkungen, aber nicht deren Entstehung dem Zufall zu überlassen. Das wechselseitige Interesse an den durch Diskurse angestoßenen

der bereits im Kapitel 3.1 angeführten US-amerikanischen Fundamentalisten und der deutschen Institutionalisten wahrhaben möchten. Wo es dabei um konkretes Handeln und mögliche gegenseitige Eingriffe in Handlungsräume geht, zeigt sich, daß Verbände in ihrem Diskurs mit der Politik in aller Regel versuchen, der Politik in der Sprache der Ein- und Auszahlungen verständlich zu machen, warum die Berücksichtigung ökologischer Aspekte im Wirtschaftssystem in einer möglicherweise von der Politik erwünschten Form nicht möglich ist. Gleichzeitig sollen damit die politischen Voraussetzungen für den individuellen ökonomischen Erfolg der Unternehmung verbessert werden.[1] Dies ist im häufigeren Falle mit der Aufforderung an das Politiksystem verbunden, keine ökologischen Anforderungen an das Wirtschaftssystem zu stellen. Es kann aber auch mit der Aufforderung verbunden sein, z.B. steuerliche Rahmenbedingungen des Wirtschaftssystems zu verändern, um ökologischem Wirtschaften im Code der Ein- und Auszahlungen eher Einzahlungs- als Auszahlungscharakter zukommen zu lassen.[2] Daß auch dieser Diskursverlauf möglich ist, verdeutlicht einmal mehr die Schwierigkeit der Zuordnung ökologischer Verantwortung oder Interessen zu einem bestimmten gesellschaftlichen Funktionssystem. Das Teilsystem der Politik vertritt nämlich eine keineswegs standardisierte Vorstellung von Gemeinwohl, oder hier konkreter von gesellschaftlicher Evolution und Koevolution mit der Ökologie, sondern hängt in dieser Vorstellung stark von den Vorstellungen einer angestrebten Wählerschaft ab. Und diese Wählerschaft ist ähnlich differenziert wie die funktionalen Teilsysteme moderner Gesellschaften.

Obwohl es nun aber Beispiele für die verschiedensten Verteilungen von Diskurspositionen gibt, in denen ökologisch relevante Veränderungen diskutiert oder eingefordert werden, ist ein wesentlicher Konsens zu Fragen der Koevolution von Zivilisation und Gesellschaft noch in scheinbar weiter Ferne. Die bis heute erzielten Teilergebnisse, die

---

Variationen bestätigt, daß auch tatsächlich ein emergenter Gewinn in diesen „sozietalen Nicht-Null-Summen-Spielen" (Willke (1993a), S. 139 unter Bezug auf Keohane (1984)) erwartet wird bzw. daß von einer kurzfristigen Maximierungsstrategie zu einer langfristigen (wie langfristig?) Optimierungsstrategie der Teilsysteme übergegangen wird (vgl. Willke (1993a), S. 123).

1 Vgl. Pfriem (1995), S. 197.
2 Siehe dazu das Fallbeispiel des BJU in Kapitel 9.4.

sich insbesondere in der Verabschiedung von Selbstverpflichtungsabkommen auf Seiten des Wirtschaftssystems niederschlagen, deuten aber auf einen intensiven Diskurs zwischen den beiden Teilsystemen hin. Und dieser ist, wie oben gesehen, im Sinne einer dezentralen Kontextsteuerung wichtig, um aus dem Erleben von Dissens zur Selbstreflexion zu gelangen und damit die Voraussetzungen für eine Selbstbeschränkung der Handlungsmöglichkeiten innerhalb der Teilsysteme zu schaffen. Verbände und verbandsähnliche Organisationen als Formen der Unternehmenskooperation übernehmen damit eine wichtige Funktion in der von uns als notwendig erachteten Kontextsteuerung zwischen den gesellschaftlichen Funktionssystemen.[1] Und dies zunächst unabhängig davon, ob sie der Berücksichtigung ökologischer Aspekte nun prima facie positiv oder negativ gegenüberstehen. Mit diesem Vorverständnis ist der Auffassung von Wartenberg zuzustimmen, wenn er sagt: „Verbände sind die institutionalisierten Interessensunterschiede; ihre Existenz und Funktionsweise in Demokratie und Pluralismus ist eine politisch intelligente und gesellschaftlich verträgliche Form des Umgangs mit Konflikten und gleicht dem, was man andernorts als Konfliktmanagement bezeichnet."[2] Zu einer Kooperation im Rahmen ökologischer Unternehmenspolitik wird diese Verbandsarbeit aber nur dann, wenn sie entweder zu den wenigen Beispielen einer von vornherein ökologisch proaktiven Diskursposition zu zählen ist, oder aber wenn es gelingt, Informationen über den Verband in das Wirtschaftssystem zu transportieren, welche zu ökologischen Steuerungsimpulsen transformiert werden können. Als Beispiele dafür können Branchenabkommen, abgestimmtes Wirtschaftshandeln z.B. bei nicht zentral gesteuerten Recyclingsystemen und auch gemeinsames Wirtschaftshandeln durch Gründung spezieller Unternehmen (Beispiel

---

1 Siegfried Mann, der sich in seiner Untersuchung der „Macht und Ohnmacht der Verbände" insbesondere mit dem BDI auseinandersetzt, unterscheidet resümierend zwischen den „Verbandsfunktionen", die die Aufgaben des Verbandes gegenüber seinen Mitgliedern betonen, und den „Systemwirkungen", die den Einfluß des Verbandes auf das politische System beschreiben (vgl. Mann (1994), S. 254ff.). Daß eine beachtliche Redundanz beider Bereiche festzustellen ist, macht sehr deutlich, daß die wesentliche Verbandsfunktion offensichtlich gerade im Diskurs mit dem Politiksystem zu sehen ist und daß diese Funktion auch deutliche systemische Wirkung zeigt.
2 Wartenberg (1993), S. 153.

DSD) gewertet werden. Obwohl diese in unserer Matrix der Kooperationsfelder (vgl. Tabelle 3 in Kapitel 3.3) nicht als Verbandskooperationen im engeren Sinne bezeichnet werden, wurzeln sie in ihrer Entstehung häufig auf der Steuerungsfunktion von Verbänden. Verbände können natürlich auch selber nach innen, also in das Wirtschaftssystem hinein tätig werden, z.B. durch ökologische Informations- oder Serviceleistungen für die am Verband beteiligten Unternehmen.

Mit diesen Ausführungen ist es nun gelungen, auch die in den bisher vorgestellten Ansätzen eher vernachlässigten Großgruppen-Kooperationen, und hier speziell die Verbände, in ihrer Bedeutung für eine ökologische Unternehmenspolitik auf ein erstes theoretisches Fundament zu setzen. Die Anwendungsbereiche der gewonnenen Aussagen sollen abschließend erneut durch Schraffur in der Kooperationsmatrix verdeutlicht werden (vgl. Tabelle 14).

Tab. 14: Anwendungsbereich der Aussagen der neueren Systemtheorie

Vorgehen Organisation (Kennzahl) / Anzahl: Richtung Gegenstand (Kennbuchstabe)	(A) dyadisch: vertikal		(B) dyadisch: horizontal		(C) dyadisch: komplementär		(D) Kleingruppe: vertikal, horizontal, komplementär		(E) Großgruppe: vertikal, horizontal		(F) Großgruppe: vertikal, horizontal, komplementär	
	P	S	P	S	P	S	P	S	P	S	P	S
Informationsaustausch ohne separate Organisation (1)												
Absprachen ohne separate Organisation (2)												
Abgestimmtes Wirtschaftshandeln o.s.O. (3)												
Gemeinsames Wirtschaftshandeln — ohne sep. Organisation (4)												
Gemeinsames Wirtschaftshandeln — ausgegl. Unternehmen (5)												
Gemeinsames Wirtschaftshandeln — Verband (6)							▓	▓	▓	▓	▓	▓

Quelle: Verfasser P = Primärfunktion; S = Sekundärfunktion

Die Aussagen zur inside-out-Perspektive, also zur Bewältigung steigender Umweltkomplexität durch Steigerung der Eigenkomplexität, betreffen die gesamte Kooperationsmatrix. Dagegen gelten die Aussagen der outside-in-Perspektive ausschließlich für den Bereich der Großgruppen-Kooperationen, und hier insbesondere für die verbandlich organisierten Formen.

Kapitel 6

Über das Unternehmen als Akteur der Kooperation

In den vorangegangenen Kapiteln wurde ein ausführlicher Blick auf solche Theorieansätze geworfen, die das Individuum im Unternehmen und das Umfeld des Unternehmens sowie die sich daraus ergebenden Möglichkeiten und Schwierigkeiten von ökologischer Unternehmenspolitik und von Kooperationen zum Gegenstand hatten. Abschließend zu diesem 2. Hauptteil soll nun das Unternehmen selbst im Mittelpunkt dieser Überlegungen stehen. Gefragt ist damit nach solchen Einflußfaktoren auf ökologische Unternehmenspolitik und Kooperationen, die sich im Innenverhältnis von Unternehmen und in der Kooperation dieser Unternehmen manifestieren. Zu denken ist bei diesen Einflußfaktoren an die Struktur und die Kultur von Unternehmen und weitergehend auch an die Struktur und Kultur der Kooperationen dieser Unternehmen. Die sich zur Untersuchung anbietende separate Betrachtung der beiden Begriffe des Begriffspaares Kultur und Struktur vermag den unübersehbaren Interdependenzen von Unternehmenskultur und Unternehmensstruktur jedoch nicht gerecht zu werden.[1] Bevor wir daher einzelne kulturelle oder strukturelle Einflußfaktoren des Unternehmens auf ihre Bedeutung für ökologische Unternehmenspolitik und für Kooperationen hin untersuchen, gilt es Klarheit in die Begriffswelt der Unternehmensstruktur und Unternehmenskultur zu bringen.

---

1 Vgl. zur betriebswirtschaftlichen Separierung der Begriffe Unternehmenskultur und Unternehmensstruktur u.a. French/Bell, denen wir die berühmte Metapher des „organisatorischen Eisbergs" zu verdanken haben (French/Bell (1978), S. 16); French/Bell vergleichen darin eine Organisation mit einem Eisberg. Der relativ kleine Teil des Eisbergs, der aus dem Wasser ragt und damit gut sichtbar ist, stellt das formale System eines Unternehmens bzw. die Unternehmensstruktur dar. Der viel größere Teil des Eisbergs, der schwer erkennbar unter der Wasseroberfläche liegt, stellt das informale System eines Unternehmens bzw. die Unternehmenskultur dar.

Um die unterschiedlichen strukturellen und kulturellen Einflußfaktoren im Innenverhältnis des Unternehmens greifbar zu machen, wollen wir uns auf eine Darstellung von Wollnik stützen.[1] Dieser versucht in einer Analyse des Verhältnisses von Organisationsstruktur und Organisationskultur die zwischen diesen beiden Bereichen bestehenden Interdependenzen transparent zu machen, indem er an die in einem organisierten Sozialsystem erfahrbaren Interaktionen bzw. Handlungsweisen und Interpretationen bzw. Perspektiven anknüpft. Analog zu den Ausführungen im 5. Kapitel, in welchem soziale Systeme als durch Kommunikation gebildete und fortgesetzte Systeme vorgestellt wurden, funktioniert nach Auffassung von Wollnik ein Sozialsystem auf der Grundlage von Interaktionen und Interpretationen. Sowohl das Erscheinen derartiger Interaktionen und Interpretationen als auch deren besondere Eigenarten bilden dabei die Kultur des Systems. Damit wird impliziert, daß jedes Sozialsystem, und damit auch jedes Unternehmen, automatisch eine Kultur hat, da Interaktionen und Interpretationen gleichzeitig system- und kulturbildend sind. Das Maß der Genauigkeit und Spezifität einzelner Handlungsweisen und Perspektiven entscheidet über die Ausgeprägtheit dieser Kultur. Welche Rolle spielt hier nun aber die Struktur eines Unternehmens? Und wie lassen sich Handlungsweisen und Perspektiven auf solche Dimensionen transformieren, die der betriebswirtschaftlichen Forschung unmittelbar zugänglich sind?

Beginnen wir mit der zweiten Frage. Nach Wollnik sind *alle* Sachverhalte in einem organisierten Sozialsystem mögliche Kandidaten für eine Deutung als Ausdruck der Organisationskultur.[2] Damit wird abgerückt von einer fest umrissenen Klasse organisationskultureller Gegebenheiten, etwa der Artefakte, der Werte und Grundannahmen, wie sie in weiten Teilen der Unternehmenskultur-Diskussion vorgeschlagen werden. Und da zu den Sachverhalten in einem organisierten Sozialsystem zweifellos auch formale Strukturen zählen, sind auch diese als ein Merkmal von Unternehmenskultur zu begreifen. Damit wird auch für die erste gerade genannte Frage eine Antwort gegeben. Formale Strukturen sind Einschränkungen von Handlungsweisen und Perspektiven durch Festlegung von dafür zulässigen Spielräumen. Strukturen sind damit einer von zahlreichen kulturprägenden Sachver-

---

1 Vgl. Wollnik (1991).
2 Vgl. ebd., S. 81.

halten des Unternehmens und stehen der Kultur daher nicht als eigener Sachverhalt gegenüber, sondern sind ein Bestandteil von ihr.[1]

Der Darstellung von Wollnik wollen wir im weiteren Verlauf folgen, da sie die problematische Gegenüberstellung der interdependenten Unternehmensstruktur und Unternehmenskultur als separaten Phänomenbereichen des Unternehmens überwindet, indem sie zu einer Unterordnung der Struktur unter die Kultur als Überbegriff gelangt. Damit klärt diese Darstellung aber noch nicht, welche Sachverhalte organisierter Sozialsysteme im einzelnen betrachtet werden sollen, wenn es, wie hier etwa, um die Analyse der Ursachen für das Zustandekommen von Kooperationen im Rahmen ökologischer Unternehmenspolitik geht. Unklarheit herrscht hier gerade hinsichtlich solcher Sachverhalte, die jenseits formalisierter Regelungen im Rahmen der traditionellen Unternehmenskultur-Diskussion ins Spiel gebracht werden, und denen ein Einfluß auf unternehmerisches Verhalten und Unternehmensentwicklung zugesprochen wird. Um diese Unklarheiten aufzuhellen, scheint eine Auseinandersetzung mit weiteren Konzeptionalisierungsansätzen von Unternehmenskultur hilfreich. Damit soll eine allzu diffuse Auswahl eben dieser Sachverhalte für die zukünftige Arbeit vermieden werden. Mit der Darstellung unterschiedlicher weiterer Konzeptionalisierungsansätze von Unternehmenskultur geht es daher auch nicht darum, das bestehende Spektrum dieser Ansätze vollständig abzubilden und die Nützlichkeit einzelner Konzepte zu beurteilen, sondern den unterschiedlichen Sachverhalten organisierter Sozialsysteme eine theoretische Heimat zu geben und Unterschiede wie auch Gemeinsamkeiten einzelner Sachverhalte deutlich zu machen.

Die Darstellung unterschiedlicher Konzeptionalisierungen von Unternehmenskultur soll zunächst in Anlehnung an eine von Hofbauer vorgeschlagene Unterscheidung von Unternehmenskulturkonzepten er-

---

1   Dies übrigens nicht erst seit den 80er Jahren, als der Begriff der Unternehmenskultur in die betriebswirtschaftliche Diskussion eingebracht wurde bzw. seit den 90er Jahren, als der Begriff in der wissenschaftlichen Diskussion an Präzisierung gewonnen hatte, sondern schon seit es Unternehmen oder unternehmensähnliche Organisationen gibt. Und auch die Auseinandersetzung mit den verschiedenen Sachverhalten organisierter Sozialsysteme war früheren Unternehmergenerationen durchaus geläufig, auch wenn der Sammelbegriff Unternehmenskultur noch lange nicht geprägt war. Vgl. hierzu die „Skizzen zur historischen Genese betrieblicher Führungs- und Sozialtechniken" von Breisig (1990).

folgen. Hofbauer unterscheidet hierbei vier verschiedene Formen des Verständnisses von Unternehmenskultur:[1]

- Unternehmenskultur als organisationale Variable,
- Unternehmenskultur als organisationale Kognition,
- Unternehmenskultur als symbolische Interaktion,
- Unternehmenskultur als psychodynamisches Konzept.

Alle vier im folgenden kurz erläuterten Ansätze stehen sich nach Auffassung von Hofbauer nicht unversöhnlich gegenüber, sondern ergänzen sich zu einem umfassenden Verständnis von Unternehmenskultur.[2]

Die *Variablensichtweise* deckt sich am deutlichsten mit der Metapher des oben erwähnten organisatorischen Eisberges von French/Bell. Danach besteht ein Unternehmen aus zahlreichen Variablen, von denen einige formalen, einige informalen Charakter haben und dementsprechend der Struktur oder der Kultur zugeordnet werden können. Dieser Ansatz ist der in der Praxis populärste, verspricht er doch die Möglichkeit zur Steuerung von Unternehmen nicht nur mittels der gezielten Veränderung formaler, sondern auch informaler Variablen.[3]

Der Ansatz der *Unternehmenskultur als organisationale Kognition* stellt auf die Menge unternehmensbezogener kognitiver Schemata ab, die für ein Unternehmen typisch sind und von der Mehrheit der Unternehmensmitglieder geteilt werden. Der Internalisierungsgrad der kognitiven Schemata bei den Unternehmensmitgliedern bestimmt die „Stärke" der Unternehmenskultur.[4] Diese Sichtweise steht in engem Zusammenhang mit den Theorien des organisationalen Lernens, da dieses als kognitiver Vorgang aufgefaßt werden kann, bei dem die kognitionsbezogenen kollektiven Schemata verändert werden.[5]

Der Ansatz der *Unternehmenskultur als symbolischer Interaktion* geht davon aus, daß Individuen nicht nur in einer natürlichen Umwelt,

---

1 Vgl. Hofbauer (1991), S. 45ff.
2 Vgl. ebd., S. 100, ähnlich auch Bardmann (1994), S. 364.
3 Peters/Watermann haben mit ihrem Buch „In search of excellence" eine entsprechende Sichtweise vertreten und damit große Aufmerksamkeit erlangt. Vgl. Peters/Watermann (1982).
4 Vgl. Hofbauer (1991), S. 64ff.
5 Zur Theorie des organisationalen Lernens vgl. Argyris/Schön (1978); Reinhardt (1993).

sondern auch in einer symbolisch vermittelten Umwelt leben. Damit erschöpft sich Kultur nicht in den realen Dingen per se, sondern ergibt sich vielmehr erst aus den Bedeutungen, welche die Kulturmitglieder realen Dingen beimessen. Mit dieser Auffassung geht einher, daß eine zielorientierte Schaffung von Symbolen ausgeschlossen ist. Unter Rückgriff auf die Aussagen der neueren Systemtheorie wird die Determinierbarkeit von symbolischen Interventionen in Unternehmen bezweifelt. So kann nie eindeutig bestimmt werden, in welchem Umfang organisationalen Sachverhalten symbolische Bedeutung zukommt und in welcher Funktion dies geschieht. Damit findet die Selbstreferenz ihre inhaltliche Entsprechung in der Produktion von Symbolen. Der Bedeutungsgehalt dieser Symbole wird damit ausschließlich innerhalb der selbstorganisierenden Systeme erzeugt und reproduziert.[1]

Als vierter Ansatz vertritt der *psychodynamische Ansatz* der Unternehmenskultur die Auffassung, daß Kultur als Projektion oder Manifestation universeller unbewußter Prozesse des menschlichen Geistes zu verstehen sei.[2] Dieser sehr auf Verhaltensaspekte von Individuen abzielende Ansatz erreicht den Übergang zum kollektiven Phänomen der Unternehmenskultur, indem a) die prägende Wirkung herausragender Personen in Unternehmen hervorgehoben wird, b) auf organisationstypische Handlungen und Artefakte hingewiesen wird, die aus der Dynamik und Struktur des Zusammenwirkens mehrerer Personen innerhalb des Unternehmens entstehen und indem c) Organisationen als kollektiv entwickelte Institutionen verstanden werden, in denen sich Erfahrungen von Individuen zur Problembewältigung und Angstabwehr verdichtet haben. Damit hat der psychodynamische Ansatz hinsichtlich der von ihm beschriebenen Merkmale von Unternehmenskultur eine gewisse Ähnlichkeit mit dem Variablenansatz. Im Unterschied zu diesem unterstellt der psychodynamische Ansatz aber nicht, daß diese Merkmale als Stellgrößen der Unternehmenskultur direkt zu verändern seien.

Aus diesen unterschiedlichen Auffassungen von Unternehmenskultur zeichnet sich nun schon eine größere, aber immer noch schwer greifbare Menge unterschiedlicher Sachverhalte organisierter Sozialsysteme ab wie etwa die steuerbaren Kulturvariablen, die geteilten kogni-

---

1 Vgl. Hofbauer (1991), S. 85ff.
2 Vgl. ebd., S. 92.

tiven Schemata, die Bedeutungszuweisungen für reale Dinge des Unternehmens oder die Projektionen unbewußter Prozesse des menschlichen Geistes. Zur weiteren Verdeutlichung dieser Sachverhalte soll nun durchaus kritisch auch das Gesamtkonzept von Schein vorgestellt werden, in welchem Unternehmenskultur als 3-Ebenen-Modell beschrieben wird (vgl. Abbildung 12). Dieses Modell rekurriert in seinen drei Ebenen auf zumindest zwei der von Hofbauer unterschiedenen Kulturkonzepte, nämlich auf das der Unternehmenskultur als organisationaler Variable (Ebene 1) und auf das der Unternehmenskultur als organisationaler Kognition (Ebenen 2 und 3).

Abb. 12: Die drei Ebenen der Unternehmenskultur nach Schein

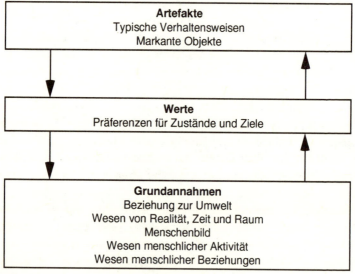

Quelle: in Anlehnung an Schein (1987), S. 6ff.

Das 3-Ebenen-Modell macht zu Recht deutlich, daß nur bestimmte Variablen der Unternehmenskultur, die Artefakte, überhaupt sichtbar sind, und daß, wenn diese verändert werden sollen, deren Interdependenzen zu den unsichtbaren oder tieferliegenderen und ungleich schwerer zu beeinflussenden Werten und Grundannahmen berücksichtigt werden müssen. Mit Artefakten als Merkmal der Unternehmenskultur sind in erster Linie solche Erscheinungen des Unternehmens gemeint, die gut sichtbar oder zumindest wahrnehmbar das Unternehmensverhalten beeinflussen. Im Unterschied zur Auffassung von Schein zählen nach unserem Verständnis von Unternehmenskultur dazu allerdings zweifellos auch die formalen Regelungen. Weitergehend sollen über die Beispiele von Schein hinausgehend in Anlehnung an Bardmann folgende Erscheinungen als weitere typische Vertreter dieser Artefakte angeführt werden:[1]

- Rituale (etwa der Steuerung, der Fremdorganisation, der Macht, des Erfolgs, der Gemeinschaft etc.),
- Rollen oder Figuren (etwa die Geschichtenerzähler, die Priester, die Souffleure, die Klatschmäuler oder die Spione),
- Kommunikationsformen (etwa der Bluff, die Intrige, die Schikane, der Klatsch oder der verständigungs- und konsensorientierte Dialog).

Diese Beispiele geben einen sehr schillernden Einblick in das, was von Schein als „typische Verhaltensweisen" und damit als ein Bestandteil von Artefakten bezeichnet wird. Auch wird mit ihnen die Nähe zu organisationsstrukturellen Aspekten deutlich, da diese insbesondere die Rituale und die Kommunikationsform maßgeblich beeinflussen. Die Darstellung von Bardmann berücksichtigt allerdings nicht solche Artefakte, die von Schein als „markante Objekte" bezeichnet werden. Hier sei zusätzlich vor allen Dingen auf architektonische und äußerliche Aspekte hingewiesen, wie sie unter der Überschrift des corporate design diskutiert werden.[2]

Als weiterer Sachverhalt organisierter Sozialsysteme soll auch die Unternehmensphilosophie oder das Unternehmensleitbild vorgestellt werden. Obwohl beide Sachverhalte regelmäßig in expliziten Zusammenhang mit Unternehmenskultur gebracht werden, ist eine klare Zuordnung zu den bisher genannten Konzeptionalisierungen schwierig. Dies liegt daran, daß sowohl die Unternehmensphilosophie als auch das Unternehmensleitbild sowohl im Bereich der Variablen bzw. Artefakte verortet werden können als auch im Bereich der schwer veränderbaren Werte und Grundannahmen. Wir wollen Unternehmensphilosophien und Unternehmensleitbilder hier als Variablen bzw. Artefakte definieren, denen sogar formaler Charakter zugesprochen werden kann.

---

1 Vgl. Bardmann (1994), S. 374ff.
2 Vertiefend zu corporate design vgl. u.a. Leu (1994).

Voraussetzung für diese Zuordnung ist die Annahme, daß sowohl die Unternehmensphilosophie als auch das Unternehmensleitbild nicht alleine in den Köpfen einer Geschäftsführung oder Belegschaft existieren, sondern daß sie schriftlich fixiert oder zumindest klar artikuliert den Ausgangspunkt und Rahmen für die Gestaltung der Unternehmenspolitik und damit der Zielsetzung und Zieldurchsetzung darstellen. Wo dies nicht der Fall ist, müssen Phänomene der Unternehmensphilosophie und der Unternehmensleitbilder unter dem Stichwort der Werte und Grundannahmen subsumiert werden, da sie sich dann in keiner Weise von diesen Sachverhalten organisierter Sozialsysteme abheben.[1]

Abschließend soll nun noch ein weiterer, von Drepper vorgeschlagener Sachverhalt organisierter Sozialsysteme Erwähnung finden, der nicht in das 3-Ebenen-Modell von Schein eingeordnet werden kann. Wie zur Unternehmenskultur als symbolischer Interaktion bereits erwähnt, wird unter Bezug auf die Aussagen der neueren Systemtheorie die Determinierbarkeit von symbolischen Interventionen in Unternehmen bezweifelt. Die aus der neueren Systemtheorie bekannte Selbstreferenz findet ihre inhaltliche Entsprechung in der Produktion von Symbolen. Der Bedeutungsgehalt dieser Symbole wird damit ausschließlich innerhalb des selbstorganisierenden Systems erzeugt und reproduziert. Eine wichtige Erweiterung dieser Übertragung neuerer systemtheoretischer Überlegungen in die Unternehmenskulturdebatte stellt Drepper vor.[2] Drepper zielt in seiner Betrachtung nicht mehr auf Symbole und deren Bedeutungsgehalt als Merkmale der Unternehmenskultur ab, sondern erkennt in der Selbstbeschreibungs- und Selbstthematisierungskapazität von Unternehmen deren unternehmenskulturelles Fundament. „Unternehmenskultur ist das *semantische Reservoir*, mit dem ein Unternehmen sich selbst und die Umwelt zum Thema machen kann und das bestimmt, welche Ereignisse für das Unternehmen zum Thema werden und wie diese thematisiert werden können."[3]

---

1 Anders sehen dies etwa Kieser/Kubicek (1992), S. 120, die die Auffassung vertreten, die Unternehmensphilosophie oder das Unternehmensleitbild seien auch dann Elemente einer nicht-strukturellen Koordination, wenn sie schriftlich fixiert seien. Dies widerspricht jedoch dem bindenden Charakter, der etwa von Hans Ulrich für die Unternehmensphilosophie eingefordert wird. Vgl. Ulrich, H. (1981), S. 17.
2 Vgl. Drepper (1992).
3 Ebd., S. 140.

In der folgenden Tabelle 15 werden die bis hierhin angeführten Konzeptionalisierungen von Unternehmenskultur, das 3-Ebenen-Modell von Schein und die Beispiele für Sachverhalte organisierter Sozialsysteme zusammengestellt, um die Beziehungen der verschiedenen Sachverhalte organisierter Sozialsysteme zu den unterschiedlichen Kulturkonzepten noch einmal deutlich zu machen.

Tab. 15: Bezug von Unternehmenskulturkonzepten auf Sachverhalte organisierter Sozialsysteme

Konzeptionalisierungen in der Gliederung von Hofbauer	Das 3-Ebenen-Modell von Schein	zugeordnete Sachverhalte organisierter Sozialsysteme
Unternehmenskultur als organisationale Variable	Artefakte	Rituale und Kommunikationsformen, formale Strukturen und Regeln inkl. Unternehmensphilosophie und Unternehmensleitbild, corporate design, Rollen
Unternehmenskultur als psychodynamisches Konzept		
Unternehmenskultur als organisationale Kognition	Werte, Grundannahmen	Kognitionen, Einstellungen, Werte
Unternehmenskultur als symbolische Interaktion		Selbstthematisierung und Themenvorrat

Quelle: Verfasser

Es steht außer Frage, daß auch mit der Fülle der hier angeführten Sachverhalte organisierter Sozialsysteme nur ein kleiner Ausschnitt aus dem denkbaren Spektrum derartiger Sachverhalte vorgestellt wurde. Dennoch soll die hier getroffene Auswahl für die weitere Bearbeitung weiter reduziert werden, um den Fokus der Betrachtungen auf wenige, hier besonders relevant erscheinende Sachverhalte richten zu können. Im Zusammenhang mit ökologischer Unternehmenspolitik und Kooperationen halten wir dabei die vertiefende Auseinandersetzung mit folgenden Sachverhalten für besonders wichtig und gleichzeitig fruchtbar:

- Formale Strukturen und Regeln (incl. Unternehmensphilosophie und Unternehmensleitbild),
- Rituale und Kommunikationsformen,
- Selbstthematisierung und Themenvorrat.

Diese Sachverhalte organisierter Sozialsysteme sollen im weiteren Verlauf jeweils separat auf ihre Bedeutung für ökologische Unternehmenspolitik (Kapitel 6.1) und für Kooperationen (Kapitel 6.2) besprochen werden.[1]

6.1 Handlungsweisen und Perspektiven einer ökologischen Unternehmenspolitik

6.1.1 Die Bedeutung formaler Strukturen und Regeln für eine ökologische Unternehmenspolitik

In diesem Kapitel soll dargestellt werden, welche Möglichkeiten es gibt, ökologische Unternehmenspolitik unternehmensintern formal zu verankern. Die Kenntnis dieser Möglichkeiten wird es erleichtern, Rückschlüsse auf die Bedingungen des Zustandekommens der verschiedenen Arten von Kooperationen im Rahmen einer ökologischen Unternehmenspolitik zu ziehen.

Beginnen wollen wir unsere Betrachtungen zur Bedeutung der Unternehmensstruktur für die ökologische Unternehmenspolitik mit folgendem Zitat, das die Idealvorstellung zahlreicher unternehmensstruktureller Überlegungen zum Ausdruck bringt:

---

[1] Auf die Bedeutung individueller Kognitionen, Einstellungen und Werte für Kooperationen im Rahmen ökologischer Unternehmenspolitik ist bereits im Kapitel 4.3 durch die Auseinandersetzung mit den constraints und choices von Entscheidungssituationen hingewiesen worden. Hinsichtlich der Bedeutung einzelner Rollen oder Figuren als Artefakte der Unternehmenskultur und deren Bedeutung für Kooperationen im Rahmen ökologischer Unternehmenspolitik kann zwar nicht bestritten werden, daß die verschiedenen denkbaren Rollen (Beispiele siehe weiter oben) den Prozeß eines ökologischen Wandels oder des Kooperierens vorantreiben oder bremsen können. Daraus aber allgemeine Aussagen ableiten zu wollen, scheint hier nicht sinnvoll durchführbar. Ebenfalls verzichtet wird an dieser Stelle auf eine Auseinandersetzung mit Fragen des corporate design.

„Umweltschutz ist Chefsache, und jeder Mitarbeiter ist umweltverantwortlich. Der scheinbare Widerspruch zwischen diesen beiden Formeln löst sich schnell auf: gerade weil Umweltschutz so komplex ist, müssen alle Kräfte des Hauses in die Lösung der damit verbundenen Probleme eingebunden werden; und weil hierbei neue Wege gegangen, tradiertes Denken und hierarchische Strukturen überwunden werden müssen, braucht das Thema Umweltschutz die Unterstützung und die Schubkraft der höchsten Entscheidungsträger." [1]

Seitens zahlreicher Autoren wird betont, daß es einer gleichzeitigen Verankerung des Umweltschutzes sowohl auf höchster Unternehmensebene als auch in der breiten Mitarbeiterschaft bedarf.[2] Daneben kann als Bereich der Wahrnehmung von Umweltschutzfunktionen die Gruppe der Umweltbeauftragten angeführt werden, die entsprechend dem Bundes-Immissionsschutzgesetz (BImSchG), dem Wasserhaushaltsgesetz (WHG) und dem Abfallgesetz (AbfG) gesetzlich vorgeschriebene Aufgaben innerhalb des Unternehmens übernehmen muß. Es gibt aber auch freiwillig von der Unternehmensführung eingesetzte Umweltbeauftragte oder sogar ganze Umweltressorts, die unabhängig von gesetzlichen Auflagen Aufgaben im Bereich des betrieblichen Umweltschutzes wahrnehmen. Als weiterer Bereich ist auf Möglichkeiten hinzuweisen, auch die Kommunikation mit der Unternehmensumwelt strukturell zu verankern.

Die Abbildung 13, in der die genannten Bereiche grafisch zusammengestellt werden, möchte weitergehend ein wichtiges Wesensmerkmal der strukturellen Verankerung von ökologischer Unternehmenspolitik deutlich machen: Es ist letztlich immer die gesamte Belegschaft, ob mit Führungsaufgaben oder besonderen Umweltschutzaufgaben ausgestattet oder nicht, die ökologische Verantwortung im Unternehmen übernehmen kann bzw. übernehmen muß und die folgerecht gesamtheitlich in die strukturelle Verankerung einer ökologischen Unternehmenspolitik eingebunden sein muß. Auf die verschiedenen in der Abbildung dargestellten Bereiche formaler Strukturen und Regeln soll nachfolgend zunächst kurz eingegangen werden, bevor einige grundsätzliche Bemerkungen zur strukturellen Verankerung einer ökologischen Unternehmenspolitik gemacht werden.

---

1 Merck (1993), S. 7.
2 Vgl. Antes (1992), S. 494ff.; Steger (1988), S. 231ff.; Seidel (1990a), S. 215ff.

Abb. 13: Bereiche der Ansiedlung von Umweltschutzaufgaben

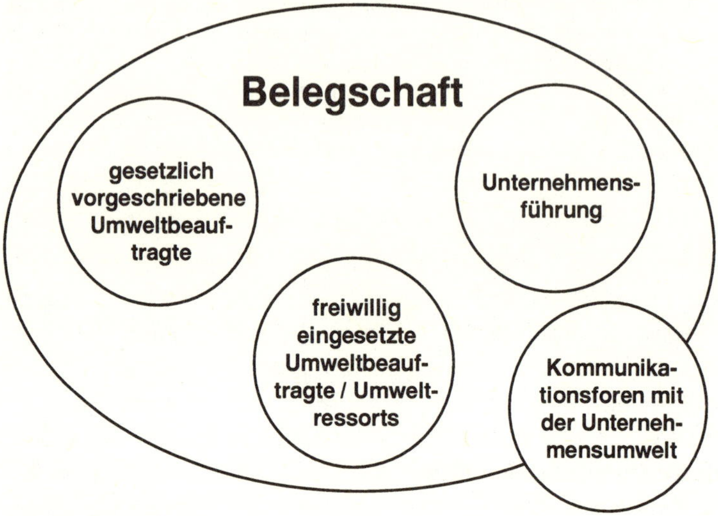

Belegschaft
- gesetzlich vorgeschriebene Umweltbeauftragte
- Unternehmensführung
- freiwillig eingesetzte Umweltbeauftragte / Umweltressorts
- Kommunikationsforen mit der Unternehmensumwelt

Quelle: Verfasser

(1) Unternehmensführung

Ein bedeutendes Moment bei dem Anstoß einer bestimmten Unternehmenspolitik kommt zweifellos der Unternehmensführung zu. Eine ökologische Unternehmenspolitik kann sich daher überhaupt nur dann entwickeln, wenn die Führung eines Unternehmens eine entsprechende Politik im Sinne einer ökologischen „Grundzielsetzung" bzw. „Zielveränderung" und „Zieldurchsetzung" betreibt und trägt. Als formale, strukturbildende Fundamente einer solchen Unternehmenspolitik stehen der Unternehmensführung a) die Ermittlung und Formulierung einer entsprechenden Unternehmensphilosophie und eines Unternehmensleitbildes als Ausgangspunkt eines strategischen Managements sowie b) die Einführung geeigneter organisationsstruktureller Maßnahmen zur Verfügung. Auf letztgenannte Maßnahmen soll weiter unten mit der Darstellung des Bereichs der Umweltbeauftragten und des Bereichs der Belegschaft eingegangen werden. Hier soll hervorgehoben werden, welche Bedeutung der Unternehmensphilosophie und dem Unternehmensleitbild bei der Umsetzung einer ökologischen Unternehmenspolitik zukommt.

Die Formulierung von Unternehmensphilosophie und -leitbild erfolgt zu dem Zweck, Richtlinien bei der Gestaltung der Unternehmenspolitik, und damit weitergehend bei der Unternehmensplanung sowie der Gestaltung von Organisation und Führung zu geben. Die Unternehmensphilosophie setzt hier die übergeordneten Entscheidungskriterien fest und bestimmt damit, welche Probleme überhaupt als Probleme wahrgenommen werden und demzufolge Gegenstand der Unternehmenspolitik werden können.[1] Eine konkrete inhaltliche Auseinandersetzung mit der Unternehmensphilosophie und dem Unternehmensleitbild soll erst im 7. Kapitel zum normativen Management von Kooperationen im Rahmen ökologischer Unternehmenspolitik erfolgen. Hier sei zunächst noch einmal der Hinweis auf die herausragende Bedeutung von Unternehmensphilosophie und Unternehmensleitbild als formalen Elementen einer ökologischen Unternehmenspolitik gemacht, die maßgeblich von der Unternehmensführung initiiert und kommuniziert werden müssen.

(2) Gesetzliche und freiwillige Umweltbeauftragte/Umweltressorts
Die Benennung von Umweltbeauftragten im Unternehmen kann zum einen auf freie unternehmerische Entscheidung zurückgehen, sie dient aber auch der Erfüllung rechtlicher Auflagen entsprechend BImSchG, WHG und AbfG. Der Gesetzgeber läßt den Unternehmen jedoch großen Spielraum bei der Umsetzung dieser Auflagen. So können für die relevanten Umweltschutzaufgaben jeweils ein oder mehrere Betriebsbeauftragte ernannt werden; umgekehrt können die drei Aufgabengebiete bei einem einzigen Betriebsbeauftragten in Personalunion zusammengeführt sein. Alle drei Aufgabengebiete können haupt- oder nebenamtlich ausgeführt werden. Die Betriebsbeauftragten müssen keine Unternehmensangehörigen sein, sondern können als externe Dienstleister beauftragt werden. Die Beauftragten müssen zwar direkten Zugang zur Unternehmensleitung haben, brauchen derselben aber nicht unmittelbar unterstellt zu sein.[2] Zugewiesen sind den Betriebsbeauftragten folgende Kontroll-, Informations- und Innovationsfunktionen:[3]

- die innerbetriebliche Kontrolle der Anlagen auf Einhaltung der Vorschriften, Rechtsverordnungen, Bedingungen und Auflagen;

---

1 Vgl. Ulrich, H. (1981), S. 15.
2 Vgl. Schiegl (1985), Kap. II.(3).
3 Vgl. Antes (1992), S. 499 unter Bezug auf: §§ 54, 56 BImSchG, § 11b u. d AbfG, § 21b u. d WHG sowie Specht (1988), S. 19-21; Schreiner (1988), S. 88-90.

- Aufklärung der Betriebsangehörigen über die von den Anlagen ausgehenden schädlichen Umwelteinwirkungen sowie über Einrichtungen und Maßnahmen zu ihrer Verhinderung;
- die jährliche Berichtspflicht gegenüber dem Anlagenbetreiber über die im Rahmen der Aufgaben getroffenen und beabsichtigten Maßnahmen;
- die Initiative zur Entwicklung und Einführung umweltfreundlicher Verfahren und Erzeugnisse;
- die Stellungnahme zu Investitionsentscheidungen, die für den Gewässerschutz, den Immissionsschutz und die Abfallentsorgung bedeutsam sein können.

Trotz dieser scheinbaren Fülle von Funktionen kann nicht übersehen werden, daß die alleinige Erledigung von Umweltschutzaufgaben im Unternehmen durch Umweltbeauftragte als „minimale Auslage" der organisatorischen Implementierung eines betrieblichen Umweltschutzes betrachtet werden muß.[1] Dies gilt freilich weit weniger dann, wenn die Umweltbeauftragten nicht alleine zur Erfüllung rechtlicher Vorschriften eingesetzt werden, sondern wenn sie im Rahmen einer ökologischen Unternehmenspolitik zur Übernahme von Aufgaben eingesetzt werden, die über die Erfüllung rechtlicher Anforderungen hinausgehend einer intensiven Betreuung durch speziell dafür eingesetzte Mitarbeiter bedürfen. Obwohl grundsätzlich für eine breite Implementierung von Umweltschutzaufgaben im Unternehmen zu plädieren ist, muß zweifelsfrei anerkannt werden, daß viele Umweltschutzaufgaben nicht effizient an die Gesamtbelegschaft übertragen werden können. Nachfolgend werden einige Kriterien angeführt, die für eine Konzentration bestimmter Umweltschutzaufgaben im Unternehmen sprechen und die

---

1 Vgl. Seidel (1990a), S. 217; in dieser Auslegung der Organisation des betrieblichen Umweltschutzes wird der betriebliche Umweltschutz zum Objekt bzw. zum „genitivus objectivus" der Organisation. Der Umweltschutz ist damit eine betriebliche Funktion wie viele andere auch. Dadurch aber ist nach Seidel das Ausmaß der Rückwirkung auf andere Funktionsbereiche und auf die Organisation selbst als gering einzustufen. Wenn ökologische Unternehmenspolitik einen höheren Stellenwert im Unternehmen bekommen soll, dann bedarf es einer Auffassung des betrieblichen Umweltschutzes als „genitivus subjektivus", in der betrieblicher Umweltschutz zum Subjekt (Träger, Agens) der Organisation wird.

in der Praxis zur Schaffung zahlreicher Stellen für Umweltbeauftragte oder ganzer Umweltressorts geführt haben:[1]

- Probleme mangelnder Teilbarkeit komplexer Umweltschutzentscheidungen,
- Berücksichtigung relevanter oder Vermeidung störender Interdependenzen sowie bessere Koordination der in allen Unternehmensbereichen anfallenden Umweltschutzaufgaben,
- Notwendigkeit von umfangreichem Know-how und Professionalität,
- Erfordernis einer hohen Reaktionsfähigkeit,
- Schaffung von Möglichkeiten der Selbstüberwachung.

(3) Belegschaft

Für die Übertragung von Umweltschutzaufgaben auf alle oder zumindest weite Teile der Belegschaft muß nach Auffassung von Antes der Gestaltungsraum betrieblichen Umweltschutzes durch die gesamte Horizontale und Vertikale einer Unternehmensorganisation abgesteckt werden einschließlich möglicher Erweiterungen.[2] Ziel ist dabei eine Integration von Umweltschutzaspekten in bereits vorhandene Entscheidungs- und Aufgabenbereiche. Diese kann zusätzlich zur rechtlich vorgeschriebenen oder freiwilligen Konzentration von Umweltschutzaufgaben auf spezielle Beauftragte erfolgen. Zur Gestaltung einer solchen umweltschutzbezogenen Organisationsarbeit können in Anlehnung an Seidel u.a. folgende organisatorische Möglichkeiten angeführt werden:[3]

- Dezentralisierung von ökologisch relevanten Planungs- und Entscheidungsaufgaben,
- Berücksichtigung ökologischer Aspekte in der Gestaltung der Ablauforganisation,
- Einführung von Projektorganisation und Projektmanagement für Umweltschutzvorhaben,
- Bildung vertikaler, horizontaler oder lateraler Gremien zur Koordination von Umweltschutzaufgaben,

---

1 Vgl. Antes (1992), S. 502 unter Bezug auf u.a. Senn (1986), S. 309; Thomas (1988), S. 2162ff.
2 Vgl. Antes (1992), S. 500.
3 Vgl. Seidel (1990a), S. 222ff.; Seidel (1990b), S. 337ff.

- ökologische Wendung des Lernstatt-Konzeptes und der Qualitätszirkel,
- Schaffung betrieblich-ökologischer Anreizsysteme,
- Einführung eines betrieblich-ökologischen Controlling.

(4) Unternehmensübergreifende Kommunikationsforen
Im Vorgriff auf die beiden folgenden Kapitel zu Kommunikationsformen und Ritualen sowie der Bedeutung der Selbstthematisierung für eine ökologische Unternehmenspolitik soll hier bereits auf die mögliche strukturelle Umsetzung der Kommunikation mit der Unternehmensumwelt hingewiesen werden. Neben der ad-hoc-bezogenen Kommunikation zu konkreten Anlässen können für einen bestimmten Zeitraum oder auf Dauer turnusmäßig tagende Kommunikationsforen oder Umweltkolloquien eingerichtet werden. In diesen können Mitglieder des Unternehmens mit Experten aus verschiedenen Fachbereichen bzw. gesellschaftlichen Funktionssystemen wie z.B. der Wissenschaft, der Politik oder der Wirtschaft über Umweltthemen kommunizieren und damit neue Impulse für die Ausrichtung des Unternehmens erhalten und selber Impulse in andere Bereiche geben. Beispiele für solche umweltbezogenen Kommunikationsforen sind etwa das Umweltkolloquium der Schering AG[1] oder die Kempfenhausener Gespräche der Hypo-Bank[2]. Selbstverständlich sind aber auch beliebige andere Formen strukturierter, unternehmensübergreifender Kommunikation denkbar. Die zahlreichen denkbaren Möglichkeiten sollen hier aber nicht vertiefend erörtert werden.

Allen hier angeführten Bereichen formaler Strukturen im Unternehmen kommt eine wichtige Rolle bei der Umsetzung einer ökologischen Unternehmenspolitik zu. Die Unternehmensführung übernimmt hierbei gegebenermaßen eine herausragende, aber dennoch alleine nicht ausreichende Funktion, da keiner der hier unterschiedenen Bereiche einen anderen vollständig ersetzen kann. In je mehr Bereichen ökologische Fragestellungen thematisiert werden, desto mehr kann ökologische Unternehmenspolitik Wirkung nicht nur im Sinne von Zielsetzung, sondern auch im Sinne der Zieldurchsetzung erlangen. Dabei wäre es zu einfach, bei der Implementierung einer ökologischen Unterneh-

---

1 Vgl. Grothe-Senf (1994), S. 12.
2 Vgl. Hypo-Bank (1994).

menspolitik von einer straffen Chronologie auszugehen, in der von der Unternehmensführung über die Umweltbeauftragten bis hin zur gesamten Belegschaft und unternehmensübergreifender Kommunikation in zunehmend mehr Bereichen ökologische Aspekte im Unternehmen berücksichtigt werden. Die strukturelle Umsetzung einer ökologischen Unternehmenspolitik stellt vielmehr einen Prozeß organisationalen Lernens dar, der sich einer chronologischen Darstellung weitestgehend entzieht. Denn organisationales Lernen reduziert sich nicht auf die Strukturierung von Aufgaben und die Qualifizierung von einzelnen Mitarbeitern auf der Gestaltungsebene. Vielmehr umfaßt es die aus dem 5. Kapitel bereits bekannten Ebenen der Selbstreferentialität und Selbstorganisation eines Systems, durch die die Möglichkeiten systeminterner Kommunikationsanschlüsse modifiziert und damit auch ausdifferenziert werden.[1] Und genau diese Modifizierung und Ausdifferenzierung von Kommunikationsanschlüssen ist im Unternehmen erforderlich, um neue Strukturen zu definieren und sie dann auch mit Leben zu füllen.

Das gerade Gesagte gilt natürlich zunächst einmal für unternehmensinterne Maßnahmen einer ökologischen Unternehmenspolitik. Für das breite Spektrum der hier betrachteten Kooperationen zur Umsetzung einer ökologischen Unternehmenspolitik spielen denn auch nicht alle genannten Bereiche zwingend eine gleichermaßen große Rolle. So kann die Auseinandersetzung mit ökologischen Fragestellungen auf Top-Management-Ebene genügen, um ökologische Ziele und Aufgaben in Kooperationen jeder Größenordnung zu delegieren. Zu denken ist hier sowohl an Equity Joint Ventures einer beliebigen Anzahl von Partnern als auch an Verbände, die für die Übernahme entsprechender Aufgaben gegründet oder mit diesen Aufgaben betraut werden. Beide Fälle stellen aber letztlich nur eine Verlagerung der Notwendigkeit dar, dort, wo ökologisch sinnvoll gewirtschaftet oder gehandelt werden soll, sowohl die Führung als auch Beauftragte und Mitarbeiter in das ökologische Denken mit einzubeziehen. Da jedoch die Mehrzahl aller Kooperationen ohne separate Organisation abgewickelt wird, werden in eben dieser Mehrzahl der Fälle neben der Unternehmensführung auch die Umweltbeauftragten und die Mitarbeiter der beteiligten

---

1   Einen Einblick in die komplexen Theorieansätze (ökologisch-) organisationalen Lernens liefert Harde (1994).

Unternehmen zu Mitgliedern der Kooperation. In diesen Fällen ist die Verankerung ökologischer Handlungsprinzipien zumindest in allen unternehmensinternen Bereichen als Voraussetzung für die Bewältigung von Kooperationen im Rahmen ökologischer Unternehmenspolitik anzusehen.

6.1.2 Die Bedeutung von Kommunikationsformen und Ritualen für eine ökologische Unternehmenspolitik

Hinsichtlich der Kommunikationsformen im Unternehmen scheint eine der von Bardmann beispielhaft genannten und als solche weiter oben bereits angeführten Kommunikationsformen besonders dafür geeignet, Wegbereiter einer ökologischen Unternehmenspolitik sein zu können. Es handelt sich um die Kommunikationsform des unverzerrten, verständigungs- und konsensorientierten Dialogs. Wesentliches Merkmal dieser Art der Kommunikation ist ihr Ziel, konsensuelles Einverständnis unter den Beteiligten zu erreichen, und nicht Einfluß aufeinander auszuüben.[1] Um die Notwendigkeit einer solchen Kommunikation für eine ökologische Unternehmenspolitik zu begründen, sei zunächst die Art von Kommunikation näher erläutert, in welcher auf Einflußnahme und damit auf den Einsatz von Lenkungstechniken verzichtet wird. Diese ist nach Habermas u.a. dadurch gekennzeichnet, daß[2]

- alle Gesprächsteilnehmer die gleiche Chance haben, die Kommunikation zu eröffnen und in Gang zu halten,
- alle die gleiche Chance haben – durch Einsatz entsprechender Mittel – Deutungen, Behauptungen, Erklärungen und Rechtfertigungen aufzustellen,
- eine Gleichverteilung der Chancen besteht, zu befehlen und sich zu widersetzen, zu erlauben und zu verbieten.

Mit diesen Bedingungen an eine diskursive Kommunikation rücken gerade im Bereich der Unternehmen, mit ihren zumeist stark ausgeprägten Hierarchien, Fragen der Bedeutung von Herrschaft und Macht

---

1 Vgl. Habermas (1984), S. 574.
2 Vgl. Habermas (1971), S. 137ff.

für Kommunikationsprozesse in den Blickpunkt. Die beiden Begriffe haben dabei durchaus unterschiedliche Bedeutung, bezeichnet der Begriff der Herrschaft doch die Institutionalisierung von Macht, und der Begriff der Macht selber in Anlehnung an Max Weber „jede Chance, innerhalb einer sozialen Beziehung den eigenen Willen auch gegen Widerstand durchzusetzen, gleichviel worauf diese Chance beruht."[1] Hierarchien bilden damit Herrschaftsbeziehungen ab, die jedoch nicht deckungsgleich mit ebenfalls vorhandenen Machtbeziehungen sein müssen.[2]

Die in Unternehmen zwangsläufig vorhandenen Herrschafts- und Machtbeziehungen lassen nun zweifellos eher eine Kommunikation zur Einflußnahme als eine Kommunikation zur Erreichung von Einverständnis entstehen. Die von Habermas aufgezeigten Bedingungen machen aber deutlich, daß eine diskursive Kommunikation nur entstehen kann, wenn es gelingt bzw. wenn die Bereitschaft besteht, im Kommunikationsprozeß auf den Einsatz vorhandener Herrschafts- und Machtpotentiale zu verzichten. Je nach Einfluß vorhandener Herrschafts- und Machtpotentiale kann Kommunikation damit darauf ausgerichtet sein, die bestehenden Herrschafts- und Machtbeziehungen zu manifestieren oder auszubauen, sie kann aber auch darauf ausgerichtet sein, Herrschaft, vor allen Dingen aber Macht nach Erfordernis und Können immer wieder neu zuzuordnen. Damit beeinflußt die Art der Kommunikation in erheblichem Maße solche Faktoren, die für das Innovationsverhalten, die Flexibilität und die Selbstverantwortung[3] der Beschäftigten im Unternehmen von größter Bedeutung sind. Es bedarf an dieser Stelle keiner besonderen Erwähnung mehr, daß alle drei genannten Faktoren wesentlich auch mit der Initiierung und der Umsetzung einer ökologischen Unternehmenspolitik verbunden sind.

---

1 Weber (1980), S. 28; zur Abgrenzung der Begriffe Herrschaft und Macht vgl. Luegger (1989), S. 185ff.
2 Analog zu dieser Unterscheidung redet Sprenger von Vorgesetzten auf der einen Seite und Führungskräften auf der anderen Seite; zwei Ausprägungen, die ebenfalls deckungsgleich sein können, aber nicht sein müssen. Vgl. Sprenger (1996), S. 156ff.
3 Breisigs Analysen zur Instrumentalisierung von Motivationstechniken (vgl. Breisig, 1987) und Sprengers Auseinandersetzung mit der Problematik der Schaffung von Motivation (vgl. Sprenger 1995 und 1996) veranlassen uns dazu, hier in Anlehnung an Sprenger die Selbstverantwortung, und nicht die Motivation in den Vordergrund zu rücken.

Innovation, Flexibilität und selbstverantwortliches Handeln im Unternehmen leiden daher, wenn individuelle Machtvermehrung und Machtabsicherung (stellvertretend auch für das wesentlich statischere Phänomen Herrschaft) auch auf Kosten des unternehmerischen (wenn nicht gesellschaftlichen) Gemeinwohls möglich oder sogar erforderlich ist, um im Unternehmen zu bestehen. Im Gegensatz dazu fördert eine Kommunikation, mittels derer Macht soweit unterschiedlich genutzt und zugeordnet wird, wie es die Bewältigung der aktuellen arbeitsteiligen Prozesse erfordert, daß sich Innovation, Flexibilität und Selbstverantwortung auf der Basis und mit Hilfe von Machtunterschieden entwickeln können.[1]

Als ein Verfechter dieser letztgenannten Form der Kommunikation im Unternehmen kann Peter Ulrich angeführt werden, der sich ausführlich mit dem Aufbau kommunikativer Verständigungspotentiale mit internen und externen Anspruchsgruppen des Unternehmens auseinandersetzt.[2] Peter Ulrich, der seine Überlegungen unter dem Leitbegriff der dialogorientierten Unternehmenspolitik bzw. des „Konsensus-Managements" darstellt, sieht in dieser Form der Kommunikation eine wichtige Ergänzung zum strategischen Management.[3] In Tabelle 16 sind die aus Ulrichs Sicht typischen Wesensmerkmale beider Managementansätze gegenübergestellt.

Ulrich zeigt damit auf der einen Seite einen Weg zu einem normativen Management auf, das dem strategischen Management vorgelagert der Findung normativer Maßstäbe für das Unternehmen dienen soll. Er beschreibt damit zum anderen gleichzeitig eine Kommunikationsform, die als wesentliche Voraussetzung für einen Führungsstil gelten muß, dessen Ziel nicht der Aufbau und der Erhalt von Macht und Herrschaft ist, sondern der sich alleine der Koordination arbeitsteilig organisierter Systeme verschreibt, um deren Effektivitäts- und Effizienzvorteile gegenüber nicht-arbeitsteilig organisierten Systemen sicherzustellen.

---

[1] Bereits Gutenberg weist darauf hin, daß Hierarchien in Unternehmen rein instrumentalen Charakter, jedoch keinerlei machtpolitischen Sinn haben sollten. Vgl. Gutenberg (1989), S. 71.
[2] Vgl. Ulrich, P. (1983).
[3] Zum strategischen Management siehe Kapitel 8.

Tab. 16: Ergänzung des strategischen Managements durch ein „Konsensus-Management"

Strategisches Management	Konsensus-Management
rationaler Umgang mit Objekten (Informationsverarbeitung)	rationaler Umgang mit Subjekten (Willensbildung)
Unternehmensführungstechnik	Unternehmenspolitik
monologisch	dialogisch
Aufbau von strategischen Erfolgspotentialen	Aufbau von kommunikativen Verständigungspotentialen
Rationalisierung = Verbesserung der Kontrolle über Dinge und Personen (Sozialtechnologie)	Rationalisierung = Verbesserung der Voraussetzungen für argumentative Konsensbildung mit allen Betroffenen
Stand: hochentwickelt	Stand: unterentwickelt

Quelle: Ulrich, P. (1983), S. 80

Bezogen auf die Schaffung eines Innovationsklimas lassen sich daraus, in Anlehnung an Pfriem und in notwendiger Annäherung an die Unternehmenspraxis, folgende Kriterien für eine verständigungs- und konsensorientierte Kommunikation ableiten:[1]

- hinreichende Einbeziehung aller „Wissenden" (intern und extern),
- hinreichende Einbeziehung aller Betroffenen,
- hinreichende Berücksichtigung von Rückwirkungen auf technische Bereiche, organisatorische Abteilungen und Hierarchiestufen des Unternehmens,
- hinreichende Aufgeschlossenheit zur Infragestellung des Bisherigen,
- hinreichende Verknüpfung mit Weiterbildungsaktivitäten (neue Aufgaben erfordern zusätzliches Wissen),
- hinreichender Bezug auf die spezifischen gesellschaftlichen Herausforderungen, in denen das Unternehmen steht.

Die von Pfriem geforderte „hinreichende" Ausgestaltung bzw. Erweiterung von Kommunikation entspricht der Auffassung von Fischer et al., daß die von Weber und Ulrich beschriebene Kommunikationsform in der Praxis nicht dogmatisiert werden darf, sondern daß sie als Leitidee zu begreifen ist, die dem Unternehmen eine Richtung für die

---

[1] Vgl. Pfriem (1995), S. 297

Entwicklung von Kommunikationsverhalten aufzeigt.[1] Bereits die Öffnung für eine verständigungs- und konsensorientierte Kommunikation bietet dem Unternehmen damit die Möglichkeiten oder Chancen

- zur Annäherung differierender Vorstellungen,
- des sich Bewußtmachens der Erwartungen anderer und
- des sich selbst Bewußtmachens der eigenen Wertvorstellungen und der Folgen eigener Entscheidungen und Handlungen.

Diese Möglichkeiten und Chancen gelten sowohl im Innen- wie im Außenverhältnis des Unternehmens. Die Kommunikationsform spielt im Rahmen einer ökologischen Unternehmenspolitik damit in doppelter Hinsicht eine herausragende Rolle. Hinsichtlich des normativen Managements hat sie Einfluß auf das Wie der Ausarbeitung einer Unternehmensphilosophie und eines Unternehmensleitbildes. Hinsichtlich des Führungsstils hat sie Einfluß auf die Selbstverantwortung der Beschäftigten, das Innovationsverhalten und die Flexibilität im Unternehmen, welche letztlich die Effektivität und die Effizienz des Unternehmens ausmachen.

Von den von Bardmann unterschiedenen Ritualen erscheinen in Bezug auf eine ökologische Unternehmenspolitik folgerichtig die Rituale der Macht und darüber hinaus die Rituale des Erfolgs von besonderem Interesse. Rituale der Macht haben als mediale „Zusatzeinrichtung" der Kommunikation[2] erheblichen Einfluß auf das Führungs- und Kooperationsverhalten innerhalb von Unternehmen. Auf eine gesonderte Erörterung dieser Rituale soll hier jedoch verzichtet werden, da im Zuge der Auseinandersetzung mit der Kommunikation bereits zahlreiche inhaltliche Hinweise zum Umgang mit Herrschafts- und Machtbeziehungen gegeben wurden, die in ihrer praktischen Umsetzung als eben diese Rituale interpretiert werden können. Erinnert sei hier insbesondere an die soeben in Anlehnung an Pfriem genannten

---

1 Vgl. Fischer et al. (1993), S. 34; vgl. dort auch die praxeologisch-kritischen Anmerkungen zur unverzerrten, verständigungs- und konsensorientierten Kommunikation. Hallay/Pfriem sprechen anstelle des Konsens-Managements daher auch eher von einem Verständigungsmanagement, „mit dessen Hilfe im Einzelfall zwar auch Konsens möglich ist, wonach vor allem aber mit Differenzen reflektierter umgegangen werden kann." Hallay/Pfriem (1994), S. 2.
2 Vgl. Bardmann (1994), S. 376.

Kriterien einer verständigungs- und konsensorientierten Kommunikation. Es soll jedoch unabhängig von inhaltlichen Aspekten deutlich gemacht werden, daß Rituale im Unterschied zu den Präferenzen individueller Akteure institutionellen Charakter haben können. Damit sind sie in ihrer Existenz nicht alleine von dem Wollen eben dieser Akteure abhängig. Vielmehr besteht mit ihnen als Artefakte die Möglichkeit, Kommunikationsformen gezielt zu beeinflussen.

Rituale des Erfolgs erscheinen uns hier ebenfalls besonders erwähnenswert, da mit ihnen transparent gemacht wird, welche Werte und Normen im Unternehmen faktische Priorität besitzen. Dieses Verdeutlichen der faktischen Prioritäten des Top-Managements hat Einfluß darauf, welchen Komponenten einer Unternehmensphilosophie, eines Unternehmensleitbildes oder eines Zielsystems des Unternehmens auch durch die Belegschaft besondere Aufmerksamkeit zu schenken ist. Aufgrund der häufigen Konflikte zwischen einzelnen dieser Komponenten wird damit gleichzeitig determiniert, welche Komponenten im Konfliktfall vernachlässigt werden dürfen. Aus der Sicht einer ökologischen Unternehmenspolitik sind damit solche Rituale gefragt, die die Inhalte, die Bemühungen und die Erfolge oder auch Mißerfolge eben dieser Unternehmenspolitik deutlich machen, und die den ökologischen Aspekten der Unternehmenspolitik schon alleine dadurch, daß sie Gegenstand eines Erfolgsrituals werden, einen hohen Stellenwert beimessen.

6.1.3 Die Bedeutung der Selbstthematisierung für eine ökologische Unternehmenspolitik

Die Selbstbeschreibungskapazität und, darauf aufbauend, die Selbstthematisierungskapazität eines Unternehmens variieren nach Drepper mit der Komplexität der Unternehmensumwelt. Dies bedeutet jedoch nicht, daß die Umweltkomplexität die Selbstthematisierungskapazität determiniert. Vielmehr müssen Unternehmen, wenn sie in einer komplexeren Umwelt bestehen wollen, von sich aus das Maß der Selbstthematisierung erhöhen. Drepper nennt dafür ein, wie er meint „sicherlich nicht sehr originelles, aber hinreichend plausibles Beispiel", das wir hier als längeres Zitat wiedergeben wollen:

„Das Verhältnis von Unternehmen zu *ökologischen Gefährdungen* durch unternehmerische Tätigkeit ist ein Lehrstück für die hier vertretene These des allmählichen Einbaus eines als gesellschaftlich relevanten Themas in die Beobachtungskapazität und letztendlich in die Selbstbeschreibung von Unternehmen, die erkannt haben, daß es nicht mehr riskierbar ist, in einer auf die kommunikative Verarbeitung von Umweltgefährdungen ausgerichteten „Konsenskultur" nicht mehr als Kommunikationsteilnehmer zugelassen zu sein, da man nichts zum Thema beitragen kann. Die Selbstorganisation des Vorrats von im Unternehmen thematisierbaren und mithin als Grundlage von Entscheidungen heranziehbaren Themen gesellschaftlicher Kommunikation erfolgt auf der Ebene der im Unternehmen dafür zuständigen Semantik, der Unternehmenskultur."[1]

Die Auseinandersetzung mit ökologischen Gefährdungen wird hier interpretiert als eine gesteigerte Form der Selbstthematisierung. Ausgangspunkt dieser Selbstthematisierung ist nach unserer Auffassung das Top-Management des Unternehmens. Selbstverständlich steht es jedem Mitglied des Unternehmens frei, sein Wirken im Unternehmen und das Wirken des Unternehmens zu thematisieren. Und selbstverständlich wird auch davon das semantische Reservoir des Unternehmens erweitert und es werden Entscheidungen im Unternehmen beeinflußt. Um aber grundlegende Veränderungen im Unternehmen anstoßen zu können, muß das semantische Reservoir ebenso grundlegend erweitert werden. Und die größten Möglichkeiten dazu liegen auf der Seite des Top-Managements. Auch darin liegt damit ein Hebel der Unternehmensführung für die Schaffung oder Erhöhung der Innovationskraft und damit der Fortschrittsfähigkeit des Unternehmens.[2] Hinsichtlich ökologischer Fragestellungen gilt es im Zuge der Selbstthematisierung daher:[3]

- das Ökologieproblem für sich überhaupt und hinreichend weit zu thematisieren,
- die ökologischen Handlungs- und Entscheidungsfreiräume zu erkennen, zu nutzen und im Maße des Möglichen zu erweitern,

---

1 Drepper (1992), S. 142/143.
2 Siehe hierzu auch die mitlerweile zahlreichen Studien zur Lernfähigkeit von Organisationen, die ebenfalls auf eine Erhöhung der Innovationskraft und Flexibilität von Unternehmen ausgerichtet sind. Vgl. stellvertretend Sattelberger (1991) und Hallay/Pfriem (1994), S. 1ff.
3 Vgl. Pfriem (1995), S. 286.

- die ökologische Selbstthematisierung mit den internen und externen Anspruchsgruppen kommunikativ zu verknüpfen (siehe weiter oben) sowie
- die Funktion und den Sinn des eigenen Handelns permanent in Frage zu stellen.

Zu beachten ist, daß eine gesteigerte Selbstthematisierung nicht zwangsläufig zu veränderten Entscheidungen führen muß. Unternehmenskultur aus dieser Perspektive äußert sich nicht in veränderten Entscheidungen, sondern alleine in den veränderten Entscheidungsgrundlagen bzw. in den wahrgenommenen Handlungsalternativen. Daß diese nicht nur veränderte Entscheidungen nach sich ziehen können, sondern auch Voraussetzung für veränderte Entscheidungen sind, steht allerdings außer Frage.

6.2 Handlungsweisen und Perspektiven der Kooperation

Unabhängig von den spezifischen Merkmalen einer ökologischen Unternehmenspolitik soll nun analog dem Aufbau des Kapitels 6.1 die Bedeutung der hier unterschiedenen Sachverhalte organisierter Sozialsysteme für Kooperationen zwischen diesen Sozialsystemen besprochen werden. Die Auseinandersetzung mit der Unternehmenskultur im Forschungsfeld der Unternehmenskooperationen scheint dabei einer Aussage bzw. Hypothese ganz besondere Aufmerksamkeit zu schenken und, dies sei hier bereits angemerkt, sich mit der Wiedergabe dieser Hypothese auch weitgehend zu begnügen. Es handelt sich um die Annahme, daß Unternehmen, die miteinander kooperieren, idealerweise einen „kulturellen fit" miteinander haben: die Kulturen der kooperierenden Unternehmen sollen möglichst identisch sein, um dem Kooperationserfolg wenig Steine in den Weg zu legen. Die Auffassungen darüber, was als Bestandteil der Unternehmenskultur möglichst identisch sein soll, unterscheiden sich dabei von Autor zu Autor. Bronder etwa hebt Aspekte wie die Umweltorientierung, die Internationalität, die Kundenorientierung, die Technologieorientierung, die Innovationsorientierung, die Kostenorientierung, die Qualitätsorientierung und die

Mitarbeiterorientierung als Merkmale der Unternehmenskultur der kooperierenden Unternehmen hervor.[1] Bleicher betont die Bedeutung gemeinsam geteilter unternehmenspolitischer Werte und Normen.[2] Schmidt-Dorrenbach diskutiert anhand einer Fallstudie die Probleme unterschiedlicher Unternehmenskulturen am Beispiel des Personaleinsatzes, der Lohn- und Gehaltspolitik sowie der Sozialleistungen in einem Joint Venture zwischen einem US-amerikanischen und einem deutschen Industrieunternehmen.[3]

Eine Begründung für die Notwendigkeit eines kulturellen fit ist dabei nur implizit auszumachen. So weist etwa Bleicher zur Begründung auf die Notwendigkeit eines gegenseitigen Vertrauens hin.[4] Dieser Auffassung ist auch durchaus zuzustimmen. Wenn sich Unternehmen als potentielle Kooperationspartner gegenüberstehen, die bisher keine gemeinsamen Geschäftsbeziehungen pflegten und daher nicht die Gelegenheit hatten, eine Vertrauensbasis aufzubauen, dann fällt es leichter, zumindest auf der Basis ähnlicher kultureller Prägungen eben diesen Vertrauensvorschuß gegenseitig zu gewähren und auch zu erfüllen. Die Gefahr von Kommunikationsstörungen bis hin zu Mißverständnissen über Inhalt und Verlauf von Kooperationen ist bei ähnlicher kultureller Prägung ohne Zweifel geringer. Bleicher weist außerdem darauf hin, daß nach einer Euphorie des Kooperationsbeginns das tatsächliche Leben einer Kooperation durch kulturelle Ähnlichkeiten erleichtert wird.[5] Dennoch scheint der Forderung nach der Notwendigkeit eines kulturellen fit zwischen den Kooperationspartnern keine Allgemeingültigkeit zukommen zu können. Folgende Beispiele verdeutlichen, daß Kooperationen nicht immer auf einen kulturellen fit der Kooperationspartner angewiesen sein müssen bzw. sein können:

- Kooperationen zwischen großen und kleinen Unternehmen werden kaum auf der Basis eines kulturellen fit zustande kommen können, da die Kulturen großer und kleiner Unternehmen grundsätzliche Unterschiede aufweisen.

---

1   Vgl. Bronder (1992), S. 90.
2   Vgl. Bleicher (1989), S. 85.
3   Vgl. Schmidt-Dorrenbach (1991), S. 236ff.
4   Vgl. Bleicher (1989), S. 86.
5   Vgl. ebd, S. 87.

- Kooperationen auf der Basis gewachsener Geschäftsbeziehungen kommen auch ohne kulturelle Identität der Kooperationspartner zustande.
- Bei vertikalen Kooperationen besteht häufig nicht die Möglichkeit, Kooperationspartner auszuwählen. Sie sind durch vorhandene Liefer- und Abnehmerbeziehungen in weiten Teilen vorgegeben.
- Kooperationen mit mehreren Beteiligten bis hin zu branchenweiten oder -übergreifenden Kooperationen würden nie zustande kommen, wenn sie an den kulturellen fit der Beteiligten gebunden wären.

Trotz dieser Einschränkungen soll nicht die Vorteilhaftigkeit eines kulturellen fit zwischen Kooperationspartnern in Frage gestellt werden. Es soll aber der Eindruck vermieden werden, der kulturelle fit sei eine Voraussetzung für Kooperationen. Die Praxis zeigt, daß weder das Zustandekommen noch der Erfolg einer Kooperation von dem kulturellen fit der Kooperationspartner abhängen muß.

Es scheint daher lohnenswert, unabhängig von dem kulturellen fit zwischen den Kooperationspartnern auch auf andere, individuelle Sachverhalte organisierter Sozialsysteme resp. Unternehmen zu schauen, die zu einer größeren Kooperationsneigung und zu einem angemessenen Kooperationsverhalten führen können. Wesentlich stärker als dies bei der Betrachtung dieser Sachverhalte im Hinblick auf eine ökologische Unternehmenspolitik erforderlich war, ist es bei der Betrachtung von Unternehmenskooperationen erforderlich, zwischen Auswirkungen dieser Sachverhalte auf

- die Kooperationsneigung bzw. das Kooperieren-Wollen und auf
- das Kooperationsverhalten bzw. das Kooperieren-Können

zu unterscheiden. Bei den verschiedenen von uns betrachteten Sachverhalten, die nun auch hinsichtlich ihrer Bedeutung für Unternehmenskooperationen diskutiert werden sollen, ist daher jeweils zusätzlich die Frage nach ihrer Bedeutung für das Kooperieren-Wollen und das Kooperieren-Können zu stellen.

6.2.1 Die Bedeutung formaler Strukturen und Regeln für Kooperationen

Der Zusammenhang von unternehmensstrukturellen Merkmalen und Unternehmenskooperationen ist bisher kaum erforscht. Eine der wenigen, aber dennoch wichtigen Aussagen hierzu liefern Aiken und Hage, die in einer empirischen Studie über Gesundheits- und Wohlfahrtsorganisationen nachweisen, daß eine hohe organisationale Vielfalt (organizational diversity) zu einer erhöhten Kooperationsneigung führt.[1] Als Indikatoren der organisationalen Vielfalt nennen Aiken/Hage:[2]

- Komplexität durch Vielfalt in den Betätigungsfeldern,
- Dezentralisierung durch Vielfalt in der Anzahl von Machtzentren,
- geringe Formalisierung durch Vielfalt in der Arbeitserfahrung.

Die hohe organisationale Vielfalt bewirkt jedoch nicht unmittelbar eine erhöhte Kooperationsneigung, sondern führt zunächst nur zu einer höheren Innovationsneigung. Diese Innovationsneigung erzeugt dann aber einen Bedarf nach zusätzlichen unternehmensexternen Ressourcen und wird dadurch zum eigentlichen Auslöser für den gesteigerten Kooperationsbedarf. Organisationale Vielfalt führt daher erst dann zu einer erhöhten Kooperationsneigung, wenn mit ihr eine erhöhte Innovationsneigung einhergeht.

Sydow sieht einen weiteren Zusammenhang zwischen dem Diversifikationsgrad eines Unternehmens und dessen Kooperationsneigung. Danach ermöglicht es ein hoher Diversifikationsgrad im Sinne von zahlreichen Betätigungsfeldern, in verschiedene Kooperationen eingebunden zu sein, dort Erfahrungen zu sammeln und diese in neuen Interorganisationsbeziehungen einzubringen. Ein attraktives Portfolio der in einem Unternehmen bearbeiteten Geschäftsfelder erleichtert es darüber hinaus, Partner für eine Kooperation zu gewinnen.[3]

Dieser Aussage gegenüber steht die Ansicht, daß es gerade die Spezialisierung eines oder mehrerer Unternehmen ist, die Abhängigkeitsverhältnisse zwischen diesen Unternehmen begründet und damit

---

1 Vgl. Aiken/Hage (1968), S. 915.
2 Vgl. ebd., S. 917.
3 Vgl. Sydow (1993), S. 298.

Kooperationsneigung erzeugt.[1] Offensichtlich ist die Bedeutung organisationaler Vielfalt für das Kooperationsverhalten von Unternehmen kaum an dem ersten der oben genannten drei Punkte, nämlich der Anzahl der Betätigungsfelder festzumachen, da sowohl Vielfalt in den Betätigungsfeldern als auch Spezialisierung Anlaß zu Kooperationen bieten können. Damit bleiben aber für Unternehmenskooperationen das Ausmaß der Dezentralisierung und das der Formalisierung innerhalb der kooperierenden Unternehmen von Bedeutung. Und diese Faktoren beeinflussen sowohl die Kooperationsneigung, also das Zustandekommen von Kooperationen,[2] als auch das Kooperationsverhalten in bestehenden Kooperationen.

Ein weiterer struktureller Aspekt, der für Kooperationen relevant sein kann, ist die Größe der Unternehmen. Naujoks/Pausch stellen bereits 1977 in einer Untersuchung fest, daß Unternehmen ab einer Beschäftigtenzahl von 1000 zu 75% Kooperationsbeziehungen pflegen, ein Prozentsatz, der bei kleineren Unternehmen bis auf 13% (bei 1 bis 9 Beschäftigten) herabsinkt.[3] Auch wenn die Ergebnisse von Naujoks/Pausch bereits älter und nicht deckungsgleich mit der hier betrachteten Kooperationsbandbreite sind[4], so machen sie dennoch eine beachtliche Abhängigkeit der Kooperationsneigung von der Unternehmensgröße deutlich.[5]

Weiter oben wurde bereits die Bedeutung der Unternehmensphilosophie und des Unternehmensleitbildes als Ausgangspunkt einer ökologischen Unternehmenspolitik herausgestellt. Das Unternehmensleitbild kann ebenso dazu dienen, dem Verhalten des Unternehmens im Markt und gegenüber anderen Marktteilnehmern bestimmte Freiräume

---

1 Vgl. Kapitel 5.2.1 und 5.2.2; auch Sydow stellt an anderer Stelle fest, daß ein hoher Spezialisierungsgrad oder eine geringe Leistungstiefe hohe Interdependenzen erzeugen und damit stärkste Kräfte auf den Zusammenhalt von Netzwerken ausüben. Vgl. Sydow (1993), S. 296.
2 Vgl. weiter oben die Ausführungen zur erhöhten Innovationsneigung bei hoher organisationaler Vielfalt.
3 Vgl. Naujoks/Pausch (1977), S. 54ff.
4 Naujoks/Pausch betrachten ausschließlich zwischenbetriebliche Kooperationen, nicht jedoch überbetriebliche Kooperationen wie Verbandszusammenschlüsse.
5 Zu einem ähnlichen Ergebnis gelangt Kösel, der Technologiekooperationen von kleinen und mittleren Unternehmen untersucht. Vgl. Kösel (1992), S. 130ff.

zu eröffnen oder Handlungsmöglichkeiten eher zu blockieren. Eine Konkretisierung der entsprechenden Bestandteile der Unternehmensphilosophie und des Unternehmensleitbildes erfolgt in Kapitel 7 im dritten Hauptteil dieser Arbeit.

Es scheint kein Zufall zu sein, daß trotz der mittlerweile umfangreichen Erforschung von Unternehmenskooperationen Aussagen über den Zusammenhang von strukturellen Merkmalen und dem Kooperationsverhalten von Unternehmen nur auf sehr allgemeinem Niveau und damit auch nur sehr unverbindlich gehalten werden können. Die Beobachtung der Wirtschaftspraxis gibt auch keinen Anlaß zu präziseren Hypothesen, die diese Lücke schließen könnten. Unternehmenskooperationen existieren zwischen allen Arten von Unternehmen, unabhängig von deren Organisationsstrukturen, und nur bedingt abhängig von deren Vielfalt, Spezifizierung und Größe. Auch die Rolle der Unternehmensphilosophie und des Unternehmensleitbildes darf hier nicht überschätzt werden. Im Unterschied zu den Betreibern einer ökologischen Unternehmenspolitik, die selten auf die Ausformulierung einer Unternehmensphilosophie oder eines Unternehmensleitbildes verzichten, gibt es zweifellos zahlreiche kooperierende Unternehmen, die keine ausformulierte Unternehmensphilosophie bzw. kein Unternehmensleitbild haben; zumindest keines, das kooperationsrelevante Aspekte thematisiert. Auch hier kann aber auf das 7. Kapitel zum normativen Management verwiesen werden, in welchem dafür zumindest einige Vorschläge angeboten werden.

6.2.2 Die Bedeutung von Ritualen und Kommunikationsformen für Kooperationen

Hinsichtlich der Neigung von Unternehmen zur Kooperation scheinen zwei Kulturmerkmale als Artefakte besondere Bedeutung zu besitzen. Dies ist zum einen das bereits mehrfach erwähnte Vertrauen, das dem oder den Kooperationspartnern am Beginn einer Kooperation entgegengebracht werden muß, ohne daß es von diesen bereits verdient worden wäre. Obwohl nicht unterstellt werden kann, daß mit einem Vertrauensvorschuß immer gewissenhaft umgegangen wird, ist es dennoch unübersehbar, daß ohne ein entgegengebrachtes Vertrauen in die Loyalität der Kooperationspartner viele Kooperationen nicht zustande kommen können. Dies gilt insbesondere dort, wo Vertrauen nicht auf der Basis ohnehin vorhandener Geschäftsbeziehungen langsam wachsen bzw. verdient werden kann. Daher kann bei der Aufnahme von Kooperationen auch von der Notwendigkeit zu bewußten Ritualen des Vertrauens gesprochen werden, in denen gegenseitige Loyalität gezeigt und gleichzeitig geübt wird. Ein solches Ritual kann nur die bewußte Erteilung eines Vertrauensvorschusses sein, auf dessen Basis weiteres Vertrauen wachsen kann.

Ein weiteres Artefakt, das das Zustandekommen von Kooperationen fördern kann, ist die schon bei der ökologischen Unternehmenspolitik angeführte Kommunikationsform des unverzerrten, verständigungs- und konsensorientierten Dialogs. In gleichem Maße, in dem diese Kommunikationsform aufgrund ihrer Offenheit für neue Ideen zu gesteigerter Innovation und Flexibilität führt, kann sie auch zu einer intensiveren Auseinandersetzung mit Kooperationsmöglichkeiten führen. Das Eingehen einer Kooperation kann dabei nicht nur vor dem Hintergrund des durch Innovationen notwendigen Zugangs zu zusätzlichen Ressourcen gesehen werden. Die Kooperation kann durchaus selbst als Innovation verstanden werden und sie kann damit ebenfalls Ausdruck und Ergebnis einer Flexibilität sein, die ihre Wurzeln in einer solchermaßen offenen Unternehmenskultur hat.

Neben diesen Merkmalen von Unternehmenskultur, die auf die Kooperationsbereitschaft Einfluß haben, können einige Merkmale genannt werden, die für die Durchführung von Kooperationen von Bedeutung sind. Zunächst ist auch hier wieder auf die Kommunikationsform hinzuweisen, die sich in dem Führungsstil und dem Umgang mit Machtphänomenen bzw. Ritualen der Macht niederschlägt, und die damit nicht nur im Innenverhältnis eines Unternehmens, sondern auch im Außenverhältnis, und damit auch zu Kooperationspartnern, maßgeblichen Einfluß auf die Art der Zusammenarbeit hat. Dabei kommt es nicht nur darauf an, überhaupt intensiv miteinander zu kommunizieren, was Ohmae als „das mit Abstand wichtigste Element" der Kooperation bezeichnet,[1] sondern natürlich auch auf die Art dieser Kommunikation. Auch hier kann erneut auf die Ausführungen zum

---

1 Ohmae (1994), S. 13.

unverzerrten, verständigungs- und konsensorientierten Dialog hingewiesen werden.

Darüber hinaus können auch hier verschiedene Rituale den Verlauf einer Kooperation beeinflussen. Zu denken ist auch hier an Rituale des Erfolgs, mit denen der Stellenwert der Kooperation unterstrichen wird. Dieser Stellenwert wird auch dadurch implizit unterstrichen, welche Mittelausstattung oder Anreizsysteme geschaffen werden, um die Motivation der an der Kooperation beteiligten Mitarbeiter auch in kritischen Phasen aufrechtzuerhalten. Ein weiterer Aspekt liegt in der Frage, welche Mitarbeiter des Unternehmens in welchem Umfang mit Aufgaben für die Kooperation betraut werden. Ist die Kooperation ein Betätigungsfeld für Spitzenkräfte oder eher ein Abstellgleis für Mitarbeiter, für die man sonst keine geeignete Aufgabe findet? Werden Mitarbeiter für die Abwicklung oder Betreuung einer Kooperation freigestellt, oder müssen sie entsprechende Aufgaben zusätzlich zu ihrem eigentlichen Aufgabengebiet bewältigen? Der Umgang mit diesen Fragen hat nicht nur unmittelbare Auswirkungen auf den Verlauf und Erfolg einer Kooperation, er drückt auch weithin sichtbar aus, nach innen wie nach außen, welcher Stellenwert einer Kooperation beigemessen wird.

6.2.3 Die Bedeutung der Selbstthematisierung für Kooperationen

Auch für die Selbstthematisierungskapazität lassen sich sowohl hinsichtlich des Kooperieren-Wollens als auch hinsichtlich des Kooperieren-Könnens Beispiele finden, die die Bedeutung dieses Merkmals der Unternehmenskultur deutlich machen. Hinsichtlich des Kooperieren-Wollens ist es die Fähigkeit oder Bereitschaft, die Rolle und Stellung des eigenen Unternehmens im Wirtschaftssystem zu reflektieren und sich damit Klarheit über die tatsächliche eigene Handlungspotenz und Handlungswirkung zu verschaffen. Die Konsequenz daraus kann eine differenzierte Einschätzung der eigenen Möglichkeiten und Wirkungen im Wirtschaftssystem sein, die ihrerseits z.B. zu einer Modifizierung der traditionellen Metapher der unsichtbaren Hand des Marktes, in dem jeder mit jedem konkurriert, führen kann. Damit soll nicht unterstellt werden, daß eine Modifizierung der Sichtweise des eigenen Standpunktes unweigerlich zur Wahrnehmung von Kooperationen führt. Eine gesteigerte Selbstthematisierung erweitert zwar den Entscheidungsraum, muß deshalb aber nicht zwangsläufig zu veränderten Entscheidungen führen.

Die Fähigkeit zur Selbstthematisierung läßt sich auch in eine Kooperationssituation hinein übertragen. Auch dort besteht im Prozeß des Kooperierens laufender Entscheidungsbedarf. Und auch dort führt die bewußte Auseinandersetzung mit der eigenen Rolle und das in Frage Stellen eben dieser eigenen Rolle zu einer Erweiterung des Entscheidungsraumes, der maßgeblichen Einfluß auf den Verlauf einer Kooperation nehmen kann. Zu denken ist hier insbesondere an krisenhafte Situationen, in denen Zweifel an der Loyalität des Kooperationspartners nicht vorschnell zu einer Verurteilung desselben führen müssen, wenn die Wirkung des eigenen Verhaltens bewußt als Ursache von Problemen mit in das Kalkül gezogen wird.

6.3 Zusammenfassung

Die in diesem 6. Kapitel untersuchten einzelnen Fragestellungen zeichneten sich durch eine beachtliche Heterogenität aus, spannte sich doch der Bogen über sehr unterschiedliche Sachverhalte organisierter Sozialsysteme. All diese Einzelfragen stellten sich jedoch unter der Überschrift des Unternehmens als Akteur von Kooperationen im Rahmen ökologischer Unternehmenspolitik. Aus den zahlreichen Einzelaspekten, die hierbei beleuchtet wurden (eine Zusammenfassung bietet Tabelle 17), zeigt sich insbesondere im Bereich der Rituale und Kommunikationsformen deutlich die Verwandtschaft einiger Punkte, die offensichtlich sowohl ökologische Unternehmenspolitik als auch Kooperationen fördern können. Zu nennen sind hier die Rituale der Macht, mit denen diese flexibel nach Bedarf und Können zugeordnet wird, oder die Bemühungen um einen unverzerrten, verständigungs- und konsensorientierten Dialog nach außen, innerhalb einer Kooperation und im Unternehmen selbst.

Da keiner der genannten Punkte speziellen Feldern der Kooperationsmatrix aus Kapitel 3.2 zugeordnet werden kann, wird hier auf eine

Abbildung dieser Matrix verzichtet. Alle genannten Punkte können sowohl in dyadischen, in Kleingruppen- und in Großgruppen-Kooperationen zum Tragen kommen.

Tab. 17: Zusammenfassung der ökologische Unternehmenspolitik und Kooperationen fördernden Sachverhalte organisierter Sozialsysteme

	Ökologische Unternehmenspolitik	Unternehmenskooperationen
Formale Regeln und Strukturen	• Eine ökologische Aspekte berücksichtigende, ausformulierte Unternehmensphilosophie und ein entsprechend ausformuliertes Unternehmensleitbild • Einsatz von Umweltbeauftragten, die mit eigenen Entscheidungs- und Handlungskompetenzen ausgestattet sind • Dezentrale Verteilung von Umweltschutzaufgaben und Umweltschutzverantwortung	• Vielfalt in der Anzahl von Machtzentren • Ein eher geringer Formalisierungsgrad • Ein hoher Spezialisierungsgrad • Eher große Unternehmensgröße • Eine kooperatives Verhalten fördernde, ausformulierte Unternehmensphilosophie und ein entsprechend ausformuliertes Unternehmensleitbild
Rituale und Kommunikationsformen	• Rituale der Macht, mit denen diese flexibel nach Bedarf und Können zugeordnet wird • Rituale der Erfolgs, mit denen der Stellenwert ökologischer Unternehmenspolitik verdeutlicht wird • Bemühung um einen unverzerrten, verständigungs- und konsensorientierten Dialog nach außen und innen	• Rituale des Vertrauens bzw. der Vertrauensbildung • Rituale der Macht, mit denen diese flexibel nach Bedarf und Können innerhalb der Kooperation zugeordnet wird • Rituale des Erfolgs und Signale durch die materielle und personelle Ausstattung von Kooperationen • Bemühung um einen unverzerrten, verständigungs- und konsensorientierten Dialog innerhalb der Kooperation und innerhalb des Unternehmens
Selbstthematisierung	• Thematisierung ökologischer Fragestellungen im Hinblick auf die Rolle des eigenen Unternehmens	• Thematisierung der Rolle des eigenen Unternehmens im Wirtschaftssystem und innerhalb einer Kooperation

Quelle: Verfasser

Mit der Zusammenfassung der hier erörterten Erklärungsansätze aus der Sicht des Unternehmens als Akteur der Kooperation endet der 2. Hauptteil und damit die Aufarbeitung und Diskussion theoretischer

Erklärungsansätze für das Entstehen und Gelingen oder auch das Nicht-Entstehen oder das Nicht-Gelingen von Kooperationen im Rahmen ökologischer Unternehmenspolitik.

Im abschließenden 3. Hauptteil wird nun, unter Berücksichtigung der Ergebnisse der drei eingenommenen Perspektiven des Individuums als Initiator der Kooperation, des Wirtschaftssystems als Ort der Kooperation und des Unternehmens als Akteur der Kooperation, auf das Management von Kooperationen im Rahmen ökologischer Unternehmenspolitik einzugehen sein.

III.

DAS MANAGEMENT VON KOOPERATIONEN IM RAHMEN ÖKOLOGISCHER UNTERNEHMENSPOLITIK

Die Ausführungen zum Management von Kooperationen im Rahmen ökologischer Unternehmenspolitik sind nachfolgend in separate Kapitel zum normativen, zum strategischen und zum operativen Management gegliedert. Die Unternehmenspolitik läßt sich weder in ihrer generellen noch in ihrer ökologischen Ausrichtung einer dieser drei Ebenen des Managements alleine zuordnen, sondern wirkt in alle drei Managementebenen hinein und wird umgekehrt aus allen diesen Managementebenen heraus bestimmt.[1] Ausgehend von dem normativen Management, das nach Hans Ulrich der Festlegung einer Unternehmensphilosophie und eines Unternehmensleitbildes dient, werden im Rahmen des strategischen Managements die Ziele und Leistungspotentiale des Unternehmens bestimmt sowie strategische Maßnahmen zur Erreichung dieser Ziele und Leistungspotentiale festgelegt. Das operative Management schließlich beinhaltet die Organisation und Lenkung der laufenden Aktivitäten des Unternehmens.[2] Auf diese drei Managementebenen wird in den folgenden Kapiteln 7, 8 und 9 einzugehen sein.

---

1 Vgl. zum Begriff der Unternehmenspolitik als unternehmerischer Grundzielsetzung, Zielveränderung und Zielsetzung die Ausführungen in Kapitel 3.
2 Vgl. Ulrich, H. (1981), S. 12.

Kapitel 7

Normatives Management für Kooperationen im Rahmen ökologischer Unternehmenspolitik

Die im nun zunächst zu betrachtenden normativen Management anstehende Auseinandersetzung mit den normativen Grundlagen des Unternehmens kann als eine Basis verstanden werden, auf der das strategische Management die Ziele und Leistungspotentiale des Unternehmens bestimmen kann und die dem operativen Management einen Rahmen für konkrete Verhaltensweisen gibt. Die konsensuale Verständigung auf normative Grundlagen innerhalb eines Unternehmens und die explizite Ausformulierung dieser normativen Grundlagen bilden die Unternehmensphilosophie oder das etwas konkretere Unternehmensleitbild. Dies bedeutet nicht, daß normatives Management mit der Ausformulierung einer Unternehmensphilosophie oder eines Unternehmensleitbildes gleichzusetzen ist. So wie eine Unternehmenskultur unabhängig davon existiert, ob sie in einem Unternehmen thematisiert wird, so existiert auch in jedem Unternehmen ein normatives Management unabhängig davon, ob normative Grundlagen des Unternehmens thematisiert werden.[1] Wenn wir hier aber über normatives Management reden, so tun wir dies natürlich mit der Absicht, verschiedene Möglichkeiten der Thematisierung aufzuzeigen. Und der konzeptionelle Rahmen einer solchen Thematisierung ist die Unternehmensphilosophie oder das Unternehmensleitbild. Ulrich bemüht sich, den Unterschied zwischen diesen zwei Konkretisierungsebenen zu kennzeichnen, indem er für die Entwicklung der Unternehmensphilosophie die Erstellung von Wertvorstellungsprofilen vorschlägt, auf deren Basis erst Fragestellungen zur Klärung des Unternehmensleitbildes beantwortet werden sollen.[2] Insbesondere das Unternehmensleitbild enthält damit ein Orientierungswissen, das über die Darstellung konsensueller Wertvorstellun-

---

1 Vgl. Pfriem (1995), S. 169.
2 Vgl. Ulrich, H. (1981), S. 18/19.

gen hinaus eine sinnvolle und legitime Handlungsorientierung für die im Unternehmen Tätigen aufzeigt.[1]

Wir werden die Unterscheidung zwischen der Unternehmensphilosophie und dem Unternehmensleitbild bei der Suche nach normativen Fragestellungen nur in einem ersten Schritt berücksichtigen, wenn es um die zwangsläufig im Top-Management intern zu klärende und zunächst als Bestandteil der Unternehmensphilosophie zu harmonisierende normative Fragestellung geht, ob und in welcher Form interne und externe Anspruchsgruppen an der weiteren Formulierung der Unternehmensphilosophie und des Unternehmensleitbildes beteiligt werden sollen. Eine wichtige Frage des Prozederes der Philosophie- und Leitbilderstellung liegt ja gerade in der Entscheidung über die Einbeziehung interner und externer Anspruchsgruppen. Die Antwort auf diese Frage ist dabei selbst zunächst ein wichtiger Bestandteil der Unternehmensphilosophie. Sie muß jedoch geklärt werden, bevor die weitere Formulierung der Unternehmensphilosophie und des Unternehmensleitbildes vorgenommen werden kann. Im Kapitel 7.1 sollen daher zunächst einige Aspekte der Einbeziehung interner und externer Anspruchsgruppen für die Ausformulierung einer Unternehmensphilosophie und eines Unternehmensleitbildes besprochen werden. Anschließend werden in Kapitel 7.2 weitere normative Fragestellungen vorgestellt, deren Beantwortung als Fundament einer ökologischen Unternehmenspolitik dienen können und die Einfluß auf das Kooperationsverhalten von Unternehmen haben können.

7.1 Die Einbeziehung interner und externer Anspruchsgruppen

Die Qualität einer Unternehmensphilosophie und eines Unternehmensleitbildes ist abhängig von zwei sehr unterschiedlichen Faktoren. Dies ist zum einen zweifellos der inhaltliche Aussagegehalt der Philosophie und des Leitbildes. Dies ist zum anderen aber auch das Ausmaß, in dem die Unternehmensphilosophie und das Unternehmensleitbild als Ausgangspunkt für das strategische und das operative Management ernst-

---

1 Vgl. Pfriem (1995), S. 169.

genommen werden, also einen echten Maßstab für die Zielsetzung und die Zieldurchsetzung liefern und als solche auch kontrolliert werden können. Die Einbeziehung interner und externer Anspruchsgruppen in die Formulierung einer Unternehmensphilosophie und eines Unternehmensleitbildes bedeutet für die Qualität dieser normativen Grundlagen daher zum einen, daß auf die Berücksichtigung der Interessen dieser Anspruchsgruppen „Wert" gelegt wird, was die normative Qualität von Unternehmensphilosophie und Unternehmensleitbild als solche bereits kennzeichnet. Sie bedeutet aber auch, daß die Chance für die Umsetzung und Orientierung an diesen normativen Grundlagen in der Zielsetzung und Zieldurchsetzung höher ist, womit sich die Qualität einer Unternehmensphilosophie und eines Unternehmensleitbildes nicht nur verändert, sondern auch erhöht. Damit eine Unternehmensphilosophie dabei aber nicht zu einem Baustein der Öffentlichkeitsarbeit, sondern Richtlinie für die Gestaltung der Unternehmenspolitik wird, muß sie dennoch unerläßlich die Wertvorstellungen des Top-Managements ausdrücken. Die Berücksichtigung der Ansprüche interner und externer Anspruchsgruppen zur Erhöhung von Qualität und Umsetzbarkeit der Unternehmensphilosophie ist nicht damit zu verwechseln, die Wertvorstellungen der Anspruchsgruppen gegen die eigenen Überzeugungen zu übernehmen. Wenn dies geschieht, wird aus der Unternehmensphilosophie oder aus Ausschnitten der Unternehmensphilosophie ein PR-Instrument, von dem nicht mehr die angestrebte Wirkung auf die Unternehmenspolitik ausgehen kann.

Normatives Management bedeutet daher in einem ersten Schritt, im Top-Management Klarheit über die folgenden normativen Fragestellungen herbeizuführen:

- In welchem Umfang sollen in der Unternehmenspolitik gesellschaftliche Ziele berücksichtigt werden?
- In welchem Umfang sollen in der Unternehmenspolitik Mitarbeiterziele berücksichtigt werden?

Hans Ulrich, der diese beiden Fragen in einem Schema zur Erstellung von Wertvorstellungsprofilen vorschlägt[1], gibt auch eine Bandbreite

---

1 Vgl. Ulrich (1981), S. 18; Ulrich schlägt die Benutzung dieser Wertvorstellungsprofile zur Entwicklung der Unternehmensphilosophie vor. Jeder an der Entwicklung der Unternehmensphilosophie Beteiligte füllt ein Werterstellungsprofil aus. Anschließend gilt es, die dabei deutlich wer-

möglicher Antworten für diese Fragen vor, die in Tabelle 18 dargestellt werden.

Tab. 18: Fragestellungen und mögliche Antworten aus dem Wertstellungsprofil

Fragestellung	Mögliche Antworten				
Berücksichtigung gesellschaftlicher Ziele	keine Berücksichtigung	nur wenn im Eigeninteresse	fallweise, wenn Opfer gering	wenn Ziele eigene Überzeugung	generell so weit als möglich
Berücksichtigung von Mitarbeiterzielen	keine Berücksichtigung	nur soweit leistungsfördernd	auch wenn mit Opfern verbunden		maximale Berücksichtigung

Quelle: Ulrich (1981), S. 18

Die Bereitschaft zur Berücksichtigung gesellschaftlicher Ziele und von Mitarbeiterzielen, oder, in der Sprache des Anspruchsgruppenkonzeptes, der Ziele interner und externer Anspruchsgruppen, bedeutet noch keineswegs, daß ein Dialog mit diesen Gruppen gesucht und geführt wird. Peter Ulrich und Edgar Fluri unterscheiden hier zwischen einer „sozial verantwortlichen Unternehmensleitung" und einer „konsensorientierten Unternehmungspolitik".[1] Beiden ist gemein, daß sie Ziele der Gesellschaft und der Mitarbeiter berücksichtigen wollen. Die erste Form beruht jedoch auf einer monologischen Verantwortungskonzeption, in der das Top-Management für die Betroffenen entscheidet, während in der zweiten Form eine dialogische Verantwortungskonzeption vorliegt, in der das Top-Management mit den Betroffenen entscheidet.

Wir hatten bereits im 3. Kapitel darauf hingewiesen, daß ein konsensorientierter Dialog mit allen Anspruchsgruppen eine Utopie bleiben muß, die lediglich als Leitidee für die Gestaltung der Kommunikation dienen kann.[2] Ebenso ist die rein monologische Verantwortungskon-

---

denden Diskrepanzen unter Zulassung einer Toleranzmarge zu harmonisieren und damit zu einer von allen getragenen Unternehmensphilosophie zu gelangen. Vgl. Ulrich, H. (1981), S. 17.
1   Ulrich, P./Fluri (1992), S. 72.
2   Die von Peter Ulrich geforderte Einbeziehung etwa der natürlichen Umwelt als Anspruchsgruppe oder zukünftiger Generationen mag zwar

zeption nur ein theoretisches Konstrukt, da kaum eine Unternehmensleitung unbeeinflußt von der unternehmensinternen und öffentlichen Diskussion Entscheidungen treffen kann. Dennoch dienen die beiden Extreme der Verdeutlichung eines Spektrums kommunikativer Verantwortungskonzeptionen, innerhalb derer zahlreiche Abstufungen denkbar sind.

Für eine ökologische Unternehmenspolitik ist die Schaffung von Dialog und damit der Aufbau von Verständigungspotentialen das Kriterium, an dem sich diese Unternehmenspolitik messen lassen muß. Ökologische Unternehmenspolitik braucht diese Verständigungspotentiale, da nur so die Möglichkeit besteht, die zahlreichen Interessenskonflikte zwischen der Unternehmensleitung und den internen und externen Anspruchsgruppen zu verringern. Aber auch die Fähigkeit eines Unternehmens zur Kooperation wird durch die Art und Weise, wie auf die Interessen externer Anspruchsgruppen eingegangen wird, wesentlich vorbestimmt. Kooperieren setzt die Fähigkeit zum Dialog voraus, da nur so die erforderlichen Vertrauenspotentiale aufgebaut und gepflegt werden können.

In beiden Fällen, also sowohl hinsichtlich der ökologischen Unternehmenspolitik als auch hinsichtlich der Kooperation gilt dies auch für die hier eher hintergründig erscheinende Kommunikation mit den internen Anspruchsgruppen des Unternehmens, und hier insbesondere mit den Mitarbeitern des Unternehmens. Ökologische Unternehmenspolitik dient nicht nur der Setzung gesellschaftlich konsensualer Ziele, sie benötigt auch internen Konsens über diese Ziele, um die Zieldurchsetzung zu ermöglichen. Und auch Kooperationen leben nicht alleine von der Dialogfähigkeit des Top-Managements mit anderen Unternehmen, sondern ebenso von der Dialogfähigkeit der Mitarbeiter, die in diesen Kooperationen tätig werden. Bereits bei der Auseinandersetzung mit der Bedeutung der Unternehmenskultur für ökologische Unternehmenspolitik und Kooperationen im 6. Kapitel wurde deutlich, daß eine verständigungsorientierte Kommunikation innerhalb des Unternehmens sowohl die Qualität einer ökologischen Unternehmenspolitik fördern

---

notwendig erscheinen. Ihre Umsetzung reduziert sich aber zwangsläufig auf die Interpretation der möglichen Vorstellungen von Natur und künftigen Generationen durch Menschen der gegenwärtigen Generation. Ulrichs Forderung muß daher metaphorisch bleiben. Vgl. dazu auch Fischer et al. (1993), S. 34.

als auch die Fähigkeit zur Kooperation mit anderen Unternehmen herstellen kann. Der Dialog mit den internen Anspruchsgruppen, also des Top-Managements mit dem Middle- und Lower-Management, den übrigen Mitarbeitern und den Eigentümern unterscheidet sich dabei nur teilweise von dem Dialog mit externen Anspruchsgruppen wie den Kapitalgebern, den Lieferanten, den Kunden, der Konkurrenz und anderen Gruppen innerhalb der Gesellschaft. Während im Innenverhältnis die Kommunikationsform und der Führungsstil stark interdependent sind, gibt es im Außenverhältnis keinen Führungsstil, aus dem man die Art der Kommunikation ableiten könnte. Dennoch kann auch im Außenverhältnis unterschieden werden zwischen einer „Kommunikation in eine Richtung", bei der die Quelle der kommunizierten Information immer das Unternehmen ist und die Senke der Information die Umwelt des Unternehmens, und der Kommunikation mit verschiedenen Richtungen, wobei sowohl das Unternehmen als auch dessen Anspruchsgruppen Quelle und Senke von Informationen sein können.

Die aktive Auseinandersetzung mit den Zielen interner und externer Anspruchsgruppen sowie die dialogische Einbeziehung dieser Ziele in die Entwicklung einer Unternehmensphilosophie und eines Unternehmensleitbildes decken, das haben die Ausführungen gezeigt, bereits einen ganz wesentlichen Bereich des normativen Managements einer ökologischen Unternehmenspolitik ab. Im folgenden Kapitel sollen nun weitergehend einige spezielle Fragestellungen vorgestellt werden, die die Ersteller einer Unternehmensphilosophie und eines Unternehmensleitbildes zur Auseinandersetzung mit konkreten Aspekten des ökologischen Verhaltens und des Kooperationsverhaltens führen.

7.2 Weitere normative Grundlagen einer ökologischen Unternehmenspolitik und der Kooperation

Es gilt nun solchen normativen Fragestellungen des Unternehmens nachzuspüren, die neben der Frage einer Einbeziehung interner und externer Anspruchsgruppen ebenfalls als das Fundament einer ökologischen Unternehmenspolitik dienen können und die Einfluß auf das Kooperationsverhalten von Unternehmen haben können. Bei der Suche nach solchen Fragestellungen orientieren wir uns erneut an der von Hans Ulrich vorgestellten Zusammenstellung von Fragen zur Klärung der normativen Grundlagen eines Unternehmens auf der Konkretisierungsstufe des Leitbildes.[1] Aus dieser Sammlung scheinen uns folgende Fragestellungen besonders dafür geeignet, Verhaltensweisen im Unternehmen zu prägen, die unmittelbaren Einfluß auf ökologisch relevante Entscheidungskriterien und das Kooperationsverhalten im Unternehmen haben:

- Welche Bedürfnisse wollen wir mit unseren Marktleistungen befriedigen?
- Welches sind unsere grundsätzlichen Zielvorstellungen bezüglich der Gewinnerzielung und der Gewinnverwendung?
- Welches ist unsere grundsätzliche Haltung gegenüber dem Staat? Wie sind wir eingestellt gegenüber wesentlichen gesellschaftlichen Anliegen?
- Welche Grundsätze sollen unser Verhalten gegenüber unseren Marktpartnern (Kunden, Lieferanten, Konkurrenten) bestimmen?
- Welche Marktstellung wollen wir erreichen?
- Welches sind die wesentlichen Grundsätze der Mitarbeiterführung, die in unserem Unternehmen gelten sollen?

Normative Fragestellungen mit besonderem Einfluß auf die ökologische Grundhaltung des Unternehmens:

- *Welche Bedürfnisse wollen wir mit unseren Marktleistungen befriedigen?*
  Unabhängig von der Nachfrage, die am Markt für einzelne Unternehmensleistungen besteht oder die dafür geschaffen werden könnte, kann sich ein Unternehmen darauf beschränken, in traditionellen Produktkategorien zu denken, oder es kann sich vornehmen, in Funktionskategorien oder Sinnkategorien zu denken und Unternehmensleistungen ggf. entsprechend umzugestalten. Die Bereitschaft zur Auseinandersetzung mit den Funktionen und dem Sinn von Unternehmensleistungen ist ein wichtiger Bestandteil ökologischer Unternehmenspolitik.

- *Welches sind unsere grundsätzlichen Zielvorstellungen bezüglich Gewinnerzielung und Gewinnverwendung?*
  Die Wahrnehmung einer ökologischen Unternehmenspolitik kann zu schnellen Ertragssteigerungen oder Kostensenkungen führen, wie

---

[1] Vgl. Ulrich, H. (1981), S. 19.

zahlreiche Beispiele belegen – sie muß es aber nicht. Ein wesentlicher Bereich notwendiger Aktivitäten liegt in der Umstrukturierung von Prozessen, in der Aus- und Weiterbildung von Mitarbeitern, in dem Aufbau von Informationssystemen u.v.a.m. Aus Rentabilitätsaspekten kann hier nur eine langfristige Rentablitätssicherung Motivation dafür sein, entsprechende Maßnahmen zu ergreifen. Dies bedeutet nicht nur, Gewinne ökologisch sinnvoll zu reinvestieren. Es bedeutet insbesondere, die Produkt- und Leistungspalette so umzustellen, daß Bestandteile mit zwar positiven Gewinnbeiträgen, aber gleichzeitig ökologisch nachteiligen Wirkungen gegen solche ausgetauscht werden, die zumindest mittel- bis langfristig positive Gewinnbeiträge mit geringeren oder keinen ökologisch nachteiligen Wirkungen verbinden.

- *Welches ist unsere grundsätzliche Haltung gegenüber dem Staat? Wie sind wir eingestellt gegenüber wesentlichen gesellschaftlichen Anliegen?*

  Die Ausführungen in den Kapiteln 1.2, 3.1 und 5.3 haben gezeigt, daß eine Aufgabentrennung von Wirtschaft und Politik in eigene Funktionssysteme lediglich die Effizienz des Wirtschaftssystems erhöht. Das Funktionssystem Politik ist dagegen gerade aufgrund der funktionalen Differenzierung nicht mehr in der Lage, eine gesamtgesellschaftliche politische Steuerung zu gewährleisten. Unternehmen stehen vor der Wahl, diese evolutorische Zwangsläufigkeit kurzfristig zu ihren Gunsten auszunutzen, oder aber sich der daraus erwachsenden Verantwortung bewußt zu werden. Für die normativen Grundlagen des Unternehmens bedeutet letzteres das Akzeptieren einer Mitverantwortung für die gesamtgesellschaftliche Entwicklung und nicht nur das Akzeptieren einer Verantwortung für die Wirtschaftsentwicklung.

Normative Fragestellungen mit besonderem Einfluß auf die kooperative Grundhaltung des Unternehmens:

- *Welche Grundsätze sollen unser Verhalten gegenüber unseren Marktpartnern (Kunden, Lieferanten, Konkurrenten) bestimmen?*

  Die Art der Fragestellung beinhaltet bereits eine normative Aussage, und damit gewissermaßen eine Antwort auf sich selbst, da nicht von dem Verhalten gegenüber Marktteilnehmern, sondern von dem Verhalten gegenüber Marktpartnern gesprochen wird. Ein partner-

schaftlicher Umgang der Marktteilnehmer untereinander ist zwangsläufige Voraussetzung für den Aufbau funktionsfähiger Kooperationen. Erinnert sei an dieser Stelle an die Unterscheidung impliziter und expliziter Kooperationen im Kapitel 2.2. Partnerschaftlicher Umgang im Sinne eines „Sichverlassenkönnens" auf die Einhaltung gewohnter, akzeptierter Verhaltensweisen ist dort zu Recht bereits als implizite Kooperation bezeichnet worden. Und dort, wo explizite Kooperationen aufgebaut werden sollen, können diese erst auf der Basis einer wachsenden Vertrauensbasis die Effizienzvorteile bringen, die man sich von ihnen erwartet. Dafür aber bedarf es auch hier eines partnerschaftlichen Verhaltens, da nur so Vertrauen in das Verhalten von Kooperationspartnern entstehen kann. Der Grundsatz des Verhaltens gegenüber den Marktpartnern kann daher vor dem Hintergrund von Kooperationsbestrebungen nur darin bestehen, partnerschaftliches Verhalten gegenüber Marktpartnern zu praktizieren, und damit sowohl die impliziten als auch die expliziten Vereinbarungen im unternehmerischen Handeln ausdrücklich zu berücksichtigen.

- *Welche Marktstellung wollen wir erreichen?*
Die Erhöhung von Marktanteilen ist ein häufig anzutreffender Bestandteil unternehmerischer Zielsysteme. Sie entspricht dem allgegenwärtigen quantitativen Wachstumsdenken nicht zuletzt, weil mit ihr auch eine komfortable, da vergrößerte Marktmacht verbunden ist und zwischen hohem Marktanteil und hoher Rendite eine positive Korrelation besteht.[1] Wie aber paßt das Streben nach größerer Marktmacht mit dem Anspruch auf partnerschaftlichen Umgang mit den Marktpartnern, zu denen ja auch die Konkurrenten gehören, zusammen? Kooperationen, so haben wir bereits im 1. Kapitel festgestellt, dienen der Steigerung der Effizienz bei dem Erreichen von Zielen mehrerer Beteiligter, wenn zwischen den Zielen der Beteiligten gleichgerichtete Wechselbeziehungen bestehen. Wenn aber davon ausgegangen werden muß, daß zwischen Konkurrenten per definitionem immer (auch) entgegengesetzte Zielwechselbeziehungen bestehen, dann können Kooperationen nur zustande kommen, wenn zumindest Teilbereiche der unternehmerischen Zielsysteme in gleichgerichteter Wechselbeziehung stehen. Solche gleichgerichteten

---

1   Vgl. Steger (1988), S. 138.

Teil-Zielwechselbeziehungen können in Teilbereichen konkurrierender Unternehmen bestehen und dort per Kooperation effizient verfolgt werden. Sie können aber auch dadurch entstehen, daß das hierarchisch noch über dem Ziel einer Erhöhung von Marktanteilen stehende Ziel einer langfristigen Erhaltung des Marktes erkannt und ggf. ebenfalls effizient per Kooperation verfolgt wird. Wenn insbesondere die langfristige Erhaltung des Marktes besondere Aufmerksamkeit erfordert, kann das Ziel der Markterhaltung mit dem Ziel der Erhöhung der Marktanteile konkurrieren. Unternehmen müssen daher im Rahmen der Auseinandersetzung mit normativen Grundfragen klären, ob der Markt, innerhalb dessen agiert wird, langfristig mit gesellschaftlichen Bedürfnissen harmoniert, oder ob gemeinsame Anstrengungen erforderlich sind, eine solche Harmonisierung, ggf. auch auf Kosten möglicher Marktzugewinne, zunächst herzustellen.

Normative Fragestellung mit Einfluß sowohl auf die ökologische als auch die kooperative Grundhaltung des Unternehmens:

- *Welches sind die wesentlichen Grundsätze der Mitarbeiterführung, die in unserem Unternehmen gelten sollen?*

Bereits im 6. Kapitel wurden im Rahmen der Auseinandersetzung mit der Unternehmenskultur unternehmensinterne Rituale und Kommunikationsformen vorgestellt, die je nach Ausprägung für die Umsetzung einer ökologischen Unternehmenspolitik und für die Umsetzung von Kooperationen sehr hilfreich oder auch sehr hinderlich sein können. Da der Führungsstil unmittelbar an diese Rituale und Kommunikationsformen gebunden ist bzw. durch sie determiniert wird, kann das dort Gesagte hier direkt übernommen werden. Die Gesamtheit der dort hervorgehobenen Elemente wie z.B. die flexibel nach Bedarf und Können zu verteilende Macht und die Kommunikationsform des unverzerrten, verständigungsorientierten Dialogs sollen hier als Bestandteile eines kooperativen Führungsstils gekennzeichnet werden. Geht es hinsichtlich ökologischer Unternehmenspolitik mit einem solchen kooperativen Führungsstil primär um die notwendige Dezentralisierung ökologisch verantwortlichen Bewußtseins und Handelns und die Erhöhung der Innovationsfähigkeit, so steht bei Kooperationsprojekten zunächst die notwendige Vertrauensbildung im Vordergrund. Weitergehend wird aber auch hier die zwischenbetriebliche Problemlösungskapazität von dem innerhalb der Kooperation gelebten Führungsverhalten beeinflußt. Kooperationsprojekte im Rahmen ökologischer Unternehmenspolitik können daher auf der Basis kooperativer Führungsstile wesentlich leichter entstehen und erfolgreicher verlaufen, als dies bei Führungsstilen möglich ist, die als unkooperativ, autoritär oder stark hierarchieorientiert einzustufen sind.

Mit dieser Betrachtung einzelner normativer Fragestellungen und ihrer Bedeutung für die Wahrnehmung einer ökologischen Unternehmenspolitik und von Kooperationen ist das Spektrum relevanter Fragestellungen sicher noch nicht ausgeschöpft. Wie immer, wenn es um normative Überlegungen geht, ist dies aber auch kaum zu realisieren bzw. sinnvoll anzustreben. Dennoch bilden die genannten Fragestellungen bereits ein breites Spektrum von Fragestellungen ab, die im Rahmen eines normativen Managements Gegenstand der Diskussion sein müssen, da mit ihnen wesentliche Grundlagen für das strategische und das operative Management von Kooperationen im Rahmen ökologischer Unternehmenspolitik gesetzt werden.

Kapitel 8

Strategisches Management von Kooperationen im Rahmen ökologischer Unternehmenspolitik

Die Auseinandersetzung mit den heute so verbreiteten Begriffen wie Strategie, strategische Planung oder strategisches Management eröffnet ein weites Feld unterschiedlichster Interpretationen. Dies deutet zum einen auf die noch junge Vergangenheit, auf die der Strategiebegriff in der betriebswirtschaftlichen Praxis und Theorie zurückblicken kann, zum anderen aber auch auf den großen Forschungseifer, der der betriebswirtschaftlichen Strategieforschung in dieser kurzen Zeit zu Teil wurde. Bevor wir uns auf eine dem Zweck der vorliegenden Arbeit angemessen scheinende Definition des strategischen Managements verständigen, soll daher das Wesen und die Bandbreite des strategischen Managements sowohl vor seinem geschichtlichen als auch vor seinem aktuellen praktischen und forschungsrelevanten Hintergrund kurz dargestellt werden. Die aus dem griechischen stammenden Begriffe „stratos" (= etwas, das alles andere umfaßt, übergreift und in sich enthält) sowie „igo" (= tun, handeln) führten bereits die Griechen zu dem Begriff „strataegeo" zusammen.[1] Der Strategiebegriff wurde zunächst nur im militärischen Bereich eingesetzt. Seinen Einzug in die Wirtschaftswissenschaften nahm der Strategiebegriff zunächst in den 60er Jahren in der Spieltheorie, ehe er in den 70er Jahren Eingang in die betriebswirtschaftliche Planungspraxis und -theorie fand.[2] Die aktuellen Forschungsbemühungen zum Wesen und Inhalt eines strategischen Managements sind von einer großen Anzahl implizit beobachtbarer und explizit thematisierter Dichotomien geprägt. Zu nennen sind hier etwa Dichotomien zu Fragen des Zugangs zum strategischen Management, der Vorgehensweise bzw. der Phasenabläufe eines strategischen Managements oder zu Fragen des normativen Anspruchs an ein

---

1 Vgl. Götze (1990), S. 13.
2 Vgl. Kreikebaum (1994), S. 25.

strategisches Management. Die Tabelle 19 führt einige dieser Dichotomien auf, wobei die Zuordnung einzelner Dichotomien zu Fragen des Zugangs, der Vorgehensweise bzw. der Phasenabläufe nicht so eindeutig ist, wie es hier vereinfachend dargestellt wird.

Tab. 19: *Dichotomien im Forschungsfeld des strategischen Managements*

Dichotomien des Zugangs zum strategischen Management[1]	
strategisches Management als strategische Planung (Fokus auf Instrumente zur Strategiefindung)	strategisches Management als geplanter Wandel (Fokus auf die Organisation von Wandel)
Strategieumsetzung durch Ordnungsbildung (Fokus auf substanzielles und symbolisches Gestalten)	Strategieumsetzung durch Selbstorganisation (Fokus auf Möglichkeiten der Selbststrukturierung und Selbstreferenz)

Dichotomien zum Phasenablauf einer strategischen Planung[2]	
synoptisches Vorgehen (Ziele als Ausgangspunkt der Planung)	inkrementelles Vorgehen (Zielfindung durch wechselseitige Anpassung, Politik der kleinen Schritte)
streng chronologisches Vorgehen	iteratives Vorgehen

Dichotomien zum Anspruch an strategisches Management[3]	
Induktives Vorgehen (Heilen von Schwachstellen)	Deduktives Vorgehen (Verwirklichung von Neuerungen)
Abstimmung von Kapitalrentabilität und langfristiger Existenzsicherung	Abstimmung von gesellschaftlicher Funktion und langfr. Existenzsicherung

Quelle: Verfasser

Die Auseinandersetzung mit diesen Dichotomien führt wohl zu Recht regelmäßig zu der Erkenntnis, daß nur in einem differenzierten „Sowohl-als-auch", und damit der Berücksichtigung jeweils beider Seiten, strategisches Management letztlich erfolgreich bewältigt werden kann.

---

1 Vgl. Kirsch (1990), S. 249ff.; Probst/Scheuss (1984), 484ff.
2 Vgl. Kreikebaum (1994), S. 121ff.; Schreyögg (1984), S. 213ff.
3 Vgl. Kirsch (1990), S. 269; Pfriem (1995), S. 266 u. 282/283.

Darüber hinaus gilt es, alle genannten Fragestellungen, wie die des Zugangs, des Phasenablaufs und des normativen Anspruchs im Rahmen des strategischen Managements zu berücksichtigen.

Eine für den Zweck der vorliegenden Arbeit angemessen erscheinende Herangehensweise an die Erörterung des strategischen Managements von Kooperationen im Rahmen ökologischer Unternehmenspolitik legt den Schwerpunkt auf eine Darstellung der Instrumente und Bausteine[1] einer strategischen Planung und hebt damit den instrumentellen Charakter des strategischen Managements hervor. Dabei werden jedoch ergänzend zahlreiche Aspekte, die bereits im 2. Hauptteil besprochen wurden, und die eher einer organischen und evolutorischen Ausrichtung des strategischen Managements zugeordnet werden können, berücksichtigt werden. Mit der Hervorhebung des Planungscharakters des strategischen Managements und damit der unterschiedlichen Instrumente und Bausteine eines strategischen Managements werden implizit auch Fragen des Phasenablaufs und des Anspruchs an das strategische Management thematisiert werden.

An einer inhaltlich von Hans Ulrich übernommenen Definition des Begriffs des strategischen Managements wollen wir uns nun orientieren, wenn es um die Darstellung und Beschreibung der verschiedenen Bausteine des strategischen Managements von Kooperationen im Rahmen ökologischer Unternehmenspolitik geht. Danach hat strategisches Management zur Aufgabe, unter Berücksichtigung der Entscheidungen des normativen Managements, die Ziele und Leistungspotentiale eines Unternehmens zu bestimmen und die Wege festzulegen, auf denen diese Ziele und Leistungspotentiale erreicht werden sollen.[2]

Zentrale Aufgabe des strategischen Managements ist es, Entscheidungen mit einem langfristigen Planungshorizont für das Gesamtunternehmen zu treffen. Das Entscheidungsspektrum im Rahmen des strategischen Managements ist dabei, das haben die einleitenden Erläuterungen bereits sehr deutlich gemacht, wesentlich komplexer als noch im normativen Management. Während im Rahmen des normativen Managements vergleichsweise wenige Entscheidungen ausreichten, um dem

---

1 Auf die üblicherweise gewählte Unterscheidung verschiedener Phasen (und nicht Bausteine) eines strategischen Managements soll hier weitgehend verzichtet werden, um dem Eindruck einer strengen Chronologie des strategischen Managements keinen unnötigen Vorschub zu leisten.
2 Vgl. Ulrich, H. (1981), S. 12.

Unternehmen ein normatives Fundament zu geben, steht das strategische Management vor der Aufgabe, mit zahlreichen schlecht strukturierten Problemstellungen und unpräzisen Informationen umgehen zu müssen.[1] Die Entscheidungen des normativen Managements helfen zwar, diese Komplexität zu verringern, sie sind aber nicht in der Lage, die Grundprobleme der Unsicherheit und der schweren Operationalisierbarkeit strategischer Entscheide zu beseitigen.

Um die komplexe Aufgabe des strategischen Managements überschaubar und greifbar zu machen und andererseits einem unrealistischen Strukturierungs- und Chronologisierungsstreben nicht allzu viel Raum zu lassen, empfiehlt sich eine zumindest in zwei Teile geordnete Darstellungsweise (vgl. Tabelle 20).

Tab. 20: Bausteine des strategischen Managements von Kooperationen im Rahmen ökologischer Unternehmenspolitik

Bausteine der Ziel- und Strategiefindung
Ökologische Situationsanalyse
Zielfindung
Ermitteln der aufzubauenden Leistungspotentiale
Auswahl von Kooperationsstrategien

Bausteine der Strategieumsetzung mittels Kooperationen
Partnersuche
Partnerauswahl, Partnergewinnung, Konstituierung

Quelle: Verfasser

Der erste Teil der Tabelle 20 beschreibt die Bausteine der Ziel- und Strategiefindung, wobei hinsichtlich der Situationsanalyse ökologischen Fragestellungen und hinsichtlich der Maßnahmenfindung kooperativen

---

[1] Vgl. Ulrich, P./Fluri (1992), S. 114.

Lösungen besondere Aufmerksamkeit geschenkt wird. Der zweite Teil beschreibt dann, explizit für eine kooperative Strategieumsetzung, Möglichkeiten der Partnersuche, der Partnerauswahl, der Partnergewinnung und der Konstituierung von Kooperationen.

8.1 Ziel- und Strategiefindung im Rahmen ökologischer Unternehmenspolitik

8.1.1 Ökologische Situationsanalyse

Ein bedeutender Baustein des strategischen Managements ist die Analyse der Ausgangssituation des Unternehmens. Diese Analyse besteht aus zwei Schwerpunkten. Zum einen ist dies die Umweltanalyse zur Erfassung und Aufbereitung der Faktoren, die außerhalb des Unternehmens liegend die Zukunft des Unternehmens in Form von Risiken und Chancen beeinflussen können. Zum anderen ist es die Unternehmensanalyse, die über die Stärken und Schwächen des Unternehmens selbst Klarheit verschaffen soll. Eine speziell ökologische Situationsanalyse stellt die Frage nach einem bestimmten Ausschnitt von Risiken und Chancen bzw. von Stärken und Schwächen des Unternehmens. Im Falle der Umweltanalyse geht es um die Chancen und Risiken aus ökologischen Veränderungen der Welt, die ihren Niederschlag etwa in Ressourcenverknappung, in Nachfrageveränderungen am Markt oder in der Gesetzgebung finden können. Im Falle der Unternehmensanalyse geht es um das Vorhandensein, die Ausmaße und die Ursachen ökologischer Belastungswirkungen durch das Unternehmen.

Das Instrumentarium, das dem Unternehmen zur Analyse beider Felder zur Verfügung steht, ist mittlerweile fast unüberschaubar groß geworden. In weitgehender Anlehnung an eine Zusammenstellung von Stahlmann gibt die folgende Tabelle 21 einen Überblick über bestehende Instrumente der ökologischen Rechnungslegung und des Öko-Controlling.

Tab. 21: Instrumente der ökologischen Rechnungslegung und des Öko-Controlling

Legende: ☐ ohne Bezug ▨ teilweise Bezug ■ starker Bezug

Ansätze \ Kriterien	Partialanalyse	Totalanalyse	naturwissenschaftlich orientiert	volkswirtschaftlich orientiert	betriebswirtschaftlich orientiert	Monetarisierung	Quantifizierung	Qualifizierung	absolute Bewertung	relative Bewertung	zur Risikoabwehr geeignet	zur Kostensenkung geeignet	zur Chancenerkennung geeignet	für operative Planung geeignet	für strategische Planung geeignet	Umweltanalyse	Unternehmensanalyse
Sozialbilanzen																	
Umweltkostenanalyse																	
Umweltbudgetrechnung																	
Umweltindikatoren																	
Entropieansatz																	
Technikfolgenabschätzung																	
Umweltverträglichkeitsprüfung																	
Input-Output-Analysen																	
Produktbilanzen																	
Produktlinienbilanzen																	
Risikoanalysen																	
Cross-Impact-Analysen																	
Checklisten																	
Szenarioanalysen																	
Umweltkennzahlenanalysen																	
Ökologische Buchhaltung																	
Ökologisches Rechnungsw.																	
Öko-Bilanz																	

Quelle: in Anlehnung an Stahlmann (1994), S. 157[1]

In dem größeren oberen Teil der Tabelle 21 sind Instrumente aufgeführt, die für die Analyse einzelner Verfahren, Produkte, Investitionen, die Analyse ausschnittsweiser Umweltprobleme wie Luftverschmut-

---

[1] Stahlmann führt in seiner Zusammenstellung auch einige Instrumente auf, die der unmittelbaren Strategiefindung (Umwelt-Portfolioanalysen) oder der Investitionsrechnung (Kosten-Nutzen-Analyse, Nutzwertanalyse etc.) zuzurechnen sind. Auf deren Wiedergabe wird an dieser Stelle verzichtet. Ergänzt wird die Tabelle aber um zwei Spalten zur Einstufung der Instrumente in solche zur Umwelt- und solche zur Unternehmensanalyse.

zung, Energieverbrauch oder die Analyse internalisierter Umweltkosten eingesetzt werden können. Diese werden als Instrumente zur Partialanalyse bezeichnet. Die Instrumente der Totalanalyse dienen der Feststellung sämtlicher Umwelteinwirkungen des Unternehmens oder ökologisch relevanter Umweltentwicklungen. Stahlmann räumt insbesondere für die letztgenannten Instrumente zu Recht ein, daß hier die Erfassungs- und Bewertungsprobleme aufgrund der zunehmenden Komplexität und Fernwirkung immens anwachsen.[1]

(1) Umweltanalyse
Das sicherlich bedeutendste Instrument der Umweltanalyse ist die Szenariotechnik, mit deren Hilfe mögliche Zukunftsbilder entworfen und die dahinführenden Wege quantitativ oder qualitativ analysiert werden sollen. Nach Auffassung von Pfriem stellt die Szenariotechnik nach dem gegenwärtigen Entwicklungsstand strategischer Planungsinstrumente das erfolgversprechendste Verfahren dar, um neben Erkenntnissen über mögliche Entwicklungen des eigenen Wirtschaftsbereiches auch die unternehmenspolitische Selbstthematisierung zu unterstützen.[2] Auf den Stellenwert der Selbstthematisierung im Rahmen einer ökologischen Unternehmenspolitik wurde bereits im 6. Kapitel ausführlich hingewiesen. Die Cross-Impact-Analyse und die Risikoanalyse dienen der Früherkennung von Risiken aus der Umwelt- und Unternehmensentwicklung. Umweltkennzahlen können eine quantitative Ergänzung zu den stark qualitativen Ergebnissen der vorangenannten Instrumente bilden. Alle hier aufgeführten Instrumente der Umweltanalyse wurden nicht für die Beantwortung speziell ökologischer Fragestellungen der Umweltentwicklung konzipiert. Eine Analyse der Unternehmensumwelt ist heute jedoch nicht mehr ohne eine Berücksichtigung ökologischer Fragestellungen sinnvoll durchzuführen. Auch erlauben diese Instrumente bei Bedarf eine Fokussierung auf diesen Untersuchungsbereich.[3]

---

1 Vgl. Stahlmann (1994), S. 156.
2 Vgl. Pfriem (1995), S. 289.
3 Ausführlicher zur Szenariotechnik und den damit verwandten Instrumenten der Cross-Impact- und Risikoanalyse siehe die Darstellungen von Götze (1990) sowie die bereits auf Umweltfragen bezogenen Ausführungen von Steger (1988), S. 185ff. und S.196ff.

Deutlich gemacht werden sollen hier noch die unterschiedlichen denkbaren Reichweiten und Fokussierungen von Umweltanalysen jedweder Art. Götze unterscheidet hier zwei Arten von Umwelt, a) die unternehmensspezifische Umwelt und b) die globale Umwelt (vgl. Abbildung 14).

Abb. 14: Die Umweltbereiche des Unternehmens

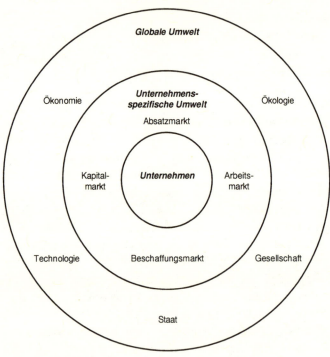

Quelle: Götze (1990), S. 18

Die den beiden Bereichen zugeordneten Bestandteile der Umwelt machen deutlich, daß es im Rahmen einer ökologischen Situationsanalyse im wesentlichen um die Analyse der globalen Umwelt gehen muß, da erst hier Umweltbestandteile wie Ökologie, Staat, Gesellschaft und Technologien in den Fokus der Betrachtungen gelangen.

(2) Unternehmensanalyse

Im Unterschied zu den Instrumenten der Umweltanalyse sind alle in Tabelle 21 aufgeführten Instrumente der Unternehmensanalyse ganz konkret auf die Aufdeckung ökologischer, sozialer oder sozio-ökologischer Stärken und Schwächen des Unternehmens ausgerichtet. Aus der großen Auswahl an Instrumenten der ökologischen Stärken-/ Schwächenanalyse wollen wir an dieser Stelle stellvertretend das Instrument der Öko-Bilanz kurz vorstellen. Es handelt sich dabei um ein am Institut für Ökologische Wirtschaftsforschung (IÖW) für die Anwendung innerhalb eines Öko-Controlling[1] entwickeltes und erprobtes Instrumentarium, das sich durch seine klaren Strukturen und die Möglichkeit zur Ableitung von Handlungsfeldern aus einer ABC-Analyse auszeichnet.

Die Öko-Bilanz dient der Erfassung aller denkbaren Umwelteinwirkungen des Unternehmens. Mit dem Begriff der Bilanz wird dabei nicht auf eine Gegenüberstellung von Aktiva und Passiva abgezielt, sondern auf den Vergleich zwischen Menge und Art stofflicher Einsatzfaktoren (Input) und ihren unternehmensinduzierten Umwelteinwirkungen (Output) in den jeweils vorliegenden physikalischen Einheiten. Auf die Einführung von Äquivalenzziffern wird, im Unterschied etwa zur ökologischen Buchhaltung, bewußt verzichtet, da damit nur eine fiktive Objektivität bei dem Vergleich verschiedenster Umweltwirkungen geschaffen würde. Mit der Öko-Bilanz sollen nicht nur die direkten Unternehmensaktivitäten bilanziert werden, sondern auch die indirekt im Rahmen des ökologischen Produktlebenszyklus anfallenden Input-Output-Relationen der Rohstoffgewinnung, der Vorproduktion, der Distribution und der Produktnutzung und Entsorgung. Die Analyse der Input-Output-Relationen soll nur so fein strukturiert sein, wie es für die unternehmensspezifische Analyse von Schwächen und Optimierungspotentialen erforderlich ist. Um die geforderte Aussagekraft der Öko-Bilanz zu erreichen, gliedert sich diese in vier Teilbilanzen:

- die *Betriebsbilanz* zur Feststellung der Input-Output-Relationen der direkten Unternehmenstätigkeit,
- die *Produktbilanz* zur Feststellung der Input-Output-Relationen einzelner Produkte über den ganzen Produktlebenszyklus,

---

1 Vgl. dazu ausführlich Hallay/Pfriem (1992).

- die *Prozeßbilanz* zur Feststellung der Anteile abgrenzbarer Unternehmensprozesse an der Betriebsbilanz und der Möglichkeit zur Ursachenerkennung,
- die *Substanzanalyse* zur Aufnahme der in den anderen Bilanzen nicht erfaßten umweltrelevanten Komponenten wie die ökologische Bewertung vorhandener Anlagen, Grundstücke, Gebäude, Lagerbestände, Flächennutzung, Bebauung etc.

Je nach Unternehmenstyp oder Ziel einer Unternehmensanalyse kann sich die Öko-Bilanz auf einzelne dieser Teilbilanzen beschränken. Selbst wenn es gelingt, Input-Output-Relationen in meßbaren, also quantitativen Größen anzugeben, so führt ein Mangel an Vergleichbarkeit der zahlreichen verschiedenen Größen dennoch zu der Notwendigkeit einer qualitativen Einstufung der Ergebnisse in Stärken- und Schwächenkategorien. Hier schlagen Hallay/Pfriem die Auswertung der Ergebnisse mittels der in der Industriebetriebswirtschaftslehre bekannten ABC-Methode vor. Die in der Öko-Bilanz ermittelten Input-Output-Relationen sollen in ihrem Einfluß auf sechs unterschiedliche Kriterien bewertet werden. Von den Input-Output-Relationen besonders stark und häufig betroffene Kriterien erhalten eine A-Einstufung, die auf einen dringenden Handlungsbedarf hinweist. Die B-Einstufung deutet auf einen mittleren Handlungsbedarf hin, die C-Einstufung auf keinen gegenwärtig erkennbaren Handlungsbedarf. Folgende Kriterien werden im einzelnen bewertet:

(1) umweltrechtliche/-politische Anforderungen,
(2) internalisierte Umweltkosten,
(3) Erschöpfung nichtregenerativer Rohstoffe/Übernutzung regenerativer Ressourcen,
(4) Gefährdungs- und Störfallpotential,
(5) gesellschaftliche Akzeptanz,
(6) negative Effekte auf Vor- und Nachstufen.

Die angegebene Reihenfolge gibt auch eine Rangfolge in der Operationalisierbarkeit der ABC-Kriterien wieder. Während die Einhaltung umweltrechtlicher/-politischer Anforderungen vergleichsweise leicht festzustellen ist, ist die Analyse negativer Effekte auf vor- und nachgelagerten Stufen des ökologischen Produktlebenszyklus das am schwierigsten zu operationalisierende Kriterium.

Insgesamt stellt die Öko-Bilanz ein Instrument dar, das einen geeigneten Mittelweg zwischen der Vielfalt erfaßbarer und zu erfassender Wirkungen und Wirkungseinheiten auf der einen Seite und der Übersetzung dieser Bilanzwerte in konkrete Handlungsprioritäten auf der anderen Seite findet. Dies belegen nicht zuletzt auch die zahlreichen erfolgreichen Anwendungen der Öko-Bilanz.[1] Da im Zuge der Einführung eines Umwelt-Audits durch die EU zur Zertifizierung von Unternehmen[2] die unternehmensinterne Bereitschaft zur Erzeugung ökologisch relevanter Unternehmensinformationen weiter zunehmen wird, ist davon auszugehen, daß das Informationsinstrument Öko-Bilanz wie auch weiterreichende Systeme des Öko-Controlling zunehmend immer mehr Unternehmen auch zu Zwecken des strategischen Managements zur Verfügung stehen werden.

Aber auch dort, wo keine Öko-Bilanzen als Informationsinstrument zur Verfügung stehen, können ökologische Stärken und Schwächen analog zur traditionellen Stärken-/Schwächenanalyse abgeschätzt werden. Als Kriterien können die oben genannten sechs Bereiche der ABC-Analyse aus der Öko-Bilanz herangezogen werden. Grundlage der Einschätzung können Partialanalysen und/oder die Abschätzung durch Experten sein. Maßstab der Beurteilung können ökologisch innovative Unternehmen der gleichen Branche sein. Sollte es diese nicht geben, bietet sich zumindest ein Abgleich der Einschätzungen mit den im Rahmen des normativen Managements getroffenen Aussagen bzw. Absichten an.

8.1.2 Zielfindung

Basierend auf den Ergebnissen der Umwelt- bzw. Chancen-/Risikoanalyse und der Unternehmens- bzw. Stärken-/Schwächenanalyse kann in

---

[1] Vgl. Stahlmann (1994), S. 171; Pfriem weist darauf hin, daß die Öko-Bilanz nur durch ihre Einbettung in ein Öko-Controlling der Planung, Steuerung und Kontrolle ökologischer Aktivitäten des Unternehmens dient. Vgl. Pfriem (1995), S. 312. Auch hier deckt die Öko-Bilanz nur einen Baustein innerhalb des strategischen Managements ab, nämlich den der ökologischen Unternehmensanalyse.

[2] Vgl. dazu ausführlich Fichter (1995).

die zweite Phase der Ziel- und Strategiefindung, nämlich zu der Zielfindung als solcher übergeleitet werden. Die Zielfindung besteht ihrerseits aus verschiedenen Bausteinen. Diese implizieren, wie die Phasen des strategischen Managements, eine gewisse Chronologie, vermögen diese aufgrund iterativer Schleifen jedoch nicht streng zu determinieren. Die von uns unterschiedenen Phasen lauten:

(1) Klären von Absichten,
(2) Bestimmen von Marktstellungszielen,
(3) Quantifizieren von Ertrags- und Finanzzielen.

(1) Klären von Absichten

Der Begriff der Absichten wurde von Kreikebaum in die Beschreibung der strategischen Unternehmensplanung eingeführt.[1] Nach Kreikebaum können Absichten generell formuliert werden (generelle Absichten), womit sie den Charakter der von uns bereits im normativen Management beschriebenen normativen Grundlagen der Unternehmenspolitik prägen. Sie können darüber hinaus in etwas konkreterer Form auch bereits Zielcharakter einnehmen (spezielle Absichten), indem sie Art und Richtung von Unternehmenszielen festlegen, ohne diese bereits exakt zu quantifizieren. Mit dieser Unterscheidung von Absichten und Zielen und der Aufteilung der Absichts- bzw. Zielfindung in mehrere Schritte wird dem empirisch beobachteten Sachverhalt Rechnung getragen, daß Ziele in aller Regel weder am Anfang eines Planungsprozesses definiert sind und es mit der Strategieplanung nur noch um die Art der Umsetzung bzw. das „Wie" der Zielerreichung geht, noch daß sie am Ende eines langen „ziellosen" Analysierens und Auswählens den Abschluß der strategischen Planung bilden. Vielmehr ist die Zielfindung ein inkrementaler Prozeß, in dessen Verlauf Ziele immer mehr spezifiziert werden, und in dessen Verlauf auch Schleifen und Zielkorrekturen möglich, wenn nicht sogar üblich sind.[2] Um dem dadurch in der Beschreibung drohenden Durcheinander nicht nur von unterschiedlichen Zieltypen, sondern auch von jeweils unterschiedlichen Präzisierungsstadien dieser Zieltypen entgegenzuwirken, schließen wir uns der begrifflichen Unterscheidung von Absichten und Zielen an, wobei insbesondere Ertrags- und Finanzziele nur noch ein Ergebnis doku-

---

1 Vgl. Kreikebaum (1994), S. 48ff.
2 Vgl. ebd., S. 121 unter Bezug auf Lindblom (1959) und (1965).

mentieren, das durch die Klärung von Absichten und die Auswahl von Marktstellungszielen determiniert wird.

In der Phase der Klärung von Absichten geht es also zunächst darum, die grobe Richtung des Strategieentwicklungsprozesses vorzugeben. Dazu werden Rahmenbedingungen gesetzt, innerhalb derer sich konkrete, noch zu spezifizierende unternehmerische Handlungsalternativen bewegen müssen. Vor dem Hintergrund einer ökologischen Unternehmenspolitik ist hier natürlich insbesondere an solche Rahmenbedingungen zu denken, wie sie sich etwa aus der Anwendung der Öko-Bilanz und der dort angeschlossenen ABC-Analyse für ökologische Handlungsbedarfe ableiten lassen. Aber auch die Ergebnisse der Umweltanalyse müssen hier einfließen, um notwendige Vorgaben für die Konkretisierung von Markt-, Ertrags- und Finanzzielen zu liefern. Einige Beispiele mögen den Charakter solcher Absichten weiter verdeutlichen:

- Suche nach bestimmten Problemlösungen, nicht nach bestimmten Produkten,
- Vermeiden des Einsatzes bestimmter Rohstoffe,
- Erhöhen des energetischen Wirkungsgrades,
- Erfüllen aller rechtlichen Anforderungen,
- Festlegen von Emissionshöchstwerten,
- Festlegen von zu erreichenden Qualitätsstandards,
- Anstreben eines bestimmten Images und Bekanntheitsgrades,
- Einführen bestimmter formaler und informaler Organisationsgrundsätze,
- Anstreben einer erhöhten Flexibilität,
- Festlegen von Ertragsmindestzielen.

Im Verlaufe der Konkretisierung solcher Absichten hin zu Marktstellungszielen und weitergehend zu Ertrags- und Finanzzielen kann es sich als unmöglich erweisen, einzelnen Absichten davon in vollem Umfang zu entsprechen. Dies bedeutet keine unzulässige Aufweichung des Planungsprozesses, sondern entspricht der empirisch beobachteten Evidenz, daß Zielvereinbarungen häufig nur über einer wechselseitigen Anpassung sowohl der Verhandlungsgegner als auch der Verhandlungsgegenstände getroffen werden können.[1]

---

1 Vgl. Kreikebaum (1994), S. 121.

(2) Bestimmen von Marktstellungszielen

Strategische Planung wird häufig mit der Bestimmung von Produkt-/Marktkombinationen gleichgesetzt. Nach Ansoff, auf den die Definition von Produkt-/Marktkombinationen als strategischer Planungsgegenstand zurückzuführen ist, lassen sich dabei aus der Kombination vorhandener und neuer Produkte sowie vorhandener und neuer Märkte vier unterschiedliche Produkt-/Marktstrategien herleiten:[1]

- vorhandene Produkte auf vorhandenen Märkten:
  Marktdurchdringungsstrategie,
- vorhandene Produkte auf neuen Märkten:
  Marktentwicklungstrategie,
- neue Produkte auf vorhandenen Märkten:
  Produktentwicklungsstrategie,
- neue Produkte auf neuen Märkten:
  Diversifikationsstrategie.

Wir stimmen dieser Systematisierung vom Grunde her zu, wollen sie jedoch für unser Vorgehen in zwei Punkten modifizieren. Zum einen verwenden wir nicht den Begriff der Produkt-/Marktkombination, sondern den der Marktstellung, um einem Denken in Funktionen oder Problemlösungen zu Lasten eines alleinigen Denkens in Produkten und Märkten mehr Raum zu geben. Damit soll eine Ausblendung der zwei Ebenen ökologischer Unternehmenspolitik vermieden werden, in denen nach den Funktionen und dem Sinn von Produkten gefragt wird, um nicht von vornherein alleine die Fragen nach den Produkten selbst sowie den dazu eingesetzten Verfahren und Stoffen in den Vordergrund zu stellen (vgl. Abbildung 3). Zum anderen reden wir an dieser Stelle nicht von Strategien, sondern von Zielen (resp. strategischen Zielen), da es an dieser Stelle des Planungsprozesses primär um die Auswahl von Soll-Zuständen im Zusammenhang mit Wirtschaftsmärkten geht. Zu diesen Soll-Zuständen zählen natürlich nicht nur bestimmte Problemlösungen sowie die Märkte, auf denen diese angeboten werden, sondern auch der Marktanteil, mit dem die vorhandene Nachfrage nach dieser Problemlösung befriedigt wird. Fragen der notwendigen Maßnahmen (resp. strategischen Maßnahmen) zur Erreichung dieser Soll-Zustände werden jedoch erst in einem späteren bzw. sepa-

---

1 Vgl. Ansoff (1957), S. 114.

raten Schritt geklärt. Strategische Ziele und strategische Maßnahmen bilden in diesem Sprachgebrauch immer nur in ihrer Gemeinsamkeit eine Strategie.

Da bei der Suche nach Alternativen für Marktstellungsziele gerade auch vor dem Hintergrund einer ökologischen Unternehmenspolitik neue Märkte und neue Problemlösungen mit in das Kalkül gezogen werden sollen, ist der Prozeß der Bestimmung von Marktstellungszielen nur sehr begrenzt mit vorgefertigten Instrumenten steuerbar. Kreativität ist gefragt, und diese läßt sich kurzfristig bestenfalls mit Kreativitätstechniken und nur mittelfristig durch ein entsprechendes Innovationsklima fördern, nicht jedoch durch Portfolio-, Gap- oder ähnliche Analysen, mit denen ausschließlich vorhandene Produkt-/ Marktkombinationen auf ihr Entwicklungspotential untersucht werden.[1] Das notwendige Kreativitätspotential muß daher im Unternehmen durch entsprechende kulturelle inkl. struktureller Bedingungen angelegt sein. In Kapitel 6 wurde ausführlich auf entsprechende Voraussetzungen eingegangen. Erinnert sei hier insbesondere an die Kommunikationsformen, die Fähigkeit zur Selbstthematisierung und an den entsprechenden unternehmensinternen Themenvorrat, der die Generierung von alternativen Marktstellungszielen maßgeblich beeinflussen kann.[2] Um den Alternativen-Findungsprozeß dennoch auch durch einige etwas technokratischere Überlegungen zu illustrieren, sei hier zunächst auf eine Darstellung von Grünewald hingewiesen, der nicht Produkt-/Marktkombinationen an den Ausgangspunkt strategischer Planung stellt, sondern mögliche Kundenprobleme (vgl. Abbildung 15). Die Probleme von Individuen, von Gruppen oder des Staates sind danach der eigentliche Auslöser von Nachfrage. Das dadurch gebildete Marktpotential ist nur zum Teil durch aktuelle Produkt-/ Marktkombinationen bekannt bzw. ausgeschöpft. Daher ist es möglich, auch solche Kundenprobleme zu entdecken, die die Kunden von sich aus noch nicht als Nachfrage an den Markt gerichtet haben, weil sie sich des Problems nicht bewußt sind.

---

1 Dies soll ihre Existenzberechtigung im Prozeß der strategischen Planung nicht in Frage stellen. Auf ihre Darstellung wird an dieser Stelle jedoch unter Verweis auf den großen Fundus bestehender Darstellungen verzichtet. Einen Überblick bietet Kreikebaum (1994), S. 62ff.
2 Vgl. zur Selbstthematisierungsfähigkeit auch die Kapitel 6.1.3 und 6.2.3.

Abb. 15:   Bestandteile der strategischen Planung

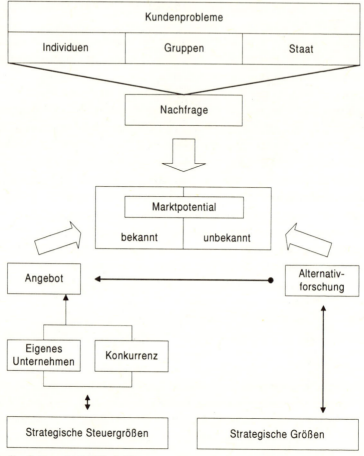

Quelle: Grünewald (1987), S. 88

Nach Grünewalds Auffassung hat dies nichts mit einem Vorgehen zu tun, „das von Galbraith mit dem Schlagwort ‚der geheimen Verführer' versehen worden ist. Vielmehr geht es darum, im Schumpeterschen Sinne durch neue Faktorkombinationen latent vorhandene Kundenprobleme zu lösen, daß sie marktwirksam werden können"[1]. Dies soll hier relativiert werden, indem festgehalten wird, daß man bei der Suche nach Kundenproblemen durchaus in die Rolle des geheimen Verführers

---

1   Grünewald (1987), S. 88.

geraten kann, daß man aber nicht in diese Rolle geraten muß. Um sich gegen diese Gefahr abzusichern, ist es, im Sinne der fünf Ebenen ökologischer Unternehmenspolitik erforderlich, sich nicht nur mit dem möglichen Marktpotential bestimmter neuer Produkte bzw. Problemlösungen auseinanderzusetzen, sondern auch mit deren Funktionen und Sinngehalten.

In Analogie zu dem oben bereits Gesagten ordnet Grünewald dem Bereich des bekannten Marktpotentials die Verwendung strategischer Steuergrößen zu (gemeint sind Ergebnisse strategischer Analyse- und Planungsinstrumente), mit deren Hilfe die bekannten Marktpotentiale ausgeschöpft werden können. Im Bereich des unbekannten Marktpotentials geht es dagegen um die Erforschung von Alternativen. Mit den dafür notwendigen „strategischen Größen" sind unternehmerische Leistungspotentiale wie das Forschungspotential, das Mitarbeiterpotential oder das organisatorische Verfahrenspotential angesprochen.

Der Hinweis auf die Bedeutung der „strategischen Größen" dient nun dem Anschluß an einige Überlegungen zum Verhältnis von Marktstellungszielen und Technologie- und Human-Resource-Potentialen. Nach Sommerlatte ist die Marktposition resp. die Marktstellung nur einer von verschiedenen Faktoren, die die Wettbewerbsposition eines Unternehmens bestimmen.[1] Neben der Marktposition gelten die Kostenposition, die Technologieposition und die Human-Resource-Position als weitere Determinanten der Wettbewerbsposition. Nach Einschätzung von Sommerlatte werden häufig nur die Markt- und Kostenposition in das Kalkül der strategischen Planung mit einbezogen. Erst durch eine Einbeziehung aller vier Faktoren lassen sich jedoch solche strategischen Ziele ermitteln und erreichen, die eine Veränderung der Ausrichtung und der Leistungsfähigkeit des Unternehmens implizieren. Erforderlich ist daher eine Verknüpfung der vier Faktoren innerhalb der strategischen Planung. So stellt Sommerlatte ein Marktposition-/Technologieposition-Portfolio vor, mit dessen Hilfe Standardstrategien für bestimmte Markt-/Technologieposition-Kombinationen abgeleitet werden können.[2] Dieses Portfolio berücksichtigt jedoch nur die aktuelle Markt- und Technologieposition eines Unternehmens.

---

1 Vgl. Sommerlatte (1990).
2 Vgl. ebd., S. 168.

Einen weitergehenden Ansatz zur Verknüpfung der Planung strategischer Marktstellungsziele mit der strategischen Technologieplanung stellt Ewald vor. Danach werden aus Geschäftsfeld- und Technologiefeldportfolios Innovationsfeldportfolios sowohl für zukünftige Geschäftsfelder als auch die dafür erforderlichen Technologiefelder abgeleitet.[1] Mit diesen Hinweisen zum Wesen und zur Generierung von Marktstellungszielen wollen wir die Betrachtung dieses Bausteins der Zielfindung abschließen. Sicherlich ließe sich noch vieles über Generierungsverfahren und Bewertungsmethoden für alternative Marktstellungsziele anführen. Die gegebenen Hinweise auf die einschlägige Literatur sollen an dieser Stelle jedoch genügen.

(3) Quantifizieren von Ertrags- und Finanzzielen

Erst auf der Basis bestimmter Marktstellungsziele können konkrete Ertrags- und Finanzziele quantifiziert werden. Dies ist dann kein eigentlicher Zielfindungsprozeß mehr, sondern eine reine Rechenaufgabe. Hierbei kann es zu Zielkonflikten kommen, wenn etwa Marktstellungsziele und Ertragsziele nicht mit den in den Absichten zum Ausdruck gebrachten Vorstellungen in Einklang gebracht werden können. Dies kann dazu führen, daß alternative Marktstellungsziele gesucht werden müssen. Wenn jedoch keine Marktstellungsziele gefunden werden können, mit denen alle Absichten erfüllbar sind, bleibt nur der Weg über die Nachverhandlung von Absichten. Damit wird einmal mehr auf den inkrementalen Charakter der strategischen Planung verwiesen.

Auch die nachfolgend beschriebenen Bausteine der Ermittlung auszubauender Leistungspotentiale und die strategischen Maßnahmen zum Aufbau dieser Leistungspotentiale beinhalten Faktoren, die in die Berechnung von Ertrags- und Finanzzielen einfließen können. Daher ist die Verabschiedung von Ertrags- und Finanzzielen nicht alleine von den Absichten und den Marktstellungszielen abhängig.

---

1 Vgl. Ewald (1994). Der Hinweis auf diese Instrumente soll hier genügen, da auf eine Darstellung der jeweiligen Vorgehensweise an dieser Stelle aus Platzgründen verzichtet werden muß.

8.1.3 Ermitteln der zur Zielerreichung aufzubauenden Leistungspotentiale

Nicht erst nach der Zielfindung, sondern bereits während des Zielfindungsprozesses kann es erforderlich sein, die zur Zielumsetzung notwendigen Leistungspotentiale bzw. die zu schließenden Leistungspotentialdefizite festzustellen. Obwohl sich die Auswahl anzustrebender Marktstellungsziele nicht nur an den vorhandenen Chancen und Risiken, sondern auch an den vorhandenen Stärken und Schwächen orientierte, steht an dieser Stelle nämlich noch keineswegs fest, ob bzw. welche vorhandenen Schwächen weiterhin akzeptiert werden können und welche notwendig behoben werden müssen, um die Erreichung von Marktstellungszielen sicherzustellen. Da bei unserer Betrachtung der Situationsanalyse (Kapitel 8.1.1) bisher nur Möglichkeiten zur Analyse ökologischer Stärken und Schwächen des Unternehmens vorgestellt wurden, ist das nun zu behandelnde Vorgehen zur Bestimmung der zu schließenden Leistungspotentialdefizite noch nicht aus der Phase der Unternehmensanalyse bekannt. Auf die Darstellung der Gap-Analyse oder von Stärken-/Schwächenanalysen hatten wir dort aber nicht nur deshalb verzichtet, weil wir im Rahmen der Situationsanalyse ausschließlich Instrumente mit ökologischem Aussagegehalt vorstellen wollten. Wir sehen in der Anwendung dieser Instrumente in der Unternehmensanalyse auch die Gefahr, daß um bestehende Produkte und Märkte herum analysiert und dabei der Blick auf neue Problemlösungen und Märkte systematisch verstellt wird.

Bei Einsatz einer Stärken-/Schwächen-Analyse zur Bestimmung vorhandener oder zu schließender Leistungspotentialdefizite können Bewertungstabellen verwendet werden, mit deren Hilfe die Leistungspotentiale aller Unternehmensfunktionen transparent gemacht werden sollen (vgl. Tabelle 22). Folgende Fragestellungen gilt es im Rahmen der Analyse von Leistungspotentialdefiziten zu stellen:

- Welche Leistungspotentiale braucht das Unternehmen, um die geplanten Marktstellungs-, Ertrags- und Finanzziele erreichen zu können? Welche primären und sekundären Unternehmensfunktionen werden in welchem Umfang und in welcher Qualität benötigt?
- Über welche Leistungspotentiale verfügt das Unternehmen gegenwärtig?

- Ergeben sich aus der Gegenüberstellung der erforderlichen und der vorhandenen Leistungspotentiale Differenzen?

Tab. 22: Beurteilung der Leistungspotentiale des Unternehmens

Leistungspotential	Beurteilung			Bemer-kung
	keine Defizite	geringe Defizite	große Defizite	
Entwicklung				
• Personal		•		
• Organisation		•		
• Führungs-/Steuerungssysteme		•		
• Anlagen u. Infrastruktur			•	
• Kommunik. und Öffentl.-arbeit			•	
Beschaffung				
• Personal	•			
• Organisation	•			
• Führungs-/Steuerungssysteme	•			
• Anlagen u. Infrastruktur	•			
• Kommunik. und Öffentl.-arbeit		•		
Produktion				
• Personal		•		
• Organisation			•	
• Führungs-/Steuerungssysteme			•	
• Anlagen u. Infrastruktur			•	
• Kommunik. und Öffentl.-arbeit			•	
Marketing/Verkauf				
• Personal		•		
• Organisation			•	
• Führungs-/Steuerungssysteme		•		
• Anlagen u. Infrastruktur	•			
• Kommunik. und Öffentl.-arbeit			•	
Logistik				
• Personal	•			
• Organisation		•		
• Führungs-/Steuerungssysteme			•	
• Anlagen u. Infrastruktur		•		
• Kommunik. und Öffentl.-arbeit		•		
Entsorgung				
• Personal			•	
• Organisation			•	
• Führungs-/Steuerungssysteme			•	
• Anlagen u. Infrastruktur			•	
• Kommunik. und Öffentl.-arbeit			•	

Quelle: Verfasser

Die möglichen Kriterien bzw. Leistungspotentiale, die abgegrenzt voneinander eingeschätzt werden sollen, entscheiden über die Qualität einer solchen Abschätzung. Hierzu besteht ein breites Spektrum an Vorschlägen und Praxisbeispielen.[1] Das in der Tabelle 22 angeführte Beispiel für eine Auswertungstabelle ist in Anknüpfung an die von uns im 3. Kapitel unterschiedenen primären und sekundären Unternehmensfunktionen gestaltet. Ausgangspunkt ist zunächst eine Matrix, in der jede unternehmerische Primärfunktion hinsichtlich der sie unterstützenden Sekundärfunktionen bewertet wird. Auf der Grundlage dieser Matrix können bereits wesentliche Rückschlüsse auf Defizite hinsichtlich verschiedener Leistungspotentiale gezogen werden. Die einzelnen Abschnitte der Haupttabelle können aber auch in separate Tabellen für die Primär- und Sekundärfunktionen (siehe Tabelle 23 und Tabelle 24) gemittelt und zusammengefaßt werden.

Tab. 23: Gemitteltes Leistungspotential primärer Unternehmensfunktionen

Leistungspotential	Beurteilung			
primäre Unternehmensfunktionen	keine Defizite	geringe Defizite	große Defizite	Bemerkung
Entwicklung		O		
Beschaffung	O			
Produktion			O	
Marketing/Verkauf		O		
Logistik		O		
Entsorgung			O	

Quelle: Verfasser

Tab. 24: Gemitteltes Leistungspotential sekundärer Unternehmensfunktionen

Leistungspotential	Beurteilung			
sekundäre Unternehmensfunktionen	keine Defizite	geringe Defizite	große Defizite	Bemerkung
Personal		O		
Organisation		O		
Führungs-/Steuerungssysteme		O		
Anlagen/Infrastruktur		O		
Kommunikation und Öffentl.-arbeit			O	

Quelle: Verfasser

---

1 Vgl. stellvertretend die Funktions-/Ressourcen-Matrix von Schreyögg (1984), S. 113 unter Bezug auf Hofer/Schendel (1978), S. 149ff.

Die hier beispielhaft vorgenommene Bewertung der unterschiedenen Leistungspotentiale kann häufig nur durch Abschätzungen erfolgen, da valide Bewertungsmaßstäbe nur begrenzt herzuleiten sind. Um die Qualität der notwendigen Schätzungen zu erhöhen, ist es erforderlich, die an der Schätzung beteiligten Personen gezielt auszuwählen. Empfohlen wird dafür beispielsweise, die Abschätzung sowohl durch die Vertreter des Top-Managements und unabhängig davon durch externe Berater vornehmen zu lassen. Die damit entstehenden Ergebnisdiskussionen können nicht nur zu einer Absicherung der Ergebnisse, sondern auch zu Lerneffekten für das Top-Management führen.[1]

Die gefundenen Leistungspotentialdefizite können nun sowohl zum Überdenken bereits erwogener Marktstellungsziele führen, sie können aber auch Ausgangspunkt der Generierung strategischer Maßnahmen sein, mit denen die Leistungspotentialdefizite geschlossen werden sollen. Verschiedene Möglichkeiten dafür werden im folgenden Kapitel vorgestellt.

8.1.4 Auswahl von Kooperationsstrategien zum Aufbau der Leistungspotentiale

Die Wege zur Deckung der Leistungspotentialdefizite können als zentraler Bestandteil jeder Gesamtstrategie betrachtet werden. Als strategische Maßnahmen zur Deckung der Leistungspotentialdefizite bieten sich dem Unternehmen grundsätzlich drei Lösungsstrategien an:

- die Autonomiestrategie,
- die Kooperationsstrategie und
- die Beteiligungsstrategie.

Innerhalb jeder der drei Lösungsstrategien stehen dem Unternehmen wiederum verschiedene Handlungsalternativen offen. In der folgenden Tabelle 25 sind die wichtigsten dieser Handlungsalternativen pro Lösungsstrategie zusammengestellt. Kooperationen mit anderen Unternehmen stellen, folgt man der angeführten Tabelle, eine von sieben praktisch relevanten Lösungsstrategien dar, um Leistungspotentialdefizite zu schließen.

---

[1] Vgl. Staudt et al. (1992), S. 69.

*Tab. 25: Lösungsstrategien zur Deckung von Leistungspotential-
defiziten*

Lösungs-strategie Anbieter von Lösungen	Autonomie-strategie	Kooperations-strategie	Beteiligungs-strategie
intern	Ausbau/Entwicklung der betroffenen Unternehmens-funktionen		Gründung von Tochterunter-nehmen
extern öffentliche Institutionen	Unterstützung durch: • Handelskammern • Förder-institutionen • Fachverbände • Innungen	Kooperation mit dem Wissenschafts-system: • Universitäten • Fachhochschulen • Forschungs-institute	
extern private Institutionen	Betriebswirtschaft-liche, technische oder juristische Beratung durch: • Banken • Lizenz-, Patent-geber • Forschungs-institute • Unternehmens-berater	Kooperation mit anderen Unterneh-men: • zahlreiche Kooperations-felder (vgl. die Kooperations-matrix aus Kapitel 3.2)	Kauf oder Verkauf von: • Beteiligungen • Unternehmen

Quelle: in Anlehnung an Staudt et al. (1992), S. 78

Innerhalb des Feldes mit Kooperationslösungen bestehen wiederum zahlreiche sehr unterschiedliche Kooperationsfelder[1], von denen jedes unterschiedlich gut oder weniger gut dafür geeignet sein kann, Leistungspotentialdefizite zu schließen. Die Ausführungen im ersten und zweiten Hauptteil der vorliegenden Arbeit haben aber deutlich gemacht, daß trotz der zahlreichen Möglichkeiten für Kooperationslösungen diese eine im Vergleich zu Autonomielösungen noch selten gewählte Lösungsalternative darstellen. Die dortigen Ausführungen haben aber auch deutlich gemacht, welches Potential in Kooperationen liegt, um verschiedenste unternehmerische Zielsetzungen in einer Weise zu fördern, wie es Autonomie- oder Beteiligungslösungen nicht oder nur schwer möglich ist.

---

1 Vgl. die Kooperationsmatrix Tabelle 3.

Die zahlreichen beschriebenen Faktoren, die sowohl für das Zustandekommen oder das Nicht-Zustandekommen von Kooperationen wie auch für den Erfolg von Kooperationen verantwortlich sein können, lassen es nun jedoch kaum seriös zu, eindeutige bzw. simplifizierte Kriterien für die Vorteilhaftigkeit der einen oder der anderen Lösungsstrategie anzugeben. Dies mag überraschen, ist es doch ein gerne verfolgtes Ziel theoretischer Analysen, aus der Erklärungskomponente unmittelbare Gestaltungsaussagen bzw. Entscheidungsgrundlagen abzuleiten. Hinsichtlich der Entscheidung über die grundsätzliche Vorteilhaftigkeit von Kooperationen müssen wir jedoch darauf hinweisen, daß zu viele „weiche" Faktoren, die eng an individuelle Präferenzen des Managements und an das Unternehmensverhalten insgesamt geknüpft sind, einen maßgeblichen Einfluß auf die Möglichkeiten zur Ausschöpfung des in Kooperationen liegenden Potentials haben können. Die Ausführungen über individuelle Präferenzstrukturen und das Unternehmen als Akteur der Kooperation (Kapitel 4.3 und 6) haben deutlich gemacht, daß der Blick etwa auf Transaktionskosten und Kooperationsanreize, auf das Netzwerkmanagement und auf die der Systemtheorie entlehnten Aussagen zur Komplexitätsbewältigung (Kapitel 4.1, 4.2 und 5) zwar einen wichtigen Ausschnitt des Erklärungsumfangs abdecken, daß ein alleiniger Fokus auf diese letztgenannten Erklärungsansätze jedoch nicht ausreichen kann, um das Zustandekommen und vor allen Dingen auch den Erfolg von Kooperationen zu erklären. Als Konsequenz daraus muß an dieser Stelle auf die Ableitung eines simplifizierenden Entscheidungsinstrumentariums hinsichtlich der Einsatzmöglichkeiten und des Potentials von Kooperationen verzichtet, und statt dessen insbesondere auf die im zweiten Hauptteil der vorliegenden Arbeit erfolgten Darstellungen verwiesen werden.

Da eine Entscheidung für oder gegen Kooperationen aber ohnehin kaum ohne Wissen über die konkret in Frage kommenden Kooperationsfelder getroffen werden kann, können die folgenden Ausführungen zur Auswahl bestimmter Kooperationsfelder die grundsätzliche Kooperationsentscheidung dennoch maßgeblich beeinflussen. Im folgenden soll daher für jede der fünf Dimensionen der Kooperationsmatrix geklärt werden, welche der dort unterschiedenen Ausprägungen eine jeweils geeignete Wahl darstellen kann. Als Dimensionen und Ausprägungen wurden innerhalb der Kooperationsmatrix unterschieden:

(1) Gegenstand der Kooperation: unternehmerische Primärfunktionen oder Sekundärfunktionen;
(2) Anzahl der Kooperationspartner: dyadisch, Kleingruppen oder Großgruppen;
(3) Richtung der Kooperation: vertikal, horizontal, komplementär, vertikal und horizontal, vertikal und horizontal und komplementär;
(4) Vorgehen der Kooperation: Informationsaustausch, Absprachen, abgestimmtes Wirtschaftshandeln, gemeinsames Wirtschaftshandeln;
(5) Organisation der Kooperation: ohne separate Organisation, mit ausgegliedertem Unternehmen, mit Verband.

(1) Gegenstand der Kooperation

Mit der Analyse von Leistungspotentialdefiziten wurden zum einen verschiedene mögliche Leistungspotentialdefizite pro unternehmerischer Primärfunktion transparent gemacht, zum anderen wurden globale Leistungspotentialdefizite der unternehmerischen Primär- und Sekundärfunktionen abgeleitet. Gegenstand einer Kooperation kann nun analog ein ganz bestimmtes Defizit innerhalb einer Primärfunktion sein, z.B. ein Defizit der Anlagen und der Infrastruktur im Bereich Entwicklung. Ebenso können auch die globalen Leistungspotentialdefizite einer Primär- oder Sekundärfunktion Gegenstand einer Kooperation werden. Und nicht zuletzt können sämtliche Kombinationen Gegenstand einer Kooperation werden, etwa die Defizite der Organisation und der Anlagen/Infrastruktur im Bereich der Produktion. Eine Auswahl von Leistungspotentialdefiziten, die in einer oder auch mehreren Kooperationen geschlossen werden sollen, legt damit bereits die angestrebten Kooperationszwecke fest. Es wird jedoch erst unter Berücksichtigung auch der anderen Dimensionen der möglichen Kooperationen zu klären sein, welchen Zweck eine Kooperation letztlich in ihrem Gesamtumfang haben soll.

(2) Anzahl der Kooperationspartner

Die Anzahl der an einer Kooperation beteiligten Unternehmen berührt das Erscheinungsbild einer Kooperation nicht nur äußerlich in grundlegender Form. Entstehen dyadische Kooperationen häufig auf gewachsenen Beziehungen, so werden Großgruppen-Kooperationen zumeist durch das kooperationssteuernde Wirken eines Verbandes ins Leben gerufen. Analog dazu ist bei dyadischen Kooperationen häufig das enge

Vertrauensverhältnis zwischen den Kooperationspartnern prägendes Element der Kooperation, während bei Großgruppen-Kooperationen eher die weitgehende Anonymität der Kooperationspartner das Bild prägt. Was aber sind die Kriterien, nach denen die richtige Anzahl möglicher Kooperationspartner in Abhängigkeit von bestimmten Leistungspotentialdefiziten gewählt werden soll? Die folgende Tabelle 26 gibt dazu eine Einschätzung aufgrund der gefundenen Praxisbeispiele und der theoretischen Betrachtungen wieder.

Tab. 26: Einschätzung möglicher Kombinationen von Kooperationsgegenstand und Anzahl der Kooperationspartner

Anzahl der Kooperationspartner / Leistungspotentialdefizite	dyadische Kooperationen	Kleingruppen-Kooperationen	Großgruppen-Kooperationen
Entwicklung	●	●	○
Beschaffung	●	●	●
Produktion	●	●	●
Marketing	●	●	○
Logistik	●	●	●
Entsorgung	●	●	●
Personal	●	●	●
Organisation	●	●	●
Führungs-/Steuerungssystem	●	●	○
Anlagen/Infrastruktur	●	●	●
Kommunikation/Öffentl.-arbeit	●	●	●

Legende:
- ○ nicht praktizierte, schwer steuerbare Kombination
- ◐ selten praktizierte, gut steuerbare Kombination
- ● typisch praktizierte, gut steuerbare Kombination

Quelle: Verfasser

Die Tabelle macht die Einschätzung deutlich, daß dyadische oder Kleingruppen-Kooperationen mögliche Kooperationsstrategien zur Deckung aller unterschiedlichen Leistungspotentialdefizite darstellen können. Lediglich Großgruppen-Kooperationen stellen nicht für alle denkbaren Leistungspotentialdefizite eine geeignete Kooperationsstrategie dar. Dies gilt vermehrt für die unternehmerischen Primärfunktionen, da hier zu unmittelbar in das Unternehmensgeschehen eingegriffen wird, als daß die eher anonymen Großgruppen-Kooperationen genügend Sicherheit vor Kooperationsmißbrauch bieten könnten. Auch die für Großgruppen-Kooperationen typischen Selbstverpflichtungsabkommen in den Bereichen Beschaffung, Produktion und Entsorgung stellen daher zumeist nur Absprachen dar, während ein abgestimmtes oder gar gemeinsames Wirtschaftshandeln hier kaum anzutreffen ist. Im Bereich der sekundären Unternehmensfunktionen bilden dagegen Großgruppen-Kooperationen die verbreitetste Lösung. Konkret handelt es sich dabei häufig um Verbandslösungen, in derem Rahmen den Mitgliedern Unterstützung gerade in unternehmerischen Sekundärfunktionen angeboten wird. Der hier wiederum bedeutendste Fall ist die regelmäßig von den Verbänden übernommene Funktion der externen Kommunikation im Sinne der Lobby-Arbeit und der Öffentlichkeitsarbeit.[1] Unternehmerische Sekundärfunktionen werden dagegen in der Praxis selten mittels dyadischer oder Kleingruppen-Kooperationen unterstützt, obwohl diese im Vergleich zu Kooperationen für Primärfunktionen eher leichter zu steuern wären.

Mit der Kenntnis des Kooperationsgegenstandes ist daher nicht eindeutig auf eine ideale Anzahl von Kooperationspartnern zu schließen. Als Ergebnis dieser Betrachtung muß eher zur Aufmerksamkeit aufgefordert werden. Es kann von Nachteil sein, sich ohne Überprüfung aller Alternativen auf eine typische, den Entscheidern bekannte Lösung festzulegen. So kann es nicht nur mehrere typische Lösungen geben, sondern es kann auch eine seltener praktizierte, aber ebenfalls gut steuerbare Kombination die vorteilhafteste sein.

(3) Richtung der Kooperation
Eine Auseinandersetzung mit den möglichen Richtungen einer Kooperation ist analog unserer Kooperationsmatrix nur im Bereich dyadischer Kooperationen und Großgruppen-Kooperationen erforderlich. Bei Kleingruppen-Kooperationen ist zwar grundsätzlich auch die Verwendung nur von einer, zwei oder von drei Richtungen denkbar. Da eindimensionale Lösungen jedoch im Unterschied zu Mischformen eher geringe empirische Bedeutung haben und sich zwei- oder dreidimensionale Kleingruppen-Kooperationen nicht wesentlich auf den Kooperationstyp auswirken, soll hier auf eine Berücksichtigung von Klein-

---

1 Vgl. die typischen Verbandsfunktionen am Beispiel des BDI in Mann (1994), S. 254.

gruppen-Kooperationen verzichtet werden.[1] Zunächst soll ein Blick auf die Richtungsentscheidung bei dyadischen Kooperationen geworfen werden. Analog dem Aufbau der Tabelle 26 bildet die Tabelle 27 Kombinationen von Kooperationsgegenständen mit der Dimension der Kooperationsrichtung bei dyadischen Kooperationen ab.

Tab. 27: Einschätzung möglicher Kombinationen von Kooperationsgegenstand und Kooperationsrichtung bei dyadischen Kooperationen

Kooperationsrichtung bei dyadischen Kooperationen / Leistungspotentialdefizite	vertikal	horizontal	komplementär
Entwicklung	■	■	■
Beschaffung	■	▨	▨
Produktion	■	■	□
Marketing	■	□	■
Logistik	■	■	■
Entsorgung	■	■	■
Personal	■	▨	■
Organisation	▨	▨	▨
Führungs-/Steuerungssystem	▨	▨	▨
Anlagen/Infrastruktur	■	▨	▨
Kommunikation/Öffentl.-arbeit	■	▨	▨

Legende:
□ nicht praktizierte, schwer steuerbare Kombination
▨ selten praktizierte, gut steuerbare Kombination
■ typisch praktizierte, gut steuerbare Kombination

Quelle: Verfasser

Im Bereich primärer Unternehmensfunktionen gibt es lediglich zwei Kombinationen aus Kooperationsgegenstand und -richtung, die keine echten Alternativen im Bereich dyadischer Kooperationen darstellen. Dies sind komplementäre Produktionskooperationen und horizontale Marketingkooperationen. Alle anderen Kombinationen stellen, wenn nicht ohnehin häufig praktizierte Lösungen, zumindest denkbare, da

---

[1] Bezüglich eindimensionaler Kleingruppen-Kooperationen kann auf die Ausführungen zu dyadischen Kooperationen verwiesen werden.

gut steuerbare Kombinationen dar. Die Funktion der Entsorgung ist hier in allen drei Dimensionen als selten praktiziert charakterisiert, da derartige dyadische Kooperationen generell als selten praktiziert eingestuft wurden (vgl. Tabelle 26). Letzteres gilt auch für alle sekundären Unternehmensfunktionen. Der Grund für die Einschätzung, daß im Bereich primärer Unternehmensfunktionen die komplementären Lösungen die am wenigsten praktizierten sind, während dies im Bereich sekundärer Unternehmensfunktionen für horizontale Lösungen gilt, ist darin zu sehen, daß ein unkontrollierter Informationsabfluß über die Erfolgsfaktoren Personal, Organisation sowie Führungs- und Steuerungssysteme zwischen konkurrierenden Unternehmen ein deutlich höheres Risiko für das einzelne Unternehmen darstellt, als dies bei vertikalen oder komplementären Kooperationen der Fall ist.[1] Auf der anderen Seite stehen im Falle komplementärer Kooperationen die Kooperationspartner vor dem Problem der Definition eines gemeinsamen Kooperationszweckes, wenn in primären Unternehmensfunktionen kooperiert werden soll.

Im Falle der Großgruppen-Kooperationen ist zu unterscheiden zwischen Kooperationen innerhalb einer bestimmten Branche (vertikal und horizontal) und branchenübergreifenden Kooperationen (vertikal, horizontal und komplementär). Tabelle 28 veranschaulicht, daß Großgruppen-Kooperationen zu primären Unternehmensfunktionen wesentlich in den Bereichen Beschaffung, Produktion und Entsorgung anzutreffen sind. Während Entsorgungs-Kooperationen ohne weiteres branchenübergreifend sein können, stellt dies bei Produktionskooperationen die Ausnahme dar. Produktions-Kooperationen betreffen bei Großgruppen-Kooperationen auch kaum die gemeinsame Produktion im Sinne eines gemeinsamen Wirtschaftshandelns, sondern regelmäßig Absprachen bzw. Selbstverpflichtungsabkommen zu bestimmten Produktionsweisen, Produktmaterialien und ggf. zu Produkten selbst.[2] Im Bereich

---

[1] Ausnahmen davon bilden bestenfalls „selektive Kooperationen" in wettbewerbsfernen Bereichen, die auch in konkurrierenden Unternehmen beiderseitige Kooperationsgewinne wahrscheinlich machen können. Vgl. Schrader (1990), S. 154.

[2] Die im Feld D2(P) der Kooperationsmatrix (Tab. 3) angeführten Selbstverpflichtungsabkommen betreffen zum Großteil Vereinbarungen über Produkte, während es in den Felder D3(P) und D4(P) ausschließlich um den Bereich der Entsorgung geht.

der sekundären Unternehmensfunktionen stellen branchenbezogene, also zweidimensionale Großgruppen-Kooperationen den Hauptanteil bestehender Kooperationen dar. Dies liegt erneut an den hier tätigen Verbänden, die in großer Überzahl auf spezielle Branchen ausgerichtet sind.

Tab. 28: Einschätzung möglicher Kombinationen von Kooperationsgegenstand und Kooperationsrichtung bei Großgruppen-Kooperationen

Kooperationsrichtung bei Großgruppen-Kooperationen / Leistungspotentialdefizite	vertikal horizontal	horizontal horizontal komplementär
Entwicklung	☐	☐
Beschaffung	■	▨
Produktion	■	▨
Marketing	☐	☐
Logistik	☐	☐
Entsorgung	■	▨
Personal	☐	☐
Organisation	■	▨
Führungs-/Steuerungssystem	■	▨
Anlagen/Infrastruktur	☐	☐
Kommunikation/Öffentl.-arbeit	■	▨

Legende:
- ☐ nicht praktizierte, schwer steuerbare Kombination
- ▨ selten praktizierte, gut steuerbare Kombination
- ■ typisch praktizierte, gut steuerbare Kombination

Quelle: Verfasser

(4) Vorgehen der Kooperation

Als mögliche Vorgehensweisen einer Kooperation unterscheiden wir zwischen Informationsaustausch, Absprachen, abgestimmtem Wirtschaftshandeln und gemeinsamem Wirtschaftshandeln. Jede dieser Vorgehensweisen impliziert eine deutlich unterschiedliche Ausrichtung des gesamten Kooperationsverhältnisses. Dennoch lassen sich auch hier Leistungspotentialdefizite in unternehmerischen Primär- und Sekundärfunktionen mit Kooperationen zum Teil aller vier Vorgehensweisen schließen. Die Tabelle 29 verdeutlicht die Einschätzung, daß das gemeinsame Wirtschaftshandeln eine grundsätzlich denkbare Alternative für alle Kooperationszwecke darstellt.

Tab. 29: Einschätzung möglicher Kombinationen von Kooperationsgegenstand und Vorgehensweise der Kooperation

Vorgehen der Kooperation / Leistungspotentialdefizite	Informationsaustausch	Absprachen	Abgest. Wirtschaftshandeln	Gemeins. Wirtschaftshandeln
Entwicklung	■	☐	☐	■
Beschaffung	■	▒	▒	■
Produktion	▒	■	■	■
Marketing	■	☐	☐	■
Logistik	▒	☐	■	■
Entsorgung	■	▒	■	■
Personal	▒	☐	☐	▒
Organisation	■	☐	☐	■
Führungs-/Steuerungssystem	■	☐	☐	■
Anlagen/Infrastruktur	■	■	■	▒
Kommunikation/Öffentl.-arbeit	▒	☐	■	■

Legende:
☐ nicht praktizierte, schwer steuerbare Kombination
▒ selten praktizierte, gut steuerbare Kombination
■ typisch praktizierte, gut steuerbare Kombination

Quelle: Verfasser

Der Informationsaustausch ist ebenfalls eine fast immer denkbare Vorgehensweise,[1] die lediglich für Kooperationen in den Bereichen Logistik, Personal und Kommunikation/Öffentlichkeitsarbeit kaum sinnvoll einzusetzen ist. Absprachen finden dagegen nur in ganz wenigen Fällen sinnvolle Anwendung, nämlich bei den eben schon erwähnten Beschaffungs-, Produktions- und Entsorgungskooperationen sowie bei Kooperationen zu Anlagen und Infrastruktur.[2] Zu denken ist hier etwa an Absprachen zur Verwendung bestimmter Technologien im Produktionsprozeß. Abgestimmtes Wirtschaftshandeln findet darüber hinaus auch im Bereich der Logistik (Beispiel City-Logistik) und vereinzelt in den

---

[1] Vgl. die Studie von Schrader (1990) zum zwischenbetrieblichen Informationsaustausch.
[2] Vgl. die Liste der Selbstverpflichtungsabkommen des BDI (1993)

Bereichen Personal (Personalaustausch) und der Kommunikation/ Öffentlichkeitsarbeit Anwendung.

(5) Organisation der Kooperation
Die Frage nach der Organisation der Kooperation stellt sich erneut nur für einen vorher schon eingegrenzten Ausschnitt von Kooperationen. Lediglich bei der Kooperation mit der Vorgehensweise des gemeinsamen Wirtschaftshandelns wurde in der Kooperationsmatrix hinsichtlich unterschiedlicher Organisationsformen unterschieden. In allen anderen Fällen wurde unterstellt, daß Kooperationen hier grundsätzlich ohne separate Organisation, also ohne ausgegliedertes Unternehmen oder Verband, abgewickelt werden. Ein Blick auf Tabelle 30 gibt daher abschließend eine Einschätzung der möglichen Kombinationen von Kooperationsgegenstand und Organisationsform unter der Prämisse eines gemeinsamen Wirtschaftshandelns wieder.

Tab. 30: Einschätzung möglicher Kombinationen von Kooperationsgegenstand und Organisation der Kooperation bei Kooperationen mit gemeinsamem Wirtschaftshandeln

Organisation der Kooperationen bei gemeinsamem Wirtschaftshandeln / Leistungspotentialdefizite	ohne separate Organisation	mit ausgegliedertem Unternehmen	durch einen Verband
Entwicklung	■	▨	□
Beschaffung	■	▨	□
Produktion	■	▨	□
Marketing	■	▨	□
Logistik	■	▨	□
Entsorgung	■	▨	□
Personal	■	□	■
Organisation	■	□	■
Führungs-/ Steuerungssystem	■	□	▨
Anlagen/Infrastruktur	■	▨	■
Kommunikation/Öffentl.-arbeit	■	□	■

Legende:
- □ nicht praktizierte, schwer steuerbare Kombination
- ▨ selten praktizierte, gut steuerbare Kombination
- ■ typisch praktizierte, gut steuerbare Kombination

Quelle: Verfasser

Nach dieser Einschätzung lassen sich alle Kooperationen mit gemeinsamem Wirtschaftshandeln ohne separate Organisation abwickeln.[1] Für die Bewältigung von Kooperationen in primären Unternehmensfunktionen bietet sich darüber hinaus auch die Ausgliederung eines Unternehmens und damit der Bildung eines Equity Joint Venture[2] als Kooperationsträger an. Verbandslösungen bilden dagegen alleine im Bereich der sekundären Unternehmensfunktionen eine Alternative zur Abwicklung der Kooperation ohne separate Organisation. Für diese sekundären Unternehmensfunktionen kommt auch nur in einem Fall, nämlich der Kommunikation/Öffentlichkeitsarbeit, eine Abwicklung der Kooperation mittels ausgegliedertem Unternehmen ernsthaft in Betracht.

Die Darstellungen zu den möglichen Kombinationen des Kooperationsgegenstandes (als zu deckendes Leistungspotentialdefizit) mit den verschiedenen Ausprägungen der fünf hier unterschiedenen Kooperations-Dimensionen machen eine große Vielfalt möglicher Kooperationslösungen für alle Leistungspotentialdefizite sichtbar. Zahlreiche Abhängigkeiten reduzieren die theoretisch errechenbaren Kombinationen jedoch erheblich, auch wenn zu keinem Leistungspotentialdefizit letztlich ein einziges Kooperationsfeld als einzig mögliches vorgestellt werden kann. Die angeführten Tabellen und die mit ihnen angegebenen Einschätzungen mögen damit zwar eine grobe Orientierung und Anregung zur Auswahl von Kooperationfeldern für bestimmte Leistungspotentialdefizite geben, ein Instrumentarium zur Ableitung eindeutig optimaler Kooperationsfelder stellen sie jedoch nicht dar. Wenn es überhaupt möglich sein sollte, ein solches Instrumentarium bereitzustellen, bedürfte es vorab nicht nur präziser empirischer Untersuchungen, sondern vor allen Dingen auch der Berücksichtigung branchen- und unternehmensspezifischer Variablen, wie sie in den Kapiteln 4, 5 und 6 vorgestellt wurden. Eine solche empirische Untersuchung kann aber im Rahmen dieser Arbeit nicht geleistet werden.

Nachfolgend sollen nun noch verschiedene Möglichkeiten der Partnersuche, der Partnerauswahl und der Konstituierung von Kooperationen aufgezeigt werden. Damit werden solche Faktoren der strukturierten

---

1 Die zahlreichen strategischen Allianzen sind typische Vertreter für Kooperationen mit gemeinsamem Wirtschaftshandeln, aber ohne ausgegliederte Organisation. Vgl. Bleicher (1989), S. 78.
2 Vgl. Weder (1989), S. 36 und Langefeld-Wirth (1990), S. 34/35.

Darstellung zugeführt, die unabhängig von vorhandenen interpersonellen Vertrauensbasen wichtig für den Aufbau und die Abwicklung von Kooperationen sind.

8.2 Umsetzung der Kooperationsstrategie

Der Prozeß der Strategieumsetzung mittels Kooperationen soll hier in Anlehnung an Staudt et al.[1] in zwei separate Abschnitte getrennt werden. Der erste Abschnitt gilt der Beschreibung und Suche potentieller Kooperationspartner. Der zweite Abschnitt gilt der konkreten Partnerauswahl und der Partnergewinnung. Die Suche und Beschreibung potentieller Kooperationspartner ist nur bei horizontalen oder komplementären dyadischen Kooperationen oder bei Kleingruppen-Kooperationen erforderlich. Im Bereich vertikaler Kooperationen ist es zumeist nicht notwendig oder auch gar nicht möglich, sich seine Kooperationspartner auszuwählen, da sich die potentiellen Kooperationspartner hier häufig aus den gegebenen Liefer- und Abnehmerbeziehungen ergeben. Dies soll jedoch nicht heißen, daß nicht auch im Bereich vertikaler Marktbeziehungen die Möglichkeit besteht, durch die Aufnahme von Kooperationen alternative Liefer- und Abnehmerbeziehungen aufzubauen. Da aber auch dann die potentiellen Kooperationspartner nur einem bestimmten Kreis von Unternehmen entspringen können, wird die Partnersuche bei vertikalen Kooperationsüberlegungen immer eine im Vergleich zu horizontalen oder komplementären Kooperationen untergeordnete Rolle spielen. Ebenfalls von untergeordneter Bedeutung ist die Suche und Beschreibung potentieller Kooperationspartner im Falle von Großgruppen-Kooperationen. Hier zählen entweder alle Unternehmen einer bestimmten Branche zu den potentiellen Kooperationspartnern, oder es handelt sich im Falle branchenübergreifender Großgruppen-Kooperationen um Kooperationen, deren Zweck nicht unmittelbar an den Zweck der kooperierenden Unternehmen gebunden ist. In beiden Fällen kann es zwar Zugangsbeschränkungen geben, jedoch werden nicht einzelne Unternehmen explizit in die Kooperation ein- oder ausgeschlossen.

---

1   Vgl. Staudt et al. (1992), S. 92ff.

Es gibt aber noch einen weiteren Punkt, der nicht nur die Suche und Beschreibung potentieller Kooperationspartner, sondern auch die Partnerauswahl und -gewinnung überflüssig machen kann. Dies ist der Fall, wenn keine expliziten Kooperationen geschaffen, sondern wenn implizite Kooperationen weiter gepflegt und ausgebaut werden sollen. Die folgenden Überlegungen zur Partnersuche betreffen daher insbesondere die Aufnahme expliziter Kooperationen.

8.2.1 Partnersuche bei nicht vertikalen, expliziten Kooperationen

Wenn noch zu wenige oder gar keine potentiellen Kooperationspartner für eine angestrebte dyadische oder Kleingruppen-Kooperation bekannt sind, beginnt die Suche nach diesen potentiellen Kooperationspartnern mit der Beschreibung von einem (bei dyadischen Kooperationen) oder mehreren (ggf. bei Kleingruppen-Kooperationen) Anforderungsprofilen für diese Kooperationspartner. Diese Anforderungsprofile müssen zu einem wesentlichen Teil aus den bisherigen Ergebnissen des Strategieprozesses abgeleitet werden. Maßgeblich sind dabei zunächst die zu schließenden Leistungspotentialdefizite. Aber auch die angestrebten Marktstellungsziele und die Analyse der Ausgangssituation, die der Feststellung von Leistungspotentialdefiziten vorausgingen, können direkt auf die Beschreibung eines Anforderungsprofils Einfluß nehmen. Alle drei Faktoren sind ja bereits bei den Überlegungen zur Auswahl eines bestimmten Kooperationsfeldes an verschiedenen Stellen zum Tragen gekommen. Auch die bereits eingegrenzten möglichen Kooperationsfelder stellen daher einen wesentlichen Rahmen für die Anforderungsprofile dar.

Einige Kriterien, die in einem Anforderungsprofil enthalten sein können, wurden von Staudt et al. beschrieben. In grober Anlehnung an diese Kriterien sollen die verschiedenen hier besonders relevanten Merkmale eines Anforderungsprofils wiedergegeben werden:[1]

---

1 Vgl. Staudt et al. (1992), S. 92ff.; der hier in Anlehnung an die Gliederung von Staudt et al. wiedergegebene Katalog stellt dabei lediglich eine Liste möglicher Kriterien dar. Einzelne dieser Kriterien können für be-

- das *Geschäftsfeld* (Branche, Marktangebot, Produkte und Dienstleistungen, Kundengruppen, Absatzgebiet),
- der *Standort* (geographische Lage und Reichweite der potentiellen Kooperationspartner),
- die *Unternehmensgröße* sowie andere unternehmensspezifische Merkmale (Umsatz, Beschäftigtenzahl, Bilanzsumme, Marktposition, Firmenimage),
- die *Leistungspotentiale* (Leistungspotentiale im Bereich primärer und sekundärer Unternehmensfunktionen; Maßstab der Einstufung sind die eigenen Leistungspotentiale bzw. die Leistungspotentialdefizite),
- die *Unternehmensführung* (Unternehmensphilosophie und Unternehmensleitbild, Führungsstil, Unternehmensstrukturen),
- die *persönlichen Eigenschaften* (Zuverlässigkeit, Dynamik, Teamfähigkeit, Delegationsfähigkeit, Vertrauen in den Partner).

Die Kriterien des Anforderungsprofils bilden die gesamte Bandbreite der im zweiten Hauptteil theoretisch erörterten Erklärungsansätze für Kooperationen ab. Dazu zählen die branchen- und standortbezogenen Faktoren, die Faktoren der Unternehmensstruktur und -kultur und nicht zuletzt die Fragen individueller Eigenschaften von den unternehmerischen Entscheidungsträgern. Während jedoch die branchen- und standortbezogenen Faktoren noch am weitesten durch die Auswahl eines Kooperationsfeldes bereits vorbestimmt sind, gilt dies für Fragen der Unternehmensstruktur und -kultur schon weit weniger, und am wenigsten gilt dies für Fragen der persönlichen Eigenschaften der unternehmerischen Entscheidungsträger. Dennoch muß auch auf die Auseinandersetzung mit diesen Faktoren großer Wert gelegt werden, da durch sie die Erfolgswahrscheinlichkeiten von Kooperationen erheblich beeinflußt werden. Gerade für Kooperationen im Rahmen ökologischer Unternehmenspolitik können solche Anforderungen ein besonderes Gewicht bekommen, die im Bereich des normativen Managements liegen und damit unabhängig von Marktstellungen die Grundeinstellungen des Top-Managements betreffen. Damit zusammen hängen auch Fragen des unternehmerischen Kommunikationsverhaltens nach außen und nach innen, das sowohl durch das normative Management als auch

---

stimmte Kooperationsvorhaben und damit auch für das zugehörige Anforderungsprofil irrelevant sein.

durch die unternehmenskulturellen und -strukturellen sowie die persönlichen Eigenschaften der Kooperationspartner bestimmt ist.[1]

Mit dem Vorliegen eines oder mehrerer solcher Partnerprofile kann gezielt nach möglichen Kooperationspartnern gesucht werden. Häufig wird bei dieser Suche der Kreis möglicher Kooperationspartner durch die Auswahl eines bestimmten Kooperationsfeldes bereits stark eingegrenzt und transparent sein. Es können aber innerhalb eines bestimmten Kooperationsfeldes auch noch zahlreiche Unternehmen als Kooperationspartner in Frage kommen, deren Existenz dem suchenden Unternehmen gar nicht bekannt ist. Zumindest wird es in vielen Fällen völlig unklar sein, welches der denkbaren Unternehmen dem Anforderungsprofil in ausreichendem Maße entspricht. In beiden Fällen bestehen verschiedene Möglichkeiten, die Suche nach geeigneten Kooperationspartnern effizient zu gestalten. Wichtige Instrumente hierfür sind Datenbanken, die als reine Unternehmens-Datenbanken Auskunft über mögliche Kooperationspartner geben, oder die als Kooperationsdatenbanken bzw. Kooperationsbörse bereits Auskunft über kooperationsinteressierte Unternehmen geben.[2] Als Betreiber solcher Datenbanken und Kooperationsbörsen kommen EG-Beratungsstellen, Industrie- und Handelskammern, Handwerkskammern, Wirtschaftsverbände und private Unternehmensberater in Betracht. Gerade für den Bereich ökologischer Kooperationen bieten sich auch Kontakte über spezielle Unternehmer-Umweltverbände an wie etwa den Förderkreis Umwelt future e.V., den Bundesdeutschen Arbeitskreis für Umweltbewußtes Management e.V. B.A.U.M. oder den Verband UnternehmensGrün. Daneben kommt der Einsatz von Kooperationsinseraten in Betracht, mit denen zielgruppengerecht und ggf. unter Veröffentlichung des Firmennamens andere Unternehmen darüber informiert werden, welches Kooperationsinteresse besteht. Sowohl diese Möglichkeit als auch der Einsatz von Beratern zur Partnersuche werden jedoch nach Einschät-

---

[1] Erinnert sei hierzu an die umfassenderen Ausführungen in den Kapiteln 4.3, 6 und 7.
[2] Hier ist eine Unterscheidung zwischen passiv-potentiellen und aktiv-potentiellen Kooperationspartnern zu machen. Erstere werden alleine deshalb zu potentiellen Kooperationspartnern, weil sie von ihren Unternehmensdaten her als Kooperationspartner in Frage kommen können. Die anderen zeichnen sich bereits durch ein ausdrückliches Kooperationsinteresse aus.

zung von Staudt et al. nur unzureichend genutzt.[1] Um jedoch Kooperationen auch dort zu ermöglichen, wo keine unmittelbaren Kontakte und damit auch keine persönlichen Beziehungen und Vertrauensgrundlagen vorhanden sind, muß der Weg über die Beschreibung von Anforderungsprofilen und die Suche potentieller Kooperationspartner gegangen werden. Hierin liegt nicht nur ein wesentlicher Schritt, sondern auch die wesentliche Hürde auf dem Weg zu Kooperationen, die alleine auf der Grundlage strategischer Überlegungen sinnvoll erscheinen, für die jedoch zu dem Zeitpunkt dieser Überlegungen potentielle Kooperationspartner noch nicht in Sicht sind.

8.2.2 Partnerauswahl, Partnergewinnung und Konstituierung

Die Partnerauswahl spielt, wie bereits die Partnersuche, im Bereich nicht vertikaler, dyadischer Kooperationen oder bei Kleingruppen-Kooperationen eine wichtige Rolle. Im Unterschied zur Partnersuche ist dagegen die Partnergewinnung und Konstituierung einer Kooperation auch bei vertikalen Kooperationen oder bei Großgruppen-Kooperationen wesentlicher Bestandteil des Kooperations-Managements. Partnerauswahl, Partnergewinnung und Konstituierung stehen dabei in einem sehr engen Verhältnis zueinander. Dennoch gehören jeweils eigene Anforderungen zu diesen drei Aufgaben. Nachfolgend sollen zunächst einige Ausführungen für (1) dyadische und für Kleingruppen-Kooperationen gemacht werden. Im Anschluß daran werden spezielle Überlegungen zur Partnergewinnung und Konstituierung von (2) Großgruppen-Kooperationen anzustellen sein.

(1) Dyadische und Kleingruppen-Kooperationen
Partnerauswahl und Partnergewinnung stehen im Bereich von dyadischen und Kleingruppen-Kooperationen in einem engen Verhältnis zueinander. Die Partnerauswahl erfordert zunächst die Ermittlung eines oder mehrerer Ist-Partnerprofile analog der Kriterien des Anforderungsprofils. Und diese Ermittlung setzt natürlich voraus, daß bereits eine grundsätzliche Bereitschaft zur Kooperation bei den kennenzuler-

---

1 Vgl. Staudt et al. (1992), S. 106.

nenden Unternehmen besteht, und daß man selbst bereit ist, sich von anderen Unternehmen kennenlernen zu lassen. Die Partnergewinnung beginnt daher bereits mit oder sogar vor der Partnerauswahl, da es bereits hier gilt, passiv-potentielle Kooperationspartner zu aktiv-potentiellen Kooperationspartnern zu machen. Um bei fremden Unternehmen die notwendige grundsätzliche Bereitschaft zur Kooperation zu wecken oder zu erhöhen, muß auf die potentiellen Vorteile und die Rahmenbedingungen der angestrebten Kooperation hingewiesen werden. In Anlehnung an Staudt et al. und die eigenen Ergebnisse können hier beispielhaft genannt werden:[1]

- Jeder kooperierende Unternehmer bleibt rechtlich und wirtschaftlich selbständig.
- Mit einer klaren Zielformulierung und Festlegung des Handlungsprogramms wird die Verantwortung organisatorisch festgelegt.
- Die Notwendigkeit zu Kooperationen steigt durch den technischen Fortschritt, die zunehmende Wettbewerbsintensität, die Kapitalbindung und die Spezialisierung.
- Kooperationen haben sich in der Vergangenheit als Koordinationsinstrument bewährt.
- Kooperationen bieten gerade im Bereich ökologischer Unternehmenspolitik die Möglichkeit zur Eröffnung von Handlungsfeldern, die bei Alleingängen schwer zugänglich oder gar verschlossen bleiben.

Noch einmal sei hier auch auf die von Hauser beschriebene Notwendigkeit der Verhaltensbeeinflussung durch glaubhaft vermittelte Signale bzw. „credible commitments"[2] hingewiesen. Der Hinweis auf den geplanten Verzicht eigener Forschungen oder Forschungskooperationen mit Drittpartnern oder auf an Verkaufserlöse gekoppelte Entschädigungen für gemeinsame Erfindungen macht bereits frühzeitig deutlich, daß typische Kooperationsrisiken vermieden werden sollen.[3] Mit derartigen Vereinbarungen wird gleichzeitig auch die Brücke zu Elementen der Konstituierung einer Kooperation geschlagen. Bevor auf diesen Bereich vertiefend eingegangen wird, sollen aber noch einige

---

1 Vgl. Staudt et al. (1992), S. 28.
2 Vgl. Hauser (1991), S. 115.
3 Vgl. ebd., S. 119.

Möglichkeiten genannt werden, die zum Zwecke der Partnergewinnung dem Aufbau einer Vertrauensbasis dienen können:[1]

- Gespräche im privaten Bereich,
- gegenseitige Betriebsbegehungen,
- Austausch oder gemeinsame Nutzung von Geräten, Fachzeitschriften, Infrastruktur,
- gegenseitige Auftragsvermittlung,
- technischer Erfahrungsaustausch auf loser Basis,
- kaufmännischer Erfahrungsaustausch auf loser Basis,
- vorsichtiges Kooperieren in Teilbereichen, um Vertrauen und gemeinsame Kooperationsfähigkeit aufzubauen.

Wenn auf der Grundlage dieser Maßnahmen Vertrauensbasen zu potentiellen Kooperationspartnern geschaffen werden können, so entstehen fast unweigerlich die ersten notwendigen und auch gegenseitigen Einblicke in die Ist-Profile der Unternehmen. Wenn weitergehend auf der Basis dieser Ist-Profile eine Auswahl bevorzugter Kooperationspartner stattgefunden hat, so gilt es im Zuge der Konstituierung einer sich anbahnenden Kooperation weitere Regelungen zu besprechen, die die angestrebte Kooperationsvereinbarung in ihren Details beschreibt. Dazu zählen Fragen hinsichtlich der Rechte, der Pflichten und Aufgaben, der Aufbau- und Ablauforganisation bzw. der Projektorganisation, der Haftungs- und Risikobegrenzungen, der Kooperationsfinanzierung, der Ergebnisverteilung, bis hin zu Auflösungsvereinbarungen der Kooperation. Außerdem ist spätestens hier eine wettbewerbsrechtliche Überprüfung durchzuführen, um Konflikte mit dem Kartellgesetz zu vermeiden.[2]

Ob die so getroffenen Vereinbarungen schriftlich fixiert werden, oder ob der Kooperationsvertrag mündlich geschlossen wird, kann die Entwicklung einer Kooperation in positiver wie in negativer Weise beeinflussen. So bieten schriftlich fixierte Verträge im Unterschied zu

---

1 Vgl. Staudt et al. (1992), S. 112.
2 Ausführlich zu Möglichkeiten der Vertragsgestaltung ebd., S. 145ff.; Bronder (1992), S. 99ff.; Vornhusen (1994), S. 173ff. Einen ausführlichen Überblick speziell für Equity Joint Ventures bietet Langefeld-Wirth (1990). Zu kartellrechtlichen Aspekten der Kooperation vgl. Werner (1985); Fritz (1988); Staudt et al. (1992), S. 162ff.; Bronder (1992), S. 92ff.

mündlichen Vereinbarungen zwar mehr Sicherheit, sie können die Entwicklung einer Kooperation aber auch behindern, da sie häufig eine höhere Regelungsdichte mit sich bringen und damit eine höhere Starrheit aufweisen. Es ist aber nicht alleine das Vertrauen in den Kooperationspartner, sondern auch das Vertrauen in die eigene Kooperationsfähigkeit gefragt, wenn über die Art der Vereinbarungen nachgedacht wird. Denn auch von der eigenen Kooperationsfähigkeit hängt es ab, ob eine Kooperation alleine basierend auf dem gegenseitig artikulierten Kooperationswunsch eingegangen und auch gelebt werden kann, oder ob darüber hinaus Detailvereinbarungen erforderlich sind, um genügend Sicherheit im Umgang miteinander zu erzeugen. Die weniger determinierte und daher flexiblere Lösung ist daher nur dann vorteilhafter, wenn auf beiden Seiten eine hohe Kooperationsfähigkeit vorhanden ist. Da diese aber aufgrund geringer praktischer Erfahrung häufig weder bei dem suchenden Unternehmen noch bei den potentiellen Kooperationspartnern vorausgesetzt werden darf, kann auch eine stärker determinierte Vereinbarung wichtige Voraussetzung für das Zustandekommen einer erfolgreichen Kooperation sein.

(2) Großgruppen-Kooperationen
Wenn eine Großgruppen-Kooperation angestrebt wird oder erforderlich ist, so bietet sich dafür zunächst die Nutzung vorhandener Kooperationen an, um hier dem eigenen Kooperationsinteresse den notwendigen Boden zu geben. Gemeint ist damit insbesondere die Auseinandersetzung mit vorhandenen Verbänden, als deren Mitglied man auch deren Aufgaben in bestimmtem Umfang mitbestimmen kann. Damit werden also keine neuen Kooperationen gegründet, sondern vorhandene Kooperationen mit einer neuen bzw. zusätzlichen Aufgabe versehen. Aber auch hier gilt es letztlich, Kooperationsbereitschaft für das eigene Kooperationsinteresse zu wecken. Der Schwerpunkt dieser Überzeugungsarbeit liegt aber alleine auf dem konkreten Kooperationsgegenstand und nicht mehr auf der Schaffung einer Vertrauensbasis oder eines grundsätzlichen Kooperationsinteresses. Je nach Kooperationsgegenstand kann es dabei erforderlich sein, daß der Verband nur als Steuerungsinstanz für solche Kooperationen agiert, die sich zwischen den Mitgliedern abspielen,[1] oder er kann selbst als Akteur auftreten,

---

[1] Siehe die zahlreichen entsprechenden Beispiele zur Kooperationsmatrix im 3. Kapitel.

etwa in der Rolle des Lobbyisten oder durch die Bereitstellung von Serviceleistungen an seine Mitglieder. Für Anliegen einer branchenbezogenen Steuerungsleistung, etwa die Koordination einer Selbstverpflichtung, sind bestehende Branchenverbände häufig die einzig denkbare Anlaufstelle. Wenn es hier nicht gelingt, den Verband zu einer entsprechenden Steuerungsfunktion zu bewegen, bestehen keine kurzfristigen Alternativen zur Umsetzung derartiger branchenbezogener Großgruppen-Kooperationen. Es muß allerdings angemerkt werden, daß es ohnehin weniger an der Bereitschaft einer Verbandsführung liegt, Kooperationslösungen zu forcieren, als an der Bereitschaft der Mitgliedsunternehmen, diese einzufordern und umzusetzen. Da Verbandstätigkeiten, wenn auch zuweilen mit einem time-lag, immer das Resultat von Mitgliedsinteressen sind, muß auch die Absicht zur Steuerung von Kooperationen zunächst durch die Mitgliedsinteressen gegeben und vor allen Dingen durch die Mitglieder artikuliert sein, bevor eine Verbandsorganisation die Diffusion entsprechender Kooperationsideen und die Steuerung entsprechender Kooperationen übernehmen kann.

Sollte in keinem der bestehenden Verbände Interesse für die Förderung des Kooperationsanliegens vorhanden sein, so kommt ggf. die Gründung eines neuen Verbandes oder einer anderen Großgruppen-Kooperation in Frage, die sich explizit dem vorliegenden Kooperationsanliegen widmet. Dies ist jedoch nur dann eine Alternative, wenn es primär um Serviceleistungen oder die Lobbyarbeit dieser Großgruppen-Kooperation geht und nur sekundär um Steuerungsfunktionen für Kooperationen zwischen den Mitgliedern. Im Umweltbereich sind in jüngerer Zeit einige solcher Verbände gegründet worden, etwa der Förderkreis Umwelt future e.V., der Bundesdeutsche Arbeitskreis für Umweltbewußtes Management e.V. B.A.U.M. oder der Verband UnternehmensGrün. Der Aufbau eines Verbandes basiert dabei zunächst auf der Kooperation weniger Unternehmen, die den Verband als Rechtsperson gründen und ihm eine Satzung geben. Die hierfür notwendigen Schritte der Partnerfindung und -gewinnung entsprechen daher den Ausführungen zu dyadischen und Kleingruppen-Kooperationen.[1] Durch die Öffnung des Verbandes für weitere Mitglieder

---

1 Der im Kapitel 9.2 als Fallbeispiel einer Kleingruppen-Kooperation beschriebene Arbeitskreis Ökologischer Lebensmittelhersteller ist u.a.

entsteht erst im Laufe der Zeit eine echte Großgruppen-Kooperation, wobei neue Mitglieder nicht mehr in die Gestaltung des Kooperationsgegenstandes bzw. der Satzung eingreifen, sondern diese durch Beitritt akzeptieren.

Ob als dyadische Kooperation, als Kleingruppen-Kooperation oder als Großgruppen-Kooperation, mit der Konstituierung jeder dieser Kooperationen findet das strategische Management nach der Festlegung strategischer Ziele und strategischer Maßnahmen sowie der Einleitung dieser Maßnahmen einen vorläufigen Schlußpunkt. Weitere Aufgaben liegen nun in der operativen Durchführung der Kooperation und der Kontrolle dieser Kooperation. Abschließend zu diesem 3. Hauptteil über das Management von Kooperationen im Rahmen ökologischer Unternehmenspolitik sollen daher nun mit der Darstellung einiger Fallbeispiele operative Aspekte der hier betrachteten Kooperationen beleuchtet werden.

---

auch aus Unzufriedenheit über die Verbandspolitik und dem Willen zur Einforderung einer anderen Gesetzgebung in der Lebensmittelherstellung entstanden.

Kapitel 9

Fallbeispiele für Kooperationen im Rahmen ökologischer Unternehmenspolitik

Aufgrund der Vielfältigkeit der von uns betrachteten Kooperationsfelder lösen wir uns zu Fragen des operativen Managements von der bisher verfolgten, generalisierenden Betrachtung der Stufen des Managements. Ziel dieses Kapitels ist es aber, über die Darstellung und Reflexion von Fallbeispielen Hinweise zum operativen Management von Kooperationen im Rahmen ökologischer Unternehmenspolitik zu geben. Mit den folgenden vier Fallbeispielen aus unterschiedlichen Kooperationsfeldern sollen dabei sowohl typische Umsetzungsprobleme wie auch operative Lösungsmöglichkeiten und weitere Entwicklungspotentiale aufgezeigt werden. Bei der Auswahl der Fallbeispiele wurde darauf geachtet, möglichst unterschiedliche Praxisfälle auszuwählen, um das weite Spektrum möglicher Kooperationen im Rahmen ökologischer Unternehmenspolitik abzubilden. Im einzelnen handelt es sich um die folgenden Fallbeispiele:

- der Informationsaustausch zwischen der Hertie Waren- und Kaufhaus GmbH und den Warenherstellern als dyadische, vertikale Kooperation (Feld A1 der Kooperationsmatrix);
- der Arbeitskreis Ökologischer Lebensmittelhersteller (AÖL) als Kleingruppen-Kooperation (Feld D4 der Kooperationsmatrix);
- das Selbstverpflichtungsabkommen des Bundesinnungsverbandes des Deutschen Kälteanlagenbauerhandwerks (BIV-Kälteanlagenbauer) als branchenbezogene Großgruppen-Kooperation (Felder E2 und E6 der Kooperationsmatrix);
- das Plädoyer des Bundesverbandes Junger Unternehmer (BJU) als branchenübergreifende Großgruppen-Kooperation (Feld F6 der Kooperationsmatrix).

Die Fallbeispiele unterscheiden sich aber nicht nur hinsichtlich der Kooperationsfelder, die sie abdecken. Unterschiede gibt es auch in den

Unternehmensfunktionen und den Ebenen ökologischer Unternehmenspolitik[1], die Gegenstand der Kooperationen sind. Bereits hier soll ein Überblick über die unterschiedlichen Unternehmensfunktionen und Ebenen ökologischer Unternehmenspolitik gegeben werden, die Gegenstand der in den Fallbeispielen geschilderten Kooperationen sind:

- Im Fallbeispiel der Hertie Waren- und Kaufhaus GmbH geht es um eine von Hertie durchgeführte Sortimentsbereinigung, für die verschiedene der von Hertie angebotenen Produktsortimente nach ökologischen und funktionsorientierten Gesichtspunkten überprüft werden mußten.
- Der AÖL widmet sich potentiell dem gesamten Spektrum an Unternehmensfunktionen und Ebenen der Unternehmenspolitik, da hier situativ unterschiedlichste Aufgaben bearbeitet werden können. Eine Eingrenzung auf bestimmte Bereiche ist daher hier nicht möglich.
- Im Fallbeispiel des BIV-Kälteanlagenbauer geht es um die Auseinandersetzung mit Stoffen und Verfahren bei der Produktion von Kälteanlagen. Das Produkt und dessen Leistungsmerkmale stehen hier fest.
- Im Fallbeispiel des BJU geht es um die Kommunikation von Funktionen. Allerdings nicht um die Funktionen von Produkten, sondern um die Funktionen wirtschaftlicher Rahmenbedingungen und der durch sie determinierten Problemlösungsfähigkeit des Wirtschaftssystems in der Gesellschaft.

Zur Verdeutlichung der unterschiedlichen Kombinationen aus Unternehmensfunktionen und Ebenen der ökologischen Unternehmenspolitik sind diese in der Tabelle 31 noch einmal grafisch dargestellt.

Jedes der vier Fallbeispiele wird nachfolgend hinsichtlich normativer, strategischer und operativer Aspekte der Kooperation im Rahmen ökologischer Unternehmenspolitik beschrieben. Außerdem erfolgt jeweils ein Ausblick zur weiteren Entwicklung der Kooperation bzw. der ökologischen Unternehmenspolitik der beteiligten Unternehmen. Bei der Darstellung der Fallbeispiele wird zunächst auf die Reflexion der Ergebnisse an den theoretischen Erkenntnissen des 2. Hauptteils

---

[1] Zu den Ebenen einer ökologischen Unternehmenspolitik vgl. ausführlich Kapitel 3.2.

verzichtet. Diese Reflexion erfolgt getrennt nach Theorieansätzen im Anschluß an die Darstellung der vier Fallbeispiele.

Tab. 31: Unternehmensfunktionen und Ebenen ökologischer Unternehmenspolitik in den Fallbeispielen

Die fünf Ebenen ökologischer Unternehmenspolitik		Stoffe	Verfahren	Produkte	Funktionen	Sinn
Unternehmensfunktionen						
p	Entwicklung	AÖL				
r	Beschaffung					
i	Produktion	BIV				
m	Marketing/Verkauf				Hertie	
ä	Logistik					
r	Entsorgung					
se	Personal/Organisation					
ku	Führungs-/steuerungssysteme					
nd	Anlagen/Infrastruktur					
är	Kommunikation/Öffentl.-arbeit				BJU	

Quelle: Verfasser

9.1 Der Informationsaustausch zwischen Hertie und den Warenherstellern als dyadische, vertikale Kooperation

Mit dem Fallbeispiel der Hertie Waren- und Kaufhaus GmbH werden Kooperationen aufgezeigt, die zwischen den Beteiligten innerhalb einer Wertschöpfungskette stattfinden. Der Schwerpunkt der Betrachtungen gilt dabei dem Vorgehen der Hertie Waren- und Kaufhaus GmbH als Initiator von Kooperationen mit verschiedenen Warenherstellern. Da es sich bei den geschilderten Kooperationen um jeweils eigenständige Vereinbarungen zwischen Hertie und einzelnen Warenherstellern handelt, entsteht daraus keine Klein- oder Großgruppen-Kooperation, sondern es entstehen lediglich mehrere dyadische Kooperationen zwischen Hertie und einzelnen Warenherstellern.

Normative Aspekte

Mit der Darstellung normativer Aspekte geht es um die Inhalte der Unternehmensphilosophie oder des Unternehmensleitbildes der an der Kooperation beteiligten Unternehmen. In diesem Fallbeispiel wollen wir auf die Unternehmensgrundsätze von Hertie und stellvertretend zwei der Kooperationspartner, nämlich Procter & Gamble sowie Henkel als Hersteller von Putz- und Reinigungsmitteln, hinweisen.

Hertie bezieht in seinen Unternehmensgrundsätzen ökologische Fragestellungen explizit ein. So lautet einer von insgesamt zehn Unternehmensgrundsätzen: „Wir sichern und stärken unsere Ressourcen. Die ökologischen Herausforderungen bestimmen unser Handeln in allen Unternehmensbereichen." Auch in den weiteren Ausführungen zu diesen Unternehmensgrundsätzen wird der Umweltschutz weiter thematisiert: „Unser Beitrag zur Erhaltung der natürlichen Lebensgrundlagen ist eine weitere Voraussetzung für die Sicherung unserer gemeinsamen Zukunft. Der Schutz der Umwelt gehört deshalb zum HERTIE Selbstverständnis, zu unseren Unternehmenszielen. Die engagierte Selbstverpflichtung zum Umweltschutz ist ein unverzichtbarer Bestandteil unserer Unternehmenskultur."[1] In den Unternehmensgrundsätzen von Hertie werden Fragen zur Kooperation mit anderen Unternehmen oder zur Haltung des eigenen Unternehmens gegenüber Konkurrenzunternehmen nicht thematisiert.

In den Unternehmensleitsätzen von Procter & Gamble ist es genau umgekehrt. Ökologische Aspekte des Wirtschaftens werden hier nicht erwähnt. Dagegen wird auf die Beziehungen zu anderen Unternehmen explizit eingegangen: „Wir wollen mit unseren Handelspartnern und Lieferanten enge und nutzbringende Beziehungen aufbauen, so daß alle Beteiligten Vorteil für ihr Geschäft daraus ziehen."[2]

Henkel geht in seinen Grundsätzen auf beide Aspekte ein. Zum Thema Ökologie bzw. Umweltschutz heißt es im sechsten von zehn Grundsätzen u.a.: „Henkel ist das ökologisch führende Chemie-Unternehmen. Wir verstehen unter Leistungsführerschaft nicht nur beste Produktleistung, sondern auch jeweils beste Umweltverträglichkeit."[3]

---

1 Entnommen aus dem Hertie-Folder: „Lebendige Vergangenheit – Herausfordernde Gegenwart – Erfolgreiche Zukunft" (ohne Datum).
2 Entnommen aus „Procter&Gamble Unternehmensleitsätze" (Mai 1995).
3 Entnommen aus „Henkel. Leitbild, Grundsätze, Strategie" (ohne Datum).

Im dritten Grundsatz findet sich eine kurze Stellungnahme zu Kooperationen: „Zur Ausschöpfung aller Marktpotentiale fördern wir internationalen Know-how-Austausch und gehen, wenn nötig, srategische Partnerschaften ein."[1] Hinsichtlich kooperativen Verhaltens scheint für dieses Fallbeispiel aber auch ein Grundsatz interessant, der an anderer Stelle von Henkel über die Bereitschaft zur Information aufgestellt wurde: „Henkel bekennt sich zu Information und Aufklärung gegenüber der Öffentlichkeit. Henkel ist bereit, Verbraucher und Öffentlichkeit über Qualität, Sicherheit und Umweltverträglichkeit seiner Produktion und seiner Produkte zu informieren."[2]

Strategische Aspekte
Die Darstellung der strategischen Aspekte beschränkt sich alleine auf die Sicht des Initiators der Kooperationen, also die Hertie Waren- und Kaufhaus GmbH. Dazu seien zunächst einige Angaben zur Hertie-Gruppe gemacht, zu der neben Hertie auch Wertheim, Alsterhaus, KaDeWe und bilka gehören. Das 1882 in Gera gegründete Unternehmen zählt mit 6,9 Milliarden Mark Gruppenumsatz in 1992 und 34000 Mitarbeitern nicht zu den größten, aber zu den sehr großen Unternehmen der Branche. Das größte Unternehmen der Branche ist die Karstadt AG mit 20,5 Milliarden Mark Umsatz und 77500 Mitarbeitern (ebenfalls in 1992). Karstadt ist seit Ende 1993 Eigentümer der Hertie Waren- und Kaufhaus GmbH, und von da ab aber seinerseits zu über 25% Eigentum der Hertie-Stiftung, die zuvor gemeinsam mit einer weiteren gemeinnützigen Hertie-Stiftung 98% der Anteile an Hertie hielt.

Ende 1988 gründete der Konzern unter der gemeinnützigen Hertie-Stiftung einen Arbeitskreis aktiver Umweltschutz und begann seine Aktivitäten im Rahmen einer ökologischen Unternehmenspolitik. Mit Beginn 1989 wurde ein Umweltbeauftragter berufen und die oberste Verantwortung für Umweltschutz im Vorstand verankert. Bei der Umsetzung von Umweltschutzaktivitäten soll heute eine ganzheitliche Betrachtung sicherstellen, daß sich das gesamte Unternehmen unter Gesichtspunkten des Umweltschutzes weiterentwickelt. Hertie unter-

---

1   Entnommen aus „Henkel. Leitbild, Grundsätze, Strategie" (ohne Datum).
2   Entnommen aus „Grundsätze. Umwelt und Verbraucherschutz in der Henkel-Gruppe" (ohne Datum).

scheidet daher verschiedene Bereiche für Maßnahmen im Umweltschutz:

- der Bereich der Lieferanten und Versorgungswege zum Erhalt von Produktinformationen, zur Abstimmung von Wareneigenschaften und zur Verringerung der durch Transport und Verpackung entstehenden Umweltbelastungen;
- der Bereich der Mitarbeiter und der internen Organisation zur Sicherstellung von Informationsflüssen, Mitarbeiterqualifikation und ökologischer Weiterentwicklung;
- der Bereich der Kunden und des Sortiments zur Sicherstellung eines umfassenden Warenangebots nach Umweltgesichtspunkten und zur Information der Kunden über das veränderte Warenangebot sowie über eine ökologisch sinnvolle Warenauswahl;
- der Bereich übergreifender Aktivitäten etwa zur Durchführung und Förderung von Maßnahmen der Umwelterziehung von Kindern und Jugendlichen oder der ökologisch ausgerichteten Verbandsarbeit.

Um in all diesen Bereichen eine ökologische Unternehmensentwicklung zu initiieren, bedurfte es der Aneignung von Kompetenzen, wie sie bis dahin bei Hertie nicht vorhanden waren. Hertie erkannte diese Defizite und beschloß, neben der notwendigen Kontaktaufnahme mit Herstellern, Transportunternehmen und Kunden auch die Zusammenarbeit mit einer unabhängigen Institution anzustrengen, die bei der Umsetzung der ökologischen Zielvorstellungen fachliche Unterstützung leisten sollte. Diese fachliche Unterstützung fand man beim Bund für Umwelt und Naturschutz Deutschland e.V. (BUND). Mit dem BUND wurde eine Kooperation eingegangen, die Anfang 1991 auf eine vertragliche Basis gestellt wurde und die eine Beratung in ökologischen Dingen (z.B. Aufbau einer umweltorientierten Organisationsstruktur, Umweltberichterstattung etc.) und eine jährliche gemeinsame Aktion vorsieht. Diese Zusammenarbeit zwischen Hertie und dem BUND, die auch als Kooperation bezeichnet wird, ist aber nicht der eigentliche Gegenstand des hier angeführten Fallbeispiels.[1] Da bei den zu schildernden Aktivitäten zur operativen Umsetzung der strategischen Ziele die

---

1 Da der BUND kein Unternehmensverband ist, ist die Kooperation zwischen Hertie und dem BUND keine Unternehmenskooperation. Daher fällt sie nicht in den Untersuchungsbereich dieser Arbeit.

Unterstützung des BUND von großem Gewicht ist, soll hier aber auch auf die hohe Bedeutung dieser Kooperation hingewiesen werden.

In der weiteren Darstellung des Vorgehens von Hertie (unter Unterstützung des BUND) soll nun das strategische Ziel, dem Kunden ein unter Umweltgesichtspunkten gestaltetes, umfassendes Warenangebot anzubieten, in den Mittelpunkt gestellt werden. Damit gerät nicht nur der dritte, sondern auch der erste Bereich der gerade genannten vier Strategiebereiche in den Mittelpunkt der weiteren Betrachtungen. Beide Bereiche greifen insoweit ineinander, als eine nach ökologischen Gesichtspunkten ausgerichtete Umgestaltung des Sortiments nicht ohne umfangreiche Informationen und Kenntnisse über Produkteigenschaften und Produktnutzen möglich ist. Zudem gehört zum strategischen Ziel, dem Kunden ein umfassendes Warenangebot unter Umweltgesichtspunkten anbieten zu können, mehr als die Auslistung ökologisch bedenklicher Produkte. Wichtiges Ziel ist auch die Anregung zu Innovationen für neue Problemlösungen und Produkte durch die Hersteller. Eine so angelegte Überprüfung und Umstellung des Warenangebots kann natürlich nicht in einem Anlauf für sämtliche Warengruppen erfolgen. Seit 1991 sind aber bereits fünf Warengruppen überprüft und umgestellt worden. Eine sechste Aktion ist in Vorbereitung. Im einzelnen handelt es sich dabei um folgende Aktionen:

- Garten ohne Gift (Frühjahr 1991)
- Müllfrei ins neue Schuljahr (Sommer 1991)
- Verpackt und Zugeklebt (Frühjahr 1992)
- Schule und Büro ohne giftige Lösungsmittel (Sommer 1993)
- Der saubere Putzschrank (Frühjahr 1995)
- Umweltfreundliches Renovieren (in Vorbereitung für Herbst 1996)

Für die im Rahmen der Sortimentsbereinigung notwendigen Abstimmungen mit den Herstellern boten und bieten sich Hertie nun sowohl marktliche als auch kooperative Koordinationsinstrumente an.[1] Eine marktliche Koordination ist hier insoweit möglich, als Hertie die ökologischen Eigenschaften der gelieferten Waren beurteilen kann, ein umfangreiches, umweltverträgliches Warenangebot am Markt findet und dieses nachfragt. Dies kann dazu führen, daß bestimmte Waren nicht

---

[1] Eine Integration der Herstellung kam für das Warenhaus aus verständlichen Gründen nicht in Betracht.

mehr nachgefragt werden, was auch zu einer Veränderung der Produktpolitik bei den Herstellern führen kann. Dieses Vorgehen ist aber nur in Ausnahmefällen möglich, da regelmäßig bereits die erste Bedingung, also die Beurteilung der ökologischen Eigenschaften des Warenangebots, nicht ohne die Unterstützung der Hersteller möglich ist. Aber auch die zweite Bedingung, das Auffinden eines ausreichenden, umweltverträglichen Warenangebots, muß nicht immer gewährleistet sein, so daß Anregungen für Produkt- oder auch nur Verpackungsmodifikationen bei den Herstellern erforderlich sein können. Als Konsequenz daraus bleibt keine andere Alternative, als über den Weg der Kooperation mit den Herstellern diese Voraussetzungen zur Bereinigung des Sortiments zu schaffen. Die Kooperation mit den Herstellern stellt damit ein zum Teil unverzichtbares Koordinationsinstrument bei der Umsetzung des strategischen Ziels dar, dem Kunden ein umfassendes Warenangebot unter Umweltgesichtspunkten anbieten zu können.

Operative Aspekte
Bei der Darstellung operativer Aspekte soll nun alleine auf die zuletzt durchgeführte Aktion, also die Aktion „sauberer Putzschrank", eingegangen werden. Dieser Aktion ist die bisher umfangreichste produktbezogene Sortimentsanalyse und -änderung vorausgegangen. Dabei wurden etwa 300 ursprünglich geführte Artikel einzeln und nach der Umweltwirkung ihrer Inhaltsstoffe überprüft und bewertet. Dazu wurde neben dem BUND ab Oktober 1993 auch die Zusammenarbeit mit einer weiteren externen Organisation, nämlich dem Institut für Kommunikation und Umweltplanung (IKU), zur Sortimentsanalyse aufgenommen. Bevor die regional zeitlich gestaffelte und von ausführlichen Kundeninformationen begleitete Umstellung des Sortiments im Mai 1995 starten konnte, war gerade in diesem Sortimentsbereich eine intensive Auseinandersetzung mit den Warenherstellern erforderlich.

Das IKU hatte zunächst gemeinsam mit dem BUND Kriterien zur Beurteilung der ökologischen Eigenschaften von Putz- und Waschmitteln entwickelt. Auf der Grundlage dieser Beurteilungskriterien wurde ein Fragebogen erstellt, der Anfang 1994 gemeinsam mit einem Begleitbrief von Hertie an die Hersteller eben dieser Putz- und Waschmittel gesandt wurde. Darin wurden die Hersteller aufgefordert, entsprechend dem Fragebogen Datenauskünfte zu den von Hertie bezogenen

Putz- und Reinigungsmitteln zu geben. Den Herstellern wurde dabei die vertrauliche Behandlung der erteilten Informationen zugesichert. Zusätzlich übernahm das IKU die Aufgabe, Ansprechpartner für die Hersteller bei auftretenden Unklarheiten im Zusammenhang mit den Fragebögen zu sein.

Die Reaktion auf diese Anfrage war im Bereich der Hersteller von Körperpflegemitteln sehr positiv. Das Anschreiben mit der Bitte um Informationsweitergabe genügte hier, um die notwendigen Kooperationen zwischen den Herstellern und Hertie entstehen zu lassen. Im Bereich der Waschmittelhersteller war die Reaktion auf die Anfrage von Hertie dagegen zunächst von großen Widerständen geprägt. Einige der angeschriebenen Hersteller wandten sich zunächst an ihren Industrieverband Körperpflege und Waschmittel, um über diesen an Hertie heranzutreten und auf eine Rücknahme der Informationsanforderung zu drängen. Insbesondere die fünf großen Hersteller von Waschmitteln (Benckiser, Colgate, Henkel, Lever und Procter & Gamble), die einen Großteil des Marktes bedienen, verweigerten auf diesem Weg zunächst ihre Zustimmung zu einer Informationsfreigabe. Damit hatten die für Hertie wichtigsten Warenhersteller die Sortimentsüberprüfung zunächst blockiert und es drohte ein Scheitern der Aktion, da die notwendige Kooperation mit dem Zweck der Informationsweitergabe nicht zustande gekommen war.

Gemeinsam mit Vertretern des Indudstrieverbandes Körperpflege und Waschmittel führten Vertreter von Hertie, dem BUND und dem IKU im August 1994 ein Gespräch über die Anliegen beider Seiten. Dieses erste Gespräch wurde zunächst nur zur Verdeutlichung der unterschiedlichen Standpunkte genutzt und brachte daher noch keine Annäherung oder gar Einigung. Erschwert wurde eine Annäherung sicher auch dadurch, daß der Industrieverband verantwortlich für die Entwicklung der Anforderungen eines europäischen Umweltzeichens für Waschmittel ist. Bei einer Bewertung der Waschmittel durch Hertie war zu befürchten, daß uneinheitliche Ergebnisse oder Beurteilungen entstehen könnten. Insbesondere war zu befürchten, daß die von Hertie gesetzten Kriterien strenger als die vom Verband ausgearbeiteten sein könnten. Die Verbandsvertreter mußten in diesem ersten Gespräch jedoch feststellen, daß sich Hertie trotz der Einwände des Industrieverbandes nicht von seinem Vorhaben der Sortimentsbereinigung abbringen lassen wollte. Hertie machte vielmehr deutlich, daß gegebenenfalls über die Auslistung von Produkten der betroffenen Hersteller sichergestellt würde, daß in Zukunft keine möglicherweise ökologisch bedenklichen Putz- oder Waschmittel mehr bezogen und angeboten würden. Selbstverständlich wäre dies eine Maßnahme, die nur als Notlösung gelten konnte, da davon ein Großteil des entsprechenden Warenangebots betroffen wäre. Dies widersprach dem Anliegen von Hertie, ein umfassendes Warenangebot für die Kunden bereitzuhalten und damit auch Umsätze zu erzielen.

Die spürbaren Konsequenzen daraus für die Hersteller waren nun weniger die drohenden Umsatzeinbußen. Die Abnahmemengen von Hertie sind für die betroffenen Unternehmen zu gering, als daß hierüber ein echter Druck hätte ausgeübt werden können. Eine von den Herstellerunternehmen nicht erwünschte Konsequenz aus der Verweigerungshaltung hätte aber darin gelegen, in der Öffentlichkeit als Verhinderer einer ökologischen Sortimentsbereinigung bei Hertie an Glaubwürdigkeit hinsichtlich eigener umweltbezogener Stellungnahmen zu verlieren. Außerdem bestand mit der Freigabe von Informationen nicht nur die Gefahr der Auslistung eigener Produkte. Ebenso stand in Aussicht, daß Hertie ökologisch besonders sinnvolle Produkte in seinen Kundeninformationen den Kunden empfiehlt, womit unweigerlich eine Werbung für das ganze Unternehmen verbunden ist. Auch von dieser Option wären die Hersteller ausgenommen, sollten ihre Produkte nicht von Hertie bewertet werden können.

Dieser erste Austausch von Standpunkten führte zwar noch zu keiner Annäherung, es wurde als Ergebnis des ersten Treffens aber zumindest ein weiteres Gespräch vereinbart. Dieses fand im Dezember 1994 statt. An dem zweiten Gespräch beteiligten sich dann auch ranghohe Vertreter der betroffenen Herstellerunternehmen. Auch dieses Gespräch verlief zunächst kontrovers, aber es waren deutlich die konstruktiven Absichten auch auf der Seite der Herstellerunternehmen erkennbar. Die Diskussion verlagerte sich von dem Austausch grundsätzlicher Stellungnahmen auf eine Fachdiskussion, in der zunehmend Umsetzungsprobleme erörtert werden konnten. Hertie konnte schließlich den Nutzen der Kooperation für alle Beteiligten deutlich machen und damit die Firmenvertreter von der Notwendigkeit der verfolgten Kooperationsstrategie überzeugen. Am Schluß des Treffens wurde von allen beteiligten Herstellerunternehmen die Bereitschaft erklärt, die Informationswünsche von Hertie zu erfüllen, um damit eine Sortimentsüberprüfung zu ermöglichen. In einem dritten Gespräch im Februar 1995 wurden schließlich letzte Umsetzungsdetails geklärt. Die insgesamt getroffenen Vereinbarungen wurden in der Folgezeit vollständig umgesetzt, so daß Hertie im Mai 1995 die Aktion „sauberer Putzschrank" sowohl mit Körperpflege- als auch mit Waschmitteln starten konnte. Darüber hinaus wurde vereinbart, daß bei der Einführung neuer Produkte automatisch Produktinformationen entsprechend dem Fragebogen an Hertie weitergegeben werden, um die Aufnahme des Produkts in das Warensortiment zu ermöglichen. Hertie hatte damit über den Weg der Kooperation mit den Warenherstellern den Weg zu einer Sortimentsüberprüfung und zur Aufrechterhaltung eines umfassenden Warenangebots für die Kunden sichergestellt. Die Vorbereitung der Aktion bis zum Start im Mai 1995 beanspruchte insgesamt etwa 18 Monate.

Weitere Entwicklung
Die Vereinbarungen mit den Warenherstellern zur Informationsweitergabe im Rahmen der Aktion „sauberer Putzschrank" bedürfen gegenwärtig keiner weiteren Pflege. Die Kooperation läuft zur Zufriedenheit aller Beteiligten und ohne Befristung. Hertie wird im Zuge der Bereinigung weiterer Sortimente aber wahrscheinlich auch in Zukunft in die Situation geraten, wichtige Informationsbedarfe nicht käuflich am Markt erwerben, sondern nur über Kooperationen mit den Warenherstellern abdecken zu können. Dies wird dann vermutlich erneut nicht ohne eine zum Teil intensive Auseinandersetzung mit den Herstellern über die unmittelbaren und mittelbaren Vor- und Nachteile dieser Kooperationen möglich sein.

9.2 Die Arbeitsgemeinschaft Ökologischer Lebensmittelhersteller als Kleingruppen-Kooperation

In dem folgenden Fallbeispiel der Arbeitsgemeinschaft ökologischer Lebensmittelhersteller (AÖL) wird die Kooperation zwischen den drei Gründungsunternehmen des AÖL,
- der Neumarkter Lammsbräu, einer Brauerei mit 80 Mitarbeitern,

- der Firma Hipp, einem Hersteller von Baby-Nahrung mit 850 Mitarbeitern, und
- der Hofpfisterei, einem Hersteller von Brot mit 700 Mitarbeitern,

sowie zwei im AÖL neu aufgenommen Mitgliedern,
- der Meyermühle, Tochter der Hofpfisterei und ein Hersteller von Mehlen, Schroten und Grundmischungen mit 42 Mitarbeitern, und
- der Andechser Molkerei Scheitz, einem Hersteller von Milchprodukten mit 250 Mitarbeitern,

vorgestellt.

Normative Aspekte
Alle fünf heute am AÖL beteiligten Unternehmen sind Pioniere in der ökologischen Lebensmittelherstellung und bemühen sich schon seit vielen Jahren um die Umsetzung einer ökologischen Unternehmenspolitik, in der ökologische Lebensmittelherstellung und zum Teil gleichzeitig auch betrieblicher Umweltschutz thematisiert werden. Von daher kann es kaum überraschen, daß alle fünf Unternehmen Grundsätze oder Ziele formulieren, in denen die große Bedeutung ökologischer Aspekte für die jeweilige Unternehmenspolitik hervorgehoben wird. Die folgenden Beispiele geben dabei jeweils Ausschnitte aus den insgesamt formulierten Grundsätzen und Zielen wieder:
- „Die Neumarkter Lammsbräu versteht sich als Teil des ökologischen und gesellschaftlichen Systems. Aus dieser Einstellung heraus wird eine ganzheitliche, übergeordnete unternehmerische Verantwortung wahrgenommen, die ihren Niederschlag in allen Aktivitäten der Brauerei und der Mälzerei findet."[1]
- „Eine gesunde Umwelt ist auch in Zukunft Voraussetzung für die Herstellung gesunder Lebensmittel. Wir gehen deshalb beim Umweltschutz in allen Bereichen bewußt weit über die gesetzlichen Auflagen hinaus."[2]

---

1 Entnommen aus dem Öko-Controlling Bericht 1994 der Neumarkter Lammsbräu.
2 So formuliert in den Unternehmensleitlinien von Hipp (ohne Datum).

- Das Ziel der Hofpfisterei und der Meyermühle ist es, „immer mehr Menschen, die dies schätzen, mit immer natürlicheren und ursprünglicheren, schmackhafteren Lebensmitteln zu versorgen"[1].
- Alle Aktivitäten der Molkerei Scheitz dienen der Umsetzung einer Unternehmensphilosophie, die unter anderem folgende Punkte zum Inhalt hat:[2]
  1. Förderung des ökologischen Landbaus,
  2. Sicherung der bäuerlichen Existenzen,
  3. Stärkung des biologischen Kreislaufs,
  4. Erzeugung von Lebensmitteln mit hohem Gesundheitswert,
  5. höchstmögliche Umweltschonung durch entsprechende Verpackungen.

Wie schon im vorangegangenen Fallbeispiel werden Fragen der Zusammenarbeit oder Kooperation mit anderen Unternehmen nicht in den Grundsätzen oder Zielen der beteiligten Unternehmen thematisiert.

Strategische Aspekte
Bei allen fünf Unternehmen verlief der Weg zur Aufnahme einer ökologischen Unternehmenspolitik über die strategische Entscheidung, Lebensmittel von hoher Qualität und damit zwangsläufig aus den Produkten eines ökologischen Landbaus herzustellen. Die Auseinandersetzung mit der ökologischen Güte der benötigten Naturprodukte führte dann schrittweise zu einer Aufnahme ökologischer Gesichtspunkte auch in anderen Bereichen der Unternehmenspolitik. Hinsichtlich der Schritte von der Herstellung ökologischer Lebensmittel zur Auseinandersetzung mit weiteren Aspekten einer ökologischen Unternehmenspolitik wie dem innerbetrieblichen Umweltschutz oder der Kommunikation mit Anspruchsgruppen haben die beteiligten Unternehmen zur Zeit unterschiedliche Strecken zurückgelegt. Während die Neumarkter Lammsbräu bereits seit Ende der 80er Jahre auch im innerbetrieblichen Umweltschutz national und international Maßstäbe

---

1 Entnommen aus der Öko-Bilanz 1994 der Meyermühle; im Umweltbericht 1993 der Hofpfisterei wird dieses Ziel etwas spezieller auf die Versorgung mit schmackhaftem Brot bezogen.

2 Entnommen aus einer Kurzdarstellung der Andechser Familien-Molkerei Scheitz (ohne Datum).

setzt[1] und dafür auch mit zahlreichen Umweltpreisen ausgezeichnet wurde, beginnt etwa die Molkerei Scheitz erst in jüngerer Zeit mit einer Erweiterung ihrer ökologischen Unternehmenspolitik um Aspekte, die über die Herstellung ökologischer Lebensmittel hinausgehen.

Alle fünf Unternehmen stoßen jedoch in ihrem Bestreben, ökologische Lebensmittel herzustellen, deren Qualität weit über die in der EG-Bio-Verordnung für Bio-Kost vorgeschriebenen Anforderungen liegt, auf ähnliche Probleme, die die Umsetzung dieser Unternehmenspolitik erschweren:

- Man fühlt sich von den jeweils zuständigen Verbänden politisch nicht gut vertreten. Die Bandbreite der Defizite reicht hierbei von den Inhalten der betriebenen Lobbyarbeit bis hin zu der Tatsache, von einzelnen Verbänden für das eigene ökologische Marktauftreten kritisiert zu werden.
- Von den Pionieren der ökologischen Lebensmittelherstellung müssen große Hürden in den Fragen der Beschaffung von Vorprodukten und der Marktentwicklung für ökologische Lebensmittel bewältigt werden.
- Der Aufbau innovativer Instrumente des internen Umweltmanagements und die Durchführung innerbetrieblicher Maßnahmen des Umweltschutzes ist mit einem großen Ressourceneinsatz verbunden.

Auf den Umwelttagen in Unterhaching 1992, an denen Vertreter der Neumarkter Lammsbräu, von Hipp und der Hofpfisterei teilgenommen hatten, fand man im Gespräch zu der Überlegung, gemeinsam Schritte zur Bewältigung oder Verringerung dieser Probleme unternehmen zu wollen. Von 1992 bis 1994 wurden in verschiedenen Treffen zwischen den Geschäftsführern der drei Unternehmen Erfahrungen im Umgang mit diesen Problemen ausgetauscht und Möglichkeiten eines gemeinsamen Handelns diskutiert. In dieser Zeit wuchs das Vertrauen zueinander, um offen über Strategieüberlegungen reden und zunehmend konkretere gemeinsame Handlungsfelder abstecken zu können. Auf der Basis dieser gegenseitigen Vertrauenshaltung wurde Mitte

---

1 So gehört die Neumarkter Lammsbräu zu den wenigen Unternehmen, die über ein umfassendes Öko-Controlling verfügen. Einen Einblick in Funktionsweise, Aufbau und Bestandteile dieses Öko-Controlling gibt Stahlmann (1994).

1994 die Etablierung eines festen Arbeitskreises Ökologischer Lebensmittelhersteller beschlossen. Ziele dieses Arbeitskreises sollten sein:
- regelmäßiger Erfahrungsaustausch über Tagesthemen,
- gemeinsame Erforschung besserer Qualitäten im ökologischen Landbau,
- gemeinsame Strategien zur Entwicklung eines Öko-Lebensmittelmarktes,
- gemeinsame Strategien zum Ausbau der Bezugsquellen aus ökologischem Landbau,
- gemeinsame Öffentlichkeitsarbeit,
- gemeinsames Sprachrohr und kompetente Ansprechpartner für die Belange ökologischer Lebensmittelherstellung gegenüber der Öffentlichkeit und Behörden,
- gemeinsame Nutzungsmöglichkeit zur Verfügung stehender Kapazitäten durch die einzelnen Mitglieder ist beabsichtigt.

Operative Aspekte
Der AÖL sollte nicht als gemeinsames Unternehmen oder Verband gegründet werden, sondern alleine die Tatsache des gemeinsamen Wirtschaftshandelns nach außen dokumentieren und, mit einer Satzung versehen, die Modalitäten des gemeinsamen Handelns festlegen. Im September 1994 wurde der AÖL in einer Pressekonferenz der Öffentlichkeit vorgestellt. Die Satzung beinhaltet unter anderen die nachfolgend aufgeführten Regelungen:
- Die Mitglieder müssen Hersteller ökologischer Lebensmittel sein (die Mindestanforderungen dazu sind in der EG-Bio-Verordnung festgelegt).
- Die Mitgliedschaft ist freiwillig.
- Die Mitglieder sollen Pioniere in mindestens einem Gebiet der ökologischen Lebensmittelherstellung und/oder des Umweltschutzes sein.
- Die Mitglieder beschließen einstimmig über Neuaufnahmen in den Arbeitskreis.
- Die Mitglieder sind zu Vertraulichkeit verpflichtet.
- Jedes Mitglied kann jederzeit seine Mitgliedschaft beenden.
- Bei groben Verstößen können Mitglieder einstimmig (ohne den Betroffenen) ausgeschlossen werden.

- Der Vertreter nach außen wird fallweise festgelegt.
- Der Arbeitskreis kann jederzeit einstimmig aufgelöst werden.

Die Geschäftsführungen der Mitgliedsunternehmen treffen sich turnusmäßig zweimal pro Jahr. In diesen Treffen geht es jeweils um einen aktuellen Erfahrungsaustausch, um die Festlegung der gemeinsamen Aktivitäten und um die weitere Entwicklung des Arbeitskreises insbesondere hinsichtlich der Frage nach Aufnahme neuer Mitglieder. Noch 1994 wurde der Arbeitskreis mit der Meyermühle und der Andechser Molkerei Scheitz um zwei Mitglieder erweitert. Zur Durchführung der Aktivitäten des AÖL werden Unterarbeitskreise eingesetzt, in denen Mitarbeiter aus allen beteiligten Unternehmen vertreten sind. Gegenwärtig existieren Unterarbeitskreise bzw. Workshops zu folgenden Themen:

- innerbetrieblicher Umweltschutz (Planung der weiteren Durchführung des Öko-Audits in jedem Unternehmen, gegenseitige Unterstützung bei der Erst-Prüfung, Vergabe der Abschlußprüfung an einen Prüfer für alle Mitglieder),
- Qualitätssicherung (Ausbau der Bezugsquellen aus ökologischem Landbau, Ausarbeitung von Vorschlägen zur Novellierung der Lebensmittelgesetzgebung),
- Logistik (Auseinandersetzung mit Möglichkeiten zur Umrüstung der Fuhrparks und gemeinsame Nutzung von Kapazitäten),
- Laboruntersuchungen (Auseinandersetzung mit Möglichkeiten zur gemeinsamen Nutzung vorhandener Labortechnologien),
- gemeinsame Marktaktivitäten (Auseinandersetzung mit Möglichkeiten zur Schaffung neuer Marktangebote rund um ökologische Lebensmittel).

Die Mitarbeiter der Workshops treffen mindestens zwei- bis dreimal jährlich zusammen, um den Erfahrungsaustausch zu den speziellen Themen weiter- oder vorbereitete Arbeitsergebnisse zuammenzuführen. Die Workshops haben nur teilweise einen genau festgelegten Aufgabenbereich mit Zeitvorgaben. Zum größeren Teil sind sie auf Dauer zum kontinuierlichen Erfahrungsaustausch und der kontinuierlichen Planung und Durchführung selbst festzulegender Maßnahmen angelegt. Der AÖL besitzt kein gemeinsames Back-Office. Die Workshop-Mitarbeiter organisieren die Einladungen, die Protokolle, die Informationsweitergabe etc. selber. Es gibt aber ein gemeinsames Briefpapier und eine gemeinsame PR-Agentur. Anfallende Kosten werden durch die Mitglieder zu gleichen Teilen getragen.

In der noch sehr jungen Geschichte des AÖL gab es noch keine Probleme im Umgang mit der Kooperationssituation oder die Notwendigkeit zur Nachbesserung der Satzung.

Weitere Entwicklung
Dem AÖL wird von seinen Mitgliedern eine lange Reifungsphase zugestanden. Er muß nicht sofort reichlich Früchte tragen, sondern soll über die Jahre an Format gewinnen. Von daher wird mit dem Fallbeispiel des AÖL kein abgeschlossenes Kooperationsprojekt geschildert, sondern die Aufnahme einer Kooperationsbeziehung, deren Kooperationsziele zwar feststehen, deren konkrete Arbeitsinhalte und deren Mitgliederstruktur sich in den kommenden Jahren aber noch werden erweitern können.

Die Nachfrage nach Aufnahme anderer Lebensmittelhersteller in den AÖL ist recht groß. Der AÖL hat sich hier bereits den Vorwurf eines elitären Verhaltens und der Ausgrenzung anderer Unternehmen eingehandelt, da diesen Aufnahmewünschen nur sehr begrenzt nachgekommen werden kann. Einige Rahmenbedingungen verbieten jedoch eine allzugroße Ausweitung des AÖL:

- Um die Entscheidungs- und damit Arbeitsfähigkeit des Arbeitskreises hochzuhalten, wird die Anzahl der Mitglieder eher gering bleiben müssen. Jedes neue Mitglied bedeutet zwar eine potentielle Erweiterung der Möglichkeiten des AÖL. Da der AÖL aber auf der Basis einstimmiger Entscheidungen agieren möchte, steigt mit jedem neuen Mitglied die Gefahr eines Verlustes von Entscheidungsfähigkeit.
- Es soll eine regionale Nähe der Mitglieder gegeben sein, um gemeinsame Treffen unkompliziert abwickeln zu können.
- Die Mitglieder sollen nicht nur etwas aus dem Arbeitskreis mitnehmen, sondern auch in der Lage sein, dem Arbeitskreis etwas geben zu können. Dazu müssen sie auf Pionierleistungen in der ökologischen Lebensmittelherstellung oder anderen Bereichen der ökologischen Unternehmenspolitik verweisen können.

Trotz dieser Einschränkungen wird laufend über die Aufnahme weiterer Mitglieder diskutiert und eine Erweiterung des Arbeitskreises in den nächsten Jahren wird nicht ausgeschlossen. Für die Zukunft ist auch die zusätzliche Gründung eines Verbandes Ökologischer Lebensmittelhersteller denkbar. Dieser könnte sich dann auf der Basis einer größeren Mitgliederzahl um die Lobbyaufgaben ökologischer Lebensmittelhersteller kümmern. Der AÖL würde damit aber nicht überflüssig, da in dieser Kleingruppe weiterhin lokale Strategien effizient vorangebracht und Synergien genutzt werden können.

9.3 Das Selbstverpflichtungsabkommen des BIV-Kälteanlagenbauer als branchenbezogene Großgruppen-Kooperation

Bereits in den Kurzbeispielen im 3. Kapitel wurde deutlich, daß Selbstverpflichtungsabkommen regelmäßig zwei Kooperationsfelder der Kooperationsmatrix (vgl. Tabelle 3) betreffen. Dies ist zunächst ein Feld des gemeinsamen Wirtschaftshandelns in Verbandsform, da Verbände häufig die Initiatoren oder zumindest Koordinatoren von Selbstverpflichtungsabkommen sind. Diese Kooperationsleistung führt jedoch zunächst nur zur Verkündung einer Selbstverpflichtung. Die Einhaltung der Selbstverpflichtung obliegt alleine den Mitgliedsunternehmen des Verbandes und stellt damit eine andere Art von Kooperation dar, nämlich die der Vorgehensweise „Absprachen", „abgestimmtes Wirtschaftshandeln" und in Einzelfällen auch der Vorgehensweise „gemeinsames Wirtschaftshandeln". Mit dem Fallbeispiel über das Selbstverpflichtungsabkommen des Bundesinnungsverbandes des Deutschen Kälteanlagenbauerhandwerks (kurz BIV-Kälteanlagenbauer oder BIV) werden diese beiden Kooperationsfelder der Kooperationsmatrix angesprochen.

Der BIV-Kälteanlagenbauer ist Dachverband von 11 Landes- sowie 7 Regionalinnungen. In diesen Landes- und Regionalinnungen sind insgesamt 1040 Mitgliedsunternehmen organisiert. Insgesamt sind als Kälteanlagenbauer in der Handwerksrolle 2200 Unternehmen eingetragen, also etwas mehr als die doppelte Anzahl der Mitgliedsunternehmen. Die Größe der Mitgliedsunternehmen liegt in der Regel bei unter 10 Mitarbeitern. Nur wenige Mitgliedsunternehmen haben mehr als 100 Mitarbeiter. Der Unternehmenszweck dieser Unternehmen ist die Herstellung und Wartung von Kälteanlagen. Zumeist werden diese Kälteanlagen für Einzelanwendungen angefertigt. Benötigte Komponenten zur Herstellung und Wartung der Kälteanlagen werden nur zu einem geringen Teil selbst produziert und zu einem entsprechend großen Teil von der Industrie gekauft.

Der Vorstand des BIV besteht aus dem Bundesinnungsmeister und aus 4 weiteren Innungsmeistern (i.d.R. gleichzeitig Obermeister der Landesinnungen). Hauptamtlich arbeiten für den BIV der Geschäftsführer, ein technisch wissenschaftlicher Mitarbeiter und eine Büromitarbeiterin. Alle Vorstandsmitglieder sind selber Unternehmer. Sie arbeiten ehrenamtlich mit Aufwandsentschädigung für den BIV.

Normative Aspekte
Weder der Verband noch die Mitgliedsunternehmen stechen durch explizit ökologieorientierte Verbands- oder Unternehmensphilosophien hervor. Unter den Mitgliedsunternehmen werden möglicherweise einige sein, die sich auch auf normativer Ebene mit ökologischen oder gesellschaftlichen Fragestellungen beschäftigen. Das Vorhandensein derartiger Überlegungen dürfte für diese Unternehmen aber nicht der Grund dafür sein, sich im BIV zu organisieren. Der BIV führt in seiner Satzung auch keine anderen speziellen Leitbilder an, denen er sich bei Ausführung seiner Aufgaben verpflichtet sieht. Als Aufgaben des BIV gelten die Wahrnehmung der Interessen des Kälteanlagenbauerhandwerks, die Unterstützung der Mitgliedsverbände und -innungen in ihren gesetzlichen und satzungsmäßigen Aufgaben sowie die Erstellung und Unterbreitung von Gutachten, Anregungen und Vorschlägen für Behörden.[1]

Strategische Aspekte
Der Verband und die Unternehmen des Kälteanlagenbauerhandwerks sahen sich 1991 mit einer vom Bundesumweltministerium erlassenen „FCKW-Halon-Verbots-Verordnung" konfrontiert, die den Ausstieg aus der FCKW-Verwendung in neuen Kälteanlagen ab dem 1.1.1995

---

1 Vgl. BIV (1987), S. 2.

vorsah.[1] Anfang 1992 gab es zudem eine Anhörung im Umweltministerium, bei der zusätzlich die betroffenen Branchen zu Selbstverpflichtungen aufgerufen wurden.[2] Dem Vorstand des BIV war bewußt, daß der Kälteanlagenbau in der Öffentlichkeit mit den durch FCKW verursachten Umweltbeeinträchtigungen in direkte Verbindung gebracht wird. Es war daher das Bestreben des Verbandes, hier auf die Mitglieder zuzugehen, um über die FCKW-Problematik zu informieren und nach außen hin die Branche nicht in Mißkredit zu bringen bzw. vor Mißkredit zu bewahren. Außerdem sah sich der Verband vor die Aufgabe gestellt, die Mitgliedsunternehmen auf die bevorstehende Umstellung vorzubereiten. Um im Sinne dieser Rahmenbedingungen tätig zu werden, verfolgte der BIV verschiedene Strategien:

(1) Verabschiedung eines Selbstverpflichtungsabkommens der Verbandsmitglieder zum Ausstieg aus der FCKW-Verwendung bereits ab 1.1.1994 bei alternativer Verwendung des Ersatzstoffes FKW;
(2) Einbringen von Vorschlägen für eine Präzisierung und Erweiterung bestehender Rechtsvorschriften hinsichtlich des Umgangs mit und der Wartung von Kälteanlagen;
(3) Schaffung von Instrumenten zur schnellen Information der Betriebe über umweltrelevante Entwicklungen im technischen und rechtlichen Bereich.

Mit der Abgabe eines Selbstverpflichtungsabkommens wurden folgende Ziele verbunden:

- die vorzeitige Auseinandersetzung mit neuen Techniken und Stoffen,
- die vorzeitige Umstellung von Anlagen,
- die vorzeitige Umstellung innerbetrieblicher Organisationsstrukturen und Weiterbildung,
- die vorzeitige Auseinandersetzung mit skeptischen Kunden und Betreibern,
- die Bedarfsdeckung bei den zunehmend nachfragenden Kunden,

---

1 Siehe BGBl. I Nr. 30 vom 16. Mai 1991, S. 1090.
2 Neben den Kälteanlagenbauern sind zahlreiche weitere Branchen von der FCKW-Halon-Verbots-Verordnung betroffen wie etwa die Hersteller von Auto-Klimaanlagen, von Bau- und Wärmedämmstoffen, von Haushalts-Kälteanlagen sowie die Hersteller von FCKW selbst.

- die Vermeidung von Lieferengpässen bei den Herstellern von Kältemitteln, die bereits auf die neuen Stoffe umstellen,
- die Demonstration von gesellschaftlicher Verantwortung.

Mit dem Einbringen von Vorschlägen für eine Präzisierung und Erweiterung bestehender Rechtsvorschriften wurde und wird weiterhin das Ziel einer Verringerung bzw. Vermeidung von FCKW-Freisetzungen bei bestehenden Kälte- und Klimaanlagen verfolgt.[1] Auf die Bemühungen zu diesem zweiten Strategiepunkt soll hier nicht weiter eingegangen werden. Es sei aber noch erwähnt, daß eine Überarbeitung der Bestimmungen im Sinne des BIV erst 1996 mit der Verabschiedung neuer europäischer Normen erwartet wird.

Mit der Schaffung von Informationsinstrumenten wurde und wird ebenfalls weiterhin der Tatsache Rechnung getragen, daß Handwerksbetriebe in der Regel keine Stabsabteilungen besitzen, die ständig Gesetzesnovellierungen und technische Neuerungen auswerten. Hier bedarf es kurzer und verständlicher Informationsdienste, deren Inhalt von den Betrieben in kurzer Zeit aufgenommen werden kann. Außerdem werden auch Nichtmitgliedern (wichtig für neue Kälteanlagenbereiche wie etwa die Klimaanlagen im KFZ-Bereich) offenstehende Seminare zur Einführung neuer Techniken, Einsatzstoffe, Vorgehensweisen etc. gegen Gebühr angeboten und dabei umfangreiche Schulungsunterlagen ausgehändigt. Zu guter Letzt ist die Bundesfachschule zu nennen, in der die Möglichkeit genutzt wird, den Schülern nicht nur den aktuellen Stand der Technik, sondern auch der politischen und Verbandsdiskussion zu vermitteln.

Bei der Schilderung operativer Aspekte soll nun alleine auf den ersten genannten Strategiepunkt, die Abgabe eines Selbstverpflichtungsabkommens, vertiefend eingegangen werden.

Operative Aspekte
Der Vorschlag des Bundesvorstandes zur Abgabe des oben geschilderten Selbstverpflichtungsabkommens wurde den Obermeistern der Landesinnungen zur Diskussion in den Landesinnungen (Mitglieder-

---

[1] Nicht zu übersehen ist hier freilich auch, daß eine Verschärfung der rechtlichen Auflagen eine stärkere Inanspruchnahme von Fachkräften und damit eine wahrscheinlich positive Wirkung auf die Ertragslage des Kälteanlagenbauerhandwerks nach sich zieht.

versammlungen) weitergegeben. Damit bestand für alle Mitglieder die Chance, sich im Vorfeld an der Diskussion bzw. an der Entscheidung über ein Selbstverpflichtungsabkommen zu beteiligen. Selbstverständlich konnte nicht davon ausgegangen werden, daß ein Großteil der Mitglieder an den einzelnen Mitgliederversammlungen teilnehmen und daß damit eine Entscheidung über das Selbstverpflichtungsabkommen auf breiter Basis gefällt werden würde. Für die Entscheidung über eine derartige Selbstverpflichtung ist eine explizite Befragung aller Mitglieder satzungsmäßig aber auch nicht erforderlich. Es genügte daher, daß von den Mitgliederversammlungen der Landesinnungen die Zustimmung zu dem Selbstverpflichtungsabkommen gegeben wurde. Vertreten durch den Bundesinnungsmeister und den Geschäftsführer schickte der BIV am 7. Juli 1992 die auf folgender Seite wiedergegebene Selbstverpflichtung an den Bundesminister für Umwelt, Naturschutz und Reaktorsicherheit, Herrn Töpfer.[1]

Wurde bisher ausschließlich das verbandsseitige Vorgehen geschildert, so soll nun das Verhalten der Verbandsmitglieder nach Abgabe der Selbstverpflichtung betrachtet werden. Hier besteht dank einer vom BIV Ende 1993 selbst durchgeführten Mitgliederbefragung ein Instrument zur Beurteilung des Kooperationsverhaltens der Mitglieder. Befragt wurden die Mitglieder nach dem Leistungsanteil der drei Kältemittel FCKW, FKW und HFKW.[2] Die Angaben zu den Leistungsanteilen sollten für Juni, Oktober und Dezember 1993 erhoben werden. Von 1024 angeschriebenen Unternehmen haben 411 (= 40%) geantwortet. 375 Antworten (= 37%) waren auswertbar. Das gemittelte Ergebnis der Auswertung ist in Tabelle 32 wiedergegeben.

---

1 Etwa gleichzeitig mit dem BIV gaben weitere betroffene Verbände bzw. Branchen ähnliche Selbstverpflichtungen bekannt. Vgl. BMU (1992). Eine direkte Abstimmung zwischen den Verbänden hatte dabei jedoch nicht stattgefunden.
2 Alle drei Kältemitteln sind halonhaltig. FKW beinhaltet jedoch nicht das Halogen Chlor, so daß es ökologisch weniger gefährlich ist als FCKW und HFKW. HFKW ist wie FCKW ein chlorhaltiges Kältemittel, das in der EG aber noch bis zum Jahr 2000 verwendet werden darf, da es ökologisch geringfügig weniger bedenklich ist als FCKW.

Sehr geehrter Herr Bundesminister,

der Bundesinnungsverband des Deutschen Kälteanlagenbauerhandwerks erklärt auf der Grundlage der von Bundesinnungsmeister Günther am 26.06.92 vorgetragenen Erklärung:

– Das Deutsche Kälteanlagenbauerhandwerk kann bis Ende 1993 auf den Einsatz von FCKW zum Bau von neuen Kälte- und Klimaanlagen verzichten. Natürlich gehen wir dabei davon aus, daß seitens der Hersteller ausreichend Kälte-Kreislauf-Komponenten und Kältemittel (R 134 a) produziert werden.

– Ausgenommen von dem Verzicht sind, wie auch in der FCKW-Halon-Verbots-Verordnung vorgesehen, zunächst die bestehenden Anlagen.

In diesem Zusammenhang weisen wir darauf hin, daß es für das Kälteanlagenbauerhandwerk Stand der Technik ist, daß bei Betrieb, Instandhaltung und Außerbetriebnahme von Klima- und Kälteanlagen das in dem Kältekreislauf vorhandene Kältemittel und Öl nicht freigesetzt wird. Dazu hat der Bundesinnungsverband für das Deutsche Kälteanlagenbauerhandwerk auf freiwilliger Basis Gremien geschaffen, die über die Einhaltung einer umweltgerechten Berufsausübung wachen.
Als Anwender von Kältemitteln hat das Kälteanlagenbauerhandwerk ein vitales Interesse daran, den Beruf auch in Zukunft den Anforderungen unserer Umwelt gemäß auszuüben.
Seitens des Gesetzgebers muß dazu aber auch Rechtssicherheit für den Umgang und Einsatz von neuen Stoffen hergestellt werden.

Ihre am 26.06.92 gemachte Aussage in Hinblick auf die Verwendung von R 134 a in Kälteanlagen haben wir positiv aufgenommen.

Mit freundlichen Grüßen

BUNDESINNUNGSVERBAND DES DEUTSCHEN
KÄLTEANLAGENBAUERHANDWERKS

Norbert Günther　　　　　　Manfred Seikel
(Bundesinnungsmeister)　　(Geschäftsführer)

Tab. 32: Leistungsanteile der verwendeten Kältemittel

	FCKW	FKW	HFKW
bis Juni 1993	7,2 %	17,2 %	75,6 %
bis Oktober 1993	5,1 %	23,4 %	71,5 %
bis Dezember 1993	2,2 %	33,9 %	63,9 %

Quelle: BIV (1994)

Der BIV wertet das in Tabelle 32 wiedergegebene Ergebnis als Bestätigung für die Erfüllung der Selbstverpflichtung. Daß noch ein Großteil der Leistungsanteile bei den HFKW liegt, und nicht bei den eigentlich versprochenen FKW, liegt nach Auffassung des BIV bzw. von dessen Mitgliedern an folgenden Gründen (die Reihenfolge entspricht der Wertigkeit):[1]

- Besonders im Klimabereich werden von der anlagen- und geräteherstellenden Industrie nur Erzeugnisse für den Einsatz von HFKW angeboten.
- Anlagen mit FKW verursachen im Vergleich zu Anlagen mit HFKW um 20-30% höhere Kosten.
- FKW besitzt noch nicht die notwendige Akzeptanz bei den Kunden.
- FKW ist zu teuer.
- Kunden sind durch unterschiedliche Pressemeldungen bzw. Verbandsaussagen verunsichert.
- Auf dem Markt werden FCKW-Anlagen zu Billigpreisen angeboten.
- FKW wird keine Endlösung sein.
- Kreislaufkomponenten für FKW sind schlecht verfügbar.
- FKW hat ein schlechteres Leistungsverhalten.

Natürlich wird vom BIV registriert, daß sich zahlreiche Mitglieder nicht an der Umfrage beteiligt haben und daß die, die geantwortet haben, möglicherweise zu denen gehören, die eine eher verantwortungsvolle Haltung einnehmen. Es wird aber auch zu bedenken gegeben, daß bei Unternehmen der im Verband üblichen Größe, also mit weniger als zehn Mitarbeitern, derartige Umfragen häufig aus Kapazitätsgründen unbearbeitet bleiben.[2]

---

1 Vgl. BIV (1994).
2 Eine vertiefende Auseinandersetzung mit der Kooperationsleistung der Mitgliedsunternehmen eines Verbandes erfolgt im folgenden Abschnitt.

Zum Abschluß sei hier noch angemerkt, daß der Nachweis der FCKW-Vermeidung nur implizit durch die Verpflichtung erbracht wird, FCKW-betriebene Anlagen als solche zu kennzeichnen. Daneben wird bei FCKW-freien Anlagen vielfach zu Werbezwecken freiwillig auf die alternativ verwendeten Kältemittel hingewiesen. Eine Kontrolle über den Verbrauch oder Einsatz von Kältemitteln bei Herstellern oder Betreibern gibt es nicht, obwohl über die Verwendung dieser Stoffe Bücher geführt werden müssen.

Weitere Entwicklung
Der BIV plant gegenwärtig keinen weiteren Vorstoß in Richtung einer Selbstverpflichtung. Die Branche macht sich aber bereits mit einer ganz anderen Art von Kältemitteln vertraut, die bald auch das FKW ablösen könnte. Es handelt sich hierbei um ökologisch problemlos abbaubare, aber brennbare und daher gefährlichere Kältemittel wie NH_3 und Kohlenwasserstoffe. Hier ist bisher nur in industriellen Anlagen und in serienmäßig produzierten Kühlanlagen ein Sicherheitsstandard und eine rechtliche Absicherung vorhanden, die deren breite Verwendung ermöglicht. In der individuellen, handwerklichen Fertigung von Kälteanlagen fehlen noch rechtliche Standards und das Know-how, um den breiten Einsatz brennbarer Kältemittel zu ermöglichen.

Der Verband bemüht sich als Fachexperte allerdings aktiv im Rahmen der Novellierungen weiterer gesetzlicher Bestimmungen etwa zu Fragen der Umstellung von Altanlagen auf neue Kältemittel.

9.4 Das Plädoyer des BJU als branchenübergreifende Großgruppen-Kooperation

Mit dem Fallbeispiel des Bundesverbandes Junger Unternehmer (BJU) wird erneut auf ein Teilprojekt einer bereits bestehenden Kooperation als Beispiel für eine Kooperation im Rahmen ökologischer Unternehmenspolitik hingewiesen. Damit steht auch hier nicht die Initiierung einer Kooperation am Ausgangspunkt der Betrachtungen, sondern die Aufnahme eines ökologischen Teilprojektes innerhalb einer bestehenden Kooperation, konkret innerhalb eines bestehenden Verbandes. Dabei wird alleine die Tätigkeit des Verbandes in seiner Kommunikation mit dem Politiksystem geschildert. Es geht damit im Unterschied zum BIV nicht auch um eine vom Verband koordinierte Kooperation der Mitglieder. Wie schon im ersten Fallbeispiel zur Hertie Waren- und Kaufhaus GmbH wird sich im Verlaufe des Fallbeispieles zeigen, daß der BJU zur Durchsetzung seiner Strategie eine Kooperation mit dem Umweltverband BUND eingegangen ist. Dies ist aber auch hier nicht der Grund für die Auswahl und eigentlicher Gegenstand dieser Fallstudie. Dennoch soll nicht versäumt werden, auch hier auf diese Kooperation hinzuweisen.

Normative Aspekte
Wie schon im Falle des BIV-Kältenanlagenbauer stechen auch hier weder der Verband noch die Mitgliedsunternehmen durch eine explizit ökologieorientierte Verbands- oder Unternehmensphilosophie hervor. Es wird unter den etwa 3000 Mitgliedern zwar eine ganze Reihe von Mitgliedsunternehmen geben, in deren Unternehmensphilosophie oder Unternehmensleitbild Hinweise auf deren gesellschaftliche oder ökologische Verantwortung zu finden sind. Aber das Vorhandensein derartiger Hinweise dürfte für diese Unternehmen nicht der maßgebliche Grund dafür sein, Mitglied des BJU zu sein. Der zentrale normative Hintergrund des BJU ist dessen Eintreten für die Prinzipien der sozialen Marktwirtschaft. Dies mag ein Ausschnitt aus den Organisationsrichtlinien des BJU verdeutlichen:

> „Der BJU ist eine Interessengemeinschaft junger selbständiger Unternehmer mit dem Ziel, im Rahmen der Sozialen Marktwirtschaft das auf der privaten Eigentumsordnung basierende selbständige Unternehmertum zu stärken und zu vertreten. Neben der Sicherung des Unternehmens ist das Erkennen und Mitgestalten gesellschaftlicher Veränderungen wesentlich."[1]

Die folgenden Ausführungen werden zeigen, daß sich dies sehr gut vertragen kann mit einer ökologischen Unternehmens- bzw. Verbandspolitik, die von den Mitgliedern nicht unbedingt intendiert, aber als Ergebnis der Verbandsarbeit in offensichtlich sehr großem Umfang mitgetragen wird.

---

1 BJU (1994a), S. 55.

Strategische Aspekte
Die Frage nach den strategischen Vorüberlegungen des BJU zu seiner Initiative beginnen in der Kommission für Umwelt des BJU. Zunächst sollen daher einige Anmerkungen zu den Programmkommissionen des BJU gemacht werden. Zum Zeitpunkt der Initiative gab es im BJU insgesamt acht Programmkommissionen zu den folgenden Fachgebieten:

- Staatseingriffe in die Wirtschaft,
- Mitglieder-Marketing,
- Schule/Wirtschaft,
- Umwelt,
- Verkehr,
- Internationale Marktwirtschaft,
- Personal,
- Arbeitsmarkt.

Alle diese Kommissionen arbeiten permanent im BJU. Kommissionen werden gegründet, wenn Themenvorschläge aus dem Kreis der Mitglieder auf Interesse im Bundesvorstand stoßen. Dessen potentielles Interesse für neue Kommissionen hängt natürlich auch von der Anzahl bereits laufender und ausgelasteter Kommissionen ab. Deren Zahl sollte die genannten acht nicht überschreiten. Dennoch gibt es immer wieder neue Kommissionen, da bereits bestehende im Zeitverlauf an Aktualität und Aufgaben verlieren. In jeder Kommission arbeiten u.a. 2-3 Mitglieder aus dem Bundesvorstand mit, der seinerseits aus 24 Personen besteht.

Die Umweltkommission wurde Mitte der 80er Jahre ins Leben gerufen. In ihrer ersten Arbeitsphase kümmerte sie sich um Handwerkszeuge und Instrumente zur Unterstützung für die Mitgliedsunternehmen in umwelttechnischen und umweltmotivatorischen Fragen. In jüngerer Vergangenheit entstand ein als Lose-Blatt-Sammlung angelegter „Umwelt-Berater", der heute vom Deutschen Wirtschaftsdienst gepflegt wird. Die Umweltkommission mußte jedoch zur Kenntnis nehmen, daß dieses Buch, obwohl in seiner Existenz und seiner Qualität von vielen Mitgliedern gelobt, unerwartet wenig Verwendung bei den Mitgliedern fand. Von den bisher verkauften ca. 1500 Exemplaren gingen nur etwa 25% an Mitglieder des BJU. Ein häufig genannter Grund für die geringe Resonanz auf das BJU-Buch war die Ansicht vieler Mitglieder, mit ihrem Unternehmen gar kein Umweltproblem zu haben. Und obwohl damit nach der Auffassung von Max Schön das Umweltproblem eigentlich erst anfängt – „Wer glaubt, kein Umweltproblem zu haben, ist schon eins"[1] –, räumt er ein, daß ökologisch sinnvolleres Handeln für die einzelnen Unternehmen häufig kaum oder nur sehr schwer möglich ist.

An dieser Stelle beginnt nun die eigentliche strategische Arbeit der Umweltkommission des BJU. Es galt hierbei herauszufinden, auf welche Weise der Verband in der Auseinandersetzung mit dem für wichtig gehaltenen Thema des betrieblichen Umweltschutzes einen höheren Nutzen für seine Mitglieder schaffen konnte. Aus der Problematik heraus, daß jedes einzelne Unternehmen „einer von vielen kleinen Puzzlesteinen in dem ganzen Spiel"[2] ist, und daß es auf der anderen Seite für das einzelne Unternehmen zum Teil mit großen Schwierigkeiten verbunden ist, einen ökologisch sinnvollen Wandel einzuleiten, erweiterte die Umweltkommission zunächst ihr Tätigkeitsfeld auf die Auseinandersetzung mit den Rahmenbedingungen des Wirtschaftens, die ökologisch sinnvolles Handeln heute erschweren oder verhindern. Eine Gruppe von 10 Unternehmern aus verschiedensten Branchen (Werbung, Spirituosen, Sanitär- und Werkzeughandel, Papier, Umwelttechnik, Autozulieferteile) formulierte daraufhin Thesen zum Sollzustand für Bereiche wie Produktion, Verkehr und Energie. Auch hier gelangte man aber bald an einen Punkt der Stagnation, da man feststellte, daß auf diese Weise immer nur Teilaspekte beleuchtet werden, die „große Klammer"[3] jedoch unberücksichtigt blieb. Über diesen Weg wurde jedoch erst deutlich, daß es Aufgabe des Verbandes sein müßte, eben diese „große Klammer" über all diese Teilaspekte stärker in den Mittelpunkt der Arbeit zu rücken. Zunächst galt es dafür, die weitere Arbeit an einem gemeinsamen Ziel bzw. einer Vision auszurichten. Diese Vision wurde in Übereinstimmung mit den normativen Grundlagen des BJU formuliert. Sie ist in Abbildung 16 in Auszügen wiedergegeben.

---

[1] So Max Schön, Leiter der Umweltkommission des BJU, in einem Interview mit dem Verfasser am 26. April 1994.
[2] Ebd.
[3] Ebd.

Abb. 16: Auszug aus der Vision des BJU

> **Wir haben die Welt nur von den uns nachfolgenden Generationen geliehen.** Wir sind verpflichtet, sie so zu hinterlassen, wie wir sie selber gerne vorfinden würden. ...
>
> **Das von uns gewünschte Handlungssystem muß also die Umwelt wirksam schützen, effizient und menschenwürdig sein.** Maß aller Dinge sind dabei die Belastbarkeitsgrenzen der Ökosysteme. Wir sind der Überzeugung, daß dieses Handlungssystem die ökologisch ausgerichtete Soziale Marktwirtschaft ist. Sie ist gekennzeichnet durch Preise und Spielregeln, die dazu dienen, gesetzte Ziele zu erreichen.
>
> **In der Marktwirtschaft übernimmt der Preis beim Ausgleich von Knappheit Signalfunktion** und ist Orientierungshilfe. Der Preis, den ein Verbraucher für eine Leistung zu zahlen bereit ist, entscheidet über Erfolg und Mißerfolg einer Leistung. ...
>
> Die Vielfalt umweltrelevanter Informationen (Knappheit, Ressourcen, Schädigungen usw.) müssen über Preise in die Produkte eingehen. Nur so werden eigenverantwortliche Entscheidungen zugunsten der Umwelt wieder möglich. ...
>
> **Unsere Vision ist geprägt von dem Streben nach der Verwirklichung individueller Freiheit für den verantwortungsbewußt handelnden Bürger und eine faire Verteilung des knappen Gutes Umwelt.**

Quelle: BJU (1994b), S. 6.

In einem nächsten Schritt mußten nun die Bausteine definiert werden, an denen die Umweltkommission arbeiten sollte, um dem Erreichen dieser Vision näherzukommen. Folgende zwei Elemente sollten dabei die wesentlichen Strategiebausteine der weiteren Arbeit bilden:
(1) die weitere Sensibilisierung der Mitglieder,
(2) die Veröffentlichung eines Plädoyers für eine ökologisch orientierte Soziale Marktwirtschaft.

(1) Weitere Sensibilisierung der Mitglieder
Die Maßnahmen zur weiteren Sensibilisierung der Mitglieder sind nicht eigentlicher Gegenstand dieses Fallbeispiels. Bezüglich der operativen Umsetzung dieses Strategieelements sei hier aber zumindest darauf hingewiesen, daß einer der drei Hauptausschüsse, die der BJU jedes Jahr veranstaltet, unter ein spezielles Umweltthema gestellt wird. Zudem werden bei allen anderen Hauptausschüssen oder Bundestreffen zumindest einzelne Arbeitsgruppen zu bestimmten Umweltschutzthemen eingerichtet. Neben der Ausrichtung dieser Veranstaltungen zählt

aber auch weiterhin die Pflege des Umweltberaters zu den Aufgaben des BJU.

(2) Plädoyer für eine ökologisch orientierte Soziale Marktwirtschaft
Es wurde bereits zu Beginn dieser Fallbeschreibung deutlich gemacht, daß der BJU als bereits bestehende Unternehmenskooperation Maßnahmen einer ökologischen Unternehmenspolitik (resp. Verbandspolitik) betreibt. Daher entfiele an dieser Stelle eigentlich die Auseinandersetzung mit der strategischen Frage, inwieweit die geplanten unternehmenspolitischen Strategien im Alleingang, durch Fusion oder durch eine bestimmte Form der Kooperation angestrebt werden sollen. Der BJU stellte sich diese Frage dennoch und kam zu dem Schluß, daß insbesondere für die Veröffentlichung eines Plädoyers die Zusammenarbeit mit einem in Umweltfragen kompetenten Kooperationspartner, und damit quasi eine Kooperation „zweiter Ordnung"[1], notwendig sei. Der Grund für den BJU, eine Kooperation zur Strategieumsetzung in Erwägung zu ziehen, war die Annahme, daß das innerhalb der Umweltkommission vorhandene Know-how über die komplexen Zusammenhänge einer ökologisch orientierten Sozialen Marktwirtschaft nicht auf dem höchstmöglichen und damit erforderlichen Stand sein könnte. Der BJU wollte mit seinen Anregungen für die Gestaltung einer ökologisch orientierten Sozialen Marktwirtschaft nicht das Risiko eingehen, aktuelle vorhandene Erkenntnisse unberücksichtigt zu lassen, und somit die Qualität des Plädoyers zu gefährden. Außerdem sollte durch die Vernetzung von Aktivitäten sichergestellt werden, daß unterschiedliche Denkweisen konstruktiv aufeinandertreffen können und daß die Öffentlichkeitswirksamkeit gesteigert wird. Die Mitglieder der Umweltkommission hielten von sich aus verschiedene Institutionen als mögliche Kooperationspartner für denkbar. Nach Rücksprache und Austausch mit diesen Institutionen ergab sich die Entscheidung für den BUND als Kooperationspartner, da dieser bereit war, das Vorhaben des BJU als kompetenter Partner in der vorgesehenen Form zu unterstützen. Gemeinsam mit dem BUND begann die operative Umsetzung der vom BJU geplanten Veröffentlichung eines Plädoyers für eine ökologisch orientierte Soziale Marktwirtschaft.

---

1   Mit der Bezeichnung Kooperation „zweiter Ordnung" wird deutlich gemacht, daß hier eine bestehende Unternehmenskooperation (der BJU) die Kooperation mit einer anderen Institution, hier dem BUND, eingeht.

Operative Aspekte
Zunächst noch ohne Zutun des BUND entwickelte der BJU erste Überlegungen für die Gestaltung einer ökologisch orientierten Sozialen Marktwirtschaft. Diese Vorüberlegungen mündeten in drei Eckpfeiler einer Strategie, die den Umbau der aktuellen Marktwirtschaft in die angestrebt ökologisch orientierte Soziale Marktwirtschaft ermöglichen sollen.

- Der erste Eckpfeiler besteht in der Veränderung unseres Wirtschaftssystems zu einer Marktwirtschaft mit geschlossenen Stoffkreisläufen. Der Adressat des ersten Eckpfeilers ist nicht eindeutig bestimmt. Es werden implizit sowohl Unternehmen als auch der Staat als gesetz- und damit rahmengebende Instanz aufgefordert, konsequent auf die Abkehr einer Produktion von Verbrauchernutzen plus Abfällen hin zu einer Produktion von ausschließlichem Verbrauchernutzen zu bewegen. Dazu sei es auch erforderlich, so der BJU, zunehmend in Nutzen-Kategorien und nicht in den bisherigen Besitz-Kategorien zu denken.
- Der zweite Eckpfeiler besteht in der Korrektur des Preissystems unter Einbeziehung des Umbaus unseres Steuersystems. Der Adressat des zweiten Eckpfeilers ist eindeutig bestimmt. Es ist der Staat, der über die Einführung von Mengenzertifikaten für den Umweltverbrauch und insbesondere über die Einführung von Umweltsteuern und -abgaben die Möglichkeit besitzt, die bisherige Leistungsbesteuerung (Einkommens-, Lohn-, Körperschaftssteuer etc.) in eine Besteuerung der Umweltnutzung abzuändern. Dies würde nicht nur dem zunehmenden Umweltverbrauch entgegenwirken, sondern hätte gleichzeitig positive Wirkungen auf den Arbeitsmarkt.[1]
- Der dritte Eckpfeiler gilt schließlich der Aus- und Weiterbildung der Bürger, damit vor allem die heranwachsenden Generationen mit einer anderen Denkweise und einem anderen Bewußtsein an die Gestaltung eines marktwirtschaftlichen Systems herangehen. Mit dem dritten Eckpfeiler geht es dem BJU nicht um die Vermittlung irgendeiner politischen Ideologie, sondern um die Befähigung zum

---

1 Die Forderungen des BJU werden mittlerweile durch eine Studie des Deutschen Instituts für Wirtschaftsforschung (DIW) gestützt, in welcher attestiert wird, daß eine ökologische Steuerreform ökologisch und wirtschaftlich sinnvoll sowie politisch umsetzbar ist. Vgl. Bach et al. (1994).

vernetzten Denken auf der Grundlage kybernetischer Kenntnisse. Der Adressat dieses Eckpfeilers ist der Staat, der über eine Betonung entsprechender Lehrinhalte auf eine verstärkte Auseinandersetzung mit entsprechenden Wissensgebieten und Übungsfeldern hinwirken kann.

Bereits intern wurde beschlossen, in dem geplanten Plädoyer auf die Angabe des dritten Eckpfeilers der Strategie zu verzichten. In dem Plädoyer sollten ausschließlich Strategieelemente mit unmittelbar marktwirtschaftlichem Bezug vorgestellt werden. Auf die Darstellung der eher sozialen Bildungskomponente sollte daher an dieser Stelle verzichtet werden. So vorbereitet ging man in die Abstimmung mit dem BUND. Hier zeigte sich, daß die inhaltlichen Ausführungen des BJU bereits von so hoher Qualität waren, daß die Überprüfung durch den BUND nur noch geringfügige Veränderungen nach sich zog. Neben diesem Qualitäts-Check konnte der BUND aber auch Anregungen für die Formulierung des Rahmens des Plädoyers geben, die den Erfolg des Plädoyers mit absichern halfen.

Nachdem das inhaltlich abgestimmte Plädoyer in den Bundesvorständen des BJU und des BUND verabschiedet war, stellte sich die Frage, wie man damit an die Öffentlichkeit gehen sollte, um eine möglichst hohe Resonanz auszulösen. Noch bevor eine Presseinformation veröffentlicht wurde, fand man in der Wochenzeitung „Die Zeit" ein Printmedium, das ausführlich und präzise über den ungewöhnlichen Vorstoß des BJU in Kooperation mit dem BUND berichtete. Mehr noch als die anschließend herausgegebene Presseinformation löste dieser Artikel ein enormes Medienecho aus, das auch zahlreiche Interviews und damit Möglichkeiten zu Stellungnahmen in Funk und Fernsehen zur Folge hatte.

Von der Idee der Veröffentlichung eines Plädoyers bis hin zur Präsentation dieses Plädoyers waren insgesamt neun Monate vergangen. Da eine Abstimmung des Vorgehens nur im Bundesvorstand erfolgt war, war es schwer abzuschätzen, wie viele Mitglieder des BJU gegen die von ihm vertretenen Inhalte protestieren würden. Nach Auskunft von Max Schön gab es insgesamt nur zwei Unternehmer, die eine Unmutsreaktion äußerten. Es gab zumindest keine dem BJU bekannten, durch das Plädoyer motivierten Austritte aus dem Verband.

Weitere Entwicklung
Das Projekt zur Veröffentlichung eines Plädoyers für eine ökologisch orientierte Soziale Marktwirtschaft ist abgeschlossen. Die Vision, vor deren Hintergrund es initiiert wurde, ist dagegen noch nicht erreicht. Der BJU wird weiterhin bemüht sein, Aufklärungs- und Sensibilisierungsarbeit bei seinen Mitgliedern zu betreiben. Er wird aber noch mehr darum bemüht sein, diese Aufklärungs- und Sensibilisierungsarbeit, zum Teil auch hinter den Kulissen, bei Spitzenverbänden der Wirtschaft und bei Spitzenvertretern der Politik zu leisten. Hierzu können bisher einige Erfolgsmeldungen gemacht werden:

- Angeregt durch das Vorgehen des BJU hat mittlerweile auch die Arbeitsgemeinschaft selbständiger Unternehmer ASU, die die Dachorganisation des BJU bildet und in der ca. 4000 Unternehmer Mitglied sind, das Papier des BJU unverändert übernommen.[1]
- Noch ein Jahr nach der Veröffentlichung des Plädoyers erhält der BJU wöchentlich ein bis zwei Anforderungen von Verbänden, Parteien, Stiftungen o.ä., um für deren Veranstaltungen Referenten zu dem Thema Ökologie und Marktwirtschaft zu stellen.
- In den zum Teil vertraulichen Auseinandersetzungen des BJU mit den Spitzenverbänden der Wirtschaft wie dem BDI und dem DIHT und mit den Spitzenvertretern der Politik wurde den Mitgliedern der Umweltkommission des BJU deutlich, daß auch hier bereits Einsicht in die Notwendigkeit einer Veränderung von staatlichen Rahmenbedingungen besteht. Dennoch scheinen die Spannungen, die sich aus der Umsetzung dieser Einsicht innerverbandlich oder innerpolitisch ergeben würden, immer noch so hoch eingeschätzt zu werden, daß echte Konsequenzen aus dieser Einsicht noch nicht gezogen werden.

---

1 Die ASU ist mit der Gründung der „Unternehmerinitiative Umwelt" mittlerweile selbst zu einem Vorreiter in Sachen Umweltschutz geworden. Vgl. die Beispiele für die Felder F2(P,S) und F4(P,S) der Kooperationsmatrix in Kapitel 3.3.

9.5 Reflexion der Fallbeispiele an den theoretischen Vorbetrachtungen

Abschließend zu dieser Arbeit sollen die Vorgehensweisen und Ergebnisse der Fallbeispiele an den theoretischen Ergebnissen des 2. Hauptteils reflektiert werden, um damit die Bedeutung einzelner dort gefundener oder abgeleiteter Aussagen hervorzuheben, zu dokumentieren oder auch zu relativieren. Da nicht alle angeführten Theorieansätze gleichermaßen relevant für alle beschriebenen Arten der Kooperation sind, werden entsprechend nicht immer alle Fallbeispiele an den einzelnen Ansätzen reflektiert. Auch sollen nicht im Sinne einer wissenschaftlichen Beweisführung einzelne Aussagen des theoretischen Teils be- oder widerlegt werden. Die Fallbeispiele liefern hierfür keine auch nur annähernd ausreichende empirische Grundlage. Wenn im Zuge der Reflexion dennoch davon die Rede ist, daß bestimmte Theorieelemente oder Aussagen durch ein Fallbeispiel untermauert oder bestätigt werden, so ist damit lediglich gemeint, daß das im 2. Hauptteil theoretisch Erarbeitete und das in den Fallbeispielen Beschriebene übereinstimmt. Mit der Reflexion sollen letztlich auch, gleichzeitig als Teil des Abschlusses der vorliegenden Arbeit, die verschiedenen Aussagen noch einmal erwähnt und gewürdigt werden.

9.5.1 Reflexion der Fallbeispiele am Transaktionskostenansatz

Mit der Vorstellung des Transaktionskostenansatzes (TKA) wurde die Frage nach den Kosten gestellt, die in Situationen des Leistungsaustausches bei Anwendung unterschiedlicher Koordinationsinstrumente bzw. institutioneller Arrangements entstehen können und die damit die Erträge der Transaktion schmälern. Die Grundüberlegung des TKA ist, daß Transaktionen tendenziell nach dem transaktionskostenmäßig günstigsten institutionellen Arrangement abgewickelt werden und daß es aufgrund der Vielfalt unterschiedlicher Transaktionssituationen auch sehr viele unterschiedliche institutionelle Arrangements zur Abwicklung von Transaktionen gibt. Obwohl die Aussagen des TKA insbesondere auf dyadische und auf Kleingruppen-Kooperationen bezogen wurden (siehe Tabelle 4), gelten einige Aussagen auch für Großgruppen-Kooperationen. Es handelt sich um die generellen Aussagen:

- Transaktionen kommen nicht allein deshalb zustande, weil eine relativ transaktionskostengünstigste Vertragsform für diese Transaktion gefunden ist. Die absoluten Transaktionskosten mindestens einer möglichen Vertragsform müssen auch niedriger sein als die erwarteten Erträge dieser Transaktion.
- Kooperationen kommen nicht schon dann zustande, wenn ein potentieller Transaktionspartner kooperieren möchte, sondern wenn die Transaktionskostenvorteile der Kooperation bei allen Transaktionspartnern absolut gesehen eher hoch und relativ gesehen etwa ausgeglichen sind.

Spezifische Aussagen des TKA über die Transaktionskosten in Abhängigkeit von transaktionsspezifischen Investitionen, von Verhaltensunsicherheiten und Transaktionshäufigkeiten betreffen dagegen verstärkt dyadische und Kleingruppen-Kooperationen. Erinnert sei an folgende, im Kapitel 4.1 zusammengefaßte Aussagen des TKA:

- Kooperationen haben gegenüber der Marktlösung Transaktionskostenvorteile durch geringere Kosten bei der Suche nach Abnehmern und Lieferanten, durch besseren Informationsfluß infolge besserer Kopplung, durch die Möglichkeit zum Transfer auch nicht-kodifizierbaren Wissens und durch die Möglichkeit zur Übertragung auch wettbewerbsrelevanter Informationen bei besserer Kontrolle über Wissensverwendung.
- Kooperationen haben gegenüber der Hierarchielösung Transaktionskostenvorteile durch gezielte funktionsspezifische Zusammenarbeit, durch größere Reversibilität der Kooperationsentscheidung, durch größere Umweltsensibilität des dezentral organisierten Gesamtsystems und durch eine leichtere Überwindbarkeit von organisatorischem Konservatismus bei Anpassung an verändertes Umweltverhalten.
- Die sich aus der Auseinandersetzung mit zukünftigen Technologien ergebenden Unsicherheiten können mittels Kooperationen reduziert werden. Kooperationen können hier die geeignete Strategie sein, um Unsicherheiten aus neuen Technologien soweit zu reduzieren, daß entsprechende Transaktionen überhaupt durchgeführt werden.

- Kooperationen sind dann von Vorteil, wenn eine mittlere bis hohe Transaktionshäufigkeit vorliegt. Nur bei sehr hohen transaktionsspezifischen Investitionen und bei sehr großer Häufigkeit wird die vollständige Integration vorteilhafter.

Die generellen Aussagen des TKA werden in beispielhafter Weise durch die Kooperationen der Hertie Waren- und Kaufhaus GmbH untermauert. Der kooperative Informationsaustausch mit den Herstellern stellte nicht alleine die relativ kostengünstigste Alternative für die ökologische Bereinigung des Warenangebotes dar, sondern es war die einzige Alternative, die überhaupt möglich und gleichzeitig kostenmäßig tragbar war. Eine Marktlösung, also der käufliche Erwerb der zur Bereinigung der Angebotspalette benötigten Informationen, war aufgrund der unzugänglichen Informationen ausgeschlossen. Es wäre zwar an die Beauftragung von chemischen oder physikalischen Instituten zur Analyse der Bestandteile aller angebotenen Produkte zu denken gewesen. Aber selbst damit hätten viele relevante Informationen z.B. über Produktherkünfte und Produktionsverfahren nicht ermittelt werden können. Die andere theoretische Alternative, die Integration bzw. der Kauf der Herstellerunternehmen durch Hertie, blieb in der Tat höchst theoretisch, da es weit am Zweck eines Warenhauses vorbeigegangen wäre, vertriebene Waren selber zu produzieren. Eine derartige strategische Entscheidung hätte in überhaupt keinem Verhältnis zu dem vorhandenen Leistungspotentialdefizit, nämlich dem Fehlen bestimmter Produktinformationen, gestanden. Aus der Situation heraus, daß Hertie von vorneherein alleine über die Kooperation die Möglichkeit hatte, die geplante Transaktion von Informationen zu organisieren, verlieren die spezifischen Aussagen des TKA zur relativen Vorteilhaftigkeit von Kooperationen im Vergleich zu Markt- oder Integrationslösungen an Relevanz, da diese nur solange von Bedeutung sind, wie einzelne Lösungen gegeneinander konkurrieren. Dagegen wurden die möglichen Konsequenzen fehlender Kooperationsbereitschaft bei den für Hertie notwendigen Kooperationspartnern in diesem Fallbeispiel sehr deutlich sichtbar, womit auch die zweite generelle Aussage des TKA hier Bestätigung findet.

Irrelevant bleiben dagegen die Aussagen des TKA über Unsicherheiten aus zukünftigen Technologien. Diese spielten für die Kooperation von Hertie keine maßgebliche Rolle. Relativiert wird die Aussage, daß

Kooperationen nur dann von Vorteil sind, wenn eine mittlere bis hohe Transaktionshäufigkeit vorliegt. Auch die einmalige Transaktion von Informationen kann über den Weg der Kooperation für alle Transaktionspartner eine durchaus vorteilhafte, da einzig mögliche Alternative darstellen. Diese Relativierung wird auch nicht dadurch selber relativiert, daß Hertie eine Fortsetzung der Informationsweitergabe bei neuen Produkten vereinbart hat. Diese Fortsetzung hat keinen Einfluß auf die Vorteilhaftigkeit auch einer nur einmaligen Informationsweitergabe.

Ein Beispiel für die Stimmigkeit fast aller Aussagen des TKA stellt der Arbeitskreis Ökologischer Lebensmittelhersteller (AÖL) dar. Bis auf die Aussage, daß Kooperationen der Reduzierung von Unsicherheit bei der Auseinandersetzung mit zukünftigen Technologien dienen können, werden alle anderen Aussagen plausibel durch die Entstehung des AÖL bestätigt. Die Irrelevanz des genannten Punktes läßt sich damit begründen, daß die am AÖL beteiligten Unternehmen in keiner direkten Marktbeziehung zueinander stehen und daher nicht in der Lage sind, gegenseitig die Risiken aus neuen Technologien zu reduzieren. Die meisten gegebenen Ziele des AÖL lassen sich aber neben der Kooperation auch in den Alternativen Markt und Integration denken, weshalb hier eine transaktionskostenbezogene Abwägung gegenüber der Kooperation möglich ist. Die Aussagen über die Vorteilhaftigkeit von Kooperationen gegenüber den beiden Alternativen Markt und Integration werden durch die im AÖL getroffene Wahl der Kooperation untermauert. Insbesondere die Möglichkeit zum Transfer nichtkodifizierbaren Wissens und die Möglichkeit zur Übertragung auch wettbewerbsrelevanter Informationen bei besserer Kontrolle über die Wissensverwendung sprechen analog der Aussage des TKA gegen die Marktlösung. Gegen die Integrationslösung sprechen insbesondere die Möglichkeiten zur gezielten funktionsspezifischen Zusammenarbeit und die größere Reversibilität der Kooperationsentscheidung. Auch die mittlere Transaktionshäufigkeit spricht theoretisch eher für als gegen eine Kooperationslösung.

Während beide bisher reflektierten Fallbeispiele die Aussage, Kooperationen dienen der Reduzierung von Unsicherheiten bei der Auseinandersetzung mit zukünftigen Technologien, weder bestätigen noch relativieren konnten, wird neben den generell gültigen Aussagen alleine diese Aussage durch das Entstehen der Selbstverpflichtung des

BIV bestätigt. Der BIV sah sich mit der Halon- und FCKW-Verbotsverordnung implizit auch der Auseinandersetzung mit neuen Technologien gegenübergestellt, um FCKW-freie Kälteanlagen bauen zu können. Hier sollte die Selbstverpflichtung dazu dienen, in Form einer Absprache den Übergang auf die neuen Technologien von dem Risiko zu befreien, damit am Markt zu scheitern, da Kunden auf bekannte und billigere Lösungen zurückgreifen könnten. Im Unterschied zum AÖL befinden sich hier auch alle beteiligten Unternehmen in einem Markt, wodurch die Reduzierung von Unsicherheit mit Kooperationen möglich wird.

Das Fallbeispiel des BJU läßt neben den generellen Aussagen keine weitere Aussage als Erklärung für die Entstehung des Plädoyers plausibel erscheinen. Dies widerspricht nicht der Einschätzung über den Geltungsbereich der Aussagen des TKA und stützt diese Einschätzung damit indirekt.

Generell läßt sich festhalten, daß die Aussagen des TKA im Rahmen ihrer Geltungsbereiche durchaus plausible Erklärungsmomente für die Entstehung der angeführten Fallbeispiele liefern. Mit den zum Teil sehr generellen Aussagen des TKA fällt diese Bestätigung aber auch häufig nicht schwer, womit die Reflexion auch den am TKA geäußerten Kritikpunkt der geringen Operationalisierbarkeit bestätigen mag. Auch die anderen am TKA festgemachten Kritikpunkte (etwa die Vernachlässigung nicht-ökonomischer Motive oder des evolutionären Wachsens von Beziehungen)[1] werden durch diese Reflexion nicht widerlegt. Da diese Kritikpunkte aber auch sehr grundsätzlicher Natur waren, war dies kaum zu erwarten. Hier ist abzuwarten, ob andere Theorieansätze in der Reflexion belegen können, daß sie hier mehr und Präziseres zu leisten imstande sind.

9.5.2 Reflexion der Fallbeispiele an der Spieltheorie

Die Spieltheorie setzt sich nicht alleine mit der Frage auseinander, warum Kooperationen entstehen, sondern bemüht sich insbesondere um Antworten auf die Frage, wann es in bestehenden Kooperationssi-

---

1 Vgl. Kapitel 4.1.2.

tuationen zu fortgesetzt kooperativem Verhalten und damit zu stabilen Kooperationen kommt. Die Antworten auf diese Fragen wurden von uns getrennt für dyadische und Kleingruppen-Kooperationen (Kapitel 4.2.1) sowie für Großgruppen-Kooperationen (Kapitel 4.2.2) herausgearbeitet.

Das Fallbeispiel der Hertie Waren- und Kaufhaus GmbH bestätigt sehr eindrucksvoll die Bedeutung der in der Spieltheorie angeführten Auszahlungsmatrix für das Zustandekommen einer Kooperation. An dieser Kooperation hatten die Hersteller zunächst nur wenig Interesse, da ihre Auszahlungsmatrix offensichtlich nicht besonders attraktiv erschien. Abgesehen von dem Aufwand der Informationsaufbereitung war ja zu befürchten, daß Hertie die Informationen nutzen würde, um eine veränderte und vermutlich restriktivere Einkaufspolitik einzuleiten. Daraus aber würden sich für die Hersteller eher sinkende denn steigende Erträge ergeben. Da der eigentliche kooperative Informationsaustausch zudem eine im wesentlichen einmalige Angelegenheit war, mit der die Kooperation unabhängig von weiteren Vereinbarungen manifestiert wurde, waren die Erträge aus dem scheinbaren Eingehen der Kooperation und dem anschließenden Kooperationsbruch für die Kooperationsentscheidung irrelevant. Hertie konnte daher die Hersteller nur zur Kooperation bewegen, indem es die Auszahlungsmatrix der geplanten Kooperation durch Erhöhung des Ertrags w für allseits kooperatives Verhalten und/oder durch Senkung des Ertrags z für allseits unkooperatives Verhalten attraktiver machte. Genau dies gelang Hertie, indem es deutlich machen konnte, welche negativen Konsequenzen fehlende Produktinformationen auch für die Hersteller haben würden (Senkung Ertrag z) und welche Chancen sich aus der Freigabe von Informationen auch für die Hersteller bieten könnten (Erhöhung Ertrag w). Da es sich bei der Kooperation im wesentlichen um eine einmalige Informationsweitergabe handelt, können die ebenfalls wichtigen Überlegungen der Spieltheorie zum fortgesetzt kooperativen Verhalten hier nicht überprüft werden.

Für die Entstehung des Arbeitskreises Ökologischer Lebensmittelhersteller (AÖL) bedurfte es keiner besonderen Maßnahmen, um die Erträge w größer als die Erträge z der Auszahlungsmatrix erscheinen zu lassen. Alle Kooperationsteilnehmer waren sich von Anfang an einig, daß eine Kooperation nur von Nutzen für alle sein könne. Interessant ist daher hier ein Blick auf die Maßnahmen, die zur Vermeidung von Kooperationsbrüchen oder zur Veränderung dieser attraktiven Auszahlungsmatrix führen könnten. Da die Mitglieder des AÖL bisher nicht in gemeinsamen Märkten konkurrieren, besteht die Gefahr von Kooperationsbrüchen alleine in der Weitergabe vertraulicher Informationen an Dritte oder in der Verweigerung von Ressourcenleistungen in Form von Geld oder Mitarbeiterkapazität in die Kooperation. Obwohl der Arbeitskreis keine Rechtsform besitzt, wurde eine Satzung vereinbart, die die Möglichkeit vorsieht, Mitglieder aus dem Arbeitskreis auszuschließen. Damit ist das sicher wichtigste Instrument zur Reduzierung der Erträge y aus solch einseitig unkooperativem Verhalten geschaffen und vor allen Dingen offen sichtbar. Da es bisher nach Auskunft der Unternehmen noch keine Kooperationsbrüche gab, kann noch nicht beurteilt werden, wie konsequent dieses Mittel eingesetzt würde. Während fehlender Ressourceneinsatz leicht feststellbar ist, ist freilich der Informationsmißbrauch ungleich schwerer festzustellen oder zu kontrollieren. Eine Schaffung derartiger Kontrollmöglichkeiten ist kaum denkbar und es zeigt sich daher, daß eine große Vertrauensbasis erforderlich ist, um als beteiligtes Unternehmen davon ausgehen zu können, daß diese Kooperationsbrüche nicht stattfinden und somit die Attraktivität der Auszahlungsmatrix gesichert ist. Insgesamt können auch mit dem Fallbeispiel des AÖL die Grundaussagen der Spieltheorie bestätigt werden. Umgekehrt könnte auch gesagt werden, daß der AÖL in seiner Einschätzung der Kooperationssituation intuitiv das seine dazu getan hat, die Auszahlungsmatrix entsprechend den Regeln der Spieltheorie zu gestalten.

Während es zahlreiche Ansätze und Möglichkeiten zur Schaffung attraktiver Auszahlungsmatrizen bei dyadischen oder Kleingruppen-Kooperationen gibt, stoßen die Initiatoren von Großgruppen-Kooperationen nach Aussage der Spieltheorie sehr schnell an Gestaltungsgrenzen. Auch diese Aussage wird durch eines der Fallbeispiele, nämlich das des BIV-Kälteanlagenbauer, eindrücklich bestätigt. Zwar sieht der BIV nach seiner empirischen Erhebung die Selbstverpflichtung als erfüllt an, de facto kann aber keineswegs eine vollständige Erfüllung der Selbstverpflichtung attestiert werden. Selbst wenn unterstellt wird, daß die Angaben der 40% Mitglieder, die sich an der Umfrage beteiligt haben, repräsentativ für die Unternehmen des Verbandes sind, bleiben zwei kritische Aspekte unübersehbar:

(1) Im BIV-Kälteanlagenbauer sind weniger als 50% der in der Handwerksrolle eingetragenen Kälteanlagenbauer organisiert. Der Verband bezieht seine Selbstverpflichtung auf das Deutsche Kälteanlagenbauerhandwerk und vermittelt damit den Eindruck, daß alle 2200 Kälteanlagenbauer an der Selbstverpflichtung beteiligt wären. Sicherlich tun dies aus Eigenmotivation einige der nicht im BIV organisierten Kälteanlagenbauer. Ob hier aber unterstellt werden darf, daß die Erhebung repräsentativ für alle Kälteanlagenbauer sei, muß sehr fraglich bleiben.

(2) In der Selbstverpflichtung wird nicht nur der Verzicht auf FCKW angekündigt, sondern auch die alternative Verwendung von FKW. De facto wird als alternatives Kältemittel aber zum überwiegenden Teil auf HFKW ausgewichen, welches bestenfalls als kleineres Übel, keinesfalls aber als echte Alternative zu FCKW betrachtet werden kann. Auch wenn die Gründe für diese Zwischenlösung berechtigt sein sollten, so ändern sie nichts daran, daß das Selbstverpflichtungsabkommen nicht kommentarlos als erfüllt bezeichnet werden kann.

Nun soll hier nicht Kritik am BIV geübt werden; dieser ist mit seiner Initiative und Koordination und besonders durch seine empirischen Erhebungen schon sehr viel weiter gegangen, als manch anderer Branchenverband von sich behaupten kann. Es soll aber unter Bestätigung der spieltheoretischen Überlegungen dargestellt werden, warum es auch für den BIV so ungemein schwierig ist, hier eine noch höhere Kooperationsbereitschaft sicherzustellen. Die Gründe dafür liegen auf der Hand. Die Auszahlungsmatrix der Kooperation war nicht dergestalt, daß einzig kooperatives Verhalten ertragversprechend war. Die Möglichkeit zur offenen Ablehnung bzw. Vermeidung der Kooperation stand den ablehnenden Unternehmen nicht zur Verfügung, da der Verband in seinen Entscheidungsgremien das Selbstverpflichtungsabkommen, freilich unter Mitwirkung zahlreicher Unternehmensvertreter, für den Gesamtverband verabschiedete. So bleibt nur ein Blick auf die Erträge y aus einseitig nicht kooperativem Verhalten gegenüber dem Ertrag w aus allseits kooperativem Verhalten, um die Wahrscheinlichkeit für unkooperatives Verhalten zu beurteilen. Und diese Erträge y sind durchaus beachtlich, da einerseits der Ruf der Branche durch die Veröffentlichung der Selbstverpflichtung positiv beeinflußt wird, andererseits eine Bestrafung wegen unkooperativem Verhalten weder durch den Verband noch durch den Staat zu befürchten ist. Dies um so mehr, da das Selbstverpflichtungsabkommen nicht Ergebnis eines politischen Handels ist, sondern ohne jeden politisch-legislativen Druck abgegeben wurde. Trotz dieser kritischen Beurteilung der Kooperationsbeteiligung soll aber ein ökologischer Nutzen der beschriebenen Kooperationslösungen nicht in Abrede gestellt werden. Dieser ökologische Nutzen entsteht fast zwangsläufig, da die Selbstverpflichtung nicht das Ergebnis eines politischen Verhandlungsprozesses mit vereinbarten Gegenleistungen ist. Auf die kritischen Beobachtungen, daß sich der ökologische Nutzen von Selbstverpflichtungsabkommen nicht zwangsläufig einstellt, wenn Selbstverpflichtungsabkommen als Ergebnis eines politischen Verhandlungsprozesses abgegeben werden, soll erst in der Reflexion des Fallbeispiels mit der neueren Systemtheorie eingegangen werden.

Eine Reflexion spieltheoretischer Überlegungen am Fallbeispiel des BJU scheint wenig ergiebig, da hier ein bestehender Verband alleine nach außen, und nicht auch nach innen tätig geworden ist. Damit entfällt die Möglichkeit, die für die Spieltheorie wichtigen Aussagen der Kooperationsentstehung und des fortgesetzten Kooperierens selber überprüfen zu können. Auf entsprechende Ausführungen wird deshalb verzichtet.

9.5.3 Reflexion der Fallbeispiele am akteur-analytischen Rational-Choice-Ansatz

Die Ausführungen zum akteur-analytischen Rational-Choice-Ansatz dienten erstmals nicht mehr alleine der Erklärung kooperativen Verhaltens, sondern auch der Erklärung von individuellem, ökologisch aktivem Verhalten im Unternehmen. Die dabei angestellten Überlegungen zur Bedeutung sowohl der choices als auch der constraints innerhalb einer Entscheidungssituation führten zur Auseinandersetzung mit Präferenzen, die grundlegenden Einfluß auf das Entscheidungsverhalten individueller Akteure haben können. Die von den Präferenzen determinierten constraints wurden dabei nicht als Rahmendaten der Entscheidungssituation verstanden, sondern als von den Akteuren beeinflußbare Parameter der Entscheidungssituation. Eine Reflexion der in den Fallbeispielen erlebten und der in Kapitel 4.3 vorgetragenen Präferenzen, die a) die Kooperationsbereitschaft und b) die Bereitschaft zur Auseinandersetzung mit ökologischen Fragestellungen im Unternehmen fördern, soll hier aber nicht erfolgen. Mit der vorhandenen Ausstattung an Informationen und Eindrücken aus den geführten Interviews besteht keine seriöse Möglichkeit, Aussagen über die individuellen Präferenzen der Beteiligten und, falls abweichend, der Interviewpartner aufzustellen. Und selbst wenn bei der Aufnahme der Fallbeispiele den individuellen Präferenzen der Interviewpartner größeres Gewicht geschenkt worden wäre, so wäre hier wohl dennoch nicht der geeignete Platz, entsprechende Ergebnisse zu präsentieren. Das Schließen dieser zweifellos bedauerlichen Auswertungslücke muß daher anderen, sicherlich auf größerer Datenbasis beruhenden Untersuchungen vorbehalten bleiben.

Ein Eindruck aus den Interviews soll aber zumindest deutlich gemacht werden: ausnahmslos alle Interviewpartner zeichneten sich durch ihre große Bereitschaft aus, mit der Darstellung ihrer Kooperation die Erforschung der Möglichkeiten einer ökologischen Unternehmenspolitik und die Erforschung von Kooperationen aktiv voranzubringen.

9.5.4 Reflexion der Fallbeispiele an Interorganisationstheorien

Im Kapitel 5.2 wurden mit dem Resource-Dependence-Ansatz und dem Netzwerkansatz zwei aufeinander aufbauende Interorganisationstheorien vorgestellt, die mit zahlreichen Aussagen über Kooperationen zur Verringerung von Ressourcenabhängigkeiten und zum Management strategischen Wandels aufwarteten. Die wichtigsten Aussagen beider Ansätze werden nachfolgend noch einmal zusammengestellt:

- Kooperationen dienen der Reduzierung von Autonomieverlusten aus Ressourcenabhängigkeiten.
- In hochkonzentrierten Branchen bestehen eher implizite Kooperationen durch die Eingewöhnung stabiler Verhaltensmuster.

- In oligopolistischen Märkten können sich implizite Kooperationen kaum herausbilden. Kooperationen müssen hier explizit aufgebaut werden.
- Technologieintensive Branchen können durch Kooperationen ihr Risiko reduzieren und sich den Zugriff auf komplementäre Kompetenzen sichern.
- Die Auseinandersetzung mit Kooperationen als einer möglichen Form von Außenbeziehung ist ein wesentlicher Teil des strategischen Managements. Ohne geeignete Außenbeziehungen gibt es keine Strategiedurchsetzung.
- Kooperationen steigern die Effizienz des Wirtschaftens, wenn sie auf gegenseitigem Vertrauen beruhen.
- Implizite Kooperationen haben eine geringe Signalwirkung.
- Formale Kooperationen besitzen zunächst kaum Vertrauen. Dieses muß erst wachsen.
- Formale Kooperationen haben dennoch eine Funktion. Sie signalisieren nach innen und nach außen die Bereitschaft zur Loyalität gegenüber bestimmten Unternehmen und damit auch eine bestimmte strategische Ausrichtung.

Die Kooperation der Hertie Waren- und Kaufhaus GmbH mit den Herstellern ist ein sicherlich klassisches Beispiel für den Umgang mit Ressourcenabhängigkeiten. Sowohl Hertie als auch die Hersteller befinden sich in einem gegenseitigen Abhängigkeitsverhältnis, in dem aufgrund des oligopolistischen Marktes keiner die Bedingungen der Zusammenarbeit diktieren kann. Daß gerade hier kooperatives Verhalten entsteht, bestätigt verschiedene der angeführten Aussagen. So kann die Kooperation als das Ergebnis eines bewußten Managements der Außenbeziehungen zur Strategiedurchsetzung seitens Hertie verstanden werden, das zudem die Effizienz des Wirtschaftens steigert. Die Reflexion des Fallbeispiels an der Aussage, in oligopolistischen Märkten kämen eher explizite als implizite Kooperationen zustande, ist hier insoweit interessant, als eine eher gegenteilige Tendenz spürbar ist. In dem konzentrierten Markt der Waschmittelhersteller konnte erst auf der Basis präziser Vereinbarungen die kooperative Informationsweitergabe sichergestellt werden. In dem oligopolistischeren Markt der Hersteller von Körperpflegemitteln genügte dagegen das Anschreiben von Hertie, um deren Kooperationsbereitschaft herzustellen. Allerdings geht weder von den einen noch von den anderen Kooperationen eine deutliche Signalwirkung aus.[1] Da es sich bei den Aussagen zum impliziten oder expliziten Charakter von Kooperationen in Abhängigkeit von der Marktkonzentration um reine Tendenzaussagen handelt, darf die hier gemachte Beobachtung aber sicher nicht überbewertet werden.

Der Arbeitskreis Ökologischer Lebensmittelhersteller (AÖL) ist im Gegensatz zum gerade angeführten Fall ein Beispiel für Kooperationen, die gerade nicht der Reduzierung von Autonomieverlusten durch Ressourcenabhängigkeiten dienen. Da der Resource-Dependence-Ansatz aber eine Ressourcen-Abhängigkeits- und keine Kooperationstheorie darstellt, kann ihm kaum vorgehalten werden, hier einen weißen Fleck zu haben. Offensichtlich gibt es jedoch auch Kooperationen außerhalb von Ressourcen-Abhängigkeiten. Dennoch ist der AÖL das einzige angeführte Fallbeispiel, in welchem der Zugriff auf komplementäre Kompetenzen wichtige Motivation für den Aufbau der Kooperation gewesen sein dürfte. Die zentralen Aussagen des Netzwerkansatzes werden dagegen durchweg durch das Fallbeispiel des AÖL bestätigt. Auch hier werden Außenbeziehungen als ein wesentlicher Teil des strategischen Managements begriffen, die der Steigerung der Effizienz des Wirtschaftens dienen sollen. Bereits zwei Jahre vor Gründung des offiziellen Arbeitskreises bestand zwischen den Unternehmen eine implizite Kooperation, innerhalb derer die Vertrauensbasis zwischen den Beteiligten langsam wachsen konnte. Dem Wunsch nach höherer Signalwirkung konnte dann durch öffentliche Bekanntgabe des AÖL nachgekommen werden, ohne den Nachteil einer geringen Vertrauensbasis in Kauf nehmen zu müssen. Die Signalwirkung dieser Kooperation ist tatsächlich beträchtlich, was sich auch in den zahlreichen Bewerbungen um Aufnahme in diese Kooperation ausdrückt.

Während es bei der Kooperation von Hertie um Ressourcenabhängigkeiten innerhalb eines Marktes ging, betreffen die Kooperationen des BIV-Kälteanlagenbauer und des BJU Ressourcenabhängigkeiten mit der Umwelt des Wirtschaftssystems, insbesondere Abhängigkeiten vom Politiksystem. Beide Verbände stellen explizite Kooperationen dar, was jedoch nicht unmittelbar auf einen oligopolistischen Charakter

---

[1] Im Unterschied dazu geht von der Kooperation zwischen Hertie und dem BUND eine ganz beträchtliche Signalwirkung aus.

der Märkte zurückzuführen sein dürfte.[1] Der BIV als Branchenverband nutzt die Kooperation zudem auch, um die Risiken der Mitglieder aus der Übernahme neuer Technologien zu reduzieren. Beide Fallbeispiele können zweifellos auch als strategisches Management der Außenbeziehungen interpretiert werden, auch wenn es hier nicht um die Außenbeziehungen zwischen den Kooperationspartnern, sondern um die Außenbeziehungen zum Politiksystem geht. Die Aussage zum Problem einer geringen Vertrauensbasis bei expliziten Kooperationen wird wiederum nur durch das Selbstverpflichtungsabkommen des BIV bestätigt. Die Kooperation des BIV dient ja nicht nur dem Transport einer Botschaft nach außen, sondern sie beinhaltet durch den Verzicht auf FCKW auch das fortgesetzte Kooperieren der Beteiligten untereinander. Hierbei spielt sicher auch die zwangsläufig geringe Vertrauensbasis zwischen den Beteiligten eine Rolle, wenn nach den Gründen für die nicht übermäßige Kooperationsbeteiligung gefragt wird. Wiederum beide Fallbeispiele bestätigen die Aussage, daß von expliziten Kooperationen eine größere Signalwirkung ausgeht. Bei Großgruppen-Kooperationen stehen zwar keine einzelnen Unternehmen im Mittelpunkt der Kooperationsvereinbarungen, die Signalwirkung betrifft aber um so mehr die beiden agierenden Verbände.

Insgesamt zeigt die Reflexion der Fallbeispiele an den Interorganisationstheorien, daß deren elementare Grundaussagen zur Entstehung von Kooperationen im Falle des Resource-Dependence-Ansatzes sehr oft und im Falle des Netzwerkansatzes durchweg geeignet sind, der Entstehung der geschilderten Kooperationen Erklärungsmomente hinzuzufügen. Da die über die Grundaussagen[2] beider Ansätze hinausgehenden Angaben aber regelmäßig nur Tendenzcharakter besitzen, sind einfache Rückschlüsse im Sinne einer situativen Organisationsanalyse damit nicht möglich.

---

1 Auch der Zentralverband der Elektrotechnik- und Elektroindustrie (ZVEI), der sich 1992 verpflichtet hat, bis 1994 ausschließlich FCKW-freie Haushaltskühlgeräte herzustellen, hat mit dem Selbstverpflichtungsabkommen eine explizite Kooperation gewählt, obwohl der Markt mit nur sechs führenden Unternehmen als hochkonzentriert zu bezeichnen ist.

2 Dies sind: Ressourcenabhängigkeit als Grund für Kooperationen im Resource-Dependence-Ansatz und die Notwendigkeit des Managements der Außenbeziehungen als Grund für Kooperationen im Netzwerkansatz.

9.5.5 Reflexion der Fallbeispiele an der neueren Systemtheorie

Mit der Darstellung der neueren Systemtheorie in Kapitel 5.3 wurden sowohl Aussagen zum ökologischen wie auch zum kooperativen Verhalten von Unternehmen hergeleitet. Tenor der Aussagen zum ökologischen Verhalten von Unternehmen war, daß gegenwärtig nur dann eine Umorientierung auf ein ökologisches Unternehmensverhalten erwartet werden kann, wenn sich diese Umorientierung im Code des Wirtschaftssystems, den Ein- und Auszahlungen, nicht in einer Verschlechterung des Ein- und Auszahlungssaldos ausdrückt. Es muß sogar angenommen werden, daß häufig schon die Erwartung einer nur kurzfristigen Verschlechterung dieses Saldos zur Ablehnung eines ökologischen Unternehmensverhaltens führt.

Innerhalb der Überlegungen zu Kooperationen wurde insbesondere auf eine unternehmensinterne Komplexitätserhöhung durch Kooperation abgestellt, die für die Bewältigung komplexer werdender Umwelten erforderlich sei. Unterschieden wurde dabei eine von innen nach außen gerichtete Perspektive der unternehmensindividuellen Komplexitätserhöhung durch Aufnahme von zwischenbetrieblichen Kooperationen und einer von außen nach innen gerichteten Perspektive der Komplexitätserhöhung durch eine von Verbänden getragene dezentrale Kontextsteuerung. Diese Aussagen zur Kooperation sollen gemeinsam mit den Aussagen zum ökologischen Unternehmensverhalten an den Fallbeispielen reflektiert werden.

In den Fallbeispielen der Hertie Waren- und Kaufhaus GmbH und des AÖL kommt alleine die Perspektive der zwischenbetrieblichen Kooperation zum Tragen. Zu fragen ist daher, ob diese zwischenbetrieblichen Kooperationen jeweils als Maßnahmen zur internen Komplexitätserhöhung interpretiert werden können, mit denen auf zunehmende Umweltkomplexität reagiert wird. Man kann dieser Überlegung in beiden Fällen zustimmen, auch wenn keine expliziten Belege für ein derartig motiviertes Verhalten anzuführen sind. Beide Kooperationen sind aber zweifellos Reaktionen nicht nur auf eine Veränderung der Umweltbedingungen (Umwelt im Sinne von Märkten und Anspruchsgruppen), sondern auch auf eine damit verbundene Zunahme der Komplexität dieser Umwelt. Da sich die Aussage der neueren Systemtheorie zu zwischenbetrieblichen Kooperationen auf diese Überlegung beschränkt, bleibt der Erklärungsgehalt dieser Sichtweise allerdings eher bescheiden. Dies kann aber nicht darüber hinwegtäuschen, daß auch diese systemische Sichtweise einen kleinen Baustein zum Verständnis der Entstehung und vielleicht mehr noch zum Verständnis der gegenwärtig beobachtbaren Ausbreitung von Kooperationen beizutragen vermag. Zur Frage des ökologischen Unternehmensverhaltens kann in beiden Fällen festgehalten werden, daß eine alleinige Orientierung an dem Code der Ein- und Auszahlungen zweifellos nicht erfolgt. Sowohl Hertie als auch der AÖL handeln eher intuitiv und im Vertrauen auf eine langfristig tragfähige Unternehmensentwicklung als auf der Basis genauer Renditeberechnungen. Kurzfristig nimmt Hertie dafür sogar einen nachweisbaren negativen Ein-/Auszahlungssaldo der Aktivitäten in Kauf. Es wird damit deutlich, daß die allzu simplifizierende Darstellung eines Codes der Ein- und Auszahlungen den tatsächlichen Gegebenheiten im Wirtschaftssystem tatsächlich nicht gerecht wird. Daneben scheint ein Code, der über die Abwägung von Ein- und Auszahlungen hinausgehend langfristig tragfähige oder eben nicht tragfähige Unternehmensentwicklungen thematisiert, auch heute schon an einigen Stellen im Wirtschaftssystem gesprochen und auch verstanden zu werden. Bezüglich der Kommunikationsanschlüsse zu anderen Codes der in den Fallbeispielen angeführten Unternehmen sei hier auf die Reflexionen zum akteur-analytischen Rational-Choice-Ansatz und zu den Sachverhalten organisierter Sozialsysteme verwiesen, da das dort ausgeführt hier nicht wiederholt bzw. diesem hier nicht vorgegriffen werden soll.

In den Fallbeispielen des BIV-Kälteanlagenbauer und des BJU steht nicht mehr die Perspektive der zwischenbetrieblichen Kooperation, sondern die Perspektive der überbetrieblichen Kooperation und damit der dezentralen Kontextsteuerung im Vordergrund systemtheoretischer Reflexionen der Kooperation. In beiden Fallbeispielen haben dabei bestehende Verbände eine Diskursposition mit dem Politiksystem eingenommen, in der ökologische Fragestellungen thematisiert werden. Im Falle des BIV läßt sich aus Sicht der Kontextsteuerung dabei folgender Verlauf dieses Diskurses skizzieren:

(1) In einer Anhörung wird der Verband vom Politiksystem aufgefordert, über die gesetzlichen Anforderungen hinaus im Umweltschutz aktiv zu werden.

(2) Der Verband übersetzt diese Aufforderung in den Code der Ein- und Auszahlungen und stellt eine ökonomische Vorteilhaftigkeit der vorzeitigen Erfüllung eines Umweltgesetzes fest. Daraufhin fordert der Verband seine Mitglieder auf, vorzeitig auf die Verwendung umweltschädigender Kältemittel zu verzichten.

(3) Die Mitglieder nehmen diese Aufforderung zu einem bestimmten Prozentsatz an und beginnen, ihr Produktangebot letztlich entsprechend den Wünschen der Politik zu verändern.

Diese Darstellung macht deutlich, warum das Selbstverpflichtungsabkommen, obwohl es nur teilweise erfüllt wurde, nicht als mißglückt zu beurteilen ist. Zwar wurde in der Tat nur ein Teil der abgegebenen Verpflichtungen umgesetzt. Aber auch dieser Teil stellt bereits einen Fortschritt in dem ökologischen Unternehmensverhalten der Mitgliedsunternehmen dar, der ohne Selbstverpflichtungsabkommen kleiner ausgefallen wäre. Und dieser Fortschritt ist alleine dem Agieren des BIV als koordinierender Institution und als Teilnehmer an dem Diskurs mit dem Politiksystem zuzuschreiben. Diese positive Bewertung kann freilich anders aussehen, wenn eine Selbstverpflichtung als Ergebnis einer Kosten-/Nutzenabwägung unter der Bedingung abgegeben wird, seitens der Politik auf Gesetzesnovellierungen zu verzichten. Hier besteht die Gefahr, daß selbst bei voller Einhaltung der Selbstverpflichtung weit weniger für den Umweltschutz getan wird, als dies durch eine Gesetzesnovellierung möglich wäre.[1] Dennoch sollen Selbstverpflichtungsabkommen als Alternative zur staatlichen Umweltpolitik nicht abgelehnt werden. Die Maßstäbe zur Bewertung ihrer Vorteilhaftigkeit und ihres Beitrags zu einer dezentralen Kontextsteuerung müssen jedoch weit höher gehängt werden, als dies bei im Sinne des Wortes freiwilligen Selbstverpflichtungen der Fall ist. Auch soll betont werden, daß dezentrale Kontextsteuerung nicht mit der Abgabe von Selbst-

---

1 So ist, um ein aktuelles Beispiel zu wählen, leicht nachzuweisen, daß das im Vorfeld des Klimagipfels im April 1995 von der Industrie abgegebene Angebot, freiwillig Anstrengungen zu unternehmen, um spezifische CO_2-Emissionen bzw. den spezifischen Energieverbrauch bis zum Jahr 2005 um bis zu 20% zu verringern, selbst bei voller Einhaltung inakzeptabel hinter den Wirkungen zurückbleibt, die der dafür geforderte Verzicht auf Klimaschutz- und Energiesteuern einbringen würde. Vgl. Kohlhaus/Prätorius (1995), S. 7ff.; Clausen, Zundel (1995), S. 11ff.

verpflichtungsabkommen gleichzusetzen ist. Letztere können lediglich, neben zahlreichen anderen Verbandstätigkeiten, Ausdruck und Ergebnis einer dezentralen Kontextsteuerung sein.

Auch für das Fallbeispiel des BJU soll zunächst aus Sicht der Kontextsteuerung der Verlauf des Diskurses mit dem Politiksystem skizziert werden:

(1) Die Umweltkommission des BJU definiert eine Vision über die Stellung der Unternehmen in der Gesellschaft, in der die Notwendigkeit von Preisen für Natur als knappes Gut betont wird. Der Verbrauch von Umwelt muß mit Auszahlungen verbunden sein!

(2) Um diese Vision zu realisieren, müssen von staatlicher Seite andere Preise für den Naturverbrauch eingeführt werden, als dies gegenwärtig der Fall ist. Der BJU tritt mit einem Plädoyer für eine ökologisch orientierte Soziale Marktwirtschaft an das Politiksystem heran.

(3) Der Diskurs über die Einführung einer Energiesteuer wird intensiv belebt, zumal sich erstmals ein nicht ausdrücklich ökologieorientierter Wirtschaftsverband für diese Steuer ausspricht. Der BJU wirkt gerade deshalb auch besonders glaubwürdig.

(4) Sowohl auf seiten des Politik- wie auch des Wirtschaftssystems herrscht mittlerweile zwar weitgehender Konsens über die Notwendigkeit einer Verringerung des Naturverbrauchs, über die Art der notwendigen Maßnahmen wird aber auch innerhalb der einzelnen Systeme weiter gestritten.[1] Noch ist die Phase nicht erreicht, in der von politischer Seite wirkungsvoll die Rahmenbedingungen des Wirtschaftens verändert werden.

Der BJU geht bei seiner dezentralen Kontextsteuerung offensichtlich den umgekehrten Weg. Nicht die Verbandsmitglieder werden als Ergebnis des Diskurses mit der Politik zu gesteigerten Bemühungen im Umweltschutz angehalten, sondern die Politik wird zu einem geänderten Verhalten aufgefordert. Auch hier kann von echter Kontextsteuerung gesprochen werden, da es dem BJU mit seiner Aktion nicht um Ruhigstellung des Politiksystems geht, sondern um Aufforderung zu einschneidenden Veränderungen. Und auch hier darf nicht vorschnell

---

[1] Zum kontroversen Diskussionsstand innerhalb des Politiksystems Mitte 1995 vgl. Kessler (1995), S. 21ff.

ein Scheitern dieser Bemühungen bzw. eine Wirkungslosigkeit der dezentralen Kontextsteuerung attestiert werden. Der Diskurs ist in vollem Gange und man ist mittlerweile wohl schon auf der Stufe eines rationalen Dissenses angelangt.

Die Reflexion der beiden letzten Fallbeispiele an den Aussagen der neueren Systemtheorie lassen die Überlegungen zur dezentralen Kontextsteuerung angemessen erscheinen. Sowohl was deren Bescheidenheit in den Aussagen über Möglichkeiten zu gegenseitiger Determinierbarkeit als auch was die Aussagen zur dennoch großen Bedeutung von Diskurs und des Erlebens von Dissens angeht. Hier liefert die neuere Systemtheorie wichtige Erklärungen für die Problematik und das Verständnis gesamtgesellschaftlicher Veränderungsprozesse. Was die Frage der Übersetzung des Ökologieproblems in den Code des Wirtschaftssystems betrifft, so kann zumindest im Fallbeispiel des BJU beobachtet werden, daß auch hier ökologische Aspekte weniger in einem an Ein- und Auszahlungen orientierten Code als vielmehr in einem Code langfristiger Viabilität thematisiert werden, wie dies auch bei den beiden vorangegangenen Fallbeispielen der Fall war. Im Fallbeispiel des BIV dürften auch unmittelbarer wirkende Renditegesichtspunkte wichtig für das Verhalten des Verbandes gewesen sein.

9.5.6 Reflexion der Fallbeispiele an den Überlegungen zu den Sachverhalten organisierter Sozialsysteme

Bei der Untersuchung des Unternehmens als Akteur der Kooperation im 6. Kapitel wurden verschiedene Sachverhalte organisierter Sozialsysteme abgegrenzt und insbesondere die formalen Regeln und Strukturen, die Rituale und Kommunikationsformen sowie die Selbstthematisierung hinsichtlich ihrer Bedeutung für Kooperationen im Rahmen ökologischer Unternehmenspolitik genauer besprochen. Die Reflexion der Fallbeispiele an den dort gefundenen Ergebnissen hat nun mit einem ähnlichen Problem zu kämpfen, wie es schon bei der Reflexion zum akteur-analytischen Rational-Choice-Ansatz genannt wurde: bei der Erhebung der Fallstudien konnte nicht so tief in die „Sachverhalte" der beteiligten Unternehmen Einblick genommen werden, wie dies für eine Reflexion eben dieser Sachverhalte notwendig wäre. Dies lag sicher nicht an einer oberflächlichen Aufnahme der Fallbeispiele, sondern an der Tatsache, daß man es bei den Sachverhalten organisierter Sozialsysteme mit Elementen der Unternehmenskultur zu tun hat. Und diese eröffnen sich während eines Interviews bestenfalls in kleinen, vagen Ausschnitten. So bleibt an dieser Stelle nur die Möglichkeit, auf besonders gut sichtbare Kulturmerkmale der einzelnen Unternehmen hinzuweisen und zumindest diese für eine Reflexion zu nutzen.

Beginnend mit Hertie und den am AÖL beteiligten Unternehmen läßt sich hier zunächst festhalten, daß alle Unternehmen in ihrer Unternehmensphilosophie bzw. ihrem Unternehmensleitbild explizit auf den Umweltschutz eingehen und diesem einen hohen Stellenwert einräumen. Von den Kooperationspartnern Herties berücksichtigt zumindest Henkel den Umweltschutz ausdrücklich und mehrfach in seinen Grundsätzen. Interessant bei den Kooperationspartnern Herties ist die Tatsache, daß in den Grundsätzen der beiden hierzu ausgewerteten Unternehmen Kooperationen oder kooperatives Verhalten mit Marktteilnehmern, und bei Henkel sogar die Informationsweitergabe zu umweltrelevanten Daten, ausdrücklich als wichtige Bestandteile des Unternehmensverhaltens genannt werden. Die Schwierigkeit, die Waschmittelhersteller mitsamt Henkel von der Notwendigkeit und dem Nutzen der kooperativen Informationsweitergabe zu überzeugen, machen jedoch deutlich, daß der Stellenwert solcher Grundsätze für das Unternehmensverhalten nicht schon dann groß ist, wenn sie niedergeschrieben und veröffentlicht sind. Möglicherweise ist Henkel hier der Versuchung erlegen, der Öffentlichkeitswirkung zuliebe ohne volle eigene Überzeugung Ansprüche interner oder externer Anspruchsgruppen in der Unternehmensphilosophie aufzunehmen.[1]

Da die Kooperationen bei Hertie und dem AÖL gänzlich ohne Stellungnahme in der Unternehmensphilosophie zustande gekommen sind, wird auch die Einschätzung bestätigt, daß die Unternehmensphilosophie gerade im Bereich der Kooperation nicht zwingend genutzt wird, um hier grundsätzliche Wertvorstellungen der Unternehmen zu dokumentieren und damit den Rahmen der Unternehmenspolitik zu

---

1   Da die kooperative Informationsweitergabe letztlich zustande kam, liegt die Betonung hier ausdrücklich auf der Frage nach der vollen eigenen Überzeugung, nicht nach der Überzeugung per se.

präzisieren. Diese Möglichkeiten werden im Bereich ökologischer Aspekte des Unternehmensverhaltens wesentlich intensiver genutzt.

Aus dem Bereich der formalen Regeln und Strukturen, zu denen wir ja auch die Unternehmensphilosophie und das Unternehmensleitbild zählen, werden aber auch andere Aussagen durch das Verhalten von Hertie und der Unternehmen des AÖL bestätigt. So ist in allen Unternehmen nicht alleine das Top-Management in Umweltschutzaufgaben involviert, sondern ebenso Umweltbeauftragte und die breite Mitarbeiterschaft. Gerade letztere dürfte den maßgeblichen Unterschied zu zahlreichen anderen Unternehmen darstellen, die ebenfalls auf eine ökologische Aspekte berücksichtigende Unternehmensphilosophie und Umweltbeauftragte verweisen können, deren ökologische Unternehmenspolitik aber weit reaktiver als in den geschilderten Fällen ist. So sind auch alle genannten Unternehmen, und sei es wie beim AÖL gerade über die Kooperation, im Dialog mit externen Anspruchsgruppen engagiert und bemüht, nach innen und außen ökologische Problemstellungen zu kommunizieren und Lösungen zu suchen.

Hinsichtlich der für die Kooperation relevanten Sachverhalte organisierter Sozialsysteme lassen sich, neben den bereits angeführten Überlegungen zur Unternehmensphilosophie, Unterschiede zwischen Hertie und den Unternehmen des AÖL feststellen. Diese liegen aber in den verschiedenen belegten Kooperationsfeldern begründet: Hertie befindet sich in Kooperation mit Unternehmen der Wertschöpfungskette, Unternehmen, mit denen also ohnehin intensive Kontakte gepflegt werden. Die Vereinbarung eines kooperativen Informationsaustausches bedurfte zwar zunächst einiger Überzeugungsarbeit, läuft jetzt aber parallel zu den Geschäftsbeziehungen und bedarf keiner besonders intensiven weiteren Pflege. Hertie investiert dagegen große Kooperationsressourcen in die Kooperation mit dem BUND und dem IKU, die ja ihrerseits direkt in die Kooperation zwischen Hertie und den Herstellern involviert sind. Beim AÖL sieht die Situation etwas anders aus. Hier bestehen zwischen den Kooperationspartnern keine Geschäftsbeziehungen. Entsprechend wichtig ist für die Kooperation die unmittelbare Aufmerksamkeit, die ihr von den Geschäftsführungen der beteiligten Unternehmen beigemessen wird und die sich insbesondere in der Personalausstattung der Unterarbeitskreise und der Öffentlichkeitsarbeit des Arbeitskreises niederschlägt.

Gelang es für die Fallbeispiele Hertie und AÖL besonders für die Sachverhalte der Strukturen und Kommunikationsformen Bezüge zu den Aussagen des 6. Kapitels herzustellen, so gelingt dies dem BIV-Kältenanlagenbauer und dem BJU besonders für den Sachverhalt der Selbstthematisierung. Beide Verbände haben sich zu ihren Aktionen als Folge der Auseinandersetzung mit der Rolle der Mitgliedsunternehmen nicht nur in ihrem Markt, sondern auch in der Gesellschaft entschlossen.[1] Die Bereitschaft zur kritischen Auseinandersetzung mit dieser eigenen Rolle ist eine unverzichtbare Voraussetzung dafür, Veränderungen bei sich selbst und wirkungsvoll auch bei anderen anzustoßen. Beide Fallbeispiele bestätigen damit die große Bedeutung, die der unternehmerischen Selbstthematisierung in den Kapiteln 6.1.3 und 6.2.3 beigemessen wurde.

Dennoch ermangelt es der theoretischen Reflexion dieser beiden letzten Beispiele noch mehr als den vorangegangenen an tiefergehenden spezifischen Beobachtungen aus den Fallbeispielen. Dies wird dadurch verständlich, daß mit der Aufnahme der Fallbeispiele des BIV und des BJU die institutionalisierte Kooperation, und nicht die Mitgliedsunternehmen untersucht wurden. Zwar kann man unterstellen, daß die dabei beobachteten Sachverhalte des Verbandes ein grobes Abbild der Sachverhalte aus den Mitgliedsunternehmen sein können. Differenziert läßt sich damit aber sicher nicht auf die Mitgliedsunternehmen schließen, um deren Sachverhalte organisierter Sozialsysteme es bei dieser Reflexion ja letztlich gehen muß.

Obwohl insgesamt doch einige Sachverhalte der organisierten Sozialsysteme, die in den Fallbeispielen dargestellt wurden, beobachtet werden konnten, decken diese doch nur einen kleinen, gut sichtbaren Teil der unterscheidbaren Sachverhalte organisierter Sozialsysteme ab. Über die Ausprägung dieser beobachteten Sachverhalte läßt sich aber

---

1 Sicherlich noch ein ganzes Stück weiter als beim BIV geht diese Selbstthematisierung beim BJU, in dem, sicher auch als Beleg für die Fähigkeit zu einem unverzerrten und verständigungsorientierten Dialog, etwa auch die Frage nach der Sinnhaftigkeit von Kernkraftwerken gestellt werden darf. Daß man diese Frage diskutiert und dabei sogar zu dem Schluß kommt, daß diese aus marktwirtschaftlichen Gesichtspunkten abzulehnen seien, bestätigt die Fähigkeit des BJU zum unverzerrten Dialog wohl am nachdrücklichsten.

abschließend festhalten, daß sie in der Lage sind, die im 6. Kapitel zu ihrem Stellenwert gemachten Aussagen zu bestätigen.

9.5.7 Zusammenfassung

Die Reflexion der Fallbeispiele an den theoretischen Erkenntnissen aus dem 2. Hauptteil bestätigt, daß das Phänomen der Kooperation bzw. spezieller der Unternehmenskooperation nicht mit einer sozialwissenschaftlichen Theorie alleine erklärt werden kann. Jede der im 2. Hauptteil eingenommenen Perspektiven ist geeignet, Erklärungsmomente für das Entstehen und die erfolgreiche Durchführung von Kooperationen beizusteuern und kann dabei nicht von anderen Perspektiven ersetzt werden. Was die Anschaulichkeit der Erklärungsansätze angeht, so ist diese sicherlich in den an der Wert-Erwartungs-Theorie angelehnten Ansätzen am größten. Dagegen ist es dort, wo individuelle Präferenzen und unternehmenskulturelle Einflußfaktoren thematisiert werden, am schwierigsten, über Tendenzaussagen hinausgehende Erklärungsansätze zu liefern. Auch die Schwierigkeiten bei der Reflexion der Fallbeispiele an diesen letztgenannten Ansätzen bestätigen letztlich diese Einschätzung. Dies sollte aber nicht zu dem Schluß führen, daß mit diesen Ansätzen kein großer Erkenntnisgewinn bei der Erforschung von Kooperationen möglich ist. Die materielle Vorteilhaftigkeit von Kooperationen, also deren geringe Transaktionskosten oder deren attraktive Auszahlungsmatrix, wird nämlich regelmäßig nur zu einem Teil durch Faktoren bestimmt, die weitgehend unabhängig von individuellen oder kollektiven Verhaltensweisen der potentiell Beteiligten feststehen. Ein wesentlicher Faktor der Vorteilhaftigkeit von Kooperationen bestimmt sich dagegen gerade aus den individuellen oder kollektiven Verhaltensweisen dieser potentiell beteiligten Personen oder Unternehmen. Und hier stoßen sowohl der Transaktionskostenansatz als auch die Spieltheorie mit ihren simplifizierenden Rationalitätsannahmen sehr schnell an Erklärungsgrenzen. Die dadurch entstehenden Erklärungslücken können nur über die explizite Auseinandersetzung mit anderen Ansätzen geschlossen werden.

Noch stärker wird der Stellenwert von Erklärungsansätzen jenseits einer an dem Paradigma der Nutzenmaximierung ausgerichteten Wert-

Erwartungs-Theorie, wenn es um das Verständnis proaktiven ökologischen Unternehmensverhaltens und damit um ökologische Unternehmenspolitik im strengen Sinne des Wortes geht. Freilich spielen auch hier Wert-Erwartungen eine wichtige Rolle, aber die alleinige Fokussierung auf diese hilft wenig weiter, da systemische, kulturelle und strukturelle Aspekte der Gesellschaft, des Wirtschaftssystems und der Unternehmen damit nicht adäquat berücksichtigt werden können. Insbesondere die Reflexion der Fallbeispiele an der neueren Systemtheorie liefert hier eine plastische Untermauerung der theoretischen Ausführungen zu diesen Ansätzen. Und auch die Reflexion der Fallbeispiele an Sachverhalten organisierter Sozialsysteme deutet den großen Stellenwert dieser Faktoren an.

Im Laufe der Reflexion wurden aber auch einige kritische Anmerkungen zum Stellenwert verschiedener im 2. Hauptteil herausgearbeiteter Aussagen gemacht. Erinnert sei hier an die geringe Übereinstimmung der Fallbeispiele mit den im Zuge der Darstellung des Resource-Dependence-Ansatzes erarbeiteten spezifischeren Aussagen und an die eher geringe Erklärungskraft der neueren Systemtheorie im Falle zwischenbetrieblicher Kooperationen. Dennoch ist es sicher nicht verfehlt, auch diese Ansätze im Theorieteil zu würdigen, da sich die Kooperationsforschung gegenwärtig noch nicht auf wenige eingefahrene Theoriepfade zurückziehen kann. Mit der Einschätzung, daß sie diesen Rückzug wohl auch noch geraume Zeit nicht wird vollziehen können, wollen wir diese Reflexion der Fallbeispiele beenden.

Schlußbetrachtung

Zu Beginn der Arbeit wurde bei einer ersten Definition des Kooperationsbegriffs festgestellt, daß viele der verschiedenen sozialwissenschaftlichen Forschungsfelder auf das Phänomen der Kooperation hinweisen und es dabei aus unterschiedlichsten Blickwinkeln beleuchten. Nun, viele Kapitel später, haben wir dieses Phänomen selber aus verschiedenen Blickwinkeln betrachtet und dabei unterschiedlichste Erkenntnisse und Eindrücke über Kooperationen herausgearbeitet und zusammengetragen. Zwar wurde mit dem Untersuchungsgegenstand, den Kooperationen im Rahmen ökologischer Unternehmenspolitik, nur ein kleiner Teil des Feldes ins Visier genommen, das durch menschliche Kooperation aufgespannt wird. Aber bereits dieser kleine Teil ist, gleich einem Organismus der Ökosphäre, selber schon so komplex, daß er selbst bei Kombination vieler Disziplinen immer nur in Ausschnitten verstanden werden kann. Eben um dieses Verstehen hat sich die vorliegende Arbeit zunächst bemüht. Und dies nicht zum Selbstzweck, sondern in der Überzeugung, daß Verstehen zwar keine hinreichende, aber eine sehr hilfreiche Voraussetzung für Gestalten ist. Durch die vorliegende Arbeit sollten damit sowohl erklärende Aussagen als auch Anregungen für die Gestaltung von Kooperationen im Rahmen ökologischer Unternehmenspolitik herausgearbeitet werden.

Zunächst wurde dafür ein Blick auf mögliche Ursachen geworfen, die dafür verantwortlich sind, daß Umweltschutz und ökologische Unternehmenspolitik überhaupt zu einem gegenwärtig so intensiv diskutierten Thema wurden. Die aus unserer Sicht wohl wichtigste Ursache dafür ist: die Fähigkeit der Menschen zur Kooperation. Menschen, die nicht in großen Gesellschaften friedlich zusammenleben, begründen damit auch keine Kulturen, aus denen industrielle Zivilisationen mit beträchtlichem materiellen Wohlstand entstehen können. Sie begründen damit aber gleichzeitig auch keine Kulturen, aus den eine Umweltzerstörung hervorgeht, wie wir sie gegenwärtig erleben. Natürlich ist weder das eine noch das andere in den genannten Auswirkungen von den Menschen intendiert.

Den Mitgliedern einer industriellen Zivilisation stellt sich nicht mehr die Alternative der Umkehr in eine schwach bevölkerte Welt der Jäger und Sammler, sondern, und das ist eine erste wichtige Aussage der vorliegenden Arbeit, alleine die Alternative der Vermeidung zunehmender Umweltzerstörung als Folge noch zivilisierteren Zusammenlebens im Sinne eines bewußten weiteren Ausbaus zwischenmenschlicher Kooperation sowohl innerhalb nationaler Grenzen wie nationenübergreifend. Zumindest internationale Kooperationsbemühungen werden ja gerade im Bereich des Umweltschutzes mit allerdings noch bescheidenen Erfolgen angegangen.

Den Unternehmen kommt in dieser Situation eine in doppelter Hinsicht exponierte Stellung zu. Auf der einen Seite nehmen Unternehmen, deren Existenz impliziter und wesentlicher Bestandteil einer industriellen Zivilisation ist, als Emittent von Umweltgiften und Verbraucher von Umweltressourcen fraglos eine Schlüsselrolle hinsichtlich der Ursachen der Umweltzerstörung ein. Gleichzeitig besitzen sie, und dies ist eine zweite wichtige Aussage der vorliegenden Arbeit, in dieser Schlüsselrolle die im Vergleich zu anderen sozialen Systemen größten Hebel, die Dysfunktionalitäten der industriellen Zivilisation zu verringern. Chancen dafür bestehen in einer marktwirtschaftlich organisierten Wirtschaft allerdings nur, wenn Unternehmen sich mit ihrem Engagement für den Umweltschutz nicht in ihrer Existenz bedroht sehen. Und zwar in der Existenz jedes einzelnen bestehenden Unternehmens.

Hier kann der Koordinationsmechanismus der Kooperation Möglichkeiten eröffnen, sich als Unternehmen in einem marktwirtschaftlichen System ökologische Handlungsfelder zu erschließen, in denen dieses Risiko gesenkt oder vermieden wird. Diese Kooperationen müssen sich nicht auf Kooperationen alleine zwischen Unternehmen beschränken. Aber schon diese Variante bietet zahlreiche unterschiedliche Kooperationsfelder, wie sie mit der hier entwickelten Kooperationsmatrix abgegrenzt und transparent gemacht wurden. Um Kooperationen im Rahmen ökologischer Unternehmenspolitik, in welcher Form auch immer, entstehen zu lassen, ist nun nicht nur die Einsicht in ökologischen Handlungsbedarf und der Kooperationswille eines Unternehmens alleine erforderlich, es muß auch die Einsicht und der Kooperationswille anderer Unternehmen vorliegen. Und wenn eine Kooperation nicht nur entstehen, sondern auch noch gelingen soll, dann bedarf es darüber hinaus auch der Kooperationsfähigkeit der beteiligten Unternehmen. Alle drei Faktoren, die Einsicht in die Notwendigkeit einer ökologischen Unternehmenspolitik, der unternehmerische Kooperationswille

Schlußbetrachtung

und die Kooperationsfähigkeit von Unternehmen stellen, und dies ist die dritte wichtige Aussage der vorliegenden Arbeit, wichtige Elemente dar auf dem Weg zu einer zivilisierteren Industriegesellschaft. Welche Chancen und Möglichkeiten Unternehmen haben, diese drei Bedingungen zu erfüllen, wurde im zweiten und dritten Hauptteil der Arbeit untersucht.

Im Mittelteil der vorliegenden Arbeit wurden unter Rückgriff auf verschiedene sozialwissenschaftliche Perspektiven zahlreiche erklärende Aussagen aufgezeigt, die zum Teil einzelne dieser Elemente, zum Teil deren Zusammenhänge betrafen. Die Ergebnisse sollen hier nicht im einzelnen wiederholt werden, zumal in der Zusammenfassung zur Reflexion der Fallbeispiele bereits resümierend auf sie eingegangen wurde. Festgehalten werden soll aber hier noch einmal, daß auch ein marktwirtschaftliches Wirtschaftssystem zahlreiche Bereiche kennt, in denen die Kooperation das geeignetste Instrument zur Koordination der Marktteilnehmer darstellt. Ebenso widerspricht es nicht den Bedingungen einer Marktwirtschaft, eine nachhaltige Unternehmensentwicklung durch Berücksichtigung ökologischer Aspekte des Wirtschaftens anzustreben. Wenn dennoch so oft zahlreiche Kooperations- und Handlungsfelder einer ökologischen Unternehmenspolitik ungenutzt bleiben, dann sicher auch deshalb, weil häufig die Fähigkeit zur Nutzung dieser Handlungsfelder sowohl bei Individuen wie auch bei sozialen Systemen nur sehr gering ausgeprägt ist. Mit der vorliegenden Arbeit wurden zahlreiche Faktoren aufgezeigt, die diese Fähigkeiten mit determinieren.

Aus diesen Ergebnissen wurden im letzten Teil der Arbeit Überlegungen für ein normatives und strategisches Management von Kooperationen im Rahmen ökologischer Unternehmenspolitik abgeleitet. Dabei wurden zunächst Anregungen und Beispiele für eine stärkere Berücksichtigung ökologischer Aspekte und Aspekte des unternehmerischen Kooperationsverhaltens bei der Formulierung einer Unternehmensphilosophie oder eines Unternehmensleitbildes gegeben. Die Bedeutung der Frage, ob externe Anspruchsgruppen an der Definition von Unternehmensgrundsätzen stellvertretend durch den Verantwortungshorizont des Top-Managements oder über den Dialog mit diesem einbezogen werden sollen, wurde dabei besonders hervorgehoben. Hinsichtlich des strategischen Managements wurden zunächst Anregungen und Instrumente vorgestellt, die der expliziten Berücksichtigung ökologischer Aspekte des Unternehmens im strategischen Planungsprozeß dienen können. Auch die Verabschiedung einer ökologisch proaktiven Unternehmensstrategie hängt natürlich sowohl hinsichtlich ihrer formalen wie auch ihrer Sachziele von den im Unternehmen vorhandenen Leistungspotentialen und den Chancen ab, fehlende Leistungspotentiale zu schließen. Gerade Strategien einer ökologischen Unternehmenspolitik bedürfen häufig der Schließung erheblicher Leistungspotentialdefizite bzw. des Aufbaus ganz neuer Leistungspotentiale. Genau hier bietet sich den Unternehmen mit Kooperationen ein weites Feld an Möglichkeiten, um diese neuen Leistungspotentiale aufzubauen. Mit Überlegungen zur Eignung der unterschiedlichen Kooperationsfelder für bestimmte Leistungspotentialdefizite sowie mit Anregungen zur Partnersuche, Partnerauswahl, Partnergewinnung und Konstituierung von Kooperationen wurden Möglichkeiten und Wege zur Aufnahme von entsprechenden Kooperationsbeziehungen aufgezeigt. Vieles von dem, was bis dahin theoretisch aufgearbeitet worden war, konnte durch die abschließenden Schilderungen praktischen Handelns von Unternehmen untermauert werden. Mit den geschilderten Fallbeispielen wurden gleichzeitig verschiedene Möglichkeiten zur Deckung unterschiedlichster Leistungspotentialdefizite mit Hilfe von Kooperationen im Rahmen ökologischer Unternehmenspolitik illustriert.

Die vorliegende Arbeit wurde mit einem Zitat aus China eingeleitet, in welchem es heißt: „Einem Land, in dem die Blumen teuer sind, fehlt die Grundlage der Kultur." Im Verlaufe der Arbeit wurde deutlich, daß zwischenmenschliche Kooperation die Grundlage unserer Kultur und damit auch die Grundlage unserer industriellen Zivilisation mit all ihren Funktionalitäten und Dysfunktionalitäten bildet. Es wurde aber auch deutlich, daß über die Aufnahme weiterer Kooperationen innerhalb dieser Zivilisation große Möglichkeiten bestehen, die Grundlagen dieser Kultur noch auszubauen und somit tragfähiger zu machen. Unternehmenskooperationen im Rahmen ökologischer Unternehmenspolitik können so einen sehr wichtigen Teil dazu beitragen, daß Blumen eine Selbstverständlichkeit unserer Zivilisation bleiben.

Tabellenverzeichnis

Tab. 1: Koordinationsmechanismen innerhalb des Wirtschaftssystems 55
Tab. 2: Modell und Beispiele umweltpolitischer Strategien 95
Tab. 3: Kooperationsmatrix und in der Praxis gefundene Kooperationsbeispiele 104
Tab. 4: Anwendungsbereich der Aussagen des Transaktionskostenansatzes 143
Tab. 5: „Auszahlungsmatrix" des Gefangenendilemmas 148
Tab. 6: Auszahlungsmatrix des Gefangenendilemmas übertragen auf eine dyadische Unternehmenskooperation 150
Tab. 7: Auszahlungsmatrix einer stabilen dyadischen Unternehmenskooperation 151
Tab. 8: Constraints und choices pro und contra eine ökologische Unternehmenspolitik 168
Tab. 9: Constraints und choices pro und contra die Kooperation 171
Tab. 10: Systemtypen nach Boulding, Dyllick, Pfriem 180
Tab. 11: Intra- und Inter-Organisationsentwicklung im Vergleich 186
Tab. 12: Anwendungsbereich der Aussagen des Resource-Dependence-Ansatzes 197
Tab. 13: Anwendungsbereich der Aussagen des Netzwerkansatzes 202
Tab. 14: Anwendungsbereich der Aussagen der neueren Systemtheorie 226
Tab. 15: Bezug von Unternehmenskulturkonzepten auf Sachverhalte organisierter Sozialsysteme 237
Tab. 16: Ergänzung des strategischen Managements durch ein „Konsensus-Management" 249
Tab. 17: Zusammenfassung der ökologische Unternehmenspolitik und Kooperationen fördernden Sachverhalte organisierter Sozialsysteme 262
Tab. 18: Fragestellungen und mögliche Antworten aus dem Wertstellungsprofil 272
Tab. 19: Dichotomien im Forschungsfeld des strategischen Managements 282

Tab. 20:	Bausteine des strategischen Managements von Kooperationen im Rahmen ökologischer Unternehmenspolitik	284
Tab. 21:	Instrumente der ökologischen Rechnungslegung und des Öko-Controlling	286
Tab. 22:	Beurteilung der Leistungspotentiale des Unternehmens	300
Tab. 23:	Gemitteltes Leistungspotential primärer Unternehmensfunktionen	301
Tab. 24:	Gemitteltes Leistungspotential sekundärer Unternehmensfunktionen	301
Tab. 25:	Lösungsstrategien zur Deckung von Leistungspotentialdefiziten	303
Tab. 26:	Einschätzung möglicher Kombinationen von Kooperationsgegenstand und Anzahl der Kooperationspartner	306
Tab. 27:	Einschätzung möglicher Kombinationen von Kooperationsgegenstand und Kooperationsrichtung bei dyadischen Kooperationen	308
Tab. 28:	Einschätzung möglicher Kombinationen von Kooperationsgegenstand und Kooperationsrichtung bei Großgruppen-Kooperationen	310
Tab. 29:	Einschätzung möglicher Kombinationen von Kooperationsgegenstand und Vorgehensweise der Kooperation	311
Tab. 30:	Einschätzung möglicher Kombinationen von Kooperationsgegenstand und Organisation der Kooperation bei Kooperationen mit gemeinsamem Wirtschaftshandeln	312
Tab. 31:	Unternehmensfunktionen und Ebenen ökologischer Unternehmenspolitik in den Fallbeispielen	327
Tab. 32:	Leistungsanteile der verwendeten Kältemittel	348

Abbildungsverzeichnis

Abb. 1: Morpholgischer Kasten zur Typologisierung von Kooperationsformen 77
Abb. 2: Fünf Ebenen ökologischer Unternehmenspolitik 96
Abb. 3: Ökologische Unternehmenspolitik aus der Innensicht des Unternehmens 98
Abb. 4: Ökologische Unternehmenspolitik aus der Außensicht des Unternehmens 99
Abb. 5: Morphologischer Kasten der Unternehmenskooperationen im Rahmen ökologischer Unternehmenspolitik 102
Abb. 6: Die Theorieelemente des Transaktionskostenansatzes 134
Abb. 7: Verhältnis ökonomischer und ökologischer Ziele in Abhängigkeit von dem Zeithorizont 136
Abb. 8: Transaktionskosten in Abhängigkeit institutioneller Arrangements 138
Abb. 9: Die „efficient governance structure" nach Williamson 140
Abb. 10: „The Great Chain of Being" 183
Abb. 11: Ein 6stufiges Modell der sozialen Organisationsstufen für die Managementlehre 185
Abb. 12: Die drei Ebenen der Unternehmenskultur nach Schein 234
Abb. 13: Bereiche der Ansiedlung von Umweltschutzaufgaben 240
Abb. 14: Die Umweltbereiche des Unternehmens 288
Abb. 15: Bestandteile der strategischen Planung 296
Abb. 16: Auszug aus der Vision des BJU 353

Literaturverzeichnis

Aiken, M./Hage, J. (1968): Organizational Interdependence and Intra-Organizational Structure. In: American Sociological Review 33/6, S. 912-930.

Alchian, A.A. (1961): Some Economics of Property. Santa Monica.

Alter, C./Hage, J. (1993): Organizations Working Together. Newbury Park, London, New Delhi.

Ansoff, H.I. (1957): Strategies for Diversification. In: Harvard Business Review 35/5, S. 113-124.

Antes, R. (1992): Die Organisation des betrieblichen Umweltschutzes. In: Steger, U. (Hg.): Handbuch des Umweltmanagements. München.

Arnold, U. (1982): Strategische Beschaffungspolitik. Frankfurt.

Argyris, C./Schön, D.A. (1978): Organizational Learning. A Theory of Action Perspective. Massachusetts.

Axelrod, R. (1991): Die Evolution der Kooperation. 2. Aufl., München.

Bach S./ Kohlhaas, M./Meinhard, V./Praetorius, B./Wessels, H./Zwiener, R. (1994): Wirtschaftliche Auswirkungen einer ökologischen Steuerreform. Berlin.

Bachmann, W./Priester, A. (1992): WIN-WIN. Die Handschrift des erfolgreichen Verkäufers. Paderborn.

Baecker, D. (1988): Information und Risiko in der Marktwirtschaft. Frankfurt am Main.

Balakrishan, S./Wernefelt, B. (1986): Technical Change, Competition, and Vertical Integration. In: Strategic Management Journal 7/4, S. 347-359.

Bardmann, T.M. (1994): Wenn aus Arbeit Abfall wird. Aufbau und Abbau organisatorischer Realitäten. Frankfurt am Main.

Bartscher, S./Bomke, P. (1993): Einführung in die Unternehmungspolitik. Stuttgart.

Barzel, Y. (1989): Economic Analysis of Property Rights. Cambridge, New York, Melbourne.

Basler, E./Bianca, S. (1974): Zivilisation im Umbruch. Frauenfeld.

Battmann, W. (1989): Verhaltensökonomie: Grundannahmen und eine Anwendung am Fall des kooperativen Handelns. Frankfurt am Main.

Baumol, W.J. (1982): Constable Markets. In: American Economic Review 27, S. 1-15.

BDI (1993): Freiwillige Vereinbarungen und Selbstverpflichtungen der Industrie im Bereich des Umweltschutzes. Dokumentation des Bundesverbandes der Deutschen Industrie, Stand: 26. Mai 1993.

Beck, U. (1988): Gegengifte. Die organisierte Unverantwortlichkeit. Frankfurt am Main.

Becker, G.S. (1982): Der ökonomische Ansatz zur Erklärung menschlichen Verhaltens. Tübingen.

Belzer, V. (1991): Unternehmensnetzwerke: Versuch einer Analyse und Kategorisierung. In: Hilbert, J./Kleinaltenkamp, M./Nordhause-Janz, J./Widmaier, B. (Hg.): Neue Kooperationsformen in der Wirtschaft. Können Konkurrenten Partner werden? Opladen.

Belzer, V. (1993): Unternehmenskooperationen. Erfolgsstrategien und Risiken im industriellen Strukturwandel. München, Mering.

Benisch, W. (1972): Kooperative Formen der Unternehmungszusammenfassung. In: Sölter, A. (Hg.): Handbuch der Unternehmenszusammenschlüsse. München.

Berg, S./Hoekmann, J. (1988): Entrepreneurship over the Product Life Cycle: Joint Venture Strategies in the Netherlands. In: Contractor, L./Lorange, P. (Hg.): Cooperative Strategies in International Business. Massachusetts, Toronto.

Bertallanfy von, L. (1951): General System Theory: A New Approach to Unity of Science. In: Human Biology 23, S. 302-312.

Bidlingmaier, J. (1967): Begriffe und Formen der Kooperation im Handel. Wiesbaden.

BIV (1987): Satzung des Bundesinnungsverbandes des Deutschen Kälteanlagenbauerhandwerks. Maintal-Bischofsheim.

BIV (1994): Ergebnisse einer Mitgliederbefragung des Bundesinnungsverbandes des Deutschen Kälteanlagenbauerhandwerks zu den Leistungsanteilen von Kältemitteln. Unveröffentlichte Studie. Maintal-Bischofsheim.

BJU (1994a): Jahresbericht 1993/94 des Bundesverbandes Junger Unternehmer BJU. Bonn.

BJU (1994b): Plädoyer für eine ökologisch orientierte Soziale Marktwirtschaft. Gemeinsames Statement des Bundesverbandes Junger Unternehmer (BJU) und des Bundes für Umwelt- und Naturschutz Deutschland (BUND).

Bleicher, K. (1989): Zum Management zwischenbetrieblicher Kooperation: Vom Joint Venture zur strategischen Allianz. In: Bühner, R. (Hg.): Führungsorganisation und Technologiemanagement. Berlin.

Bleicher, K. (1992): Das Konzept Integriertes Management. 2. Aufl., Frankfurt am Main, New York.

BMU (1992): Pressemitteilung 75/92 des Bundesministers für Umwelt, Naturschutz und Reaktorsicherheit vom 19. August 1992.

Boehme, J. (1986): Innovationsförderung durch Kooperation. Berlin.

Boettcher, E. (1974): Kooperation und Demokratie in der Wirtschaft. Tübingen.

Borggreve, C.H. (1995): Kooperation unternehmerischer Aufgaben. In: Peter, K./Crezelius, G. (Hg.): Gesellschaftsverträge und Unternehmensformen. 6. Aufl., Herne, Berlin.

Borys, B./Jemison, D.B. (1989): Hybrid Arrangements as Strategic Alliances. Theoretical Issues in Organizational Combinations. In: Academy of Management Review 4, S. 234-249.

Boulding, K.E. (1956): General System Theory. The Skeleton of Science. In: Management Science Vol. 2, Nr. 3, S. 197-208.

Breisig, T. (1987): Führungsmodelle und Führungsansätze – verändertes unternehmerisches Selbstverständnis oder Instrument der Rationalisierung? Bamberg.

Breisig, T. (1990): Skizzen zur historischen Genese betrieblicher Führungs- und Sozialtechniken. München, Mering.

Bronder, C. (1992): Kooperationsmanagement. Unternehmensdynamik durch strategische Allianzen. Frankfurt, New York.

Büchs, M.J. (1991): Zwischen Markt und Hierarchie. Kooperation als alternative Koordinationsform. In: Albach, H. (Hg.): Joint Ventures. Praxis internationaler Unternehmenskooperationen. Zeitschrift für Betriebswirtschaft, Ergänzungsheft 1/91, S. 1-38.

Bundesministerium für Wirtschaft (1985): Kooperationsfibel des Bundesministers für Wirtschaft über die zwischenbetriebliche Zusammenarbeit im Rahmen des GWB. In: Werner, H.S. (1985): Unternehmerische Kooperation zur Steigerung der Leistungsfähigkeit. Göttingen.

Busch, A. (1994): Zwei Kulturen. Die Zusammenarbeit zwischen Volkswagen und Ford in Brasilien endet mit einem Desaster. In: Wirtschaftswoche Nr. 39, Jg. 48, S. 67-68.

Casson, M.C. (1984): The Theory of Vertical Integration. In: Journal of Economic Studies 11 (2), S. 3-43.

Clausen, J./Zundel, S. (1995): Freiwillige Selbstverpflichtung. Versuch einer Neubewertung. In: Informationsdienst des IÖW und der VÖW 2, S. 9-11.

Coase, R.H. (1937): The Nature of the Firm. In: Economica 4, S. 386-405.

Commons, J.R. (1934): Institutional Economics. Madison.

Commerzbank (1991): Wer gehört zu wem. Handbuch der Beteiligungsverhältnisse in Deutschland. 17. Aufl.

Contractor F.J./Lorange P. (1988a): Cooperative Strategies in International Business. Massachusetts, Toronto.

Contractor F.J./Lorange P. (1988b): Competition vs. Cooperation: A Benefit/Cost Framework for Choosing Between Fully-Owned Investments and Cooperative Relationships. In: Management International Review, Special Issue 88: Cooperative Strategies in International Business, S. 5-18.

Cook, K.S. (1977): Exchange and Power in Networks of Interorganizational Relations. In: Sociological Quarterly 18, S. 62-82.

Daems, H. (1983): The Determinants of Hierarchical Organization of Industry. In: Francis, A./Turk, J./Willman, P. (Hg.): Power, Efficiency and Institutions. London.

Deutsch, M. (1949): A theory of Co-operation and Competition. In: Human Relations 2, S. 129-152.

Dlugos, G. (1987): Unternehmungspolitik als Führungsaufgabe. In: Kieser, A./Reber, G./Wunderer R. (Hg.): Enzyklopädie der Betriebswirtschaftslehre, Bd. 10: Handwörterbuch der Führung. Stuttgart.

Dorow, W. (1978): Unternehmenskonflikte als Gegenstand unternehmungspolitischer Forschung. Berlin.

Drepper, Ch. (1992): Unternehmenskultur. Selbstbeobachtung und Selbstbeschreibung im Kommunikationssystem „Unternehmen". Frankfurt am Main.

DSD (1993): Geschäftsbericht 1993 Duales System Deutschland GmbH. Köln.

Durkheim, E. (1992): Über soziale Arbeitsteilung. Studie über die Organisation höherer Gesellschaften. 1. Ausgabe 1893. Frankfurt am Main.

Dyllick, Th. (1983): Gesellschaftliche Instabilität und Unternehmensführung. Ansätze zu einer gesellschaftsbezogenen Managementlehre. Bern, Stuttgart.

Dyllick, Th. (1989): Management der Umweltbeziehungen. Öffentliche Auseinandersetzung als Herausforderungen. Wiesbaden.

Dyllick, Th. (1990): Ökologisch bewußtes Management. In: Die Orientierung Nr. 96, Schriftenreihe der Schweizerischen Volksbank. Bern.

Ebers, M./Gotsch, W. (1993): Institutionenökonomische Theorien der Organisation. In: Kieser, A. (Hg.): Organisationstheorien. Stuttgart, Berlin, Köln.

Elias, N. (1993a): Über den Prozeß der Zivilisation. Soziogenetische und psychogenetische Untersuchung. Erster Band: Wandlungen des Verhaltens in den westlichen Oberschichten des Abendlandes. 18. Aufl., Frankfurt am Main.

Elias, N. (1993b): Über den Prozeß der Zivilisation. Soziogenetische und psychogenetische Untersuchung. Zweiter Band: Wandlungen der Gesellschaft; Entwurf zu einer Theorie der Zivilisation. 18. Aufl., Frankfurt am Main.

Elster, J. (1983): Sour Grapes. Studies in the Subversion of Rationality. Cambridge.

Elster, J. (1986): The Multiple Self. Cambridge.

Elster, J. (1987): Subversion der Rationalität. Frankfurt, New York.

Ewald, A. (1994): Methodik der integrierten Technologie- und Marktplanung. In: Bloech, J./Götze, U./Huch, B./Lücke, W./Rudolph, F. (Hg.): Strategische Planung – Instrumente, Vorgehensweisen und Informationssysteme. Heidelberg.

Fichter, K (Hg. 1995): EG-Öko-Audit-Verordnung. Mit Öko-Controlling zum zertifizierten Umweltmanagementsystem. Schriftenreihe des Instituts für Ökologische Wirtschaftsforschung (IÖW) 81/95. Berlin.

Fischer, D./Kühling, B./Pfriem, R./Schwarzer, Ch. (1993): Kommunikation zwischen Unternehmen und Gesellschaft. Voraussetzungen angemessener Umweltberichterstattung von Unternehmen. Oldenburg.

Frankenberger, J. (1993): Der eine dient dem anderen als Pionier. In: Blick durch die Wirtschaft 175, 10. September 1993, S. 7.

Freimann, J./Pfriem, R. (1990): Unternehmen und natürliche Umwelt – programmatische und wissenschaftstheoretische Aspekte sozial-ökologischen Denkens in der Betriebswirtschaftslehre. In: Schauenberg, B. (Hg.): Wirtschaftsethik. Schnittstellen von Ökonomie und Wissenschaftstheorie. Wiesbaden.

French, W.L./Bell, C.H. (1978): Organization Development. Behavioural Science Interventions for Organization Improvement. 2. Aufl., Washington.

Friedman, M. (1970): The social responsibility of business is to increase its profits. In: The New York Times Magazin, 13. September 1970.

Friedman, M. (1976): Kapitalismus und Freiheit. München.

Friedman, A.L. (1977): Industry and Labour. London.

Fritz, W. (1988): Der kartellrechtliche Kooperationsspielraum mittelständischer Kooperationen. In: Wirtschaftswissenschaftliches Studium (WiSt) 2, S. 58-64.

Fuchs, P./Göbel. A. (Hg. 1994): Der Mensch – das Medium der Gesellschaft? Frankfurt am Main.

future e.V. (1994): Wissenschaftlicher Endbericht zum Projekt Umweltberichterstattung. Forschungsprojekt des Förderkreises Umwelt future e.V. unter wissenschaftlicher Leitung des Instituts für ökologische Wirtschaftsforschung. Osnabrück, Berlin.

Gerth, E. (1971): Zwischenbetriebliche Kooperation. Stuttgart.

Giegel, H.J. (Hg. 1994): Kommunikation und Konsens in modernen Gesellschaften. Frankfurt am Main.

Giesen, B. (1980): Makrosoziologie: Eine evolutionstheoretische Einführung. Hamburg.

Gloy, K. (1995): Das Verständnis der Natur. Erster Band: Die Geschichte des wissenschaftlichen Denkens. München.

Götz, P./Töpfer, J. (1991): Kooperationsstrategien im Lichte der Transaktionskostentheorie. Arbeitspapier Nr. 7 des Betriebswirtschaftlichen Instituts der Universität Erlangen-Nürnberg.

Götze, U. (1990): Szenario-Technik in der strategischen Unternehmensplanung. Göttingen.

Götzelmann, F. (1992): Umweltschutzinduzierte Kooperationen der Unternehmung. Frankfurt am Main.

Gordon, G.G. (1991): Industry Determinants of Organizational Culture. In: Academy of Management Review 16, S. 396-415.

Grothe-Senf, A. (1994): Kriterien für die Umwelt-Lernfähigkeit von Unternehmen. In: Informationsdienst des IÖW und der VÖW 3-4, S. 12-13.

Gumplowicz, L. (1883): Der Rassenkampf. Innsbruck.

Grünewald, H.G. (1987): Probleme der Praxis bei Anwendung strategischer Unternehmensplanung. In: Töpfer, A./Afheldt, H. (Hg.): Praxis der strategischen Unternehmensplanung. Stuttgart.

Gutenberg, E. (1989): Die Grundlagen der Betriebswirtschaftslehre. In: Albach, H. (Hg.): Zur Theorie der Unternehmung. Schriften und Reden von Erich Gutenberg. Berlin, Heidelberg, New York, London, Paris, Tokio.

Habermas, J. (1971): Vorbereitende Bemerkungen zu einer Theorie der kommunikativen Kompetenz. In: Habermas, J./Luhmann, N. (Hg.): Theorie der Gesellschafts- oder Sozialtechnologie. Frankfurt.

Habermas, J. (1981): Theorie des kommunikativen Handelns. Bd. 2. Frankfurt.

Habermas, J. (1984): Vorstudien und Ergänzungen zur Theorie des kommunikativen Handelns. Frankfurt.

Hagemeister, S. (1988): Innovation und innovatorische Kooperation von Unternehmen als Instrumente der regionalen Entwicklung. München.

Hahr, G. (1971): Leitfaden für die Kooperation in der technischen Entwicklung und Konstruktion. Frankfurt am Main.

Håkansson, H. (Hg. 1987): Industrial Technological Development: A Network Approach. Croom Helm. London etc.

Håkansson, H. (1989): Corporate Technological Behaviour. Co-operation and Networks. London, New York.

Håkansson, H./Johanson, J. (1984): Heterogeneity in Industrial Markets and its Implications for Marketing. In: Hägg, I./Wiedersheim-Paul, F. (Hg.): Between Market and Hierarchy. Uppsala.

Håkansson, H./Johanson, J. (1988): Formal and Informal Cooperation Strategies in International Industrial Networks. In: Contractor, F.J./Lorange, P. (Hg.): Cooperative Strategies in International Business. Massachusetts, Toronto.

Hallay, H./Pfriem, R. (1992): Öko-Controlling. Frankfurt am Main, New York.

Hallay, H./Pfriem, R. (1994): Lernen zu lernen zu lernen ... In: Informationsdienst des IÖW und der VÖW 3-4, S. 1-3.

Hansjürgens, B. (1994): Erfolgsbedingungen für Kooperationslösungen in der Umweltpolitik. In: Wirtschaftsdienst 1, S. 35-42.

Harde, S. (1994): Ökologische Lernfähigkeit: Maßstab für die Qualität der Unternehmensentwicklung. In: Informationsdienst des IÖW und der VÖW 3-4, S. 4-8.

Harms, V. (1973): Interessenlagen und -konflikte bei der zwischenbetrieblichen Kooperation. Würzburg.

Harrigan, K.R. (1988): Strategic Alliances and Partner Asymmetries. In: Management International Review, Special Issue 88, S. 53-72.

Hauser, H. (1991): Institutionen zur Unterstützung wirtschaftlicher Kooperation. In: Wunderer, R. (Hg.): Kooperation: Gestaltungsprinzipien und Steuerung der Zusammenarbeit zwischen Organisationseinheiten. Stuttgart.

Hayek, F.A. v. (1969a): Freiburger Studien. Tübingen.

Hayek, F.A. v. (1969b): The Corporation in a Democratic Society: in whose interest ought it and will it be run? In: Ansoff, I. (Hg.): Business strategy. Harmoundsworth.

Hayek, F.A. v. (1980): Recht, Gesetzgebung und Freiheit. Band I: Regeln und Ordnung. München.

Hejl, P.M. (1992): Konstruktion der sozialen Konstruktion. Grundlinien einer konstruktivistischen Sozialtheorie. In: Foerster, H. v. (Hg.): Einführung in den Konstruktivismus. München.

Hemm, H./Diesch, P. (1992): Internationale Kooperation und strategische Allianzen. Ziele Probleme und praktische Gestaltung unternehmerischer Partnerschaft. In: Kumar, B.N./Haussmann, H. (Hg.): Handbuch der internationalen Unternehmenstätigkeit. München.

Hettlage, R. (1982): Variationen des Darwinismus in der Soziologie. In: Evolutionstheorie und ihre Evolution. Schriftenreihe der Universität Regensburg, Band 7, S. 109-125.

Hilbert, J./Voelzkow, H. (1984): Umweltschutz durch Wirtschaftsverbände? Das Problem verbandlicher Verpflichtungsfähigkeit am Beispiel umweltschutzinduzierter Selbstbeschränkungsabkommen. In: Glagow, M. (Hg.): Gesellschaftssteuerung zwischen Korporatismus und Subsidiarität. Bielefeld.

Hilbert, J./Widmaier, B./von Bandemer, S. (1991): Können Konkurrenten Partner werden? Eine Einführung in die Chancen und Schwierigkeiten partnerschaftlicher Formen zwischenbetrieblicher Kooperation. In: Hilbert, J./Kleinaltenkamp, M./ Nordhause-Janz, J./Widmaier, B. (Hg.): Neue Kooperationsformen in der Wirtschaft. Können Konkurrenten Partner werden? Opladen.

Hladik, K.J. (1988): R&D and International Joint Ventures. In: Contractor, L./Lorange, P. (Hg.): Cooperative Strategies in International Business. Massachusetts, Toronto.

Hobbes, T. (1984): Leviathan. 1. Ausgabe im Jahr 1651. Frankfurt am Main.

Hofbauer, W. (1991): Organisationskultur und Unternehmensstrategie. Eine systemtheoretisch-kybernetische Analyse. München.

Hofer, C.W./Schendel, D. (1978): Strategy formulation: Analytical concepts. St. Paul.

Hypo-Bank (1994): Die Kempfenhausener Gespräche: Begründung, Ziele und Gestaltung. Vortrag zur konstituierenden Sitzung des Kuratoriums am 24. Juni 1993. München.

Jarillo, J.C. (1988): On Strategic Network. In: Strategic Management Journal 9/1, S. 31-41.

Johannisson, B. (1987): Anarchists and Organizers: Entrepreneurs in a Network Perspective. In: International Studies of Management & Organization 17, S. 49-63.

Johanson, J./Mattsson, L.G. (1987): Interorganizational Relations in Industrial Systems: A Network Approach Compared with the Transaction-Cost Approach. In: International Studies of Management and Organization 17(1), S. 34-48.

Junker, R./Scherer, S. (1988): Entstehung und Geschichte der Lebewesen. 2. Aufl., Gießen.

Keohane, R. (1984): After Hegemony. Cooperation and Discord in the World Political Economy. Princeton, New Jersey.

Kessler, M. (1995): Ökosteuern: Frommer Wunsch. In: Wirtschaftswoche Nr. 23, Jg. 49, S. 21-23.

Kieser, A./Kubicek, H. (1992): Organisation. 3. Aufl., Berlin, New York.

Kießler, O. (1990): Die ökologische Frage im handlungstheoretischen Konzept der Unternehmung. In: Freimann, J. (Hg.): Ökologische Herausforderung der Betriebswirtschaftslehre. Wiesbaden.

Kirsch, W. (1990): Unternehmenspolitik und strategische Unternehmensführung. München.

Knoblich, H. (1969): Zwischenbetriebliche Kooperation. Wesen, Formen und Ziele. In: Zeitschrift für Betriebswirtschaft (ZfB) 8, S. 497-514.

Kogut, B. (1988): Joint Ventures: Theoretical and Empirical Perspectives. In: Strategic Management Journal 9, S. 319-332.

Kogut, B./Shan, W./Walger, G. (1990): The Structuring of an Industry: Cooperative Agreements in the Biotechnology Industry. Paper presented at the workshop „Networks – On the Socio-Economics of Inter-Firm Cooperation" Wissenschaftszentrum Berlin, 11. bis 13. Juni.

Kohlhaas, M./Praetorius, B. (1995): Selbstverpflichtung der Wirtschaft zur CO_2-Reduktion – Beitrag zum Klimaschutz? In: Informationsdienst des IÖW und der VÖW 2, S. 7-9.

Kösel, M.A. (1992): Technologiekooperation und -verflechtung von kleinen und mittleren Unternehmen. Der internationale Bodenseeraum und ausgewählte Regionen Baden-Württembergs. Bamberg.

Kotter, J.P. (1979): Managing External Dependence. In: Academy of Management Review 4, S. 87-92.

Kreeb, K.H. (1979): Ökologie und menschliche Umwelt. Stuttgart.

Kreikebaum, H. (1994): Strategische Unternehmensplanung. 5. Aufl., Stuttgart, Berlin, Köln.

Kuhn, Th. (1990): Unternehmensführung in der ökologischen Krise. Überlegungen zu einer Dichotomisierung „umwelt"-bewussten Managements. Beitrag Nr. 41 des Instituts für Wirtschaftsethik an der Hochschule St. Gallen.

Küpper, W./Ortmann, G. (Hg. 1988): Mikropolitik. Rationalität, Macht und Spiele in Organisationen. Opladen.

Langefeld-Wirth, K. (Hg. 1990): Joint Ventures im internationalen Wettbewerb. Praktiken und Vertragstechniken internationaler Gemeinschaftsunternehmen. Heidelberg.

Lau, Ch. (1981): Gesellschaftliche Evolution als kollektiver Lernprozeß. Berlin.

Laux, H. (1990): Risiko, Anreiz und Kontrolle. Principal-Agent-Konzept. Einführung und Verbindung mit dem Delegationswert-Konzept. Heidelberg.

Leu, O. (1994): Corporate design, corporate identity. München.

Levitt, T. (1958): The Dangers of Social Responsibility. In: Harvard Business Review 9/10, S. 41-50.

Lindblom, C.E. (1959): The Science of »Muddling Through«. In: Public Administration Review 19, S. 79-88.

Lindblom, C.E. (1965): The Intelligence of Democracy – Decision Making Through Mutual Adjustment. New York, London.

Lorsch, J. W. (1975): Environment, organization, and the individual. In: Negandhi, A.R. (Hg.): Interorganization theory. Kent State University.

Lueger, M. (1989): Das Verhältnis von Macht und Herrschaft als politische Wechselbeziehung in Organisationen. In: Sandner, K. (Hg.): Politische Prozesse in Unternehmen. Berlin, Heidelberg, New York, Tokyo.

Lützig, W.P. (1982): Die vieldimensionale Kalkulation der Kooperation. Berlin.

Luhmann, N. (1964): Funktionen und Formen formaler Organisationen. Berlin

Luhmann, N. (1976): Funktionen und Folgen formaler Organisationen. 3. Aufl., Berlin.

Luhmann, N. (1985): Die Autopoiesis des Bewußtseins. In: Soziale Welt 36, S. 402-446.

Luhmann, N. (1988a): Frauen, Männer und Georg Spencer Brown. In: Zeitschrift für Soziologie 17, S. 47-71.

Luhmann, N. (1988b): Organisation. In: Küpper, W./Ortman, G. (Hg.): Mikropolitik. Rationalität, Macht und Spiele in Organisationen. Opladen.

Luhmann, N. (1990): Ökologische Kommunikation. 3. Aufl., Opladen.

Luhmann, N. (1991): Soziale Systeme. 4. Aufl., Frankfurt am Main.

Macharzina, K. (1993): Unternehmensführung. Das internationale Managementwissen. Wiesbaden.

MacNeil, I.R. (1987): Relational Contract Theory as Sociology: A Reply to Professors Lindenberg and de Vos. In: Journal of Institutional and Theoretical Economics / Zeitschrift für die gesamte Staatswissenschaft 143, S. 272-290.

Malik, F. (1982): Evolutionäres Management. Eine Replik zur Kritik von Karl Sandner. In: Die Unternehmung 36, S. 91-106.

Malik, F./Probst, G.J.B. (1981): Evolutionäres Management. In: Die Unternehmung 35, S. 121-140.

Mann, S. (1994): Macht und Ohnmacht der Verbände. Das Beispiel des Bundesverbandes der Deutschen Industrie e.V. (BDI) aus empirisch analytischer Sicht. Baden-Baden.

Marx, K. (1968): Die Frühschriften, herausgegeben von Siegfrid Landshut. Stuttgart.

Mattsson, L.G. (1987): Management of strategic change in a „markets-as-networks" perspective. In: Pettigrew, A.M. (Hg.): The managenent of strategic change. Basil Blackwell. Oxford.

Maturana, H.M. (Hg. 1982): Erkennen: Die Organisation und Verkörperung von Wirklichkeit. Braunschweig.

Maturana, H.M./Varela, F. (1982): Autopoietische Systeme: eine Bestimmung der lebendigen Organisation. In: Maturana, H.M. (Hg.): Erkennen: Die Organisation und Verkörperung von Wirklichkeit. Braunschweig.

Maurer, R. (1982): Ökologische Ethik? In: Allgemeine Zeitschrift für Philosophie 1, S. 17-39.

Meadows, D.H./Meadows, D.L./Randers, J. (1993): Die neuen Grenzen des Wachstums. Hamburg.

Meffert, H./Kirchgeorg, M. (1992): Marktorientiertes Umweltmanagement. Stuttgart.

Mellerowicz, K. (1976): Unternehmenspolitik, Bd. 1: Grundlagen. 3. Aufl., Freiburg.

Merck, J. (1993): Beim Otto Versand ist Umweltschutz Chefsache und jeder Mitarbeiter umweltverantwortlich. In: Blick durch die Wirtschaft Nr. 88, 7.5.1993.

Meyer-Abich, K.M. (Hg. 1979): Frieden mit der Natur. Freiburg.

Miles, R.E. (1987): Managing the Corporate Social Environment. Englewood Cliffs.

Miller, M. (1994): Rationaler Dissens – Zur gesellschaftlichen Funktion sozialer Konflikte. In: Giegel, H.J. (Hg.): Kommunikation und Konsens in modernen Gesellschaften. Frankfurt am Main.

Morgenstern, O. (1963): Spieltheorie und Wirtschaftswissenschaft. Wien.

Morris, D./Hergert, M. (1987): Trends in International Collaborative Agreements. In: Columbia Journal of World Business, S. 15-21.

Moxon, W.R./Roehl, T.W./Truitt, J.F. (1988): International Cooperative Ventures in the Commercial Aircraft Industry: Gains, Sure, But What's My Share? In: Contractor, L./Lorange, P. (Hg.): Cooperative Strategies in International Business. Massachusetts, Toronto.

Müller, K./Goldberger, E. (1986): Unternehmenskooperation bringt Wettbewerbsvorteile. Notwendigkeit und Praxis zwischenbetrieblicher Zusammenarbeit in der Schweiz. Zürich.

Müller-Reißmann, K.F. (1979): Die schwindende Wandlungsfähigkeit der Industriegesellschaft. In: Frankfurter Hefte 5, S. 13-26.

Münch, R. (1990): Die Wirtschaft der Gesellschaft – ein autopoietisches System? In: Soziologische Revue 4, S. 381-388.

Mulford, Ch.L. (1984): Interorganizational Relations. Implications for Community Development. Iowa State University, Ames, Iowa.

Naujoks, W./Pausch, R. (1977): Kooperationsverhalten in der Wirtschaft. Eine empirische Untersuchung unter besonderer Berücksichtigung der grenzüberschreitenden Kooperation. Göttingen.

Negandhi, A.R. (Hg. 1980): Interorganization Theory. Kent State University Press.

Neumann, J./Morgenstern, O. (1961): Spieltheorie und wirtschaftliches Verhalten. Würzburg.

Ohmae, K. (1994): Die globale Logik strategischer Allianzen. In: Bleeke, J./ Ernst, D. (Hg.): Rivalen als Partner. Strategische Allianzen und Akquisitionen im globalen Markt. Frankfurt, New York.

Olson, M. (1965): The Logic of Collective Action. Cambridge, Massachusetts.

Osborn, R.N./Baughn, C.Ch. (1990): Forms of International Governance for Multinational Alliances. In: Academy of Management Journal 33, S. 505-519.

Ouchi, W.G. (1981): Theory Z: How American Business can meet the Japanese Challenge. Reading, Massachusetts.

o.V. (1996): Europäische Unternehmerlobby gegen Klimagefahren. In: Ökologisches Wirtschaften, Informationsdienst des IÖW und der VÖW 1, S. 2.

Pampel, J. (1993): Kooperation mit Zulieferern. Theorie und Management. Wiesbaden.

Pechthold, N. (1988): Wirtschaft – wohin? Kritische Thesen. In: Bochumer Symposium, Wirtschaften im Jahre 2000 – mit welchen Konzeptionen? Arbeitsheft 6/9, S. 10-12.

Perrow, Ch. (1986): Complex Organizations. A Critical Essay. 3. Aufl., New York.

Peters, T.J./Watermann, R.H. (1982): In Search of Excellence: Lessons from America's Best-Run Companies. New York.

Pfeffer, J./Salancik, G.R. (1978): The External Control of Organizations. A Resource Dependence Perspective. New York.

Pfriem, R. (1986): Ökologische Unternehmenspolitik. Frankfurt am Main, New York.

Pfriem, R. (1990): Können Unternehmen von der Natur lernen? Ein Begründungsversuch für Unternehmensethik aus der Sicht des ökologischen Diskurses. Beitrag Nr. 34 des Instituts für Wirtschaftsethik an der Hochschule St. Gallen.

Pfriem, R. (1995): Unternehmenspolitik in sozialökologischen Perspektiven. Marburg.

Piore, M.J./Sabel, C.F. (1985): Das Ende der Massenproduktion. Studie über die Requalifizierung der Arbeit und die Rückkehr der Ökonomie in die Gesellschaft. Berlin.

Polanyi, K. (1978): The Great Transformation. Frankfurt am Main.

Porter, M.E. (1985): Competitive Advantage. Creating and Sustaining Superior Performance. New York.

Powell, W.W. (1990): Neither Market nor Hierarchy; Network Forms of Organization. Paper presented at the workshop „Networks – On the Socio-Economics of Inter-Firm Cooperation" Wissenschaftszentrum Berlin, 11. bis 13. Juni.

Probst, G.J.B./Scheuss, R.W. (1984): Die Ordnung von sozialen Systemen: Resultat von Organisieren und Selbstorganisation. In: Zeitschrift für Organisation 8, S. 480-488.

Reddy, N.M./Rao, M.V.H. (1990): The Industrial Market as an Interfirm Organization. In: Journal of Management Studies 27, S. 43-59.

Reimann, H./Giesen, B./Goetze, D./Schmid, M. (1991): Basale Soziologie: Theoretische Modelle. 4. Aufl., Opladen.

Reinhardt, R. (1993): Das Modell organisationaler Lernfähigkeit und die Gestaltung lernfähiger Organisationen. Frankfurt am Main.

Rendeiro, J.O. (1989): Technical Change and Vertical Disintegration in Global Competition: Lessons from Machine Tools. In: Hood, N./Vahlne, J.E. (Hg.): Strategies in Global Competition. Routledge. London.

Rogers, D.L./Whetten, D.A. (Hg. 1982): Interorganizational Coordination: Theory, Research, and Implementation. Iowa State University, Ames, Iowa.

Rohn, Z. (1991): Kann die in ihrem Kern anthropozentrische Diskursethik auch der Natur zu ihrem Recht verhelfen? Beitrag Nr. 45 des Instituts für Wirtschaftsethik an der Hochschule St. Gallen.

Ronneberger, F. (1978): Kommunikationspolitik, 2 Bände. Mainz.

Root, F.R. (1987): Some Taxonomies of International Cooperative Arrangements. In: Contractor, F./Lorange, P. (Hg.): Cooperative Strategies in International Business. Lexington.

Ross, S.A. (1973): The Economic Theorie of Agency: The Principal's Problem. In: American Economic Review 63, S. 134-139.

Rotering, C. (1990): Forschungs- und Entwicklungskooperationen. Eine empirische Untersuchung. Stuttgart.

Salje, P. (1981): Die mittelständische Kooperation zwischen Wettbewerbspolitik und Kartellrecht. Tübingen.

Sattelberger, T. (Hg. 1991): Die lernende Organisation – Konzepte für eine neue Qualität der Unternehmensentwicklung. Wiesbaden.

Sauter, F. (1985): Transaktionskostentheorie der Organisation. München.

Schafhausen, F. (1984): Branchenverträge als umweltpolitische Strategie in der Bundesrepublik Deutschland. In: Schneider, G./Sprenger, R.U. (Hg.): Mehr Umweltschutz für weniger Geld. Einsatzmöglichkeiten und Erfolgschancen ökonomischer Anreizsysteme in der Umweltpolitik. München.

Schein, E. (1987): Organizational culture and leadership. San Francisco, London.

Schiegl, W.E. (1985): Betrieblicher Umweltschutz: Immissionsschutz, Gewässerschutz, Abfallbeseitigung. Landsberg.

Schimank, U./Glagow, M. (1984): Formen politischer Steuerung: Etatismus, Subsidiarität, Delegation und Neokorporatismus. In: Glagow, M. (Hg.): Gesellschaftssteuerung zwischen Korporatismus und Subsidiarität. Bielefeld.

Schischkoff, G. (Hg. 1982): Philosophisches Wörterbuch. Kröners Taschenausgabe 13. 21. Aufl., Stuttgart.

Schmidheiny, S. (1992): Kurswechsel. München.

Schmidt, S.J. (1987): Der Radikale Konstruktivismus: Ein neues Paradigma im interdisziplinären Diskurs. In: ders. (Hg.): Der Diskurs des radikalen Konstruktivismus. Frankfurt am Main.

Schmidt-Dorrenbach, H. (1991): Erfahrungen mit Organisationskultur in einem internationalen Joint Venture. In: Dülfer, E. (Hg.): Organisationskultur, Phänomen – Philosophie – Technologie. 2. Aufl., Stuttgart.

Schneider, D. (1985): Die Unhaltbarkeit des Transaktionskostenansatzes für die „Markt oder Unternehmung"-Diskussion. In: Zeitschrift für Betriebswirtschaft ZfB 55 (12), S. 1237-1255.

Schneider, D. (1993): Betriebswirtschaftslehre. Band 1: Grundlagen. München.

Schneidewind, U. (1995): Ökologisch orientierte Kooperationen aus betriebswirtschaftlicher Sicht. In: UmweltWirtschaftsForum 3/4, S. 16-21.

Schrader, S. (1990): Zwischenbetrieblicher Informationstransfer. Eine empirische Analyse kooperativen Verhaltens. Berlin.

Schreiner, M. (1988): Umweltmanagement in 22 Lektionen. Ein ökonomischer Weg in eine ökologische Wirtschaft. Wiesbaden.

Schreyögg, G. (1984): Unternehmensstrategie. Grundfragen einer Theorie strategischer Unternehmensführung. Berlin, New York.

Schreyögg, G./Papenheim, H. (1988): Kooperationsstrategien. Diskussionsbeitrag Nr. 138 des Fachbereichs Wirtschaftswissenschaft der Fernuniversität Hagen.

Schüßler, R. (1990): Kooperation unter Egoisten: vier Dilemmata. München.

Schütte, H. (1990): Strategische Allianzen mit japanischen Firmen. Unveröffentlichtes Forschungspapier, INSEAD. Fontainebleau.

Schwarz, P. (1979): Morphologie von Kooperationen und Verbänden. Tübingen.

Seidel, E. (1990a): Implementierung des betrieblichen Umweltschutzes – Die Organisation als Schlüsselfrage. In: Freimann, J. (Hg.): Ökologische Herausforderung der Betiebswirtschaftslehre. Wiesbaden.

Seidel, E. (1990b): Zur Organisation des betrieblichen Umweltschutzes. Die kommenden Aufgaben gehen über die Einordnung der Betriebsbeauftragten weit hinaus. In: Zeitschrift Führung und Organisation 5, S. 334-341.

Senn, J.F. (1986): Ökologieorientierte Unternehmensführung: Theoretische Grundlagen, empirische Fallanalysen und mögliche Basisstrategien. Frankfurt am Main.

Servatius, H.G. (1985): Methodik des strategischen Technologie-Managements. Berlin.

Seyffert, R. (1956): Betrieb. In: Seischab, H./Schwantag, K. (Hg.): Handwörterbuch der Betriebswirtschaftslehre 4. Band, S. 736-740. Stuttgart.

Siebert, H. (1990): Technologische Entwicklung und Vorproduktbeschaffung. Frankfurt.

Siebert, H. (1991): Ökonomische Analyse von Unternehmensnetzwerken. In: Stähle, W.H./Sydow, J. (Hg.): Managementforschung 1. Berlin, New York.

Simon, H.A. (1976): Administrative Behaviour. A Study of Decision-making Processes in Administrative Organizations. 3. Aufl., New York.

Simonis, U.E. (1993): Globale Umweltprobleme. Eine Einführung. Veröffentlichung FS II 93-408 des Wissenschaftszentrums Berlin für Sozialforschung WZB. Berlin.

Sölter, A. (1966): Grundzüge industrieller Kooperationspolitik. In: Wirtschaft und Wettbewerb 16, S. 223-262.

Sommerlatte, T. (1990): Die Integration der Technologie in die Strategie des Unternehmens. In: Hammer, R.M./Hinterhuber, H.H./Kapferer, R./Turnheim, G. (Hg.): Strategisches Management in den 90er Jahren. Wien.

Specht, M. (1988): Die Organisation von Umweltschutzaufgaben in der Industrie. Arbeitspapier Nr. 2 des Instituts für Ökologie und Unternehmensführung. Oestrich-Winkel.

Spencer, H. (1888): Principles of Sociology. Vol. II. New York.

Sprenger, R.K. (1995): Mythos Motivation: Wege aus einer Sackgasse. 9. Aufl., Frankfurt, New York.

Sprenger, R.K. (1996): Das Prinzip Selbstverantwortung: Wege zur Motivation. 3. Aufl., Frankfurt, New York.

Stahlmann, V. (1994): Umweltverantwortliche Unternehmensführung. Aufbau und Nutzen eines Öko-Controlling. München.

Staudt, E./Toberg, M./Linné, H./Bock, J./Thielemann, F. (1992): Kooperationshandbuch. Ein Leitfaden für die Unternehmenspraxis. Stuttgart.

Steger, U. (1988): Umweltmanagement. Erfahrungen und Instrumente einer umweltorientierten Unternehmensstrategie. Wiesbaden.

Steinmann, H. (1973): Zur Lehre von der „Gesellschaftlichen Verantwortung der Unternehmensführung". Zugleich eine Kritik des Davoser Manifests. In: Wirtschaftsstudium 10, S. 467-473.

Stigler, G.J. (1951): The Division of Market is Limited by the Extent of Market. In: Journal of Political Economy 59, S. 185-193.

Strahm, R.H. (1990): Warum sie so arm sind. Arbeitsbuch zur Entwicklung der Unterentwicklung in der Dritten Welt. 7. Aufl., Offenbach/Main.

Sydow, J. (1993): Strategische Netzwerke. Evolution und Organisation. 2. Aufl., Wiesbaden.

Teubner, G./Willke, H. (1984): Kontext und Autonomie: Gesellschaftliche Selbststeuerung durch reflexives Recht. In: Zeitschrift für Rechtssoziologie 5, S. 4-35.

Teutsch, G.M. (1985): Lexikon der Umweltethik. Göttingen, Düsseldorf.

Thomas, J. (1988): Die Organisation des industriellen Umweltschutzes. Ein Praxisbeitrag zur betrieblichen Umweltlehre. In: Der Betrieb 43, S. 2161-2166.

Tröndle, D. (1987): Kooperationsmanagement. Steuerung interaktioneller Prozesse bei Unternehmenskooperationen. Bergisch Gladbach, Köln.

Tucker, I.B./Wilder, R.P. (1977): Trends in Vertical Integration in the U.S. Manufacturing Sector. In: Journal of Industrial Economics 26, S. 81-94.

Ulrich, H. (1970): Die Unternehmung als produktives soziales System. 2. Aufl., Bern, Stuttgart.

Ulrich, H. (1981): Die Bedeutung der Management-Philosophie für die Unternehmungsführung. In: Ulrich, H. (Hg.): Management-Philosophie für die Zukunft. Bern, Stuttgart.

Ulrich, H. (1987): Unternehmungspolitik. 2. Aufl., Bern, Stuttgart.

Ulrich, H. (1988): Von der Betriebswirtschaftslehre zur systemorientierten Managementlehre. In: Wunderer, R. (Hg.): Betriebswirtschaftslehre als Management- und Führungslehre. 2. Aufl., Stuttgart.

Ulrich, H./Probst, G.J.B. (1984): Self-organization and Management of Social Systems. Berlin.

Ulrich, P. (1977): Die Großunternehmung als quasi-öffentliche Institution. Eine politische Theorie der Unternehmung. Stuttgart.

Ulrich, P. (1983): Konsensus-Management: Die zweite Dimension rationaler Unternehmensführung. In: Betriebswirtschaftliche Forschung und Praxis 1, S. 70-84.

Ulrich, P./Fluri. E. (1992): Management. 6. Aufl., Bern, Stuttgart.

Van Gils, M.R. (1984): Interorganizational Relations and Networks. In: Drenth, P.J.D./Thierry, H./Willems, P.J./de Wolff, C.J. (Hg.): Handbook of Work and Organizational Psychology. Chichester.

Varela, F.J. (1981): Describing the Logic of the Living: The Adaequacy and Limitations of the Idea of Autopoiesis. In: Zeleny, M. (Hg.): Autopoiesis: A Theory of Living Organizations. New York.

Vester, F. (1988): Neuland des Denkens. 5. Aufl., München.

Vester, F. (1990): Leitmotiv vernetztes Denken. 2. Aufl., Ulm.

Vizjak, A. (1990): Wachstumspotentiale durch strategische Partnerschaften. München.

Vornhusen, K. (1994): Die Organisation von Unternehmenskooperationen. Joint Ventures und Strategische Allianzen in Chemie- und Elektroindustrie. Frankfurt am Main.

Walker, G./Weber, D. (1984): A Transaction Cost Approach to Make-or-Buy Decisions. In: Administrative Science Quarterly 29, S. 373-391.

Warnecke, H.J. (1996): Die Fraktale Fabrik. Revolution der Unternehmenskultur. 2. Aufl., Reinbek.

Wartenberg von, L.G. (1993): Lobbying. Die Rolle der Verbände in Deutschland. In: Strauch, M. (Hg.): Lobbying. Wirtschaft und Politik im Wechselspiel. Frankfurt am Main, Wiesbaden.

Weber, M. (1980): Wirtschaft und Gesellschaft. Grundriß einer verstehenden Soziologie. 1. Aufl., 1921. Tübingen.

Weder, R. (1989): Joint Venture. Theorie und empirische Analyse unter besonderer Berücksichtigung der Chemischen Industrie der Schweiz. Grüsch.

Weizsäcker, E.U. (1994): Erdpolitik. Ökologische Realpolitik an der Schwelle zum Jahrhundert der Umwelt. 4. Aufl., Darmstadt.

Werner, H.S. (1985): Unternehmerische Kooperation zur Steigerung der Leistungsfähigkeit. Göttingen.

Wicke, L. (1993): Umweltökonomie. 4. Aufl., München.

Wicke, L./Haasis, H.D./Schafhausen, F./Schulz, W. (1992): Betriebliche Umweltökonomie. Eine praxisorientierte Einführung. München.

Wiesenthal, H. (1987a): Die Ratlosigkeit des homo oeconomicus. Einleitung zu: Elster, J. (1987): Subversion der Rationalität. Frankfurt, New York.

Wiesenthal, H. (1987b): Rational Choice. Grundlinien, Theoriefelder und neue Themenakquisition eines sozialwissenschaftlichen Paradigmas. Bielefeld.

Williamson, O.E. (1975): Markets and Hierarchies: Analysis and Antitrust Implications. New York.

Williamson, O.E. (1979): Transaction-Cost Economics: The Governance of Contractual Relations. In: Journal of Law and Economics, S. 233-261.

Williamson, O.E. (1985): The Economic Institutions of Capitalism. New York.

Williamson, O.E. (1991): Comperativ Economic Organization: The Analysis of Discrete Structural Alternatives. In: Administrative Science Quarterly 36, S. 269-296.

Willke, H. (1983): Entzauberung des Staates. Überlegungen zu einer sozietalen Steuerungstheorie. Königstein/Taunus.

Willke, H. (1984): Gesellschaftssteuerung. In: Glagow, M. (Hg.): Gesellschaftssteuerung zwischen Korporatismus und Subsidiarität. Bielefeld.

Willke, H. (1993a): Systemtheorie entwickelter Gesellschaften. Dynamik und Riskanz moderner gesellschaftlicher Selbstorganisation. 2. Aufl., Weinheim, München.

Willke, H. (1993b): Systemtheorie. 4. Aufl., Stuttgart, Jena.

Willke, H. (1994): Systemtheorie II: Interventionstheorie. Grundzüge einer Theorie der Intervention in komplexe Systeme. Stuttgart, Jena.

Wilson, E.O. (1978): On Human Nature. Cambridge.

Windsberger, J. (1987): Zur Methode des Transaktionskostenansatzes. In: Zeitschrift für Betriebswirtschaft (ZfB) 57 (1), S. 59-76.

Wiswede, G. (1991): Soziologie. 2. Aufl., Landsberg/Lech.

Wollnick, M. (1991): Das Verhältnis von Organisationsstruktur und Organisationskultur. In: Dülfer, E. (Hg.): Organisationskultur; Phänomen – Philosophie – Technologie. 2. Aufl., Stuttgart.

Wright, M./Thompson, S. (1986): Vertical Disintegration and the Life-Cycle of Firms and Industries. In: Managerial and Decision Economics 7, S. 141-144.

Carl v. Ossietzky Universität Oldenburg
Fachbereich Wirtschafts- und Rechtswissenschaften

Prof. Dr. Reinhard Pfriem

Allgemeine Betriebswirtschaftslehre,
Unternehmensführung und betriebliche Umweltpolitik

Publikationen

Glauber, H. / Pfriem, R. (Hg.):
Ökologisch Wirtschaften. Erfahrungen – Strategien – Modelle,
Frankfurt a.M. 1992   DM 19,90

Hallay, H. / Pfriem, R.:
Öko-Controlling. Umweltschutz in mittelständischen Unternehmen,
Frankfurt/New York 1993   DM 58,-

Schriftenreihe:

Nr. 1	Pfriem, R.: Stellungnahme zum Fragenkatalog der Enquetekommission „Schutz des Menschen und der Umwelt" zur Expertenanhörung Ökobilanzen/Produktlinienanalysen, September 1992	DM 10,-
Nr. 2	Pfriem, R. / Hallay, H. / Pfaffenberger, W.: Arbeitnehmerinteressen und Öko-Bilanzen, Oktober 1992	DM 15,-
Nr. 3	Kneifel, M. / Smit, J.: Das geplante Prüfgelände der Mercedes-Benz AG im emsländischen Papenburg – Planung, Konflikt, Lösung, Januar 1993	DM 25,-
Nr. 4	Fischer, D. / Kühling, B. / Pfriem, R. / Schwarzer, Ch.: Kommunikation zwischen Unternehmen und Gesellschaft. Voraussetzungen angemessener Umweltberichterstattung von Unternehmen, 2. Auflage, März 1995	DM 15,-
Nr. 5	Pfriem, R.: Externe ökologische Kommunikation von Unternehmen, Oktober 1994	DM 10,-
Nr. 6	Pfriem, R.: Betriebswirtschaftslehre als ökonomische und Kulturwissenschaft, November 1994	DM 10,-
Nr. 7	Karczmarzyk, A.: Die Einführung eines Umweltmanagementsystems nach der EU-Öko-Audit-Verordnung, November 1995	DM 15,-

Nr. 8	Pfriem, R.: Zur ökologischen Öffnung betriebswirtschaftlicher Forschung und Praxis, Dezember 1995	DM 10,-
Nr. 9	Burschel, C.: Soziologie und BWL im ökologischen Problemkontext, Dezember 1995	DM 12,-
Nr. 10	Fischer, D. / Kühling, B. / Schwarzer, Ch.: Umweltberichte in der Praxis – Analyse und Bewertung, Dezember 1995	DM 15,-
Nr. 11	Steiner, B. / Brüggemann, G.: Bedürfnisorientierte vertikale Integration als Instrument betrieblicher Umweltpolitik; Januar 1996	DM 15,-
Nr. 12	Gerriets, C.: Vom Olympia-Werk Wilhelmshaven zum Technologie- Centrum Nordwest, Problematik und Perspektiven von Technologiezentren in peripheren Regionen, Januar 1996	DM 20,-

Die aufgeführten Publikationen können zu den angegebenen Preisen zzgl. DM 3,-
Versandkostenanteil gegen Zusendung eines Verrechnungsschecks bestellt
werden bei:
Prof. Dr. Reinhard Pfriem
Carl von Ossietzky Universität Oldenburg • Institut für BWL I • Postfach 2503 •
26111 Oldenburg • Tel.: 0441-798-8345/8356 • Fax: 0441-798-8341